小学生
おもしろ
学習シリーズ

まんが 日本の歴史人物事典

國學院大學教授 矢部健太郎 監修

西東社

はじめに
―歴史《れきし》を学《まな》ぶ楽《たの》しさ、大切《たいせつ》さ―

昔《むかし》の人《ひと》、と聞《き》いて、みなさんはだれを思《おも》い浮《う》かべるでしょう。はるか昔《むかし》の女王《じょおう》、卑弥呼《ひみこ》？　戦国時代《せんごくじだい》を生《い》きぬいた武将《ぶしょう》たち？　それとも、みなさん自身《じしん》のご先祖様《せんぞさま》でしょうか。

昔《むかし》の人《ひと》たちも、今《いま》のわたしたちと同《おな》じように食事《しょくじ》をし、働《はたら》き、眠《ねむ》るというくらしがありました。学《まな》んだり、工夫《くふう》をしたりしながら、ときにはけんかや失敗《しっぱい》をし、みんなで協力《きょうりょく》して困難《こんなん》を乗《の》り越《こ》えてきた日々《ひび》があり、今《いま》のわたしたちの生活《せいかつ》があるのです。歴史《れきし》とは、人々《ひとびと》の営《いとな》みの積《つ》み重《かさ》ねです。

歴史《れきし》を持《も》っているのは、人《ひと》だけです。動物《どうぶつ》は、歴史《れきし》を書《か》き残《のこ》すための「文《も》字《じ》」を持《も》っていません。人《ひと》は文字《もじ》によって、歴史《れきし》を、世代《せだい》を越《こ》えて伝《つた》えてきました。そのおかげで、昔《むかし》の人《ひと》が一生《いっしょう》をかけて得《え》た数多《かずおお》くの知識《ちしき》や経験《けいけん》を、わたしたちは歴史《れきし》を学《まな》ぶことで得《え》られるのです。

ただし、歴史《れきし》を伝《つた》えている文字《もじ》を読《よ》み解《と》くのは、今《いま》に生《い》きるわたしたちです。歴史《れきし》は、研究《けんきゅう》が進《すす》むと新《あたら》しく書《か》きかえられることがあります。

ですから、歴史《れきし》を学《まな》ぶときには、歴史的《れきしてき》な事実《じじつ》を覚《おぼ》えるだけではなくて、「なぜそうなったのだろう？」というように、頭《あたま》の中《なか》に「？」を思《おも》い浮《う》かべることが大切《たいせつ》です。それは、受《う》け身《み》になって覚《おぼ》えるだけではなくて、自分《じぶん》の頭《あたま》で考《かんが》えてみる、ということです。そうすることで、自分《じぶん》が歴史上《れきしじょう》の人物《じんぶつ》だったらどうしただろうか、自分《じぶん》に同《おな》じような場面《ばめん》がおとずれたとき、どうしたらよいのだろうか、ということを考《かんが》える楽《たの》しみも生《う》まれるでしょう。

本書《ほんしょ》では、日本《にほん》の歴史《れきし》に出《で》てくる重要《じゅうよう》な人々《ひとびと》を１９８人《にん》、まんがと特集《とくしゅう》でわかりやすく解説《かいせつ》しました。この本《ほん》をきっかけに、歴史《れきし》のおもしろさ、人類《じんるい》のさまざまな成功《せいこう》や失敗《しっぱい》という貴重《きちょう》な経験《けいけん》にふれ、この先《さき》の人生《じんせい》を楽《たの》しいものにしていってもらいたいと、心《こころ》から願《ねが》っています。

監修《かんしゅう》　國學院大學《こくがくいんだいがく》文学部《ぶんがくぶ》教授《きょうじゅ》
矢部《やべ》　健太郎《けんたろう》

もくじ

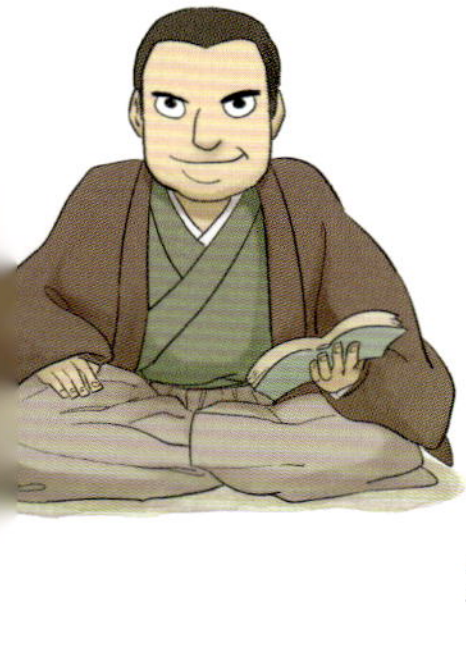

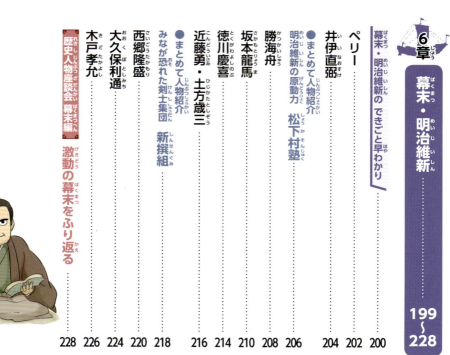

7章《しょう》 明治時代以降《めいじじだいいこう》 229～302

まんが \\3分《ぷん》でわかる！// 日本《にほん》の歴史《れきし》

日本《にほん》の歴史《れきし》は、さまざまな「時代《じだい》」を経《へ》て今《いま》にいたります。時代《じだい》の流《なが》れを、大《おお》づかみで見《み》ていきましょう。

2000 1900 1800 1700 1600 1500 1400 1300 1200 1100 1000 900 800 700 600 500 400 300 200 100 西暦《せいれき》
明治以降《めいじいこう》
江戸《えど》
室町《むろまち》
鎌倉《かまくら》
平安《へいあん》
飛鳥《あすか》
古墳《こふん》
弥生《やよい》
時代《じだい》
幕末《ばくまつ》
戦国《せんごく》・安土桃山《あづちももやま》
南北朝《なんぼくちょう》
奈良《なら》
18 17 16 15 14 13 12 11 10 9 8 7 6 5 4 3 2 1

ということでよろしくお願《ねが》いします
ペコリ
ペコリ
わかりましたまかせなさい
1
卑弥呼《ひみこ》が邪馬台国《やまたいこく》の女王《じょおう》に
聖徳太子《しょうとくたいし》らが
朝廷《ちょうてい》で活躍《かつやく》
2
これで世《よ》の中《なか》が平和《へいわ》になるといいのだが……
出家《しゅっけ》して僧《そう》になった聖武天皇《しょうむてんのう》
聖武天皇《しょうむてんのう》らが仏教中心《ぶっきょうちゅうしん》の
国作《くにづく》りを進《すす》めた
3
桓武天皇《かんむてんのう》が
平安京《へいあんきょう》を作《つく》る
今度《こんど》こそ長《なが》く栄《さか》える都《みやこ》にするぞ
ここは「平安京《へいあんきょう》」だ！
4
頼通《よりみち》は藤原氏《ふじわらし》の権力《けんりょく》を示《しめ》すものとして平等院鳳凰堂《びょうどういんほうおうどう》を建《た》てた
平等院鳳凰堂《びょうどういんほうおうどう》
まかせたぞ
10円玉《えんだま》かいて建物《たてもの》だ
藤原頼通
藤原道長《ふじわらのみちなが》ら貴族《きぞく》が
華《はな》やかな生活《せいかつ》を送《おく》る
5
今《いま》や平氏《へいし》でなくては人《ひと》ではないのだ
6
平清盛《たいらのきよもり》が平氏《へいし》の全盛《ぜんせい》を築《きず》く
1192年《ねん》
源頼朝《みなもとのよりとも》がはじめて
幕府《ばくふ》を打《う》ち立《た》てた
鎌倉幕府《かまくらばくふ》初代将軍《しょだいしょうぐん》誕生《たんじょう》！
7

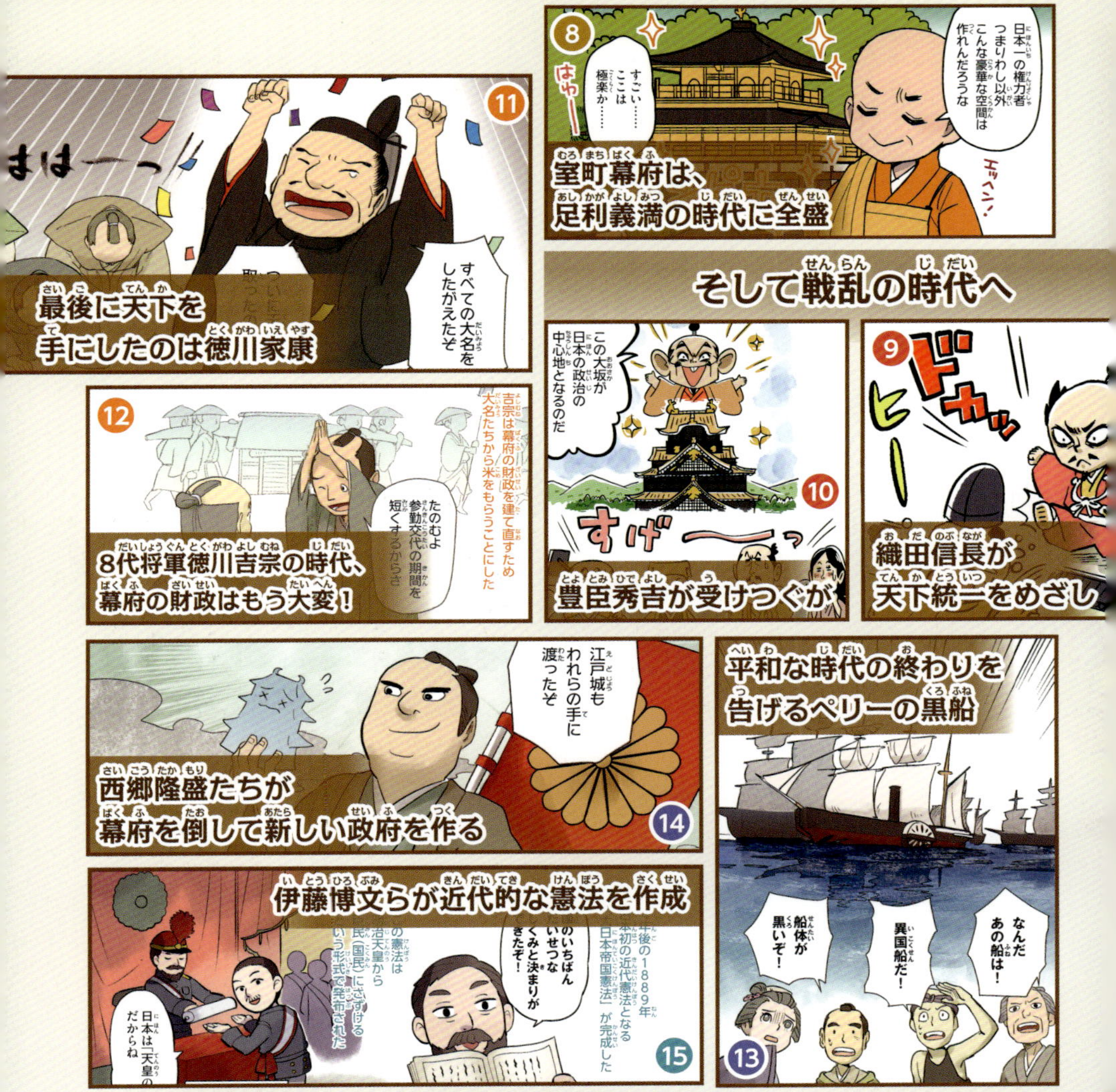

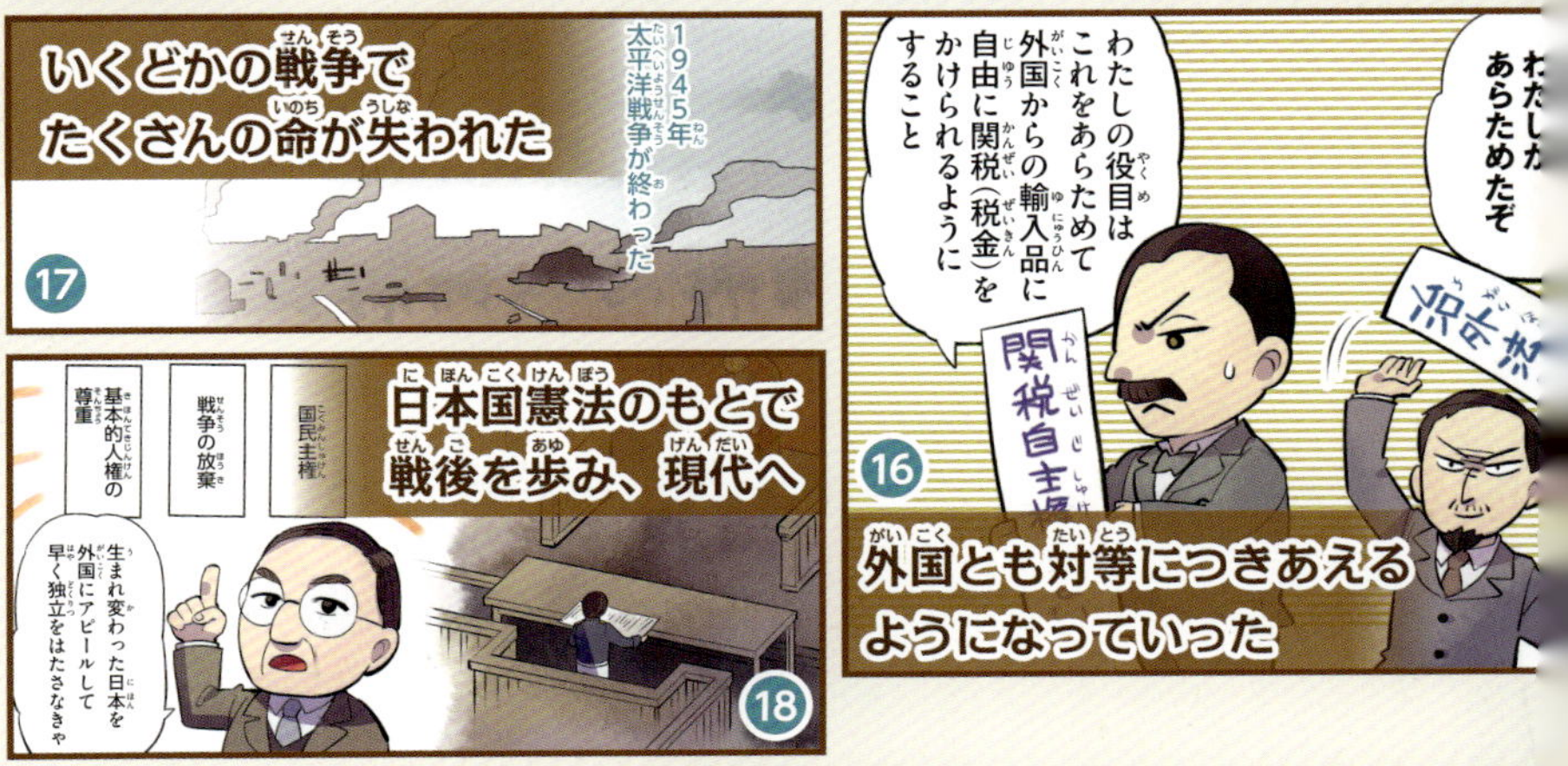

くわしくはP12からを見《み》てみよう!

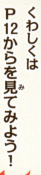

この本《ほん》の見《み》方《かた》

この本《ほん》では、日本《にほん》の歴史《れきし》で活躍《かつやく》した主《おも》な人物《じんぶつ》をまんがで紹介《しょうかい》しています。まんがの主役《しゅやく》となる人物《じんぶつ》は、全部《ぜんぶ》で96人《にん》です。

肩書《かたが》き（主《おも》に何《なに》をした人《ひと》なのか）

名前《なまえ》

生没年《せいぼつねん》・出身地《しゅっしんち》
＊不明《ふめい》や諸説《しょせつ》ある人物《じんぶつ》は？をつけて表《あらわ》しています。

その人《ひと》がどんな人生《じんせい》を送《おく》り、どのように歴史《れきし》に名《な》前《まえ》を残《のこ》したのか、くわしく解説《かいせつ》しています。

○○がわかる! 3つのキーワード

その人物《じんぶつ》のことを表《あらわ》す3つのキーワード（言《こと》葉《ば》）を示《しめ》しています。その人《ひと》のしたことや能《のう》力《りょく》、性格《せいかく》などが一目《ひとめ》でわかります。

インデックス

その人《ひと》が活躍《かつやく》した時代《じだい》によって、弥生《やよい》〜奈《な》良《ら》時代《じだい》、平安時代《へいあんじだい》、鎌倉《かまくら》・室町時代《むろまちじだい》、戦《せん》国《ごく》・安土桃山時代《あづちももやまじだい》、江戸時代《えどじだい》、幕末《ばくまつ》・明治《めいじ》維新《いしん》、明治時代以降《めいじじだいいこう》に分《わ》けています。

ことば解説《かいせつ》

まんがに出《で》てくる歴史《れきし》的《てき》な用語《ようご》を、わかりやすく解説《かいせつ》しています。

おもしろ知識《ちしき》

知《し》っておくとためになる、よりくわしい情報《じょうほう》や裏話《うらばなし》などを紹介《しょうかい》しています。

歴史《れきし》コラムの種類《しゅるい》

歴史ミステリー

いまだに明《あき》らかになっていない歴史《れきし》の謎《なぞ》や、事件《じけん》の裏側《うらがわ》などにせまります。

人物《じんぶつ》カンケイ

歴史上《れきしじょう》の有名《ゆうめい》な人物《じんぶつ》たちの意外《いがい》なかかわりを紹介《しょうかい》します。

1章《しょう》 弥生《やよい》〜奈良《なら》時代《じだい》

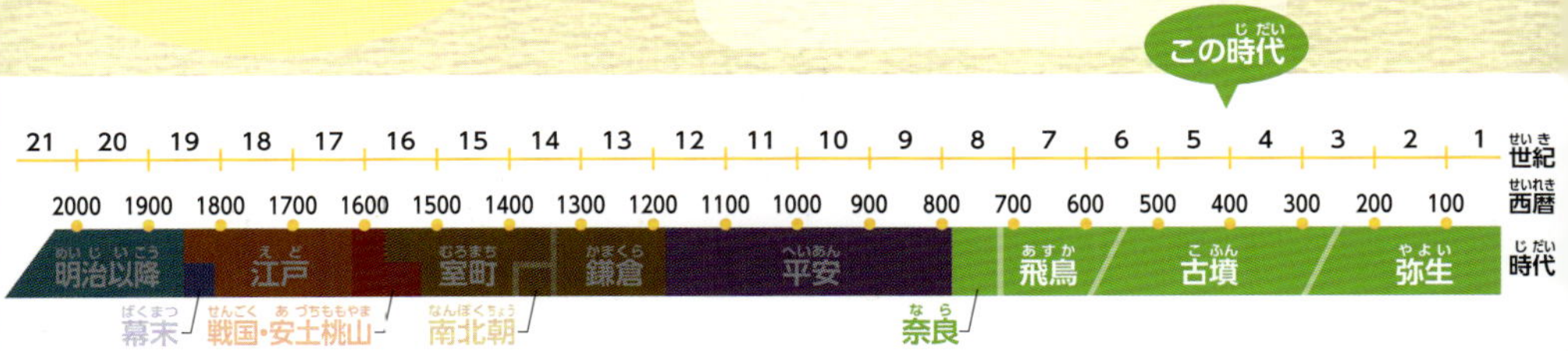

この時代《じだい》
21 20 19 18 17 16 15 14 13 12 11 10 9 8 7 6 5 4 3 2 1
世紀《せいき》
2000 1900 1800 1700 1600 1500 1400 1300 1200 1100 1000 900 800 700 600 500 400 300 200 100
西暦《せいれき》
明治以降《めいじいこう》
江戸《えど》
室町《むろまち》
鎌倉《かまくら》
平安《へいあん》
飛鳥《あすか》
古墳《こふん》
弥生《やよい》
時代《じだい》
幕末《ばくまつ》
戦国《せんごく》・安土桃山《あづちももやま》
南北朝《なんぼくちょう》
奈良《なら》

弥生《やよい》～奈良時代《ならじだい》のできごと 早《はや》わかり

「くに」から「朝廷《ちょうてい》」へ

大昔《おおむかし》、日本《にほん》では多《おお》くの小《ち》さな「くに」が争《あらそ》っていました。やがて、いくつかのくにが集《あつ》まってできた「ヤマト王権《おうけん》」が、大王《おおきみ》（のちの天皇《てんのう》）を中《ちゅう》心《しん》に権力《けんりょく》を拡大《かくだい》します。

その後《ご》、ヤマト王権《おうけん》は「朝《ちょう》廷《てい》」となり、仏教《ぶっきょう》など大陸《たいりく》の知識《ちしき》を積極的《せっきょくてき》に取《と》り入《い》れ、日《に》本《ほん》を支配《しはい》していきました。

2世紀末《せいきまつ》～3世紀前半《せいきぜんはん》

卑弥呼《ひみこ》が邪馬台国《やまたいこく》の女王《じょおう》となる

卑弥呼《ひみこ》
（→P14）

239年《ねん》

卑弥呼《ひみこ》が魏《ぎ》（中国《ちゅうごく》）に使者《ししゃ》を送《おく》る

卑弥呼《ひみこ》
（→P14）

4～5世紀《せいき》ごろ

ヤマト王権《おうけん》による支配《しはい》が進《すす》む

538年《ねん》（552年説《ねんせつ》もあり）

***百済《ベクチェ》から仏教《ぶっきょう》が伝《つた》わる**

*朝鮮半島《ちょうせんはんとう》にあった国《くに》

587年《ねん》

蘇我氏《そがし》が物部氏《もののべし》をほろぼす

VS

蘇我馬子《そがのうまこ》　物部守屋《もののべのもりや》

593年《ねん》

聖徳太子《しょうとくたいし》が推古天皇《すいこてんのう》の摂政《せっしょう》になる

聖徳太子《しょうとくたいし》
（→P18）
推古天皇《すいこてんのう》

6世紀後半《せいきこうはん》～7世紀中《せいきなか》ごろ

***飛鳥文化《あすかぶんか》が栄《さか》える**

聖徳太子《しょうとくたいし》
（→P18）

*法隆寺《ほうりゅうじ》に代表《だいひょう》される仏教文化《ぶっきょうぶんか》

607年《ねん》

聖徳太子《しょうとくたいし》が隋《ずい》（中国《ちゅうごく》）へ小野妹子《おののいもこ》ら遣隋使《けんずいし》を送《おく》る

聖徳太子《しょうとくたいし》
（→P18）
小野妹子《おののいもこ》
（→P22）

超重要《ちょうじゅうよう》！　大切《たいせつ》　覚《おぼ》えたい　文化《ぶんか》に関《かん》すること

645年《ねん》

大化《たいか》の改新《かいしん》がはじまる

天智天皇《てんじてんのう》
（→ P24）

中臣鎌足《なかとみのかまたり》
（→ P24）

663年《ねん》

白村江《はくすきのえ》の戦《たたか》い

天智天皇《てんじてんのう》
（→ P24）

中臣鎌足《なかとみのかまたり》
（→ P24）

672年《ねん》

壬申《じんしん》の乱《らん》

天武天皇《てんむてんのう》
（→ P28）

大友皇子《おおとものおうじ》

710年《ねん》

平城京《へいじょうきょう》へ都《みやこ》が移《うつ》る（奈良時代《ならじだい》のはじまり）

741年《ねん》

聖武天皇《しょうむてんのう》が国分寺《こくぶんじ》の建立《こんりゅう》を命《めい》じる

聖武天皇《しょうむてんのう》
（→ P30）

752年《ねん》

東大寺《とうだいじ》の大仏《だいぶつ》が完成《かんせい》

聖武天皇《しょうむてんのう》
（→ P30）

行基《ぎょうき》
（→ P32）

8世紀前半《せいきぜんはん》～中《なか》ごろ

天平文化《てんぴょうぶんか》が栄《さか》える

（→ P31）

聖武天皇《しょうむてんのう》
（→ P30）

753年《ねん》

鑑真《がんじん》が来日《らいにち》

鑑真《がんじん》
（→ P34）

平安京《へいあんきょう》へ都《みやこ》が移《うつ》り華《はな》やかな貴族《きぞく》の時代《じだい》へ

P38につづく

女王《じょおう》

卑弥呼《ひみこ》

生没年《せいぼつねん》:2世紀後半《せいきこうはん》～247年《ねん》ごろ　出身地《しゅっしんち》:未詳《みしょう》

中国《ちゅうごく》の歴史書《れきししょ》『三国志《さんごくし》』の「魏志倭人伝《ぎしわじんでん》」に登場《とうじょう》する邪馬台国《やまたいこく》の女王《じょおう》。倭《わ》（当時《とうじ》、中国側《ちゅうごくがわ》から日本《にほん》を呼《よ》んだ名《な》）では、いくつものくにが争《あらそ》いをくり広《ひろ》げていましたが、卑弥呼《ひみこ》が共通《きょうつう》の王《おう》となることでおさまりをみせたといいます。

しばしば魏《ぎ》（古代《こだい》の中国《ちゅうごく》）に使《つか》いを出《だ》し、金印《きんいん》のほか、銅鏡《どうきょう》、錦《にしき》、白絹《しろぎぬ》などをさずかりました。

不思議《ふしぎ》な力《ちから》を持《も》った
謎多《なぞおお》き女王《じょおう》

卑弥呼《ひみこ》がわかる!　3つのキーワード

❶ 多《おお》くの謎《なぞ》	当時《とうじ》の日本《にほん》は文字《もじ》がなく、くわしいことがほとんどわかっていない。
❷ まじない	高《たか》い呪力《じゅりょく》によって、未来《みらい》が予知《よち》できたともいわれている。
❸ カリスマ	高《たか》いカリスマで邪馬台国《やまたいこく》をおさめていたため、死後《しご》に戦《たたか》いが起《お》こった。

2世紀後半《せいきこうはん》日本《にほん》にはいくつものくにが存在《そんざい》し争《あらそ》っていた
そこの土地《とち》はおれたちのものだ
ムキーッ
ぐわっ
川《かわ》の水《みず》よこせ
イーッ
ムッ
この森《もり》の実《み》はお前《まえ》らに一《ひと》つもやらん
言《い》うこと聞《き》かないとお前《まえ》たちのくに攻《せ》めこむぞ！
いつ終《お》わるんだこの争《あらそ》い
はあ
くたくた…
なんかばからしくなってきた
へとへと…
だれかたよれる人《ひと》にわれらのリーダーになってもらおう
くに代表《だいひょう》たち
そうなるとあの人《ひと》しかいないよな
あの人《ひと》？
ぱわーん

ことば解説《かいせつ》　「倭《わ》」には、「小柄《こがら》」「従順《じゅうじゅん》」「遠《とお》い」などの意味《いみ》がある。しかし、なぜ日本《にほん》が「倭《わ》」と呼《よ》ばれたのかは不明《ふめい》。

3日後《かご》に雨《あめ》がふる！
邪馬台国《やまたいこく》の卑弥呼《ひみこ》のことさ
何《なん》でも予言《よげん》する不思議《ふしぎ》な力《ちから》を持《も》っているらしいぞ
ということでよろしくお願《ねが》いします
ペコリ
ペコリ
わかりましたまかせなさい
こうして邪馬台国《やまたいこく》の卑弥呼《ひみこ》は30あまりものくにを代表《だいひょう》する王《おう》となった
卑弥呼《ひみこ》は人前《ひとまえ》にはめったにあらわれず卑弥呼《ひみこ》の世話《せわ》をする男《おとこ》がその言葉《ことば》をみなに伝《つた》えたという
立入禁止《たちいりきんし》
サッ
サッ
ピーン
——……と女王《じょおう》はおっしゃっています
ふむ
ふむ
魏《ぎ》（中国《ちゅうごく》）に使《つか》いを送《おく》りましょう
魏《ぎ》の協力《きょうりょく》が得《え》られれば心強《こころづよ》いですねそのように指示《しじ》します

おもしろ知識《ちしき》 「魏志倭人伝《ぎしわじんでん》」によると、当時《とうじ》の日本《にほん》に住《す》む人々《ひとびと》は長生《ながい》きで、100歳《さい》をこえる人《ひと》も見《み》られたという。

女王《じょおう》 卑弥呼《ひみこ》の使《つか》いで日本《にほん》から来《き》ました
プ
コッ
よく来《き》たね 卑弥呼《ひみこ》を日本《にほん》の王《おう》と認《みと》めよう この金印《きんいん》が証《あかし》だ
きら きら
魏《ぎ》の皇帝《こうてい》
魏《ぎ》(中国《ちゅうごく》)からは 白絹《しろぎぬ》 錦《にしき》 金《きん》 銅鏡《どうきょう》 真珠《しんじゅ》など 多《おお》くの貴重《きちょう》な品々《しなじな》も 贈《おく》られた
どーん
銅鏡《どうきょう》が100枚《まい》も!
当時《とうじ》の中国《ちゅうごく》は 技術《ぎじゅつ》・文化《ぶんか》など さまざまな面《めん》で 日本《にほん》より 進《すす》んでいたため 中国《ちゅうごく》を味方《みかた》に つけることは 国内《こくない》での地位《ちい》を 高《たか》めるのに 役《やく》だった
中国《ちゅうごく》
エッヘン
おおー
卑弥呼《ひみこ》が王《おう》になってから 国内《こくない》は一定《いってい》の おさまりを見《み》せた
なかよし
しかしすべての くにが 卑弥呼《ひみこ》に したがっていたわけ ではなかった
ざっざっ
たいへんです 狗奴国《くなこく》が 攻《せ》めてきました
ええ? また?

おもしろ知識《ちしき》 卑弥呼《ひみこ》の死因《しいん》はよくわかっていない。病死説《びょうしせつ》や戦死説《せんしせつ》のほか、まじないの力《ちから》が弱《よわ》まったと判断《はんだん》され、部下《ぶか》に殺《ころ》されてしまったという説《せつ》もある。

狗奴国《くなこく》との争《あらそ》いの中《なか》卑弥呼《ひみこ》 死去《しきょ》
さよなら
卑弥呼《ひみこ》の墓《はか》は直径《ちょっけい》が150メートルほどもある巨大《きょだい》なものだった
卑弥呼《ひみこ》の死後《しご》国内《こくない》はまた乱《みだ》れだした
ムキー
いつ終《お》わるんじゃこの争《あらそ》い
ばからしくなってきた
だれかたよれる人《ひと》にわれらのリーダーになってもらおう
くたくた…
へとへと…
くに代表《だいひょう》たち
台与《とよ》
ということでよろしくお願《ねが》いします
えっわたしですか?わ、わかりました
卑弥呼《ひみこ》さまわたしがんばる!
台与《とよ》ちゃんファイト!!
ぎゅっ
卑弥呼《ひみこ》の後継者《こうけいしゃ》として台与《とよ》という13歳《さい》の少女《しょうじょ》が王《おう》の座《ざ》につくと国内《こくない》の混乱《こんらん》はおさまったという

歴史《れきし》ミステリー

「邪馬台国《やまたいこく》」はどこにあった?

邪馬台国《やまたいこく》がどこにあったかはいまだにわかっていない。「魏志倭人伝《ぎしわじんでん》」には、距離《きょり》や方角《ほうがく》など、中国《ちゅうごく》から邪馬台国《やまたいこく》への道《みち》のりが書《か》かれている。しかし、その記述通《きじゅつどお》りだと、邪馬台国《やまたいこく》は海《うみ》の上《うえ》にあることになってしまう。

現在《げんざい》では「畿内《きない》(近畿《きんき》)説《せつ》」と「九州説《きゅうしゅうせつ》」の2説《せつ》が有力《ゆうりょく》と見《み》られている。「魏志倭人伝《ぎしわじんでん》」の記述《きじゅつ》のうち、距離《きょり》が正《ただ》しければ畿内説《きないせつ》、方《ほう》角《がく》が正《ただ》しければ九《きゅう》州説《しゅうせつ》が正解《せいかい》となる可能性《かのうせい》が高《たか》い。

箸墓古墳《はしはかこふん》(奈良県桜井市《ならけんさくらいし》)。一説《いっせつ》には、卑弥呼《ひみこ》の墓《はか》だともいわれるが、くわしいことはほとんどわかっていない。
写真提供：桜井市埋蔵文化財センター

政治家《せいじか》

聖徳太子《しょうとくたいし》

生没年《せいぼつねん》:574〜622年《ねん》　出身地《しゅっしんち》:大和《やまと》（奈良県《ならけん》）

仏教《ぶっきょう》を日本《にほん》に広《ひろ》めた
天才政治家《てんさいせいじか》

飛鳥《あすか》時代《じだい》の政治家《せいじか》。本名《ほんみょう》は厩戸《うまやどの》皇子《おうじ》で、「聖徳太子《しょうとくたいし》」は後世《こうせい》につけられた呼《よ》び名《な》です。

推古天皇《すいこてんのう》の摂政《せっしょう》（天皇《てんのう》に代《か》わって政治《せいじ》をおこなう職《しょく》）となって、「冠位十二階《かんいじゅうにかい》」「十七条《じゅうしちじょう》の憲法《けんぽう》」を制定《せいてい》。また隋《ずい》（中国《ちゅうごく》）に使者《ししゃ》を送《おく》り新《あたら》しい思想《しそう》や制度《せいど》などを導入《どうにゅう》したほか、多《おお》くの寺院《じいん》を建《た》て、仏教《ぶっきょう》を広《ひろ》めるのに力《ちから》をつくしました。

聖徳太子《しょうとくたいし》がわかる！　3つのキーワード

❶ 政治力《せいじりょく》	若《わか》くして摂政《せっしょう》となり活躍《かつやく》。さまざまな新制度《しんせいど》を導入《どうにゅう》した。
❷ 仏教《ぶっきょう》	仏教《ぶっきょう》を深《ふか》く信仰《しんこう》し、日本《にほん》の仏教文化《ぶっきょうぶんか》をさかんにした。
❸ 遣隋使《けんずいし》	隋《ずい》に使者《ししゃ》を送《おく》り、進《すす》んだ文化《ぶんか》や制度《せいど》を日本《にほん》に取《と》り入《い》れた。

聖徳太子《しょうとくたいし》は子《こ》どものころからかしこかったという
10人《にん》が同時《どうじ》に話《はなし》をしても理解《りかい》できるらしいぞ
難《むずか》しい仏教《ぶっきょう》の本《ほん》もすらすら読《よ》めるんだって
当時《とうじ》　朝廷《ちょうてい》では蘇我氏《そがし》と物部氏《もののべし》が激《はげ》しい権力争《けんりょくあらそ》いをくり広《ひろ》げていた
もののべの守屋《もりや》
NO!!
仏教《ぶっきょう》
そがの馬子《うまこ》
いまこそ仏教《ぶっきょう》!!
蘇我《そが》さんは仏教《ぶっきょう》を大事《だいじ》にしているんだな
587年《ねん》二《ふた》つの勢力《せいりょく》が激突《げきとつ》14歳《さい》の聖徳太子《しょうとくたいし》も蘇我氏《そがし》側《がわ》につき物部氏《もののべし》をほろぼした
ううっ…
ど
すっ
これで権力《けんりょく》を独占《どくせん》できるぞ
これで仏教《ぶっきょう》は守《まも》られた

おもしろ知識《ちしき》　馬小屋《うまごや》の前《まえ》で生《う》まれたという聖徳太子《しょうとくたいし》の伝説《でんせつ》は、キリスト誕生《たんじょう》のエピソードとよく似《に》ている。当時《とうじ》の中国《ちゅうごく》ではキリスト教《きょう》が広《ひろ》まっていて、その影響《えいきょう》で太子《たいし》の伝説《でんせつ》が生《う》まれたのではといわれている。

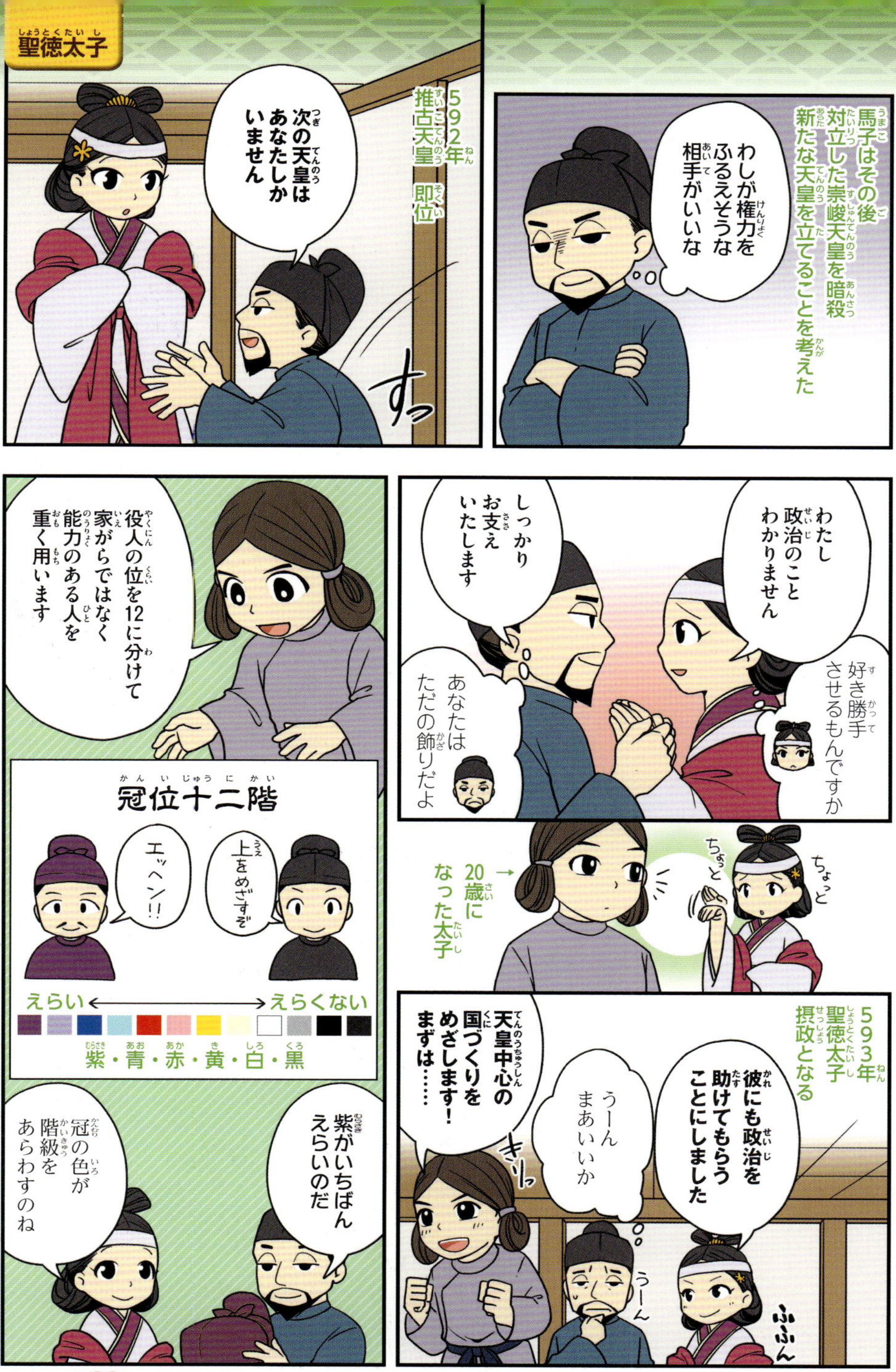
聖徳太子《しょうとくたいし》
馬子《うまこ》はその後《ご》
対立《たいりつ》した崇峻天皇《すしゅんてんのう》を暗殺《あんさつ》
新《あら》たな天皇《てんのう》を立《た》てることを考《かんが》えた
わしが権力《けんりょく》を ふるえそうな 相手《あいて》がいいな
592年《ねん》
推古天皇《すいこてんのう》 即位《そくい》
次《つぎ》の天皇《てんのう》は あなたしか いません
すっ
わたし 政治《せいじ》のこと わかりません
しっかり お支《ささ》え いたします
好《す》き勝手《かって》 させるもんですか
あなたは ただの飾《かざ》りだよ
20歳《さい》になった太子《たいし》
ちょっと
ちょっと
593年《ねん》
聖徳太子《しょうとくたいし》 摂政《せっしょう》となる
彼《かれ》にも政治《せいじ》を 助《たす》けてもらう ことにしました
うーん まあいいか
天皇中心《てんのうちゅうしん》の 国《くに》づくりを めざします! まずは……
キリッ
うーん
ふふん
役人《やくにん》の位《くらい》を12に分《わ》けて 家《いえ》がらではなく 能力《のうりょく》のある人《ひと》を 重《おも》く用《もち》います
冠位十二階《かんいじゅうにかい》
上《うえ》をめざすぞ
エッヘン!!
えらい ←→ えらくない
紫《むらさき》・青《あお》・赤《あか》・黄《き》・白《しろ》・黒《くろ》
紫《むらさき》がいちばん えらいのだ
冠《かんむり》の色《いろ》が 階級《かいきゅう》を あらわすのね

おもしろ知識《ちしき》 役人《やくにん》に位《くらい》をさずける立場《たちば》の聖徳太子《しょうとくたいし》ら皇族《こうぞく》や蘇我氏《そがし》などの上級豪族《じょうきゅうごうぞく》は、冠位十二階《かんいじゅうにかい》からのぞかれた。まんがでは黒《くろ》い冠《かんむり》をかぶっているが、えらくないわけではない。

十七条《じゅうしちじょう》の憲法《けんぽう》
1条《じょう》　たがいに協力《きょうりょく》しましょう
2条《じょう》　仏教《ぶっきょう》をあつく信《しん》じよう
3条《じょう》　天皇《てんのう》の命令《めいれい》は守《まも》ること
など
豪族《ごうぞく》や役人《やくにん》のあるべき姿《すがた》を示《しめ》しているんだな
ふむふむ
決《き》まりを作《つく》ったり海外《かいがい》とも交流《こうりゅう》したりしよう!
天皇《てんのう》が中心《ちゅうしん》であることを明確《めいかく》にしてるわ
新《あたら》しい思想《しそう》技術《ぎじゅつ》文化《ぶんか》制度《せいど》学問《がくもん》などを日本《にほん》に導入《どうにゅう》するのか!
ぽん
遣隋使《けんずいし》
遣隋使《けんずいし》
小野妹子《おののいもこ》
(→P22)
N
S
隋《ずい》(中国《ちゅうごく》)と国交《こっこう》を結《むす》ぶのに使節《しせつ》を送《おく》るのね

おもしろ知識《ちしき》
聖徳太子《しょうとくたいし》は政治《せいじ》に取《と》り組《く》むだけでなく、仏教《ぶっきょう》の教《おし》えの解説書《かいせつしょ》や、天皇家《てんのうけ》や日本《にほん》の成《な》り立《た》ちを記《しる》した歴史書《れきししょ》『天皇記《てんのうき》』『国記《こっき》』などの書物《しょもつ》をまとめた。

人物《じんぶつ》カンケイ

聖徳太子《しょうとくたいし》と馬子《うまこ》は親戚《しんせき》!?

聖徳太子《しょうとくたいし》と推古天皇《すいこてんのう》は、おいと伯母《おば》の関係《かんけい》にあったが、実《じつ》は蘇我馬子《そがのうまこ》とも、この二人《ふたり》は親戚関係《しんせきかんけい》にあった。蘇我氏《そがし》は天皇家《てんのうけ》と親戚関係《しんせきかんけい》を結《むす》ぶことで、大《おお》きな権力《けんりょく》を保《たも》っていた。

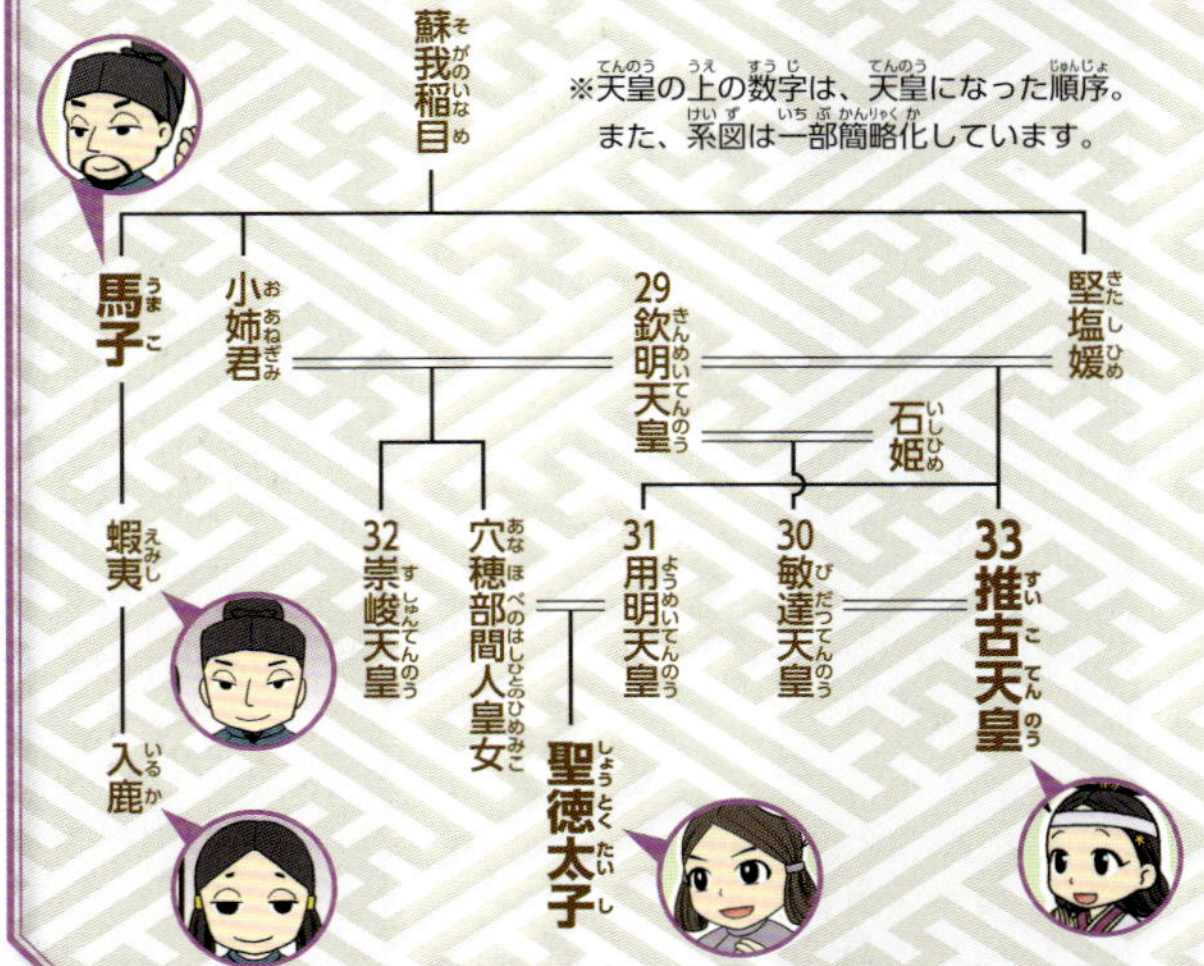

おもしろ知識《ちしき》
聖徳太子《しょうとくたいし》の息子《むすこ》の山背大兄王《やましろのおおえのおう》は、のちに権力争《けんりょくあらそ》いに巻《ま》きこまれ、蘇我入鹿《そがのいるか》（馬子《うまこ》の孫《まご》）に攻《せ》められて自害《じがい》。これにより聖徳太子《しょうとくたいし》の血筋《ちすじ》は絶《た》えた。

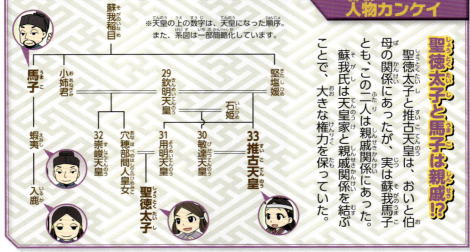

小《お》野《のの》妹《いも》子《こ》

生没年《せいぼつねん》：未詳《みしょう》　出身地《しゅっしんち》：近江《おうみ》（滋賀県《しがけん》）

「日《ひ》出《い》づる処《ところ》」から
海《うみ》を渡《わた》った使者《ししゃ》

飛鳥《あすか》時代《じだい》の役人《やくにん》。607年《ねん》、聖《しょう》徳《とく》太子《たいし》の命《めい》を受《う》け、遣隋使《けんずいし》として隋《ずい》（中国《ちゅうごく》）に渡《わた》りました。隋《ずい》の皇《こう》帝《てい》・煬帝《ようだい》は、天皇《てんのう》の手紙《てがみ》の内容《ないよう》に怒《おこ》ったといわれますが、国交《こっこう》を結《むす》ぶことに成功《せいこう》します。

翌年《よくねん》、隋《ずい》の使者《ししゃ》の裴世清《はいせいせい》とともに帰国《きこく》。同年《どうねん》に、南淵請安《みなぶちのしょうあん》、僧旻《そうみん》、高向玄理《たかむこのくろまろ》といった留学生《りゅうがくせい》を連《つ》れて再《ふたた》び隋《ずい》に渡《わた》りました。

小《お》野《のの》妹《いも》子《こ》がわかる！　3つのキーワード

❶ 遣隋使《けんずいし》	遣隋使《けんずいし》として堂々《どうどう》とふるまい、聖徳《しょうとく》太子《たいし》の意図《いと》をほぼ達成《たっせい》した。
❷ 運《うん》と体力《たいりょく》	当時《とうじ》、海《うみ》を渡《わた》るのに大変《たいへん》な苦労《くろう》がある中《なか》、長《なが》い船旅《ふなたび》を成功《せいこう》させた。
❸ 出世《しゅっせ》	最終的《さいしゅうてき》に、冠位十二階《かんいじゅうにかい》の最高位《さいこうい》「大《だい》徳《とく》」まで昇進《しょうしん》した。

607年《ねん》
隋《ずい》（中国《ちゅうごく》）との交流《こうりゅう》を深《ふか》めたい聖徳太子《しょうとくたいし》は
小野妹子《おののいもこ》を使節《しせつ》として送《おく》った
船《ふね》の旅《たび》はとても危険《きけん》だけどよろしく
まかせてください
ぐっ
ゴオオオオォ
ぐらっ
隋《ずい》の皇帝《こうてい》
煬帝《ようだい》
日本《にほん》から手紙《てがみ》をあずかってきました
どれどれ
よろよろ

おもしろ知識《ちしき》　左《ひだり》ページ上《うえ》の手紙《てがみ》は、「日《ひ》がのぼる国《くに》の天子《てんし》（聖徳太子《しょうとくたいし》）が、日《ひ》の沈《しず》む国《くに》の天子《てんし》（煬帝《ようだい》）にお手紙《てがみ》いたします。ごきげんいかがですか」という意味《いみ》。世界《せかい》で天子《てんし》は自分《じぶん》だけと考《かんが》える煬帝《ようだい》を怒《おこ》らせたという。

小野妹子《おののいもこ》

隋《ずい》の皇帝《こうてい》
煬帝《ようだい》
*日《ひ》出《い》づる処《ところ》の天子《てんし》
書《しょ》を日《ひ》没《ぼっ》する処《ところ》の
天子《てんし》に致《いた》す
恙《つつが》なきや
(→右下欄外《みぎしたらんがい》)
なんじゃこりゃー
えー
びりーっっっ
聖徳太子《しょうとくたいし》の手紙《てがみ》は
隋《ずい》と対等《たいとう》な立場《たちば》で
国《くに》と国《くに》との関係《かんけい》を
結《むす》ぼうと
したものだったため
煬帝《ようだい》はたいへん
怒《おこ》ったのだった
無礼《ぶれい》だ
無礼《ぶれい》だ
こんな国《くに》とは
交流《こうりゅう》しないぞ
ムキーッ
あわわ～
びくびく
お待《ま》ちください
*高句麗《コグリョ》との戦《たたか》いを
考《かんが》えると……
ひそひそ
まあ　倭《わ》(日本《にほん》)とは
手《て》を組《く》んでおいたほうが
いいわな
うーむ
*朝鮮半島《ちょうせんはんとう》にあった国《くに》
608年《ねん》
帰国《きこく》
隋《ずい》といい関係《かんけい》
結《むす》べましたよ
こちら隋《ずい》の使者《ししゃ》の
裴世清《はいせいせい》さん
ハジメマシテ
おかえり!!
同年《どうねん》
遣隋使《けんずいし》の責任者《せきにんしゃ》に
また選《えら》ばれた妹子《いもこ》は
留学生《りゅうがくせい》たちを連《つ》れて
隋《ずい》に渡《わた》った
隋《ずい》の文化《ぶんか》を
たくさん
吸収《きゅうしゅう》してきてね
みんな
隋《ずい》でたくさん
学《まな》ぶぞ!
おー!!
翌《よく》609年《ねん》　帰国《きこく》
最終的《さいしゅうてき》に「冠位十二階《かんいじゅうにかい》」(→P19)の
最高位《さいこうい》まで昇進《しょうしん》したという
エッヘン!

おもしろ知識《ちしき》

妹子《いもこ》は第《だい》1回《かい》の帰国途中《きこくとちゅう》に、隋《ずい》からの手紙《てがみ》をなくしてしまったという。これは盗《ぬす》まれたのではなく、内容《ないよう》が日本《にほん》を見下《みくだ》すものだったため、妹子《いもこ》がわざと捨《す》てたという説《せつ》がある。

天智天皇《てんじてんのう》・中臣鎌足《なかとみのかまたり》

天智天皇《てんじてんのう》／生没年《せいぼつねん》:626〜671年《ねん》　出身地《しゅっしんち》:大和《やまと》(奈良県《ならけん》)
中臣鎌足《なかとみのかまたり》／生没年《せいぼつねん》:614〜669年《ねん》　出身地《しゅっしんち》:大和《やまと》(奈良県《ならけん》)

天智天皇《てんじてんのう》（中大兄皇子《なかのおおえのおうじ》）は38代《だい》天皇《てんのう》、中臣鎌足《なかとみのかまたり》は飛鳥時代《あすかじだい》の貴族《きぞく》。協力《きょうりょく》して有力豪族《ゆうりょくごうぞく》の蘇我氏《そがし》をほろぼし、「大化《たいか》の改新《かいしん》」と呼《よ》ばれる改革《かいかく》をおこないました。

国外《こくがい》では663年《ねん》に唐《とう》（中国《ちゅうごく》）と新羅《シルラ》（朝鮮半島《ちょうせんはんとう》の国《くに》）の連合軍《れんごうぐん》に朝鮮《ちょうせん》で大敗《たいはい》（白村江《はくすきのえ》の戦《たたか》い）。その後《ご》は法令《ほうれい》や戸籍作《こせきづく》りに取《と》り組《く》み、国内《こくない》の制度《せいど》を固《かた》めました。

天智天皇《てんじてんのう》・中臣鎌足《なかとみのかまたり》がわかる！ 3つのキーワード

❶ 天皇中心《てんのうちゅうしん》	蘇我氏《そがし》をはじめ有力者《ゆうりょくしゃ》を次々倒《つぎつぎたお》し、天皇中心《てんのうちゅうしん》の政治《せいじ》を進《すす》めた。
❷ 制度改革《せいどかいかく》	都《みやこ》を近江《おうみ》（滋賀県《しがけん》）に移《うつ》し、そこでさまざまな制度作《せいどづく》りに取《と》り組《く》んだ。
❸ 信頼関係《しんらいかんけい》	長年《ながねん》の貢献《こうけん》に応《こた》えて、天智天皇《てんじてんのう》は鎌足《かまたり》の死後《しご》に「藤原《ふじわら》」の姓《せい》をあたえた。

蘇我氏《そがし》をほろぼし「大化《たいか》の改新《かいしん》」をおこなう

聖徳太子《しょうとくたいし》（→P18）の死後《しご》蘇我氏《そがし》はますます大《おお》きな権力《けんりょく》を持《も》った
ずーん
蘇我蝦夷《そがのえみし》・入鹿親子《いるかおやこ》
このまま蘇我氏《そがし》の好《す》き勝手《かって》にはさせん
ぐっ
中大兄皇子《なかのおおえのおうじ》の側近《そっきん》 中臣鎌足《なかとみのかまたり》
中大兄皇子《なかのおおえのおうじ》（のちの天智天皇《てんじてんのう》）
645年《ねん》中大兄皇子《なかのおおえのおうじ》と中臣鎌足《なかとみのかまたり》は入鹿《いるか》を殺害《さつがい》した
乙巳《いっし》の変《へん》
ズバッ
入鹿《いるか》の死《し》を知《し》った蝦夷《えみし》は屋敷《やしき》に火《ひ》をつけ自害《じがい》した
無念《むねん》……
ゴオオオオ…

おもしろ知識《ちしき》 中大兄皇子《なかのおおえのおうじ》と鎌足《かまたり》の出会《であ》いは、「けまり（まりをける遊《あそ》び）の会《かい》」でのこと。まりをけろうとした皇子《おうじ》がくつを飛《け》ばしてしまい、それを鎌足《かまたり》がすぐに拾《ひろ》ったことがきっかけといわれる。

天智天皇《てんじてんのう》・中臣鎌足《なかとみのかまたり》

これで蘇我氏《そがし》はほろびましたな
よし ＊豪族《ごうぞく》の力《ちから》を弱《よわ》め天皇家《てんのうけ》の力《ちから》を強《つよ》める改革《かいかく》をするぞ！
ばっ
＊各地《かくち》の有力者《ゆうりょくしゃ》
まずこれまで豪族《ごうぞく》が支配《しはい》していた土地《とち》を天皇《てんのう》のものとし
天《てん》皇《のう》
それを民《たみ》に貸《か》すことにする
さっ
さっ
わーい
ただししっかり税《ぜい》をおさめるんだよ
はーい…
中国《ちゅうごく》の制度《せいど》も参考《さんこう》にしたいですね彼《かれ》らにアドバイスをもらいましょう
中国《ちゅうごく》で長年《ながねん》学《まな》びました
元《もと》遣隋使《けんずいし》
(→P23)
高向玄理《たかむこのくろまろ》
僧旻《そうみん》
おーー!!
蘇我氏《そがし》をほろぼし天皇中心《てんのうちゅうしん》の体制《たいせい》を作《つく》り上《あ》げようとした一連《いちれん》の政治改革《せいじかいかく》を「大化《たいか》の改新《かいしん》」と呼《よ》ぶ
ばーーん!!
中大兄皇子《なかのおおえのおうじ》と鎌足《かまたり》は自分《じぶん》たちの改革《かいかく》のじゃまになりそうな人《ひと》たちを次々《つぎつぎ》に殺害《さつがい》していった
ひーっ

おもしろ知識《ちしき》 660年《ねん》、中大兄皇子《なかのおおえのおうじ》が日本《にほん》ではじめて水時計《みずどけい》（水《みず》の流《なが》れで時間《じかん》をはかる器具《きぐ》）を作《つく》ったという。目的《もくてき》は、役人《やくにん》たちに勤務時間《きんむじかん》を守《まも》らせるためだとか。

そのころ朝鮮半島《ちょうせんはんとう》では
日本《にほん》の友好国《ゆうこうこく》の＊百済《ペクチェ》が
唐《とう》（中国《ちゅうごく》）と＊新羅《シルラ》にほろぼされた
百済《ペクチェ》のものたちが復活《ふっかつ》の手助《てだす》けをしてほしいと
よし 朝鮮半島《ちょうせんはんとう》に兵《へい》を出《だ》すぞ！
＊ともに朝鮮半島《ちょうせんはんとう》にあった国《くに》
だが 唐《とう》と新羅《シルラ》の連合軍《れんごうぐん》に日本《にほん》は大敗北《だいはいぼく》
ボロボロ
うっ
白村江《はくすきのえ》の戦《たたか》い
唐《とう》や新羅《シルラ》が怒《おこ》って日本《にほん》に攻《せ》めてきたらたいへんだ
わたわた
中大兄皇子《なかのおおえのおうじ》は各地《かくち》に堤防《ていぼう》や城《しろ》を築《きず》き防人《さきもり》に北九州《きたきゅうしゅう》を守《まも》らせた
防人《さきもり》
その後《ご》 中大兄皇子《なかのおおえのおうじ》は都《みやこ》を近江《おうみ》の大津宮《おおつのみや》に移《うつ》し天智天皇《てんじてんのう》になった
そして鎌足《かまたり》とともに戸籍作《こせきづく》りや法《ほう》の整備《せいび》に取《と》り組《く》んだ
戸籍《こせき》があれば民《たみ》の支配《しはい》がより楽《らく》になりますな
ふむふむ
669年《ねん》 鎌足《かまたり》 死去《しきょ》 死《し》の直前《ちょくぜん》に「藤原《ふじわら》」の姓《せい》があたえられた
さまざまな改革《かいかく》ができたのもお前《まえ》のおかげだ
以後《いご》 鎌足《かまたり》の子孫《しそん》は朝廷内《ちょうていない》で大《おお》きな力《ちから》を持《も》つようになる
鎌足《かまたり》の子《こ》 藤原不比等《ふじわらのふひと》
不比等《ふひと》の子《こ》 藤原四兄弟《ふじわらよんきょうだい》

ことば解説《かいせつ》 天智天皇《てんじてんのう》と鎌足《かまたり》が中心《ちゅうしん》になって作《つく》った法令《ほうれい》を「近江令《おうみりょう》」、戸籍《こせき》を「庚午年籍《こうごねんじゃく》」という。これらの制度《せいど》を整《ととの》えることで、国《くに》を支配《しはい》するしくみがほぼ完成《かんせい》した。

歴史《れきし》ミステリー

権力者《けんりょくしゃ》の巨大《きょだい》な墓《はか》？ 古墳《こふん》の秘密《ひみつ》

●古墳時代《こふんじだい》とは？

大昔《おおむかし》の支配者《しはいしゃ》や実力者《じつりょくしゃ》たちは、自身《じしん》の権力《けんりょく》の大《おお》きさをアピールするような巨大《きょだい》な墓《はか》を作《つく》った。こうした墓《はか》は「古墳《こふん》」と呼《よ》ばれる。

卑弥呼《ひみこ》（↓P14）が死去《しきょ》した3世紀中《せいきなか》ごろから、聖徳太子《しょうとくたいし》（↓P18）や天智天皇《てんじてんのう》が活躍《かつやく》した飛鳥時代《あすかじだい》（6世紀末《せいきすえ》～8世《せい》紀初頭《きしょとう》）にかけて多《おお》く作《つく》られたため、この時代《じだい》を「古墳時代《こふんじだい》」と呼《よ》ぶ。

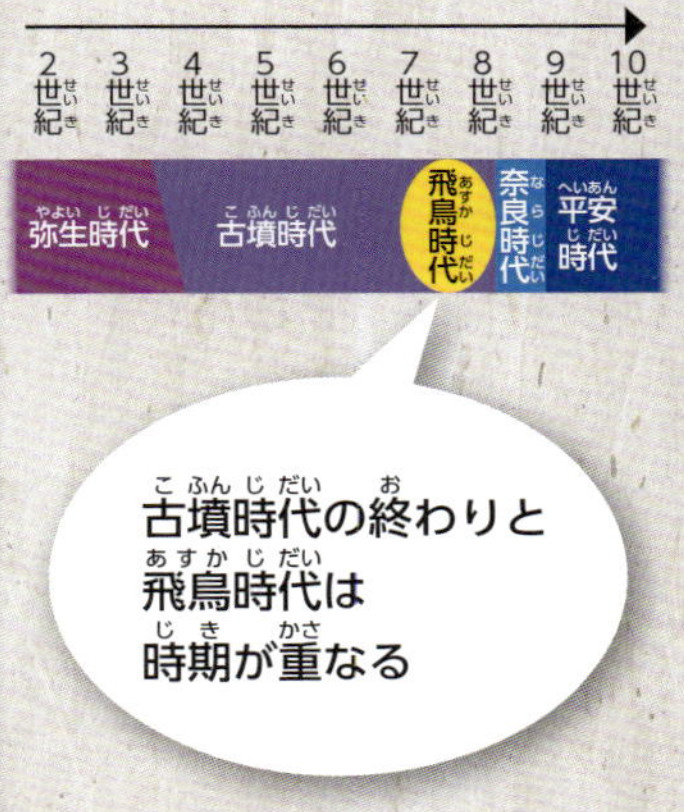
2世紀《せいき》
3世紀《せいき》
4世紀《せいき》
5世紀《せいき》
6世紀《せいき》
7世紀《せいき》
8世紀《せいき》
9世紀《せいき》
10世紀《せいき》
弥生時代《やよいじだい》
古墳時代《こふんじだい》
飛鳥時代《あすかじだい》
奈良時代《ならじだい》
平安時代《へいあんじだい》
古墳時代《こふんじだい》の終《お》わりと飛鳥時代《あすかじだい》は時期《じき》が重《かさ》なる

●その墓《はか》はだれの墓《はか》？

全国各地《ぜんこくかくち》に20万《まん》とも25万《まん》ともいわれる数多《かずおお》くの古墳《こふん》が残《のこ》っているが、埋葬《まいそう》された人物《じんぶつ》がはっきりしている古墳《こふん》は、天智天皇《てんじてんのう》の「御廟野古墳《ごびょうのこふん》」などごくわずか。本当《ほんとう》はだれの墓《はか》なのか、不明《ふめい》な場合《ばあい》がほとんどだ。

長《なが》い年月《ねんげつ》の間《あいだ》に古墳《こふん》が荒《あ》れてしまい、当時《とうじ》の状況《じょうきょう》がわからなくなってしまっていることが大《おお》きな理由《りゆう》だ。現在《げんざい》は、古墳《こふん》は神聖《しんせい》な場所《ばしょ》として国《くに》に保護《ほご》され、調査《ちょうさ》が制限《せいげん》されている。

卑弥呼《ひみこ》の墓《はか》とされる「箸墓古墳《はしはかこふん》」、蘇我馬子《そがのうまこ》（↓P18）の墓《はか》とされる「石舞台古墳《いしぶたいこふん》」、中臣鎌足《なかとみのかまたり》の墓《はか》とされる「阿武山古墳《あぶやまこふん》」なども、ひょっとしたらまったく別人《べつじん》の墓《はか》である可能《かのう》性《せい》もあるのだ。

石舞台古墳《いしぶたいこふん》（奈良県《ならけん》明日香村《あすかむら》）。巨石《きょせき》を積《つ》んで作《つく》られた一辺《いっぺん》約《やく》54メートルの壮大《そうだい》な古墳《こふん》。

写真提供：
明日香村教育委員会

阿武山古墳《あぶやまこふん》（大阪府《おおさかふ》高槻市《たかつきし》）。中央《ちゅうおう》の木《き》の下《した》に墓室《ぼしつ》があり、中《なか》のひつぎには60歳《さい》ほどの男性《だんせい》の遺体《いたい》が入《はい》っていた。

写真提供：
高槻市教育委員会

本当《ほんとう》にわたしたちの墓《はか》なのかな……

天武天皇《てんむてんのう》

生没年《せいぼつねん》:?～686年《ねん》　出身地《しゅっしんち》:大和《やまと》(奈良県《ならけん》)

壬申《じんしん》の乱《らん》に勝利《しょうり》し天皇《てんのう》の座《ざ》を勝《か》ち取《と》る

古事記
日本書紀

40代《だい》天皇《てんのう》。天智天皇《てんじてんのう》の弟《おとうと》で、妻《つま》は41代天皇《だいてんのう》の持統天皇《じとうてんのう》。天智天皇《てんじてんのう》の死後《しご》、その息子《むすこ》の大友皇子《おおとものおうじ》（弘《こう》文天皇《ぶんてんのう》）との戦《たたか》い（壬申《じんしん》の乱《らん》）に勝利《しょうり》して天皇《てんのう》になると、兄《あに》同様《どうよう》、天皇《てんのう》を中心《ちゅうしん》とした政治体制《せいじたいせい》を整《ととの》えました。

『古事記《こじき》』『日本書紀《にほんしょき》』といった歴史書《れきししょ》の作成《さくせい》を命《めい》じたことでも有《ゆう》名《めい》です。

天武天皇《てんむてんのう》がわかる!　3つのキーワード

❶ おいと対決《たいけつ》	自分《じぶん》のおい（天智天皇《てんじてんのう》の子《こ》）と、天皇《てんのう》の座《ざ》をかけて争《あらそ》った。
❷ 歴史書《れきししょ》	日本最古《にほんさいこ》の歴史書《れきししょ》である『古事記《こじき》』と『日本書紀《にほんしょき》』を作《つく》らせた。
❸ 妻《つま》も天皇《てんのう》	政治《せいじ》に協力《きょうりょく》していた妻《つま》が、天武天皇《てんむてんのう》の死後《しご》、天皇《てんのう》になった。

天智天皇《てんじてんのう》の弟《おとうと》
大海人皇子《おおあまのおうじ》
(のち天武天皇《てんむてんのう》)
天智天皇《てんじてんのう》
次期《じき》天皇《てんのう》の座《ざ》は息子《むすこ》にゆずるから
次《つぎ》はわたしのはずだったのに
天智天皇《てんじてんのう》の子《こ》
大友皇子《おおとものおうじ》
大海人皇子《おおあまのおうじ》は身《み》の危険《きけん》を感《かん》じ出家《しゅっけ》して僧《そう》になった
じゃまものの自分《じぶん》は殺《ころ》されてしまう……
ジロッ
ダッ
671年《ねん》天智天皇《てんじてんのう》が死去《しきょ》
翌年《よくねん》天皇《てんのう》の座《ざ》をめぐって戦《いくさ》が起《お》こり
壬申《じんしん》の乱《らん》
大海人皇子《おおあまのおうじ》が勝利《しょうり》した
かち
まけ
ボロボロ
673年《ねん》　天皇《てんのう》の座《ざ》につくと
妻《つま》と協力《きょうりょく》してもっともっと天皇《てんのう》を中心《ちゅうしん》とした国《くに》づくりを進《すす》めるぞ!
のちの持統天皇《じとうてんのう》→

おもしろ知識《ちしき》　兄《あに》の天智天皇《てんじてんのう》とは、兄弟仲《きょうだいなか》があまりよくなかった。あるとき天武天皇《てんむてんのう》が、天智天皇《てんじてんのう》の目《め》の前《まえ》の床《ゆか》に槍《やり》を突《つ》き刺《さ》し、怒《いか》りを爆発《ばくはつ》させたというエピソードが残《のこ》っている。

天武天皇《てんむてんのう》

新《あたら》しい身分制度《みぶんせいど》
（八色《やくさ》の姓《かばね》）を作《つく》り
＊豪族《ごうぞく》たちを
支配《しはい》するとともに
ギロッ
ずーん
＊各地《かくち》の有力者《ゆうりょくしゃ》
日本《にほん》のこれまでの歴史《れきし》を
書物《しょもつ》にまとめる事業《じぎょう》にも
とりかかった
天皇
日本《にほん》を作《つく》った神様《かみさま》の子孫《しそん》が天皇家《てんのうけ》なのだ
天皇家《てんのうけ》による
支配《しはい》の
正《ただ》しさを示《しめ》すためである
きちんと記録《きろく》に残《のこ》しておかないと
「天皇《てんのう》」や
「日本《にほん》」という言葉《ことば》が
使《つか》われるように
なったのは
天武天皇《てんむてんのう》の代《だい》だと
いわれている
名《な》づけ親《おや》だよ
日
本
686年《ねん》　死去《しきょ》
4年後《ねんご》　天武天皇《てんむてんのう》の妻《つま》が
次《つぎ》の天皇《てんのう》になった
夫《おっと》が計画《けいかく》していた
日本初《にほんはつ》の＊都城《とじょう》
藤原京《ふじわらきょう》を作《つく》りました
持統天皇《じとうてんのう》
＊周囲《しゅうい》を壁《かべ》で囲《かこ》んだ都市《とし》
天武天皇《てんむてんのう》の命《めい》じた歴史書作《れきししょづく》りは
天武天皇《てんむてんのう》や持統天皇《じとうてんのう》の
死後《しご》に完成《かんせい》した
古事記《こじき》
712年《ねん》　完成《かんせい》
日本書紀《にほんしょき》
720年《ねん》　完成《かんせい》
ごくろうさん！
ばっ
父上《ちちうえ》
完成《かんせい》しました！
舎人親王《とねりしんのう》
太安万侶《おおのやすまろ》

おもしろ知識《ちしき》　天武天皇《てんむてんのう》がいつ生《う》まれたのかは、よくわかっていない。そのため、「天武天皇《てんむてんのう》は天智天皇《てんじてんのう》の弟《おとうと》ではなく、兄《あに》だった」という説《せつ》もある。

聖《しょう》武《む》天《てん》皇《のう》

生没年《せいぼつねん》:701〜756年《ねん》　出身地《しゅっしんち》:大和《やまと》（奈良県《ならけん》）

平和《へいわ》を願《ねが》い
東大寺《とうだいじ》に大仏《だいぶつ》を作《つく》る

45代天皇《だいてんのう》。天武天皇《てんむてんのう》のひ孫《まご》。妻《つま》の光明皇后《こうみょうこうごう》とともに仏教《ぶっきょう》を深《ふか》く信《しん》じ、国分寺《こくぶんじ》・国分尼寺《こくぶんにじ》という寺《てら》を全国《ぜんこく》に作《つく》り、奈良《なら》の東大寺《とうだいじ》をその総本山《そうほんざん》とします。仏教《ぶっきょう》の力《ちから》で国《くに》を守《まも》るため巨大《きょだい》な大仏作《だいぶつづく》りを進《すす》め、9年《ねん》あまりの時間《じかん》をかけて752年《ねん》に完成《かんせい》させました。

一方《いっぽう》で唐《とう》（中国《ちゅうごく》）に使者《ししゃ》（遣唐使《けんとうし》）を送《おく》り、交流《こうりゅう》を進《すす》めました。

聖武天皇《しょうむてんのう》がわかる！　3つのキーワード

❶ 仏教《ぶっきょう》	お寺《てら》や大仏《だいぶつ》を作《つく》って仏教《ぶっきょう》の力《ちから》を借《か》りることで、国《くに》の平和《へいわ》を願《ねが》った。
❷ 天平文化《てんぴょうぶんか》	聖武天皇《しょうむてんのう》の時代《じだい》、大陸《たいりく》の影響《えいきょう》を強《つよ》く受《う》けた天平文化《てんぴょうぶんか》が花開《はなひら》いた。
❸ 妻《つま》	妻《つま》の光明皇后《こうみょうこうごう》は中臣鎌足《なかとみのかまたり》（→P24）の孫《まご》で、皇族出身《こうぞくしゅっしん》でない初《はつ》の皇后《こうごう》。

710年《ねん》　元明天皇《げんめいてんのう》が奈良《なら》に新《あたら》しい都《みやこ》平城京《へいじょうきょう》を作《つく》った
以後《いご》　奈良《なら》に都《みやこ》があった約《やく》80年間《ねんかん》を「奈良時代《ならじだい》」という
724年《ねん》　45代天皇《だいてんのう》　聖武天皇《しょうむてんのう》が即位《そくい》した
ぐら
ぐら
うう…
地震《じしん》だっ
くるしい…
ギラ
ギラ
くたっ
稲《いね》が…!!
災害《さいがい》や病気《びょうき》の広《ひろ》がりで多《おお》くの人《ひと》が死《し》んでしまった
民《たみ》は疲《つか》れはて反乱《はんらん》を起《お》こす貴族《きぞく》もあらわれたこの危機《きき》を乗《の》りきるためには
聖武天皇《しょうむてんのう》の妻《つま》
光明皇后《こうみょうこうごう》

おもしろ知識《ちしき》　聖武天皇《しょうむてんのう》は大仏作《だいぶつづく》りにふさわしい場所《ばしょ》になやみ、恭仁京《くにきょう》、紫香楽宮《しがらきのみや》、難波京《なにわきょう》と３回《かい》も都《みやこ》を移《うつ》した。しかし、息子《むすこ》が病気《びょうき》になったり、山火事《やまかじ》や地震《じしん》が起《お》きたりして、結局《けっきょく》は元《もと》の平城京《へいじょうきょう》にもどった。

聖武天皇《しょうむてんのう》

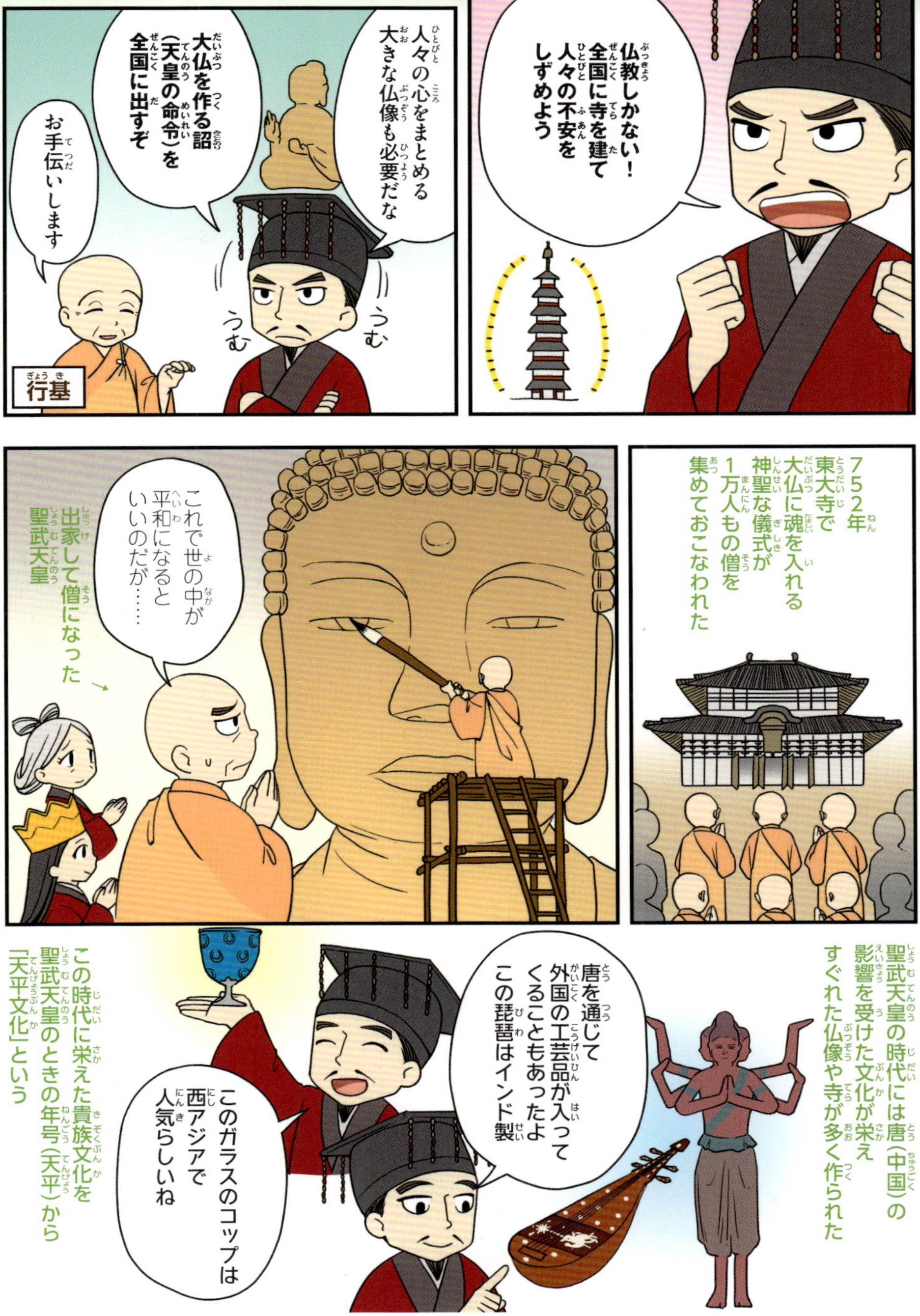
仏教《ぶっきょう》しかない！
全国《ぜんこく》に寺《てら》を建《た》て
人々《ひとびと》の不安《ふあん》を
しずめよう
人々《ひとびと》の心《こころ》をまとめる
大《おお》きな仏像《ぶつぞう》も必要《ひつよう》だな
大仏《だいぶつ》を作《つく》る詔《みことのり》
(天皇《てんのう》の命令《めいれい》)を
全国《ぜんこく》に出《だ》すぞ
うむ
うむ
お手伝《てつだ》いします
行基《ぎょうき》
752年《ねん》
東大寺《とうだいじ》で
大仏《だいぶつ》に魂《たましい》を入《い》れる
神聖《しんせい》な儀式《ぎしき》が
1万人《まんにん》もの僧《そう》を
集《あつ》めておこなわれた
出家《しゅっけ》して僧《そう》になった
聖武天皇《しょうむてんのう》
これで世《よ》の中《なか》が
平和《へいわ》になると
いいのだが……
聖武天皇《しょうむてんのう》の時代《じだい》には唐《とう》(中国《ちゅうごく》)の
影響《えいきょう》を受《う》けた文化《ぶんか》が栄《さか》え
すぐれた仏像《ぶつぞう》や寺《てら》が多《おお》く作《つく》られた
唐《とう》を通《つう》じて
外国《がいこく》の工芸品《こうげいひん》が入《はい》って
くることもあったよ
この琵琶《びわ》はインド製《せい》
このガラスのコップは
西《にし》アジアで
人気《にんき》らしいね
この時代《じだい》に栄《さか》えた貴族文化《きぞくぶんか》を
聖武天皇《しょうむてんのう》のときの年号《ねんごう》(天平《てんぴょう》)から
「天平文化《てんぴょうぶんか》」という

おもしろ知識《ちしき》 大仏作《だいぶつづく》りには９年以上《ねんいじょう》の期間《きかん》と、たいへんな費用《ひよう》と人手《ひとで》がかかった。当時《とうじ》の人口《じんこう》のおよそ半分《はんぶん》、のべ260万人《まんにん》が工事《こうじ》に参加《さんか》したという。

僧《そう》

行基《ぎょうき》

生没年《せいぼつねん》:668〜749年《ねん》　出身地《しゅっしんち》:和泉《いずみ》(大阪府《おおさかふ》)

仏《ほとけ》の教《おし》えを 広《ひろ》めながら
社会事業《しゃかいじぎょう》に取《と》り組《く》む

奈良時代《ならじだい》の僧《そう》。各地《かくち》をめぐり歩《ある》いて仏教《ぶっきょう》の教《おし》えを広《ひろ》めるとともに、民衆《みんしゅう》を指導《しどう》して橋《はし》や堤防《ていぼう》に井戸《いど》、道路《どうろ》などを作《つく》ったり、税《ぜい》を運《はこ》ぶ農民《のうみん》たちが休息《きゅうそく》する施設《しせつ》を用意《ようい》したり、社会事業《しゃかいじぎょう》に取《と》り組《く》みました。

最初《さいしょ》は国《くに》から活動《かつどう》を禁止《きんし》されましたが、のちにゆるされ、東大寺《とうだいじ》の大仏《だいぶつ》づくりなど国《くに》の事業《じぎょう》にも協力《きょうりょく》しました。

行基《ぎょうき》がわかる!　3つのキーワード

❶ 旅《たび》	日本各地《にほんかくち》を歩《ある》いて回《まわ》り、一般《いっぱん》の人々《ひとびと》に仏教《ぶっきょう》の教《おし》えを説《と》いた。
❷ 社会事業《しゃかいじぎょう》	行《い》く先々《さきざき》で橋《はし》や堤防《ていぼう》を作《つく》るなど、人々《ひとびと》のために貢献《こうけん》した。
❸ 奈良《なら》の大仏《だいぶつ》	東大寺《とうだいじ》の大仏《だいぶつ》(奈良《なら》の大仏《だいぶつ》)作《づく》りにおいて、重要《じゅうよう》な役割《やくわり》をはたした。

行基《ぎょうき》は各地《かくち》を歩《ある》いて
仏教《ぶっきょう》の教《おし》えを広《ひろ》めながら
人々《ひとびと》のために橋《はし》・堤防《ていぼう》・
井戸《いど》作《づく》りなどの
指導《しどう》をおこなった
また
地方《ちほう》から都《みやこ》へ税《ぜい》を運《はこ》ぶ
農民《のうみん》たちのことを
考《かんが》え
食《た》べ物《もの》や休《やす》む場所《ばしょ》を
無料《むりょう》で提供《ていきょう》した
はい どうぞ
ほかほか
ありがとう ございます

おもしろ知識《ちしき》　行基《ぎょうき》は全国各地《ぜんこくかくち》を歩《ある》き回《まわ》った僧《そう》として知《し》られる。そのため、行基《ぎょうき》が発見《はっけん》し、整備《せいび》したという伝説《でんせつ》が残《のこ》る温泉《おんせん》が日本各地《にほんかくち》にある。

行基《ぎょうき》は朝廷《ちょうてい》から活動《かつどう》を禁止《きんし》されたが
民《たみ》に勝手《かって》に仏教《ぶっきょう》を教《おし》えるな
わたしはただ苦《くる》しんでいる人《ひと》を救《すく》いたいんだ
生《い》き仏《ぼとけ》さま
行基仏《ぎょうきぼとけ》さま
菩薩《ぼさつ》さま
やがて朝廷《ちょうてい》も行基《ぎょうき》の活動《かつどう》をゆるすようになった
76歳《さい》になった行基《ぎょうき》に聖武天皇《しょうむてんのう》が大仏作《だいぶつづく》りへの協力《きょうりょく》を求《もと》めてきた
多《おお》くの民《たみ》に仏教《ぶっきょう》を広《ひろ》げたい そのためにはみんなで大仏《だいぶつ》を作《つく》ることに意味《いみ》があるのだ
わかりました
ぎゅっ
聖武天皇《しょうむてんのう》
行基《ぎょうき》は弟子《でし》たちと各地《かくち》を回《まわ》り
大仏建設《だいぶつけんせつ》への参加《さんか》やお金《かね》の寄付《きふ》を人々《ひとびと》に呼《よ》びかけた
78歳《さい》のときに大仏作《だいぶつづく》りへの貢献《こうけん》がみとめられ僧《そう》の最高《さいこう》の位《くらい》である「大僧正《だいそうじょう》」が聖武天皇《しょうむてんのう》よりあたえられた
パチ パチ
だが749年《ねん》大仏《だいぶつ》の完成《かんせい》を見《み》ることなく82歳《さい》でこの世《よ》を去《さ》った
ざんねん…
必《かなら》ず完成《かんせい》させるからね
ぐっ

おもしろ知識《ちしき》 現存《げんぞん》するもっとも古《ふる》い日本地図《にほんちず》には、「行基図《ぎょうきず》」という名《な》がついている。実際《じっさい》に行基《ぎょうき》が作《つく》ったかどうかは不明《ふめい》だが、全国《ぜんこく》を歩《ある》き回《まわ》った行基《ぎょうき》なら、そうした地図《ちず》を作《つく》ることも可能《かのう》だったかもしれない。

鑑真《がんじん》

生没年《せいぼつねん》:688～763年《ねん》　出身地《しゅっしんち》:唐《とう》（中国《ちゅうごく》）

唐《とう》（中国《ちゅうごく》）から日本《にほん》に来《き》た奈良《なら》時代《じだい》の僧《そう》。戒律《かいりつ》（僧《そう》が守《まも》るべきルール）にくわしい僧《そう》を必要《ひつよう》としていた聖武天皇《しょうむてんのう》の願《ねが》いを受《う》け、日本《にほん》へ渡《わた》ることを決意《けつい》。渡航《とこう》の失敗《しっぱい》や失明《しつめい》の危機《きき》などを乗《の》り越《こ》え、753年《ねん》、66歳《さい》でついに来日《らいにち》に成功《せいこう》。

その後《ご》は日本《にほん》の仏教発展《ぶっきょうはってん》のために力《ちから》を注《そそ》ぎ、奈良《なら》に唐招提寺《とうしょうだいじ》を建《た》てました。

渡航失敗《とこうしっぱい》を乗《の》り越《こ》え来日《らいにち》

鑑真《がんじん》がわかる!　3つのキーワード

1. **唐《とう》の僧《そう》**　仏教《ぶっきょう》の最先端《さいせんたん》の国《くに》である唐《とう》から、日本《にほん》にやってきた。
2. **6度《ど》の挑戦《ちょうせん》**　何度《なんど》も渡航《とこう》に失敗《しっぱい》し、目《め》もほとんど見《み》えなくなったが、来日《らいにち》をはたした。
3. **戒律《かいりつ》**　それまで不完全《ふかんぜん》だった、日本《にほん》の仏教《ぶっきょう》におけるルールを整《ととの》えた。

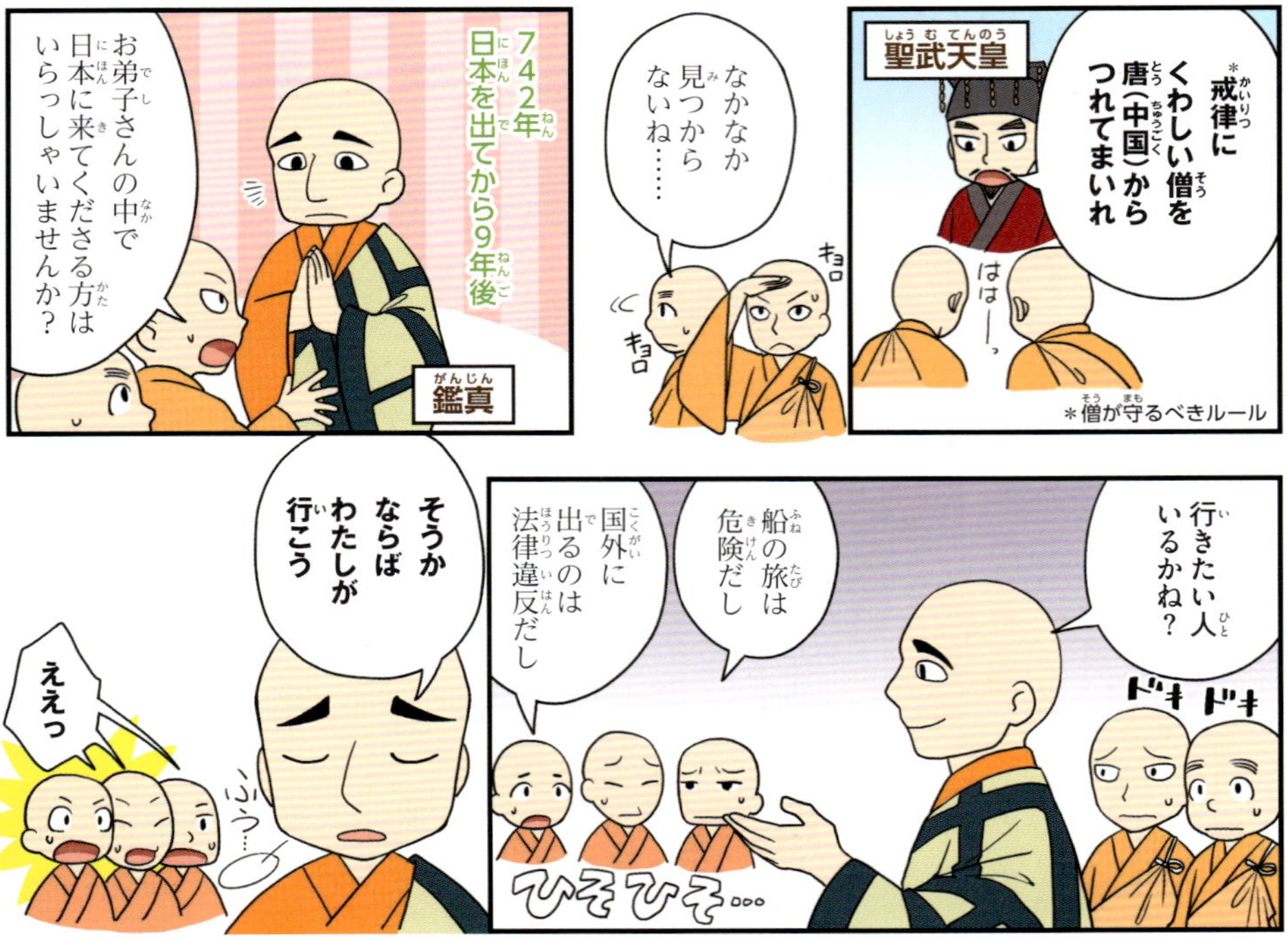
聖武天皇《しょうむてんのう》
*戒律《かいりつ》にくわしい僧《そう》を唐《とう》（中国《ちゅうごく》）からつれてまいれ
ははーっ
なかなか見《み》つからないね……
キョロ
キョロ
742年《ねん》日本《にほん》を出《で》てから9年後《ねんご》
お弟子《でし》さんの中《なか》で日本《にほん》に来《き》てくださる方《かた》はいらっしゃいませんか？
鑑真《がんじん》
＊僧《そう》が守《まも》るべきルール
行《い》きたい人《ひと》いるかね？
ドキ
ドキ
船《ふね》の旅《たび》は危険《きけん》だし
国外《こくがい》に出《で》るのは法律違反《ほうりついはん》だし
ひそひそ…
そうかならばわたしが行《い》こう
ふう…
ええっ

おもしろ知識《ちしき》　鑑真《がんじん》は日本《にほん》の僧《そう》から聖徳太子《しょうとくたいし》（→P18）の話《はなし》を聞《き》いたとき、「死後《しご》に日本《にほん》で生《う》まれ変《か》わり、仏教《ぶっきょう》をさかんにした僧《そう》の伝説《でんせつ》」を思《おも》い出《だ》し、その共通点《きょうつうてん》の多《おお》さにおどろいたという。

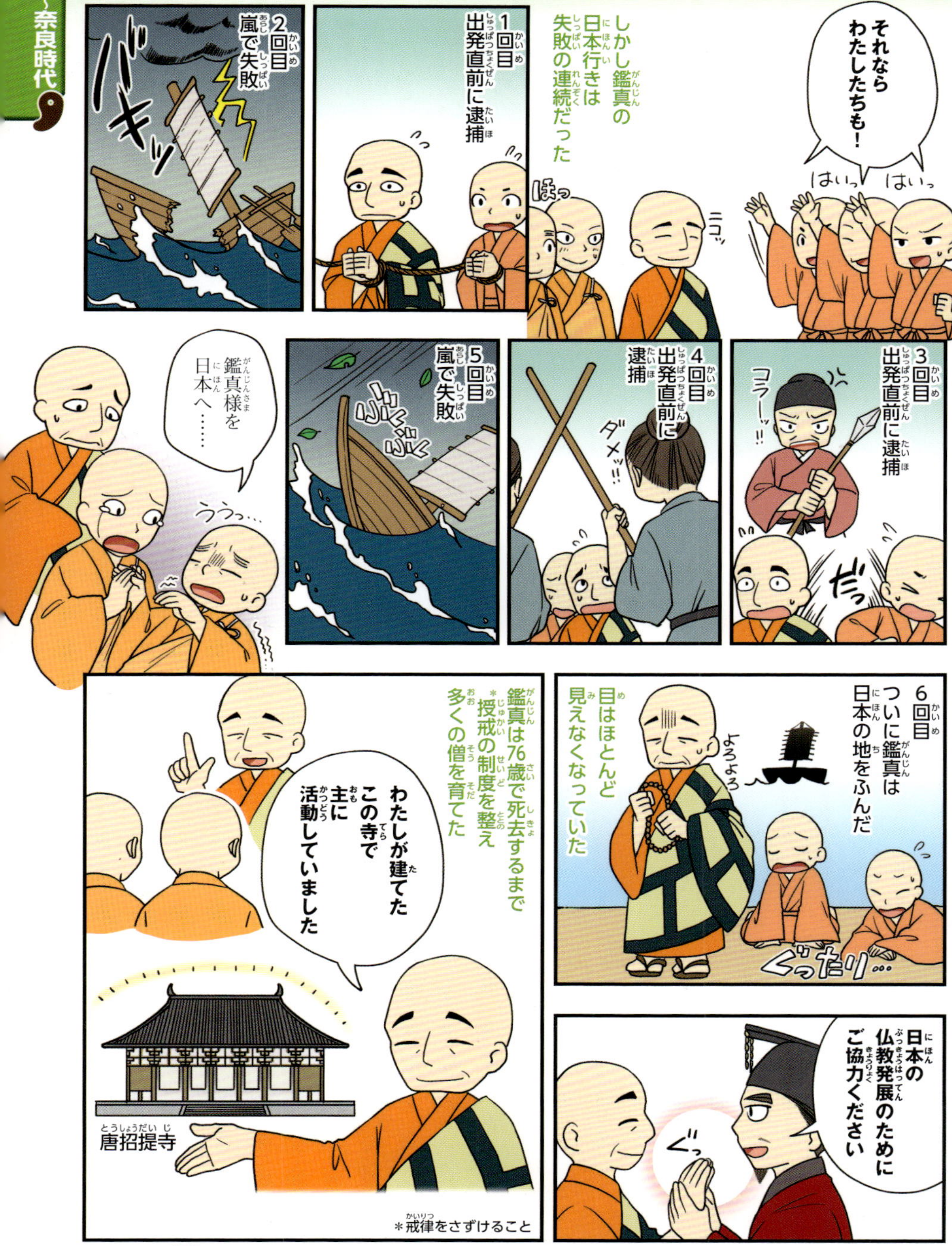
それならわたしたちも！
はいっ
はいっ
ニコッ
ほっ
しかし鑑真《がんじん》の日本《にほん》行《い》きは失敗《しっぱい》の連続《れんぞく》だった
1回目《かいめ》
出発直前《しゅっぱつちょくぜん》に逮捕《たいほ》
2回目《かいめ》
嵐《あらし》で失敗《しっぱい》
バキッ
3回目《かいめ》
出発直前《しゅっぱつちょくぜん》に逮捕《たいほ》
コラーッ!!
ダッ
4回目《かいめ》
出発直前《しゅっぱつちょくぜん》に逮捕《たいほ》
ダメッ!!
5回目《かいめ》
嵐《あらし》で失敗《しっぱい》
ぶくぶく
鑑真様《がんじんさま》を日本《にほん》へ……
ううっ…
6回目《かいめ》
ついに鑑真《がんじん》は日本《にほん》の地《ち》をふんだ
目《め》はほとんど見《み》えなくなっていた
よろよろ
ぐったり…
日本《にほん》の仏教発展《ぶっきょうはってん》のためにご協力《きょうりょく》ください
ぐっ
鑑真《がんじん》は76歳《さい》で死去《しきょ》するまで*授戒《じゅかい》の制度《せいど》を整《ととの》え多《おお》くの僧《そう》を育《そだ》てた
わたしが建《た》てたこの寺《てら》で主《おも》に活動《かつどう》していました
唐招提寺《とうしょうだいじ》
*戒律《かいりつ》をさずけること

おもしろ知識《ちしき》
唐招提寺《とうしょうだいじ》にある国宝《こくほう》の「鑑真和上坐像《がんじんわじょうざぞう》」は、鑑真《がんじん》の死《し》の直後《ちょくご》に作《つく》られたもので、日本《にほん》でもっとも古《ふる》い肖像《しょうぞう》彫刻《ちょうこく》（実在《じつざい》する人物《じんぶつ》をモデルに作《つく》った像《ぞう》）とされている。

弥生《やよい》〜奈良編《ならへん》 国《くに》を守《まも》った仏教《ぶっきょう》

出席者《しゅっせきしゃ》

卑弥呼《ひみこ》　聖徳太子《しょうとくたいし》　聖武天皇《しょうむてんのう》　行基《ぎょうき》　鑑真《がんじん》

司会《しかい》をつとめる邪馬台国女王《やまたいこくじょおう》の卑弥呼《ひみこ》です。古代《こだい》は、仏教《ぶっきょう》が重要視《じゅうようし》された時代《じだい》でしたね。さて、みなさんと仏教《ぶっきょう》のかかわりについて教《おし》えてください。

仏教《ぶっきょう》などの教《おし》えをもとに、新《あたら》しい社会《しゃかい》のルールを作《つく》りました。

災害《さいがい》や反乱《はんらん》など、社会《しゃかい》の不安《ふあん》をおさえるために仏教《ぶっきょう》を広《ひろ》めました。

貧《まず》しい人々《ひとびと》に仏教《ぶっきょう》を伝《つた》えるとともに、聖武天皇《しょうむてんのう》に協力《きょうりょく》して、東大寺《とうだいじ》の大仏作《だいぶつづく》りにかかわりました。

危険《きけん》をおかして中国《ちゅうごく》から来日《らいにち》して、日本《にほん》に戒律《かいりつ》（僧《そう》が守《まも》るべきルール）を伝《つた》えました。

みなさん、日本《にほん》の安定《あんてい》のため、仏教《ぶっきょう》の発展《はってん》に努力《どりょく》されたんですね。わたしの時代《じだい》には仏教《ぶっきょう》はまだ、伝《つた》わっていなかったですからね。この中《なか》で、仏教《ぶっきょう》を広《ひろ》めるのにいちばん貢献《こうけん》したのはどなたでしょう？

行基《ぎょうき》さんや鑑真《がんじん》さんを日本《にほん》の仏教《ぶっきょう》のため取《と》り立《た》てたのはわたしです。仏教《ぶっきょう》で国《くに》をおさめようとしたわたしが貢献度《こうけんど》も高《たか》いのでは？

でもそれなら、聖徳太子《しょうとくたいし》さんのほうが先《さき》に仏教《ぶっきょう》で国《くに》をおさめようとしていましたよ？

あっ、そうか。

日本《にほん》に仏教《ぶっきょう》が根《ね》づいたのは聖徳太子《しょうとくたいし》さんのおかげですもんね。

たしかにわたしは日本《にほん》ではじめて仏《ぶっ》教《きょう》を広《ひろ》めた人物《じんぶつ》といわれていますが、それはみなさんよりも時代《じだい》が早《はや》かっただけですから……。

卑弥呼《ひみこ》さんは、だれがいちばん貢献《こうけん》したと思《おも》いますか？

うむむ。困《こま》りましたね。よし、占《うらな》いで決《き》めましょう。

え？　占《うらな》い？
仏教《ぶっきょう》と関係《かんけい》ないんじゃ……？

2章《しょう》 平《へい》安《あん》時《じ》代《だい》

平安時代《へいあんじだい》のできごと早《はや》わかり

藤原氏《ふじわらし》の全盛《ぜんせい》と武士《ぶし》の成長《せいちょう》

桓武天皇《かんむてんのう》が都《みやこ》を京都《きょうと》の平安京《へいあんきょう》に移《うつ》した794年《ねん》から約《やく》400年間《ねんかん》を、平安時代《へいあんじだい》といいます。平安時代中期《へいあんじだいちゅうき》になると、政治《せいじ》の実権《じっけん》は天皇《てんのう》から有力貴族《ゆうりょくきぞく》の藤《ふじ》原氏《わらし》に移《うつ》ります。

後期《こうき》になると、天皇《てんのう》をしりぞいた上皇《じょうこう》による政治《せいじ》（院政《いんせい》）がおこなわれ、藤原氏《ふじわらし》の権力《けんりょく》は低《てい》下《か》。また、武士《ぶし》の存在感《そんざいかん》も増《ま》していきました。

P13から

794年《ねん》 平安京《へいあんきょう》へ都《みやこ》が移《うつ》る

桓武天皇《かんむてんのう》
（→ P40）

801年《ねん》 坂上田村麻呂《さかのうえのたむらまろ》が東北《とうほく》の蝦夷《えみし》を攻《せ》める

坂上田村麻呂《さかのうえのたむらまろ》
（→ P42）

806年《ねん》 天台宗《てんだいしゅう》・真言宗《しんごんしゅう》が開《ひら》かれる

最澄《さいちょう》
（→ P44）

空海《くうかい》
（→ P44）

866年《ねん》 藤原良房《ふじわらのよしふさ》が摂政《せっしょう》になり藤原氏《ふじわらし》の権力《けんりょく》が大《おお》きくなる（摂関政治《せっかんせいじ》のはじまり）

894年《ねん》 遣唐使《けんとうし》が廃止《はいし》になる

菅原道真《すがわらのみちざね》
（→ P51）

935年《ねん》～940年《ねん》 平将門《たいらのまさかど》の乱《らん》

平将門《たいらのまさかど》
（→ P46）

939年《ねん》～941年《ねん》 藤原純友《ふじわらのすみとも》の乱《らん》

藤原純友《ふじわらのすみとも》
（→ P46）

超重要《ちょうじゅうよう》！　大切《たいせつ》　覚《おぼ》えたい　文化《ぶんか》に関《かん》すること

10世紀後半《せいきこうはん》
〜11世紀中《せいきなか》ごろ

*国風文化《こくふうぶんか》が栄《さか》える

*日本《にほん》の風土《ふうど》に合《あ》った貴族文化《きぞくぶんか》。

清少納言《せいしょうなごん》 （→ P54）
紫式部《むらさきしきぶ》 （→ P54）
紀貫之《きのつらゆき》 （→ P58）
小野小町《おののこまち》 （→ P58）

11世紀《せいき》はじめ

『枕草子《まくらのそうし》』『源氏物語《げんじものがたり》』が完成《かんせい》

清少納言《せいしょうなごん》 （→ P54）
紫式部《むらさきしきぶ》 （→ P54）

1016年《ねん》

藤原道長《ふじわらのみちなが》が摂政《せっしょう》になる

藤原道長《ふじわらのみちなが》 （→ P52）

1053年《ねん》

平等院鳳凰堂《びょうどういんほうおうどう》が完成《かんせい》する

藤原頼通《ふじわらのよりみち》

1086年《ねん》

院政《いんせい》がはじまる

白河天皇《しらかわてんのう》（上皇《じょうこう》） （→ P60）

1156年《ねん》

保元《ほうげん》の乱《らん》

平清盛《たいらのきよもり》 （→ P62）
源義朝《みなもとのよしとも》

1159年《ねん》

平治《へいじ》の乱《らん》

平清盛《たいらのきよもり》 （→ P62）
VS
源義朝《みなもとのよしとも》

1167年《ねん》

平清盛《たいらのきよもり》が太政大臣《だいじょうだいじん》になり平氏《へいし》が大《おお》きな権力《けんりょく》をにぎる

平清盛《たいらのきよもり》 （→ P62）

平氏《へいし》がほろび鎌倉幕府《かまくらばくふ》が誕生《たんじょう》

P68
につづく

桓武天皇《かんむてんのう》

生没年《せいぼつねん》:737〜806年《ねん》　出身地《しゅっしんち》:大和《やまと》（奈良県《ならけん》）

平安京
長岡京
"千年《せんねん》の都《みやこ》"
平安京《へいあんきょう》の生《う》みの親《おや》

50代天皇《だいてんのう》。父《ちち》は49代天皇《だいてんのう》の光仁《こうにん》天皇《てんのう》で、曾祖父《そうそふ》は天智天皇《てんじてんのう》（→P24）。784年《ねん》に平城京《へいじょうきょう》から長岡《ながおか》京《きょう》へ、794年《ねん》には平安京《へいあんきょう》へ都《みやこ》を移《うつ》しました。

この平安京《へいあんきょう》の造営工事《ぞうえいこうじ》と、蝦夷《えみし》（朝廷《ちょうてい》の支配《しはい》に抵抗《ていこう》していた東北《とうほく》地方《ちほう》の人々《ひとびと》）への軍事行動《ぐんじこうどう》に力《ちから》を注《そそ》ぎました。しかし、どちらも805年《ねん》に中断《ちゅうだん》しています。

桓武天皇《かんむてんのう》がわかる！　3つのキーワード

❶平安京《へいあんきょう》	あいつぐ困難《こんなん》にもめげず、千年《せんねん》つづく平安京《へいあんきょう》をつくりあげた。
❷仏教《ぶっきょう》	最澄《さいちょう》や空海《くうかい》（→P44）を中国《ちゅうごく》に送《おく》り、新《あら》たな仏教《ぶっきょう》の担《にな》い手《て》を育《そだ》てた。
❸行動力《こうどうりょく》	さまざまな新《あたら》しい政策《せいさく》を進《すす》めたが、強引《ごういん》さに不満《ふまん》を持《も》つ人《ひと》もいたという。

781年《ねん》即位《そくい》した桓武天皇《かんむてんのう》は対立《たいりつ》する有力貴族《ゆうりょくきぞく》や仏教勢力《ぶっきょうせいりょく》を何《なん》とかしようと考《かんが》えた
桓武《かんむ》キライ
有力貴族《ゆうりょくきぞく》
仏教勢力《ぶっきょうせいりょく》
仏《ほとけ》にさからってはいけません
よしっ平城京《へいじょうきょう》を捨《す》てて都《みやこ》を新《あたら》しくしよう
役人《やくにん》も有能《ゆうのう》なものに変《か》えるぞ
新《あたら》しい都《みやこ》は山背国《やましろのくに》（京都府《きょうとふ》）の長岡《ながおか》に造《つく》られた
新《あたら》しい都《みやこ》には勝手《かって》に寺《てら》を造《つく》らせないぞ
作業《さぎょう》を急《いそ》げっ種継《たねつぐ》！
はい！
長岡京《ながおかきょう》の造営責任者《ぞうえいせきにんしゃ》
藤原種継《ふじわらのたねつぐ》
ところが種継《たねつぐ》は桓武天皇《かんむてんのう》の政治《せいじ》に反発《はんぱつ》するものたちに暗殺《あんさつ》されてしまった
いったいだれが……
ばたんっ

おもしろ知識《ちしき》　桓武天皇《かんむてんのう》は、それまでの主流《しゅりゅう》だった天武天皇《てんむてんのう》（→P28）の流《なが》れをくむ天皇《てんのう》ではなく、天智天皇《てんじてんのう》（→P24）の流《なが》れをくむ天皇《てんのう》だった。

犯人《はんにん》として
桓武天皇《かんむてんのう》の弟《おとうと》の
早良親王《さわらしんのう》が
とらえられた
早良親王《さわらしんのう》は食事《しょくじ》を
いっさいとらずに
死《し》んでしまった
やってないんだ
ここから出《だ》さなきゃ
死《し》んでも食《た》べるもんか
早良親王《さわらしんのう》
早良親王《さわらしんのう》の死後《しご》
桓武天皇《かんむてんのう》の后《きさき》や母《はは》が
次々《つぎつぎ》亡《な》くなる
これは……
早良親王《さわらしんのう》の
怨念《おんねん》だ
また長岡京《ながおかきょう》では水害《すいがい》も起《お》き
人々《ひとびと》を苦《くる》しめた
桓武天皇《かんむてんのう》は問題《もんだい》の多《おお》い
長岡京《ながおかきょう》を捨《す》てて新《あたら》しい都《みやこ》を
造《つく》り直《なお》すことにした
こんな都《みやこ》は捨《す》てるっ!
よい場所《ばしょ》はないかっ
あります!
和気清麻呂《わけのきよまろ》
794年《ねん》
現在《げんざい》の京都市《きょうとし》に
都《みやこ》を移《うつ》し
平安京《へいあんきょう》が誕生《たんじょう》した
今度《こんど》こそ
長《なが》く栄《さか》える
都《みやこ》にするぞ
ここは
「平安京《へいあんきょう》」だ!

おもしろ知識 平安京工事《へいあんきょうこうじ》と蝦夷《えみし》への軍事行動《ぐんじこうどう》は側近《そっきん》の藤原緒嗣《ふじわらのおつぐ》の意見《いけん》で中止《ちゅうし》された。兵役《へいえき》や税金《ぜいきん》の負担《ふたん》がへったので人々《ひとびと》は喜《よろこ》び、桓武天皇《かんむてんのう》の決断《けつだん》をたたえたという。

坂上《さかのうえの》田《た》村《むら》麻《ま》呂《ろ》

生没年《せいぼつねん》:758～811年《ねん》　出身地《しゅっしんち》:大和《やまと》(奈良県《ならけん》)

征《せい》夷《い》大《たい》将《しょう》軍《ぐん》
東北平定《とうほくへいてい》の立役者《たてやくしゃ》

平安時代初期《へいあんじだいしょき》の武将《ぶしょう》。東北地方《とうほくちほう》の蝦夷《えみし》(朝廷《ちょうてい》の支配《しはい》に抵抗《ていこう》していた東北地方《とうほくちほう》の人々《ひとびと》)を討《う》つため、793年《ねん》に東北《とうほく》へ遠征《えんせい》。797年《ねん》には討伐軍《とうばつぐん》の最高指揮官《さいこうしきかん》である征《せい》夷《い》大将軍《たいしょうぐん》に任《にん》じられます。

その後《ご》、蝦夷《えみし》の拠点《きょてん》だった胆沢《いさわ》(岩手県《いわてけん》)に胆沢城《いさわじょう》を作《つく》り、敵方《てきかた》の首領《しゅりょう》のアテルイをとらえるなど、大《おお》きな功績《こうせき》を残《のこ》しました。

坂上田村麻呂《さかのうえのたむらまろ》がわかる! 3つのキーワード

❶ 名将《めいしょう》	個人的《こじんてき》な武力《ぶりょく》に加《くわ》え、軍《ぐん》をひきいる能力《のうりょく》も優《すぐ》れていた。
❷ 人情《にんじょう》	敵《てき》の指導者《しどうしゃ》だったアテルイの命《いのち》を助《たす》けようとした。
❸ 清水寺《きよみずでら》	京都《きょうと》の清水寺《きよみずでら》は、田村麻呂《たむらまろ》が建《た》てたといわれる。

当時《とうじ》東北地方《とうほくちほう》には朝廷《ちょうてい》に反発《はんぱつ》する「蝦夷《えみし》」という人々《ひとびと》がいた
桓武天皇《かんむてんのう》は何度《なんど》も蝦夷《えみし》を攻《せ》めたが
アテルイという強《つよ》い指導者《しどうしゃ》がいて勝《か》てずにいた
アテルイ
そこで797年《ねん》坂上田村麻呂《さかのうえのたむらまろ》が征夷大将軍《せいいたいしょうぐん》に任命《にんめい》された
坂上田村麻呂《さかのうえのたむらまろ》
もっと強《つよ》い武将《ぶしょう》を送《おく》るぞっ
負《ま》けました〜
田村麻呂《たむらまろ》はアテルイら蝦夷《えみし》を倒《たお》すため東北《とうほく》へ送《おく》られた
必《かなら》ず勝《か》つんだぞ
はいっ

おもしろ知識《ちしき》 にらむだけで猛獣《もうじゅう》が死《し》ぬほどの眼力《がんりき》を持《も》っていたという田村麻呂《たむらまろ》。しかし、笑《わら》って表情《ひょうじょう》をゆるめれば、小《ちい》さい子《こ》どもたちがたちまちなついてきたという。

彼《かれ》の活躍《かつやく》によって
ついにアテルイの軍《ぐん》は敗《やぶ》れた
あんたには負《ま》けたよ
キミも強《つよ》かった
負《ま》けを認《みと》めたアテルイは
仲間《なかま》とともに
京《きょう》へつれていかれた
田村麻呂《たむらまろ》は
アテルイの
命《いのち》を助《たす》けようと
したが……
彼《かれ》を帰《かえ》して
蝦夷《えみし》たちを
朝廷《ちょうてい》にしたがうよう
説得《せっとく》させるべきです
命《いのち》だけはっ
そんなの無理《むり》っ
死刑《しけい》!
願《ねが》いは聞《き》き入《い》れられず
アテルイは処刑《しょけい》された
すまない……
いいんだ……
その後《ご》 蝦夷《えみし》との
戦《たたか》いは終《お》わり
田村麻呂《たむらまろ》は朝廷内《ちょうていない》で
出世《しゅっせ》していった
エッヘン
811年《ねん》
54歳《さい》で
亡《な》くなったとき
棺《ひつぎ》には
甲冑《かっちゅう》をつけた姿《すがた》で
立《た》ったまま
埋《う》められたと
いわれている
死《し》んだあとも京《きょう》を守《まも》るのだ

おもしろ知識《ちしき》 『小倉百人一首《おぐらひゃくにんいっしゅ》』の「朝《あさ》ぼらけ 有明《ありあけ》の月《つき》と 見《み》るまでに 吉野《よしの》の里《さと》に 降《ふ》れる白雪《しらゆき》」は、田村麻呂《たむらまろ》の子孫《しそん》である坂上是則《さかのうえのこれのり》の歌《うた》。

僧《そう》

最澄《さいちょう》・空海《くうかい》

最澄《さいちょう》／生没年《せいぼつねん》:767～822年《ねん》　出身地《しゅっしんち》:近江《おうみ》（滋賀県《しがけん》）
空海《くうかい》／生没年《せいぼつねん》:774～835年《ねん》　出身地《しゅっしんち》:讃岐《さぬき》（香川県《かがわけん》）

平安時代《へいあんじだい》の僧《そう》。最澄《さいちょう》は唐《とう》（中国《ちゅうごく》）で仏教《ぶっきょう》を学《まな》び、帰国後《きこくご》、比叡山延暦寺《ひえいざんえんりゃくじ》で日本《にほん》の天台宗《てんだいしゅう》を開《ひら》きました。「僧《そう》でない人《ひと》も悟《さと》りを開《ひら》いて仏《ほとけ》になれる」と説《と》き、奈良《なら》の僧《そう》たちに批判《ひはん》されましたが、のちの仏教《ぶっきょう》に大《おお》きな影響《えいきょう》をあたえました。

空海《くうかい》は唐《とう》で「密教《みっきょう》」の修行《しゅぎょう》をつみ、帰国後《きこくご》に真言宗《しんごんしゅう》を開《ひら》き、高野山《こうやさん》に金剛峯寺《こんごうぶじ》を建《た》てました。

最澄《さいちょう》・空海《くうかい》がわかる！　3つのキーワード

❶ 新仏教《しんぶっきょう》	それまでの仏教《ぶっきょう》とはちがう、新《あたら》しい仏教《ぶっきょう》を開《ひら》いた。
❷ 唐《とう》に留学《りゅうがく》	両者《りょうしゃ》とも唐《とう》で優《すぐ》れた僧《そう》として認《みと》められ、最新《さいしん》の教《おし》えを持《も》ち帰《かえ》った。
❸ 密教《みっきょう》	最澄《さいちょう》の天台宗《てんだいしゅう》の密教《みっきょう》を「台密《たいみつ》」、空《くう》海《かい》の真言宗《しんごんしゅう》の密教《みっきょう》を「東密《とうみつ》」という。

天台宗
真言宗《しんごんしゅう》
新《あたら》しい仏教《ぶっきょう》を日本《にほん》にもたらした

804年《ねん》 桓武天皇《かんむてんのう》は新《あたら》しい仏教《ぶっきょう》を求《もと》めて唐《とう》（中国《ちゅうごく》）に使者《ししゃ》（遣唐使《けんとうし》）を送《おく》った
待《ま》ってるぞ～
その中《なか》に留学僧《りゅうがくそう》の最澄《さいちょう》と空海《くうかい》がいた
空海《くうかい》
最澄《さいちょう》
このころ日本《にほん》では 災害《さいがい》をおさめたり病気《びょうき》を治《なお》したりする「呪力《じゅりょく》」を持《も》つ「密教《みっきょう》」が人気《にんき》だった
信《しん》じておがんだら病気《びょうき》が治《なお》るのか
空海《くうかい》の留学《りゅうがく》の目的《もくてき》はその密教《みっきょう》を学《まな》ぶこと
日本《にほん》にまだない最新《さいしん》の密教《みっきょう》を唐《とう》で習得《しゅうとく》した
きみにすべてを教《おし》えよう
はいっ

ことば解説《かいせつ》　密教《みっきょう》とは、秘密《ひみつ》の教《おし》えや儀式《ぎしき》を重《おも》んじる仏教《ぶっきょう》の流派《りゅうは》の一《ひと》つ。最澄《さいちょう》は唐《とう》で「天台密教《てんだいみっきょう》」を、空海《くうかい》は「真言密教《しんごんみっきょう》」を学《まな》んで日本《にほん》に伝《つた》え、それぞれの宗派《しゅうは》を開《ひら》いた。

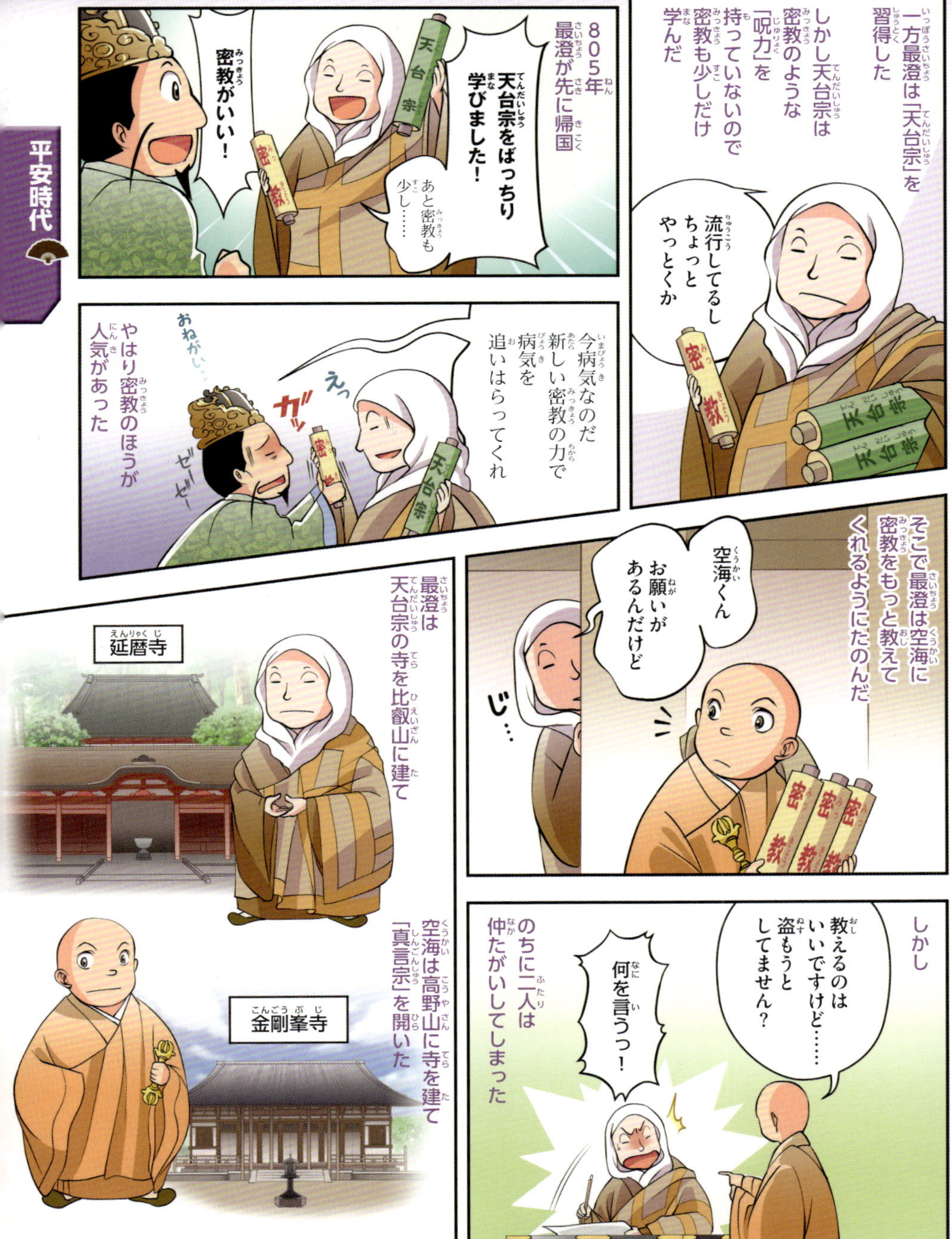
一方《いっぽう》最澄《さいちょう》は「天台宗《てんだいしゅう》」を習得《しゅうとく》した
しかし天台宗《てんだいしゅう》は密教《みっきょう》のような「呪力《じゅりょく》」を持《も》っていないので密教《みっきょう》も少《すこ》しだけ学《まな》んだ
流行《りゅうこう》してるしちょっとやっとくか
805年《ねん》最澄《さいちょう》が先《さき》に帰国《きこく》
天台宗《てんだいしゅう》をばっちり学《まな》びました！
あと密教《みっきょう》も少《すこ》し……
密教《みっきょう》がいい！
今病気《いまびょうき》なのだ 新《あたら》しい密教《みっきょう》の力《ちから》で病気《びょうき》を追《お》いはらってくれ
ガッ
えっ
おねがい…
ゼーゼー
やはり密教《みっきょう》のほうが人気《にんき》があった
そこで最澄《さいちょう》は空海《くうかい》に密教《みっきょう》をもっと教《おし》えてくれるようにたのんだ
空海《くうかい》くん お願《ねが》いがあるんだけど
じ…
最澄《さいちょう》は天台宗《てんだいしゅう》の寺《てら》を比叡山《ひえいざん》に建《た》て
延暦寺《えんりゃくじ》
空海《くうかい》は高野山《こうやさん》に寺《てら》を建《た》て「真言宗《しんごんしゅう》」を開《ひら》いた
金剛峯寺《こんごうぶじ》
しかし
教《おし》えるのはいいですけど……盗《ぬす》もうとしてません？
何《なに》を言《い》うっ！
のちに二人《ふたり》は仲《なか》たがいしてしまった

おもしろ知識《ちしき》 最澄《さいちょう》は「伝教大師《でんぎょうだいし》」、空海《くうかい》は「弘法大師《こうぼうだいし》」の名《な》でも知《し》られる。名人《めいじん》でも時《とき》には失敗《しっぱい》するという意味《いみ》のことわざ「弘法《こうぼう》も筆《ふで》の誤《あやま》り」は、空海《くうかい》が書《しょ》の名人《めいじん》だったことからできた。

平将門《たいらのまさかど》・藤原純友《ふじわらのすみとも》

平将門《たいらのまさかど》／生没年《せいぼつねん》:?〜940年《ねん》　出身地《しゅっしんち》:下総《しもうさ》（茨城県《いばらきけん》）
藤原純友《ふじわらのすみとも》／生没年《せいぼつねん》:?〜941年《ねん》　出身地《しゅっしんち》:京《きょう》（京都府京都市《きょうとふきょうとし》）

朝廷《ちょうてい》に地方《ちほう》から
逆《さか》らった武将《ぶしょう》

どちらも平安時代《へいあんじだい》の武将《ぶしょう》。将門《まさかど》は桓武天皇《かんむてんのう》の子孫《しそん》。関東《かんとう》で力《ちから》をつけて朝廷《ちょうてい》に反乱《はんらん》を起《お》こします。関《かん》東《とう》一帯《いったい》を支配《しはい》し、「新皇《しんのう》」（新《あたら》しい天皇《てんのう》）を名乗《なの》りますが、朝廷軍《ちょうていぐん》に攻《せ》められて戦死《せんし》しました。

純友《すみとも》は瀬戸内海《せとないかい》の海賊《かいぞく》を取《と》りしまる役人《やくにん》でしたが、のちに海賊《かいぞく》になりました。将門《まさかど》と同時期《どうじき》に反乱《はんらん》を起《お》こし、朝廷軍《ちょうていぐん》に敗《やぶ》れました。

平将門《たいらのまさかど》・藤原純友《ふじわらのすみとも》がわかる！ 3つのキーワード

1. **地方《ちほう》で成長《せいちょう》** 京《きょう》から離《はな》れた場所《ばしょ》で力《ちから》をのばし、独《どく》自《じ》の勢力《せいりょく》を持《も》った。
2. **反逆者《はんぎゃくしゃ》** 朝廷《ちょうてい》に反逆《はんぎゃく》したが、最終的《さいしゅうてき》に朝廷軍《ちょうていぐん》に敗《やぶ》れた。
3. **同時《どうじ》に反乱《はんらん》** 反乱《はんらん》を起《お》こす前《まえ》に、両者《りょうしゃ》は事前《じぜん》に話《はな》し合《あ》っていたという説《せつ》もある。

9世紀半《せいきなか》ばから地方《ちほう》では武力《ぶりょく》で朝廷《ちょうてい》に反抗《はんこう》する集団《しゅうだん》があらわれた
税《ぜい》なんてはらわんぞ
ひえ
下総《しもうさ》の平将門《たいらのまさかど》もそうした武力集団《ぶりょくしゅうだん》をひきいる有力者《ゆうりょくしゃ》の一人《ひとり》である
平将門《たいらのまさかど》
下総《しもうさ》（茨城県辺《いばらきけんあた》り）
935年《ねん》に起《お》きた一族《いちぞく》の争《あらそ》いでおじやいとこに勝利《しょうり》した将門《まさかど》は
はっはっは
その強《つよ》さが関東《かんとう》で有名《ゆうめい》になった
おじ 平良兼《たいらのよしかね》
おじ 平国香《たいらのくにか》
将門《まさかど》め〜
おじ 平良正《たいらのよしまさ》
国香《くにか》の子《こ》 平貞盛《たいらのさだもり》

おもしろ知識《ちしき》 将門《まさかど》の強《つよ》さと恐《おそ》ろしさは、数多《かずおお》くの伝説《でんせつ》として残《のこ》っている。２メートル以上《いじょう》の身長《しんちょう》、刀《かたな》や矢《や》もはね返《かえ》す体《からだ》、影武者《かげむしゃ》が７人《にん》いる……など。

朝廷《ちょうてい》に逆《さか》らった
藤原玄明《ふじわらのはるあき》が
将門《まさかど》を頼《たよ》って逃《に》げてきた
将門《まさかど》は朝廷《ちょうてい》の
敵《てき》とされてしまった
追《お》われてるんだかくまって
う〜ん仕方《しかた》ないな
藤原玄明《ふじわらのはるあき》
将門《まさかど》は朝廷《ちょうてい》と戦《たたか》うことを決意《けつい》
939年《ねん》 軍《ぐん》をひきいて現在《げんざい》の
茨城《いばらき》・栃木《とちぎ》・群馬《ぐんま》にあたる国《くに》を
攻《せ》め落《お》としていった
上野《こうずけ》
下野《しもつけ》
常陸《ひたち》
下総《しもうさ》
すべてうばい取《と》れ！
やがて将門《まさかど》は自《みずか》ら「新皇《しんのう》」と名乗《なの》り
支配《しはい》した国《くに》の新《あたら》しい役人《やくにん》まで
勝手《かって》に選《えら》んだ
新《しん》皇《のう》
キミにはここをあげよう
その将門《まさかど》の
勢《いきお》いを
止《と》めたのが
下野《しもつけ》(栃木県《とちぎけん》)の
藤原秀郷《ふじわらのひでさと》と
かつて将門《まさかど》に負《ま》けた
いとこの平貞盛《たいらのさだもり》だった
うらみをはらすぞ
藤原秀郷《ふじわらのひでさと》
彼《かれ》らは将門《まさかど》に
対抗《たいこう》する兵《へい》を集《あつ》めて
準備《じゅんび》を整《ととの》えた
受付《うけつけ》ここでーす並《なら》んで〜
朝廷軍《ちょうていぐん》
希望者受付《きぼうしゃうけつけ》
ワイ
ワイ

おもしろ知識《ちしき》

朝廷《ちょうてい》の支配《しはい》に逆《さか》らった将門《まさかど》は、関東《かんとう》の人々《ひとびと》にたたえられた。死後《しご》には、将門《まさかど》をまつる神社《じんじゃ》が各地《かくち》にできるなど、武士《ぶし》たちの守護神《しゅごしん》になった。

そして将門《まさかど》が軍《ぐん》を解散《かいさん》するときをねらい……
みんなしばらく家《いえ》に帰《かえ》って休《やす》んでよし
わーーーい
今《いま》だ
ワァアアアア
すきをついて攻《せ》めこんだ
将門《まさかど》は少《すく》ない兵《へい》で最後《さいご》までねばり強《づよ》く戦《たたか》ったが
ついに矢《や》で射《う》たれて命《いのち》を落《お》とした
一方《いっぽう》 将門《まさかど》の乱《らん》が起《お》きたのと同《おな》じ939年《ねん》
伊予《いよ》
伊《い》予《よ》(愛《え》媛《ひめ》県《けん》)で海賊《かいぞく》の藤原純友《ふじわらのすみとも》も反乱《はんらん》を起《お》こした
藤原純友《ふじわらのすみとも》
京《きょう》へ品物《しなもの》を運《はこ》ぶ船《ふね》が通《とお》る瀬戸内海《せとないかい》には多《おお》くの海賊《かいぞく》がいた
外国《がいこく》からの輸入品《ゆにゅうひん》は特《とく》にお宝《たから》だ！
海賊《かいぞく》たち
純友《すみとも》はもともと海賊《かいぞく》を取《と》りしまる役人《やくにん》だったが自分《じぶん》も海賊《かいぞく》になってしまった
海賊《かいぞく》のほうがもうかるぞ
仲間《なかま》になれ
そっちのほうがいいな〜

おもしろ知識《ちしき》 平将門《たいらのまさかど》の乱《らん》をしずめた平貞盛《たいらのさだもり》は、これをきっかけに出世《しゅっせ》していき、平清盛《たいらのきよもり》（→P62）など、のちに栄《さか》える平《へい》氏《し》の祖先《そせん》となった。

純友《すみとも》ら海賊軍《かいぞくぐん》に対《たい》し朝廷《ちょうてい》は小野好古《おののよしふる》らの軍《ぐん》をさしむけた
小野好古《おののよしふる》
この戦《たたか》いで海賊軍《かいぞくぐん》は九州《きゅうしゅう》へ逃《に》げこみ大宰府《だざいふ》をおそった
大宰府《だざいふ》
くそー
海賊《かいぞく》どもを焼《や》きはらえっ
しかしついに九州《きゅうしゅう》で好古軍《よしふるぐん》に追《お》いつめられ海賊軍《かいぞくぐん》は敗《やぶ》れ去《さ》った
負《ま》けた・・・

歴史《れきし》ミステリー

今《いま》ものこる将門《まさかど》の怨霊伝説《おんりょうでんせつ》

朝廷軍《ちょうていぐん》は討《う》ち取《と》った将門《まさかど》の首《くび》を京都《きょうと》に持《も》ち帰《かえ》ったが、首《くび》が胴体《どうたい》を求《もと》めて関東《かんとう》へ飛《と》んでいってしまったという伝説《でんせつ》がある。東京都《とうきょうと》千代田区《ちよだく》の大手町《おおてまち》には、その首《くび》が埋《う》められていると伝《つた》えられる「首塚《くびづか》」があり、乱暴《らんぼう》にあつかうと悪《わる》いことが起《お》こると信《しん》じられている。

将門《まさかど》の首塚《くびづか》。現在《げんざい》はオフィスビル街《がい》の一角《いっかく》にあるが、今《いま》も花《はな》などが供《そな》えられて大切《たいせつ》にまつられている。

写真提供：千代田区観光協会

おもしろ知識《ちしき》 藤原純友《ふじわらのすみとも》の乱《らん》をしずめるのに貢献《こうけん》した源経基《みなもとのつねもと》も、のちに朝廷内《ちょうていない》で勢力《せいりょく》をのばした。子孫《しそん》には鎌倉幕府《かまくらばくふ》初代《しょだい》将軍《しょうぐん》の源頼朝《みなもとのよりとも》（→P70）などがいる。

まとめて人《じん》物《ぶつ》紹《しょう》介《かい》

中国《ちゅうごく》の文化《ぶんか》を吸収《きゅうしゅう》せよ！

遣《けん》唐《とう》使《し》

命《いのち》がけで海《うみ》を渡《わた》った人々《ひとびと》

7世紀《せいき》はじめ、聖徳太子《しょうとくたいし》は隋《ずい》（当時《とうじ》の中国《ちゅうごく》の国名《こくめい》）にたびたび使者《ししゃ》（遣隋使《けんずいし》）を送《おく》りました。隋《ずい》は618年《ねん》にほろびましたが、日《に》本《ほん》はその後《ご》誕生《たんじょう》した唐《とう》にも使者《しゃ》（遣唐使《けんとうし》）を送《おく》ります。役人《やくにん》、学《がく》者《しゃ》、僧《そう》などからなる遣唐使《けんとうし》一行《いっこう》は危険《きけん》な航海《こうかい》を乗《の》り越《こ》え、中国《ちゅうごく》の文《ぶん》化《か》を日本《にほん》に持《も》ち帰《かえ》りました。

遣唐使《けんとうし》は630年《ねん》から894年《ねん》に中止《ちゅうし》となるまで十数回《じゅうすうかい》、中国《ちゅうごく》に渡《わた》っています。

だれか
わかるかな?
唐《とう》に渡《わた》るが
日本《にほん》に
もどれず
(→P51右下《みぎした》)

2度《ど》も
唐《とう》に渡《わた》る
(→P51上《うえ》)

遣唐使《けんとうし》の
中止《ちゅうし》を提案《ていあん》
(→P51左下《ひだりした》)

遣隋使《けんずいし》・遣唐使《けんとうし》にはこんな人《ひと》も

名前《なまえ》	生没年《せいぼつねん》	出身地《しゅっしんち》	業績《ぎょうせき》
高向玄理《たかむこのくろまろ》	？～654年《ねん》	未詳《みしょう》	隋《ずい》で学《まな》び、大化《たいか》の改新《かいしん》の新政権《しんせいけん》で活躍《かつやく》。のちに遣《けん》唐使《とうし》として唐《とう》に渡《わた》り、現地《げんち》で亡《な》くなった。
玄昉《げんぼう》	？～746年《ねん》	未詳《みしょう》	唐《とう》で学問《がくもん》を学《まな》び、帰国後《きこくご》は僧《そう》として高《たか》い位《くらい》につく。吉備真備《きびのまきび》とともに政治《せいじ》に権力《けんりょく》をふるった。
小野篁《おののたかむら》	802～852年《ねん》	未詳《みしょう》	834年《ねん》に遣唐副使《けんとうふくし》に指名《しめい》されたが、正使《せいし》と対立《たいりつ》して罰《ばっ》せられた。歌人《かじん》、書《しょ》の名人《めいじん》としても有名《ゆうめい》。

3人《にん》の秘密《ひみつ》徹底解剖《てっていかいぼう》！

奈良時代《ならじだい》のスーパー学者《がくしゃ》

吉備真備《きびのまきび》

学者《がくしゃ》・政治家《せいじか》

生没年《せいぼつねん》	695～775年《ねん》
出身地《しゅっしんち》	備中《びっちゅう》（岡山県《おかやまけん》）
日本《にほん》を離《はな》れていたときの年齢《ねんれい》	23～40歳《さい》、58～60歳《さい》

唐《とう》には2度《ど》渡《わた》り、儒学《じゅがく》、法律《ほうりつ》、天文学《てんもんがく》、音楽《おんがく》など幅広《はばひろ》い知識《ちしき》を身《み》につけます。奈良時代《ならじだい》（都《みやこ》が奈良《なら》の平城京《へいじょうきょう》に置《お》かれていた、平安時代《へいあんじだい》の前《まえ》の時代《じだい》）を代表《だいひょう》する学者《がくしゃ》・政治家《せいじか》として活躍《かつやく》しました。

70歳《さい》のときに藤原仲麻呂《ふじわらのなかまろ》の乱《らん》をしずめ、その後《ご》、右大臣《うだいじん》となりました。

帰《かえ》りたいのに帰国《きこく》できず

阿倍仲麻呂《あべのなかまろ》

学者《がくしゃ》

生没年《せいぼつねん》	698～770年《ねん》
出身地《しゅっしんち》	大和《やまと》（奈良県《ならけん》）
日本《にほん》を離《はな》れていたときの年齢《ねんれい》	20～73歳《さい》

唐《とう》の皇帝《こうてい》に気《き》に入《い》られ、長《なが》く宮廷《きゅうてい》に仕《つか》えました。唐《とう》に渡《わた》って約《やく》30年後《ねんご》、日本《にほん》に帰《かえ》ることになりましたが、嵐《あらし》で帰国《きこく》できず、結局《けっきょく》、唐《とう》で一生《いっしょう》を終《お》えました。『小倉百人一首《おぐらひゃくにんいっしゅ》』の「天《あま》の原《はら》ふりさけ見《み》れば 春日《かすが》なる 三笠《みかさ》の山《やま》に 出《い》でし月《つき》かも」は、月《つき》を見《み》て、故郷《こきょう》をなつかしんでよんだ和歌《わか》です。

菅原道真《すがわらのみちざね》

学者《がくしゃ》・政治家《せいじか》

生没年《せいぼつねん》	845～903年《ねん》
出身地《しゅっしんち》	京《きょう》?（京都府京都市《きょうとふきょうとし》）
日本《にほん》を離《はな》れていたときの年齢《ねんれい》	―

遣唐使《けんとうし》を中止《ちゅうし》した「学問《がくもん》の神様《かみさま》」

８９４年《ねん》に遣唐使《けんとうし》の責任者《せきにんしゃ》に任命《にんめい》されます。しかし、唐《とう》の国内《こくない》の乱《みだ》れなどを理由《りゆう》に遣唐使《けんとうし》の中止《ちゅうし》を提案《ていあん》し、受《う》け入《い》れられました。

その後《ご》も出世《しゅっせ》しましたが、無実《むじつ》の罪《つみ》で九州《きゅうしゅう》の大宰府《だざいふ》に追放《ついほう》され、その地《ち》で亡《な》くなりました。死後《しご》は信仰《しんこう》の対象《たいしょう》となり、今《いま》では「学問《がくもん》の神様《かみさま》」として有名《ゆうめい》です。

藤原道長《ふじわらのみちなが》

生没年《せいぼつねん》:966～1027年《ねん》　出身地《しゅっしんち》:京《きょう》（京都府京都市《きょうとふきょうとし》）

平安時代《へいあんじだい》の貴族《きぞく》、政治家《せいじか》。娘《むすめ》たちを天皇《てんのう》の后《きさき》にして天皇家《てんのうけ》と結《むす》びつきを強《つよ》め、大《おお》きな権力《けんりょく》をにぎります。１０１６年《ねん》、孫《まご》（娘《むすめ》の彰子《しょうし》の子《こ》ども）が後一条天皇《ごいちじょうてんのう》になると、摂政《せっしょう》（天皇《てんのう》に代《か》わって政治《せいじ》をおこなう職《しょく》）になりました。

翌年《よくねん》、息子《むすこ》の頼通《よりみち》に地位《ちい》をゆずって貴族最高職《きぞくさいこうしょく》の太政大臣《だいじょうだいじん》になり、藤原氏《ふじわらし》の全盛時代《ぜんせいじだい》を築《きず》きました。

平安貴族《へいあんきぞく》の頂点《ちょうてん》を極《きわ》める

藤原道長《ふじわらのみちなが》がわかる！　3つのキーワード

❶ **貴族《きぞく》の全盛《ぜんせい》**　娘《むすめ》たちを天皇《てんのう》の后《きさき》とし、また天皇《てんのう》の祖父《そふ》となって権力《けんりょく》をふるった。

❷ **タイミング**　ライバルが病死《びょうし》などで同時期《どうじき》に次々《つぎつぎ》いなくなった。

❸ **子《こ》も権力者《けんりょくしゃ》**　息子《むすこ》の頼通《よりみち》も長期《ちょうき》にわたって権力《けんりょく》を保《たも》ち、平等院鳳凰堂《びょうどういんほうおうどう》を建《た》てた。

995年《ねん》 一条天皇《いちじょうてんのう》の代《だい》 病《やまい》により兄《あに》たちが次々《つぎつぎ》に亡《な》くなったことで道長《みちなが》が藤原氏《ふじわらし》の最高権力者《さいこうけんりょくしゃ》となった
兄《あに》　道隆《みちたか》
兄《あに》　道兼《みちかね》
このころ藤原氏《ふじわらし》は天皇《てんのう》の祖父《そふ》となることで政権《せいけん》を独占《どくせん》していた
権力独占《けんりょくどくせん》の構図《こうず》
天皇《てんのう》の祖父《そふ》 藤原氏《ふじわらし》
天皇《てんのう》の母《はは》 藤原氏《ふじわらし》の娘《むすめ》
はっはっは
天皇《てんのう》
この時代《じだい》 子《こ》どもは母《はは》の家《いえ》で育《そだ》てるものだから 母方《ははかた》の おじいさんの 立場《たちば》が強《つよ》くなるのだ
順番《じゅんばん》が回《まわ》ってくると思《おも》ってなかった～
えーっ
藤原道長《ふじわらのみちなが》
そのため道長《みちなが》は長女《ちょうじょ》の彰子《しょうし》が成長《せいちょう》するとすぐに一条天皇《いちじょうてんのう》の后《きさき》にした
彰子《しょうし》（11歳《さい》）
ちっちゃいな～
はじめまして
早《はや》く天皇《てんのう》のおじいさんにならねばっ
皇子《おうじ》がうまれますように

ことば解説《かいせつ》　この時代《じだい》、藤原氏《ふじわらし》が摂政《せっしょう》や関白《かんぱく》（成人《せいじん》した天皇《てんのう》を助《たす》けて政治《せいじ》をおこなう職《しょく》）として活躍《かつやく》した政治《せいじ》の形《かたち》を摂関《せっかん》政治《せいじ》という。ただし、道長《みちなが》は摂政《せっしょう》にはなったが関白《かんぱく》にはなっていない。

数年後《すうねんご》 願《ねが》いがかない
彰子《しょうし》は皇子《おうじ》を二人《ふたり》
生《う》んだ
よしっ この子《こ》たちを 天皇《てんのう》にするぞっ
ところが3年後《ねんご》 一条天皇《いちじょうてんのう》が急死《きゅうし》
一条天皇《いちじょうてんのう》の いとこの三条天皇《さんじょうてんのう》が 即位《そくい》してしまった
キーーーッ
もう少《すこ》しで 孫《まご》が天皇《てんのう》に なれたのにー
三条天皇《さんじょうてんのう》
道長《みちなが》は天皇《てんのう》の目《め》の病気《びょうき》 などを理由《りゆう》に何度《なんど》も 天皇《てんのう》をやめるように すすめたという
やめたら目《め》が 治《なお》るかも～
のろいに ちがいない
しつこいなー
はあ
わかったよ もうきみの孫《まご》に ゆずるよ
こうして道長《みちなが》は 念願《ねんがん》の天皇《てんのう》の祖父《そふ》となり 摂政《せっしょう》となった
後一条天皇《ごいちじょうてんのう》
(9歳《さい》)
もうこれで安心《あんしん》! だれにも じゃまされないぞ
1018年《ねん》 道長《みちなが》はさらに自分《じぶん》の娘《むすめ》 威子《いし》を後一条天皇《ごいちじょうてんのう》の 后《きさき》とした
そのときの歌《うた》が 今《いま》に伝《つた》わっている
この世《よ》をば わが世《よ》とぞ思《おも》ふ 望月《もちづき》の かけたることも なしとおもへ《え》ば
この世《よ》はわたしのために あるようなものだ! すべてに満足《まんぞく》している!
道長《みちなが》は1年《ねん》で摂政《せっしょう》を 息子《むすこ》の頼通《よりみち》にゆずり 権力《けんりょく》をつがせた
頼通《よりみち》は藤原氏《ふじわらし》の 権力《けんりょく》を示《しめ》すものとして 平等院鳳凰堂《びょうどういんほうおうどう》を 建《た》てた
平等院鳳凰堂《びょうどういんほうおうどう》
まかせたぞ
10円玉《えんだま》に かいてある 建物《たてもの》だ
藤原頼通《ふじわらのよりみち》

おもしろ知識《ちしき》 貴族《きぞく》の頂点《ちょうてん》を極《きわ》めて思《おも》いのままにふるまった道長《みちなが》だったが、糖尿病《とうにょうびょう》などに苦《くる》しんだ末《すえ》に出家《しゅっけ》して僧《そう》になるなど、晩年《ばんねん》は健康状態《けんこうじょうたい》になやまされたようだ。

紫式部《むらさきしきぶ》・清少納言《せいしょうなごん》

紫式部《むらさきしきぶ》／生没年《せいぼつねん》:973?～1016?年《ねん》　出身地《しゅっしんち》:未詳《みしょう》
清少納言《せいしょうなごん》／生没年《せいぼつねん》:966?～1025?年《ねん》　出身地《しゅっしんち》:未詳《みしょう》

源氏物語《げんじものがたり》
『源氏物語《げんじものがたり》』と『枕草子《まくらのそうし》』の作者《さくしゃ》

どちらも平安時代《へいあんじだい》の作家《さっか》・歌人《かじん》。紫式部《むらさきしきぶ》は下級貴族《かきゅうきぞく》の娘《むすめ》で、夫《おっと》の死後《しご》に書《か》きはじめた物語作品《ものがたりさくひん》『源氏物語《げんじものがたり》』が評判《ひょうばん》を呼《よ》び、一条天皇《いちじょうてんのう》の后《きさき》、彰子《しょうし》に仕《つか》えました。

清少納言《せいしょうなごん》も下級貴族《かきゅうきぞく》の娘《むすめ》です。一条天皇《いちじょうてんのう》の別《べつ》の后《きさき》、定子《ていし》に仕《つか》え、仕事《しごと》のかたわら、日本初《にほんはつ》の随筆《ずいひつ》（体験《たいけん》や感想《かんそう》などを思《おも》いつくまま書《か》く文章《ぶんしょう》）『枕草子《まくらのそうし》』を書《か》きました。

紫式部《むらさきしきぶ》・清少納言《せいしょうなごん》がわかる！　3つのキーワード

❶ 文学作品《ぶんがくさくひん》	『源氏物語《げんじものがたり》』『枕草子《まくらのそうし》』という、文学史上《ぶんがくしじょう》に残《のこ》る作品《さくひん》を書《か》いた。
❷ 教養《きょうよう》	高《たか》い教養《きょうよう》を評価《ひょうか》されて、天皇《てんのう》の后《きさき》の家庭教師役《かていきょうしやく》をつとめた。
❸ 対照的《たいしょうてき》な性格《せいかく》	紫式部《むらさきしきぶ》は控《ひか》えめでおだやか、清少納言《せいしょうなごん》は明《あか》るい性格《せいかく》だったという。

彰子《しょうし》
一条天皇《いちじょうてんのう》
定子《ていし》
紫式部《むらさきしきぶ》と清少納言《せいしょうなごん》はともに一条天皇《いちじょうてんのう》の后《きさき》に家庭教師《かていきょうし》として仕《つか》えた女性《じょせい》である
定子《ていし》の家庭教師《かていきょうし》
清少納言《せいしょうなごん》
彰子《しょうし》の家庭教師《かていきょうし》
紫式部《むらさきしきぶ》

二人《ふたり》の父親《ちちおや》は下級貴族《かきゅうきぞく》だったが歌人《かじん》として有名《ゆうめい》で
中国《ちゅうごく》の本《ほん》だって読《よ》めるわ
私《わたし》はすでに小説《しょうせつ》を書《か》いてるわ
その娘《むすめ》として教養《きょうよう》の高《たか》さを買《か》われたのである

おもしろ知識《ちしき》　紫式部《むらさきしきぶ》は日記《にっき》の中《なか》で「りこうぶって漢字《かんじ》を書《か》き散《ち》らしていますが、未熟《みじゅく》なところがたくさんあります」などと、清少納言《せいしょうなごん》をきびしく批判《ひはん》している。よほど性格《せいかく》が合《あ》わなかったのかも？

紫式部《むらさきしきぶ》は貴族《きぞく》を主人公《しゅじんこう》にした恋愛物語《れんあいものがたり》『源氏物語《げんじものがたり》』の作者《さくしゃ》として有名《ゆうめい》になった
美《うつく》しき貴族《きぞく》の光源氏《ひかるげんじ》が数々《かずかず》の姫《ひめ》と恋《こい》をするのよ
源氏物語《げんじものがたり》
光源氏《ひかるげんじ》

清少納言《せいしょうなごん》は定子《ていし》に仕《つか》えていたころのできごとや日々《ひび》感《かん》じたことなどを書《か》いた『枕草子《まくらのそうし》』を残《のこ》した
定子様《ていしさま》と雪《ゆき》を見《み》たこと
このような日々《ひび》のことを思《おも》いつくまま書《か》いたのよ
現代《げんだい》でいう「エッセイ」ね
子ども
スズメ
かわいいと思《おも》ったもの

『源氏物語《げんじものがたり》』や『枕草子《まくらのそうし》』はこの時代《じだい》に完成《かんせい》した平仮名《ひらがな》や片仮名《かたかな》などの「仮名文字《かなもじ》」で書《か》かれた
こんなふうに漢字《かんじ》から生《う》まれたのよ
以
↓
い
伊
↓
イ
平仮名《ひらがな》は女性《じょせい》が主《おも》に使《つか》ったので「女手《おんなで》」とも呼《よ》ばれたわ

おもしろ知識《ちしき》 清少納言《せいしょうなごん》は、代々《だいだい》歌人《かじん》の家《いえ》の出身《しゅっしん》。父《ちち》は清原元輔《きよはらのもとすけ》という人《ひと》で、天皇《てんのう》の命令《めいれい》で選《えら》ばれた和歌集《わかしゅう》の編者《へんしゃ》をつとめるなど、下級貴族《かきゅうきぞく》ながら有名《ゆうめい》な歌人《かじん》だった。

まとめて
人《じん》物《ぶつ》紹《しょう》介《かい》

優《すぐ》れた和歌《わか》を残《のこ》した
平安前後《へいあんぜんご》の歌人《かじん》たち

あふれる思《おも》いを和歌《わか》にこめる

昔《むかし》の人《ひと》たちも現代《げんだい》を生《い》きるわたしたちと同《おな》じように、美《うつく》しい自然《しぜん》や季節《きせつ》に感動《かんどう》したり、人生《じんせい》や恋《こい》になやんだりしながら生《い》きていました。彼《かれ》ら、彼女《かのじょ》らは、そのような思《おも》いを和歌《わか》という形《かたち》で表現《ひょうげん》することがありました。

その中《なか》でもとくに優《すぐ》れている和《わ》歌《か》は、『万葉集《まんようしゅう》』『古今和歌集《こきんわかしゅう》』『新古今和歌集《しんこきんわかしゅう》』などの歌集《かしゅう》にまとめられ、今《いま》に伝《つた》わっています。

だれか
わかるかな？

『万葉集《まんようしゅう》』の
女性歌人《じょせいかじん》
(→P57上《うえ》)

『万葉集《まんようしゅう》』の
代表的歌人《だいひょうてきかじん》
(→P57下《した》)

『古今和歌集《こきんわかしゅう》』を
まとめる
(→P58右《みぎ》)

『古今和歌集《こきんわかしゅう》』の
女性歌人《じょせいかじん》
(→P58左《ひだり》)

『新古今和歌集《しんこきんわかしゅう》』を
まとめる
(→P59上《うえ》)

『新古今和歌集《しんこきんわかしゅう》』の
代表的歌人《だいひょうてきかじん》
(→P59下《した》)

主《おも》な歌集《かしゅう》

歌集名《かしゅうめい》	成立時期《せいりつじき》	制作《せいさく》を命《めい》じた人《ひと》	おさめられた歌《うた》の数《かず》
『万葉集《まんようしゅう》』	780年《ねん》ごろ(奈良時代末期《ならじだいまっき》)	不明《ふめい》	約《やく》4500首《しゅ》
『古今和歌集《こきんわかしゅう》』	905年《ねん》(平安時代前期《へいあんじだいぜんき》)	醍醐天皇《だいごてんのう》	約《やく》1100首《しゅ》
『新古今和歌集《しんこきんわかしゅう》』	1205年《ねん》(鎌倉時代前期《かまくらじだいぜんき》)	後鳥羽上皇《ごとばじょうこう》	約《やく》2000首《しゅ》

6人《にん》の秘密《ひみつ》 徹底解剖《てっていかいぼう》！

飛鳥時代《あすかじだい》の女性歌人《じょせいかじん》

額田王《ぬかたのおおきみ》

歌人《かじん》

生没年《せいぼつねん》	7世紀後半《せいきこうはん》
出身地《しゅっしんち》	不明《ふめい》
かかわりの深《ふか》い歌集《かしゅう》	『万葉集《まんようしゅう》』

熟田津《にきたつ》に 船乗《ふなの》りせむ《ん》と 月待《つきま》てば
潮《しお》もかなひ《い》ぬ 今《いま》は漕《こ》ぎ出《い》でな

〔意味《いみ》〕
熟田津《にきたつ》（愛媛県松山市《えひめけんまつやまし》の海岸《かいがん》）から船《ふね》を出《だ》そうと月《つき》が出《で》るのを待《ま》っていたら、潮《しお》の流《なが》れもちょうどよくなった。さあ、今《いま》こぎ出《だ》そう。

飛鳥時代《あすかじだい》に活躍《かつやく》した、『万葉集《まんようしゅう》』を代表《だいひょう》する女性歌人《じょせいかじん》です。強《つよ》い情熱《じょうねつ》を秘《ひ》めた格調《かくちょう》高《たか》い作風《さくふう》が特色《とくしょく》で、『万葉集《まんようしゅう》』に12首《しゅ》の歌《うた》を残《のこ》しています。

大海人皇子《おおあまのおうじ》（のちの天武天皇《てんむてんのう》）の妻《つま》となり、その後《ご》、大海人皇子《おおあまのおうじ》の兄《あに》の中大兄皇子《なかのおおえのおうじ》（天智天皇《てんじてんのう》）に仕《つか》えたといわれていますが、定《さだ》かではありません。

柿本人麻呂《かきのもとのひとまろ》

和歌《わか》の歴史《れきし》に名《な》を残《のこ》す「歌聖《かせい》」

歌人《かじん》

生没年《せいぼつねん》	7世紀後半《せいきこうはん》〜8世紀前半《せいきぜんはん》
出身地《しゅっしんち》	不明《ふめい》
かかわりの深《ふか》い歌集《かしゅう》	『万葉集《まんようしゅう》』

近江《おうみ》の海《うみ》 夕波千鳥《ゆうなみちどり》 汝《な》が鳴《な》けば
心《こころ》もしのに 古《いにしえ》思《おも》ほ《お》ゆ

〔意味《いみ》〕
近江《おうみ》の海《うみ》（琵琶湖《びわこ》）の、夕方《ゆうがた》に起《お》きる波《なみ》の上《うえ》を飛《と》ぶ千鳥《ちどり》よ。お前《まえ》が鳴《な》くと、しみじみと昔《むかし》のことを思《おも》い出《だ》してしまうよ。

飛鳥時代《あすかじだい》に活躍《かつやく》した歌人《かじん》で『万葉集《まんようしゅう》』に多《おお》くの歌《うた》がおさめられています。

言葉《ことば》を効果的《こうかてき》に使《つか》った味《あじ》わい深《ぶか》い作品《さくひん》を作《つく》り、その後《ご》の和歌《わか》の歴史《れきし》に大《おお》きな影響《えいきょう》をあたえたことから「歌聖《かせい》」とたたえられています。その生涯《しょうがい》は不明《ふめい》な点《てん》が多《おお》いですが、持統天皇《じとうてんのう》、文武《もんむ》天皇《てんのう》に仕《つか》えたといわれています。

謎《なぞ》の多《おお》い美女《びじょ》歌人《かじん》

小野小町《おののこまち》

歌人《かじん》

生没年《せいぼつねん》	9世紀《せいき》
出身地《しゅっしんち》	不明《ふめい》
かかわりの深《ふか》い歌集《かしゅう》	『古今和歌集《こきんわかしゅう》』

平安時代前期《へいあんじだいぜんき》に活躍《かつやく》した女流歌人《じょりゅうかじん》で、恋《こい》についてうたった和歌《わか》で有名《ゆうめい》です。

紀貫之《きのつらゆき》が選《えら》んだ「六歌仙《ろっかせん》（平安《へいあん》時代初期《じだいしょき》の優《すぐ》れた6人《にん》の歌人《かじん》）」の唯一《ゆいいつ》の女性《じょせい》で、絶世《ぜっせい》の美女《びじょ》だったという伝説《でんせつ》が残《のこ》っています。しかし、実際《じっさい》にどんな人物《じんぶつ》だったかの記録《きろく》は残《のこ》っていません。

思《おも》ひ《い》つつ　寝《ぬ》ればや人《ひと》の　見《み》えつらむ《ん》
夢《ゆめ》と知《し》りせば　覚《さ》めざらましを

〔意味《いみ》〕
あの人《ひと》のことを思《おも》いながら眠《ねむ》りについたので、夢《ゆめ》にあらわれたのだろうか。もし夢《ゆめ》と知《し》っていたなら目《め》を覚《さ》まさずにいたのに。

『古今和歌集《こきんわかしゅう》』の代表的《だいひょうてき》歌人《かじん》

紀貫之《きのつらゆき》

歌人《かじん》

生没年《せいぼつねん》	?～945?年《ねん》
出身地《しゅっしんち》	不明《ふめい》
かかわりの深《ふか》い歌集《かしゅう》	『古今和歌集《こきんわかしゅう》』『貫之集《つらゆきしゅう》』など

平安時代前期《へいあんじだいぜんき》に活躍《かつやく》した歌人《かじん》で、『古今和歌集《こきんわかしゅう》』をまとめるうえで中心的《ちゅうしんてき》な役割《やくわり》をはたしました。『古今《こきん》和歌集《わかしゅう》』には、その中《なか》に歌《うた》がのっている歌人《かじん》の中《なか》でもっとも多《おお》い102首《しゅ》の作品《さくひん》がおさめられています。

日本最古《にほんさいこ》の日記文学《にっきぶんがく》とされる『土《と》佐日記《さにっき》』の作者《さくしゃ》としても有名《ゆうめい》です。

人《ひと》はいさ　心《こころ》も知《し》らず　ふるさとは
花《はな》ぞ昔《むかし》の　香《か》ににほ《お》ひける

〔意味《いみ》〕
人《ひと》の心《こころ》は、さあどうだかわからないけれど、ふるさとでは梅《うめ》の花《はな》が、昔《むかし》と変《か》わらない香《かお》りをさせているよ。

「百人一首《ひゃくにんいっしゅ》」の生《う》みの親《おや》

藤原定家《ふじわらのさだいえ》

歌人《かじん》

生没年《せいぼつねん》	1162～1241年《ねん》
出身地《しゅっしんち》	不明《ふめい》
かかわりの深《ふか》い歌集《かしゅう》	『小倉百人一首《おぐらひゃくにんいっしゅ》』『新古今和歌集《しんこきんわかしゅう》』など

鎌倉時代初期《かまくらじだいしょき》の歌人《かじん》で、『新古今和歌集《しんこきんわかしゅう》』のまとめ役《やく》の一人《ひとり》です。華《はな》やかさの中《なか》にあるさびしさに、美《び》を見《み》出《いだ》しました。

約《やく》600年《ねん》の間《あいだ》にうたわれた名歌《めいか》から、定家《さだいえ》が100首《しゅ》を選《えら》んでまとめた『小倉百人一首《おぐらひゃくにんいっしゅ》』は、江戸時代以降《えどじだいいこう》、現在《げんざい》もかるた遊《あそ》びで親《した》しまれています。

見《み》わたせば　花《はな》も紅葉《もみじ》も　なかりけり
浦《うら》の苫屋《とまや》の　秋《あき》の夕暮《ゆうぐれ》

〔意味《いみ》〕
見渡《みわた》すと、春《はる》の桜《さくら》も秋《あき》の紅葉《もみじ》もここにはないのだなあ。海辺《うみべ》の小屋《こや》があるだけの、さびしい秋《あき》の夕暮《ゆうぐ》れなことよ。

西行《さいぎょう》

歌人《かじん》

生没年《せいぼつねん》	1118～1190年《ねん》
出身地《しゅっしんち》	不明《ふめい》
かかわりの深《ふか》い歌集《かしゅう》	『山家集《さんかしゅう》』『新古今和歌集《しんこきんわかしゅう》』など

平安時代末期《へいあんじだいまっき》の歌人《かじん》で、『新古今和歌集《しんこきんわかしゅう》』には、歌《うた》が選《えら》ばれた歌人《かじん》の中《なか》で最多《さいた》の94首《しゅ》の歌《うた》がおさめられています。

もとは武士《ぶし》でしたが23歳《さい》のときに出家《しゅっけ》して僧《そう》になり、各地《かくち》をめぐりながら歌《うた》をよみました。その生《い》き方《かた》や作風《さくふう》は、松尾芭蕉《まつおばしょう》（→P152）をはじめ、多《おお》くの芸術家《げいじゅつか》に影響《えいきょう》をあたえています。

道《みち》のべに　清水《しみず》流《なが》るる　柳陰《やなぎかげ》
しばしとてこそ　立《た》ちどまりつれ

〔意味〕
道《みち》ばたに、きれいなわき水《みず》が流《なが》れ出《で》る柳《やなぎ》の木《こ》陰《かげ》があった。少《すこ》し休《やす》もうと思《おも》って立《た》ち止《ど》まったのだが（つい時間《じかん》を忘《わす》れてしまったよ）。

旅《たび》をしながら歌《うた》をよむ

天皇《てんのう》

白《しら》河《かわ》天《てん》皇《のう》

生没年《せいぼつねん》:1053〜1129年《ねん》　出身地《しゅっしんち》:京《きょう》（京都府京都市《きょうとふきょうとし》）

天皇引退後《てんのういんたいご》も
政治《せいじ》をにないつづける

72代《だい》天皇《てんのう》。父《ちち》は後三条天皇《ごさんじょうてんのう》。20歳《さい》で天皇《てんのう》になり、貴族《きぞく》たちの荘園《しょうえん》（私的《してき》な所有地《しょゆうち》）の整理《せいり》を進《すす》めるなど、意《い》のままに政治《せいじ》をおこないました。34歳《さい》のときに幼《おさな》い皇子《おうじ》に位《くらい》をゆずって「上皇《じょうこう》」（院《いん》とも呼《よ》ぶ）となり、その後《ご》も政治《せいじ》をおこないます（院政《いんせい》）。

出家《しゅっけ》して「法皇《ほうおう》」となったあとも、院政《いんせい》をつづけました。

白河天皇《しらかわてんのう》がわかる！ 3つのキーワード

❶ 院政《いんせい》	天皇退位後《てんのうたいいご》も、上皇《じょうこう》や法皇《ほうおう》として43年間《ねんかん》にわたって政治《せいじ》をおこなった。
❷ 仏教《ぶっきょう》	仏教《ぶっきょう》を深《ふか》く信《しん》じ、京都《きょうと》に法勝寺《ほうしょうじ》という大《おお》きな寺院《じいん》を建《た》てた。
❸ 武士《ぶし》を利用《りよう》	源氏《げんじ》や平氏《へいし》の武士《ぶし》たちを、自《みずか》らの警護《けいご》に利用《りよう》した。

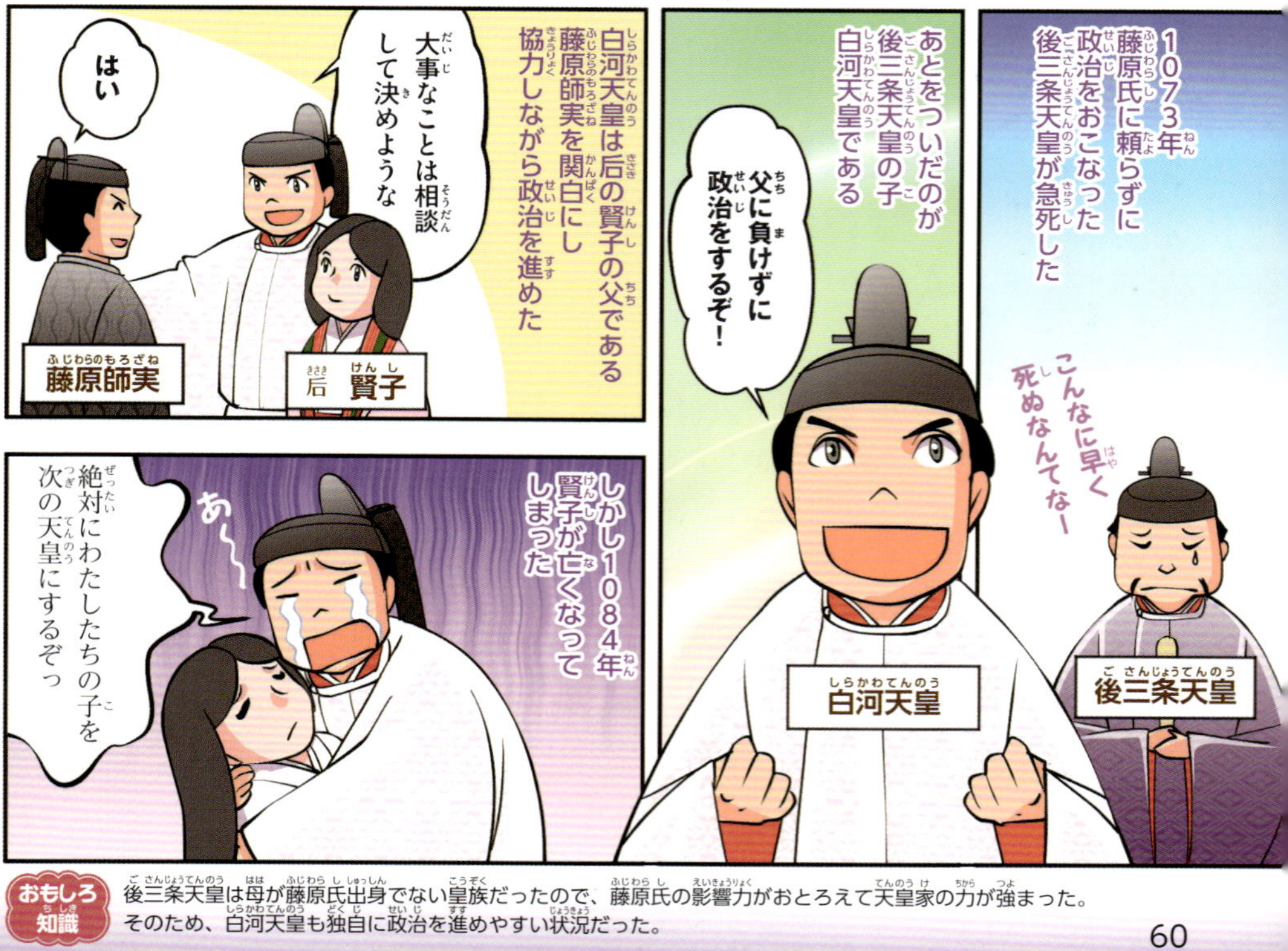
1073年《ねん》
藤原氏《ふじわらし》に頼《たよ》らずに
政治《せいじ》をおこなった
後三条天皇《ごさんじょうてんのう》が急死《きゅうし》した
こんなに早《はや》く死《し》ぬなんてなー
後三条天皇《ごさんじょうてんのう》
あとをついだのが
後三条天皇《ごさんじょうてんのう》の子《こ》
白河天皇《しらかわてんのう》である
父《ちち》に負《ま》けずに政治《せいじ》をするぞ！
白河天皇《しらかわてんのう》
白河天皇《しらかわてんのう》は后《きさき》の賢子《けんし》の父《ちち》である
藤原師実《ふじわらのもろざね》を関白《かんぱく》にし
協力《きょうりょく》しながら政治《せいじ》を進《すす》めた
大事《だいじ》なことは相談《そうだん》して決《き》めような
はい
藤原師実《ふじわらのもろざね》
后《きさき》　賢子《けんし》
しかし1084年《ねん》
賢子《けんし》が亡《な》くなってしまった
あ〜〜
絶対《ぜったい》にわたしたちの子《こ》を
次《つぎ》の天皇《てんのう》にするぞっ

おもしろ知識《ちしき》　後三条天皇《ごさんじょうてんのう》は母《はは》が藤原氏出身《ふじわらししゅっしん》でない皇族《こうぞく》だったので、藤原氏《ふじわらし》の影響力《えいきょうりょく》がおとろえて天皇家《てんのうけ》の力《ちから》が強《つよ》まった。そのため、白河天皇《しらかわてんのう》も独自《どくじ》に政治《せいじ》を進《すす》めやすい状況《じょうきょう》だった。

2年後《ねんご》
白河天皇《しらかわてんのう》は強引《ごういん》に賢子《けんし》との子《こ》を
堀河天皇《ほりかわてんのう》として即位《そくい》させ
上皇《じょうこう》となった
院政《いんせい》のはじまりである
堀河天皇《ほりかわてんのう》（8歳《さい》）
白河上皇《しらかわじょうこう》は身辺《しんぺん》を守《まも》るため源氏《げんじ》や平氏《へいし》などの武士《ぶし》を利用《りよう》した
源義家《みなもとのよしいえ》
平正盛《たいらのまさもり》
これがのちに武士《ぶし》が進出《しんしゅつ》するきっかけとなった
1107年《ねん》 堀河天皇《ほりかわてんのう》が29歳《さい》の若《わか》さで亡《な》くなった
やっと父上《ちちうえ》の力《ちから》なしで政治《せいじ》ができるようになったのに……
白河上皇《しらかわじょうこう》は次《つぎ》に孫《まご》の鳥羽天皇《とばてんのう》を即位《そくい》させ本格的《ほんかくてき》に院政《いんせい》を開始《かいし》した
出家《しゅっけ》して法皇《ほうおう》と呼《よ》ばれるようになったよ
鳥羽天皇《とばてんのう》（5歳《さい》で即位《そくい》）
鳥羽天皇《とばてんのう》の次《つぎ》の崇徳天皇《すとくてんのう》の代《だい》でも院政《いんせい》をつづけた白河法皇《しらかわほうおう》は死《し》ぬまで権力《けんりょく》をにぎりつづけた
この世《よ》で思《おも》い通《どお》りにならないものは3つしかない
はんらんする賀茂川《かもがわ》の水《みず》
サイコロの目《め》
あとは無理《むり》を言《い》う寺《てら》の僧《そう》たちくらいだ
言《い》うこと聞《き》かなきゃらんぼうするぞ
崇徳天皇《すとくてんのう》（5歳《さい》で即位《そくい》）

おもしろ知識《ちしき》
源義家《みなもとのよしいえ》は鎌倉幕府《かまくらばくふ》初代将軍《しょだいしょうぐん》源頼朝《みなもとのよりとも》（→P70）の先祖《せんぞ》で、東北地方《とうほくちほう》の反乱《はんらん》をしずめたりするのに活躍《かつやく》し、勇猛《ゆうもう》な武士《ぶし》として知《し》られた。平正盛《たいらのまさもり》は平清盛《たいらのきよもり》（→P62）の祖父《そふ》である。

武将《ぶしょう》

平清盛《たいらのきよもり》

生没年《せいぼつねん》:1118～1181年《ねん》　出身地《しゅっしんち》:未詳《みしょう》

平安時代末期《へいあんじだいまっき》の武将《ぶしょう》。1156年《ねん》、後白河天皇《ごしらかわてんのう》と崇徳上皇《すとくじょうこう》の争《あらそ》い（保元《ほうげん》の乱《らん》）で後白河天皇《ごしらかわてんのう》について勝《か》ち、3年後《ねんご》、平治《へいじ》の乱《らん》では源義朝《みなもとのよしとも》をやぶって勝利《しょうり》。武士《ぶし》ではじめて貴族《きぞく》の最高職《さいこうしょく》「太政大臣《だいじょうだいじん》」になると、娘《むすめ》の徳子《とくこ》を高倉天皇《たかくらてんのう》の后《きさき》にし、一族《いちぞく》を高《たか》い地位《ちい》につけます。さらに安徳天皇《あんとくてんのう》（徳子《とくこ》の子《こ》）を即位《そくい》させ、平氏《へいし》の全盛《ぜんせい》を築《きず》きました。

武士《ぶし》
貴族
平氏《へいし》でなくては人《ひと》ではない!?
平氏《へいし》の全盛《ぜんせい》を築《きず》く

平清盛《たいらのきよもり》がわかる!　3つのキーワード

❶ 平氏《へいし》の全盛《ぜんせい》	「平氏《へいし》にあらざるは人《ひと》にあらず」といわれるほどの繁栄《はんえい》を築《きず》いた。
❷ 商才《しょうさい》	宋《そう》（中国《ちゅうごく》）との貿易《ぼうえき》で、巨大《きょだい》な利益《りえき》を生《う》み出《だ》した。
❸ 独裁政治《どくさいせいじ》	一族《いちぞく》で権力《けんりょく》を独占《どくせん》して、他《ほか》の貴族《きぞく》や武士《ぶし》たちの反感《はんかん》を買《か》った。

平忠盛《たいらのただもり》は白河《しらかわ》・鳥羽上皇《とばじょうこう》の院政《いんせい》を武力《ぶりょく》の面《めん》で支《ささ》えて平氏《へいし》の勢力《せいりょく》をのばした
困《こま》ったことは何《なん》でも平氏《へいし》におまかせください
平氏《へいし》は強《つよ》くて信頼《しんらい》できるな
白河《しらかわ》
鳥羽《とば》
平忠盛《たいらのただもり》
そして1153年《ねん》忠盛《ただもり》の死後《しご》息子《むすこ》の清盛《きよもり》が平氏《へいし》のリーダーとなった
もっとえらくなって平氏《へいし》の名《な》をあげるぞ
平清盛《たいらのきよもり》
このころ鳥羽法皇《とばほうおう》の二人《ふたり》の子《こ》ども崇徳上皇《すとくじょうこう》と後白河天皇《ごしらかわてんのう》の仲《なか》は最悪《さいあく》に
1156年《ねん》に鳥羽法皇《とばほうおう》が亡《な》くなると ついに貴族《きぞく》や武士団《ぶしだん》を巻《ま》きこんだ戦《たたか》いが起《お》きた
弟《おとうと》のくせにっ
兄《あに》のくせにっ
後白河天皇《ごしらかわてんのう》
崇徳上皇《すとくじょうこう》

おもしろ知識《ちしき》　保元《ほうげん》の乱《らん》では後白河天皇方《ごしらかわてんのうかた》に清盛《きよもり》と義朝《よしとも》が、崇徳上皇方《すとくじょうこうかた》には清盛《きよもり》のおじの平忠正《たいらのただまさ》、義朝《よしとも》の父為義《ちちためよし》と弟為朝《おとうとためとも》がつき、源氏《げんじ》と平氏《へいし》の家族《かぞく》が敵味方《てきみかた》に分《わ》かれて戦《たたか》った。

この戦《たたか》いで清盛《きよもり》と源義朝《みなもとのよしとも》は後白河天皇《ごしらかわてんのう》に味方《みかた》し勝利《しょうり》した
保元《ほうげん》の乱《らん》
勝利《しょうり》
源義朝《みなもとのよしとも》
清盛《きよもり》と義朝《よしとも》の最強《さいきょう》チーム！
負けた
勝利《しょうり》した後白河天皇《ごしらかわてんのう》は上皇《じょうこう》となって院政《いんせい》をはじめたが今度《こんど》は上皇《じょうこう》に仕《つか》えるものたちの間《あいだ》で争《あらそ》いが起《お》きた
こまったな～
お前《まえ》　気《き》に入《い》られてるからっていい気《き》になるな
藤原信頼《ふじわらののぶより》
そんなぁ
ふたたび武力《ぶりょく》による争《あらそ》いが起《お》き今度《こんど》は清盛《きよもり》と義朝《よしとも》が敵《てき》として戦《たたか》った
今度《こんど》は敵《てき》どうしだっ
望《のぞ》むところだ
義朝《よしとも》がんばれっ
信頼《のぶより》をこらしめてくれ清盛《きよもり》
平治《へいじ》の乱《らん》
この戦《たたか》いに藤原信頼《ふじわらののぶより》と義朝《よしとも》は敗《やぶ》れて死《し》んだ
義朝《よしとも》を失《うしな》った源氏《げんじ》は平氏《へいし》にうらみを持《も》つことになった
わたしの子《こ》どもたちが心配《しんぱい》だ

おもしろ知識《ちしき》　義朝《よしとも》は、保元《ほうげん》の乱《らん》で手《て》がらを立《た》てたのにもかかわらず清盛《きよもり》よりも出世《しゅっせ》が遅《おく》れ、ほうびもあまり得《え》られなかった。このことへの不満《ふまん》が、平治《へいじ》の乱《らん》で清盛《きよもり》に敵対《てきたい》した理由《りゆう》の一《ひと》つといわれる。

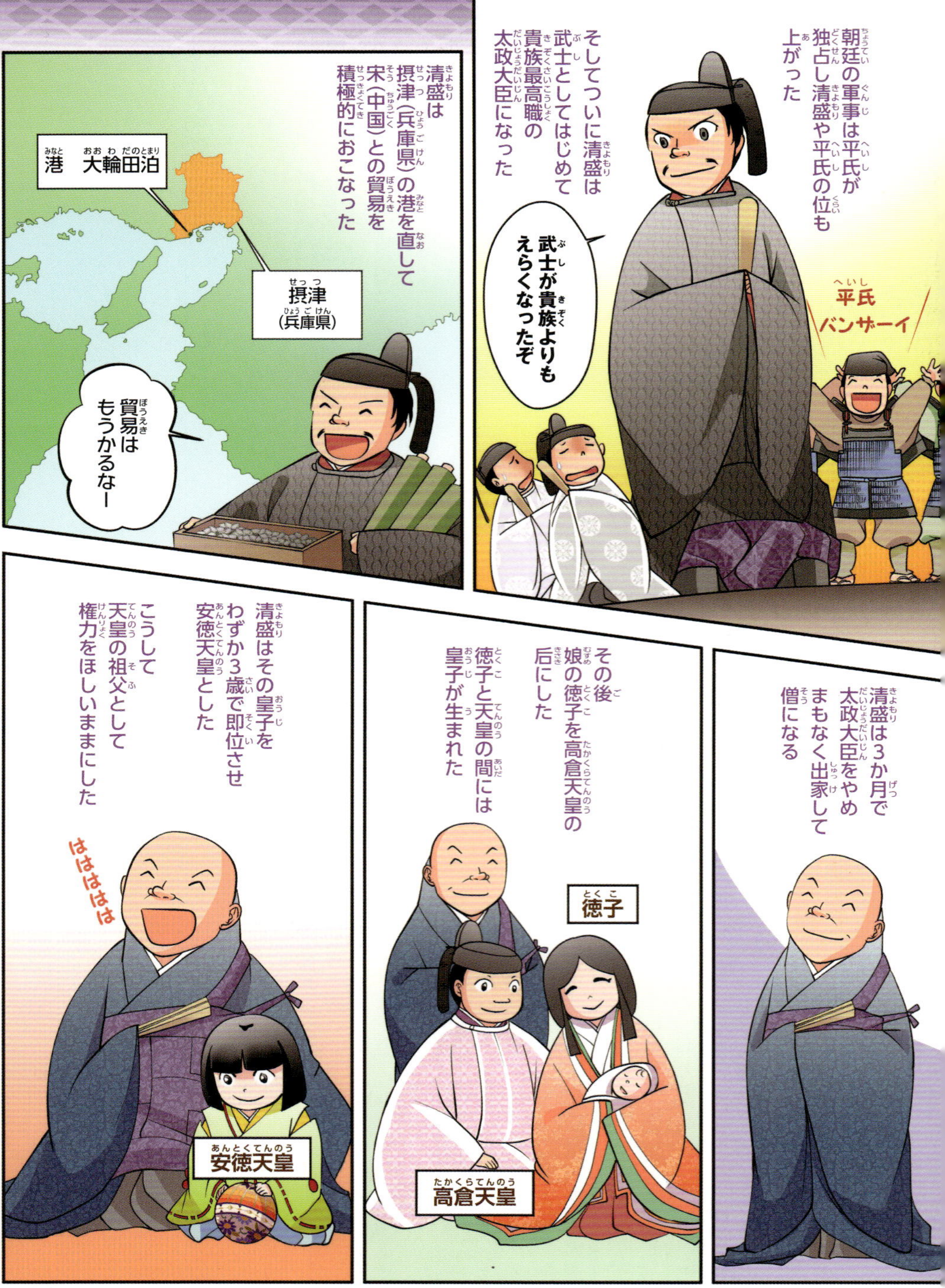

おもしろ知識《ちしき》

宋《そう》との貿易《ぼうえき》（日宋貿易《にっそうぼうえき》）で、当時貨幣《とうじかへい》が少《すく》なかった日本《にほん》に宋《そう》のお金《かね》（宋銭《そうせん》）が大量《たいりょう》に輸入《ゆにゅう》され、室町時代《むろまちじだい》までの数百年《すうひゃくねん》にわたって使《つか》われた。

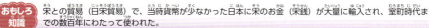

清盛《きよもり》は後白河上皇《ごしらかわじょうこう》まで追放《ついほう》し
清盛《きよもり》め〜
もはや清盛《きよもり》に逆《さか》らえるものはいなくなった
今《いま》や平氏《へいし》でなくては人《ひと》ではないのだ
平氏《へいし》の人々《ひとびと》
清盛《きよもり》を中心《ちゅうしん》とした平氏《へいし》の勢《いきお》いに貴族《きぞく》や源氏《げんじ》の武士《ぶし》は不満《ふまん》をつのらせていった
平氏《へいし》に絶対《ぜったい》しかえしするぞ
もうがまんの限界《げんかい》だ
源氏《げんじ》の武士《ぶし》たち
皇族《こうぞく》や貴族《きぞく》たち

歴史《れきし》ミステリー

なぜ清盛《きよもり》は頼朝《よりとも》を殺《ころ》さなかった？

平治《へいじ》の乱《らん》で勝利《しょうり》した清盛《きよもり》は、義朝《よしとも》の子《こ》の頼朝《よりとも》（↓P70）をとらえたが、当時《とうじ》まだ13歳《さい》の頼朝《よりとも》に同情《どうじょう》したのか、殺《ころ》しはせずに伊《い》豆《ず》に流《なが》すだけにとどめた。

しかしこのことが、二十数年後《にじゅうすうねんご》に平氏《へいし》がほろぶことにつながるのである。権力《けんりょく》の頂点《ちょうてん》を極《きわ》めた清盛《きよもり》は、実《じつ》は優《やさ》しい性格《せいかく》だったのだろうか……。

1159年《ねん》の平治《へいじ》の乱《らん》のあと、頼朝《よりとも》は伊豆《いず》へ流《なが》された
平氏《へいし》のやつらめいつかやっつけてやる
伊《い》豆《ず》
政子《まさこ》は伊豆《いず》に流《なが》されていた源頼朝《みなもとのよりとも》と大恋愛《だいれんあい》の末《すえ》結婚《けっこん》した

頼朝《よりとも》は流《なが》された先《さき》の伊豆《いず》で北条政子《ほうじょうまさこ》（→P76）と出会《であ》って結婚《けっこん》。北条氏《ほうじょうし》とのつながりも得《え》た。

おもしろ知識《ちしき》　清盛《きよもり》の晩年《ばんねん》、源頼朝《みなもとのよりとも》が平氏《へいし》を倒《たお》そうと兵《へい》をあげた。清盛《きよもり》は病気《びょうき》による高熱《こうねつ》に苦《くる》しむ中《なか》、「頼朝《よりとも》の首《くび》を墓前《ぼぜん》に供《そな》えよ」と言《い》い残《のこ》して亡《な》くなったという。

平安編《へいあんへん》

平安《へいあん》の政治《せいじ》システム

歴史人物《れきしじんぶつ》座談会《ざだんかい》

出席者《しゅっせきしゃ》

清少納言《せいしょうなごん》

藤原道長《ふじわらのみちなが》

白河天皇《しらかわてんのう》

平清盛《たいらのきよもり》

こんにちは。清少納言《せいしょうなごん》です。今日《きょう》は平安時代《へいあんじだい》の政治《せいじ》について、実力者《じつりょくしゃ》の方々《かたがた》に話《はなし》を聞《き》いてみましょう。

「この世《よ》をば わが世《よ》とぞ思《おも》ふ 望月《もちづき》の 欠《か》けたることも なしと思《おも》へば」。わたしが中期《ちゅうき》の実力者《じつりょくしゃ》、藤原道長《ふじわらのみちなが》だ。

「この世《よ》はわたしのためにある。満《まん》月《げつ》が欠《か》けないように、わたしの権力《けんりょく》も欠《か》けないのだ」という意味《いみ》ですね。

平安時代《へいあんじだい》は、天皇《てんのう》の政治《せいじ》を助《たす》ける「摂《せっ》政《しょう》」や「関白《かんぱく》」として、われわれ藤《ふじ》原氏《わらし》が政治《せいじ》を安定《あんてい》させた時代《じだい》なのだ。

いわゆる「摂関政治《せっかんせいじ》」ですね。

思《おも》い上《あ》がりだな。藤原氏《ふじわらし》は天皇家《てんのうけ》の権威《けんい》を借《か》りていたに過《す》ぎないだろう。

後期《こうき》の実力者《じつりょくしゃ》、白河天皇《しらかわてんのう》の登場《とうじょう》です。

藤原氏《ふじわらし》にかわり、「上皇《じょうこう》」という立《たち》場《ば》で政治《せいじ》の実権《じっけん》をにぎるシステムを作《つく》ったのがわしじゃ。

「院政《いんせい》」のはじまりですね。

うむ。この世《よ》でわしの思《おも》い通《どお》りにならないのは、賀茂川《かもがわ》の水《みず》、サイコロの目《め》、比叡山延暦寺《ひえいざんえんりゃくじ》の僧兵《そうへい》だけよ。

あなただって、思《おも》い上《あ》がっているじゃないか。

つ、つまり平安時代《へいあんじだい》は、天皇中心《てんのうちゅうしん》→摂関政治《せっかんせいじ》→院政《いんせい》と、政治《せいじ》システムが変《か》わった時代《じだい》といえそうですね。

わしを忘《わす》れてもらっては困《こま》るよ！

あなたは末期《まっき》の実力者《じつりょくしゃ》、平清盛《たいらのきよもり》さん。

われわれ武士《ぶし》があなたがたを守《まも》っていたからこそ、摂関政治《せっかんせいじ》や院政《いんせい》という政治《せいじ》システムが完成《かんせい》したんですよ。二人《ふたり》とも思《おも》い上《あ》がり過《す》ぎです。

「平氏《へいし》でなければ人《ひと》ではない」といわれたほど、きみら平氏《へいし》も思《おも》い上《あ》がっていたじゃないか。

みなさんすごい自信《じしん》。こうじゃないと、権力者《けんりょくしゃ》にはなれないのかも。いいエッセイのネタになりそう。

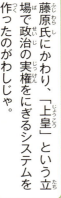

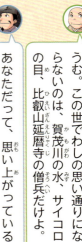

3章《しょう》 鎌《かま》倉《くら》・室《むろ》町《まち》時《じ》代《だい》

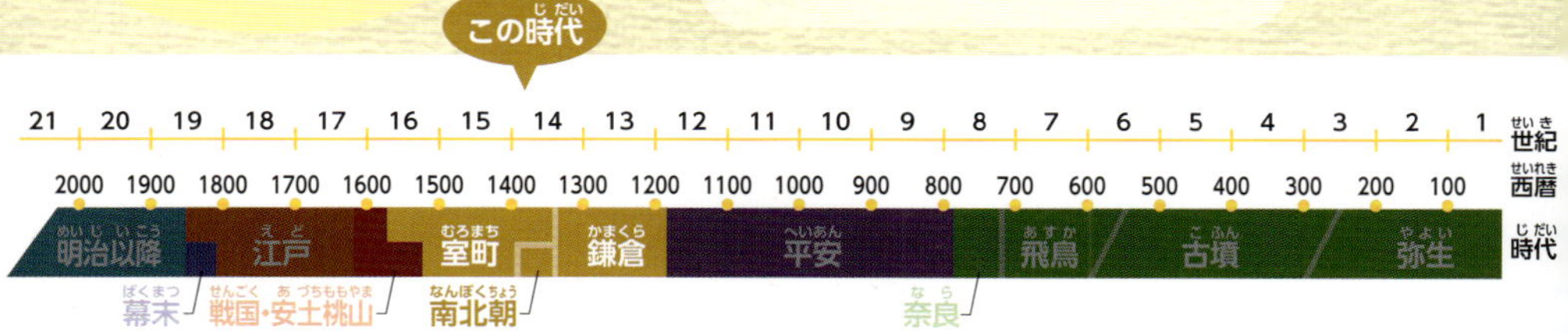
この時代《じだい》
世紀《せいき》
21 20 19 18 17 16 15 14 13 12 11 10 9 8 7 6 5 4 3 2 1
西暦《せいれき》
2000 1900 1800 1700 1600 1500 1400 1300 1200 1100 1000 900 800 700 600 500 400 300 200 100
時代《じだい》
明治以降《めいじいこう》
江戸《えど》
室町《むろまち》
鎌倉《かまくら》
平安《へいあん》
飛鳥《あすか》
古墳《こふん》
弥生《やよい》
幕末《ばくまつ》
戦国《せんごく》・安土桃山《あづちももやま》
南北朝《なんぼくちょう》
奈良《なら》

鎌倉時代《かまくらじだい》のできごと早《はや》わかり

武《ぶ》士《し》の時代《じだい》へ

武士《ぶし》の力《ちから》が強《つよ》まると、源頼朝《みなもとのよりとも》が鎌倉《かまくら》に幕府《ばくふ》（武《ぶ》士《し》による政権《せいけん》）を開《ひら》き、政治《せいじ》をおこないました。

鎌倉幕府《かまくらばくふ》が政治《せいじ》の中心《ちゅうしん》にいた約《やく》150年間《ねんかん》を鎌《かま》倉《くら》時代《じだい》といいます。

頼朝《よりとも》の死後《しご》、家来《けらい》だった北条氏《ほうじょうし》が幕府《ばくふ》の実権《じっけん》をにぎりました。

P39から

1180年《ねん》
平氏《へいし》を倒《たお》すため源氏《げんじ》の源頼朝《みなもとのよりとも》が立《た》ち上《あ》がる
源頼朝《みなもとのよりとも》 （→ P70）

1185年《ねん》
壇ノ浦《だんのうら》の戦《たたか》いで平氏《へいし》がほろびる
源義経《みなもとのよしつね》 （→ P74）

1189年《ねん》
源頼朝《みなもとのよりとも》が源義経《みなもとのよしつね》を討《う》つ
源頼朝《みなもとのよりとも》 （→ P70） VS 源義経《みなもとのよしつね》 （→ P74）

1192年《ねん》
源頼朝《みなもとのよりとも》が征夷大将軍《せいいたいしょうぐん》になる
源頼朝《みなもとのよりとも》 （→ P70）

1203年《ねん》
東大寺南大門《とうだいじなんだいもん》の金剛力士像《こんごうりきしぞう》が完成《かんせい》
運慶《うんけい》 （→ P78）
快慶《かいけい》

1219年《ねん》
源実朝《みなもとのさねとも》が暗殺《あんさつ》されて源氏将軍《げんじしょうぐん》の血筋《ちすじ》がとだえる
北条政子《ほうじょうまさこ》 （→ P76）

1221年《ねん》
承久《じょうきゅう》の乱《らん》
北条政子《ほうじょうまさこ》 （→ P76） VS 後鳥羽上皇《ごとばじょうこう》

超重要《ちょうじゅうよう》！　大切《たいせつ》　覚《おぼ》えたい　文化《ぶんか》に関《かん》すること

12世紀末《せいきまつ》
～14世紀前半《せいきぜんはん》
（鎌倉時代《かまくらじだい》）

新《あたら》しい仏教《ぶっきょう》がさかんになる

（→ P85）

法然《ほうねん》
（→ P86）

親鸞《しんらん》
（→ P86）

道元《どうげん》
（→ P87）

栄西《えいさい》
（→ P87）

日蓮《にちれん》
（→ P87）

一遍《いっぺん》
（→ P86）

1232年《ねん》

北条泰時《ほうじょうやすとき》が＊御成敗式目《ごせいばいしきもく》を定《さだ》める

北条泰時《ほうじょうやすとき》

＊鎌倉幕府《かまくらばくふ》の基礎《きそ》となる法律《ほうりつ》

元寇《げんこう》

1274年《ねん》

文永《ぶんえい》の役《えき》

1281年《ねん》

弘安《こうあん》の役《えき》

北条時宗《ほうじょうときむね》
（→ P82）

フビライ・ハン

1331年《ねん》

後醍醐天皇《ごだいごてんのう》の倒幕計画《とうばくけいかく》が失敗《しっぱい》

後醍醐天皇《ごだいごてんのう》
（→ P88）

1333年《ねん》

鎌倉幕府《かまくらばくふ》がほろびる

後醍醐天皇《ごだいごてんのう》
（→ P88）

足利尊氏《あしかがたかうじ》
（→ P90）

後醍醐天皇《ごだいごてんのう》と足利尊氏《あしかがたかうじ》が対立《たいりつ》南北朝時代《なんぼくちょうじだい》へ

P92
につづく

12世紀末《せいきまつ》
～14世紀前半《せいきぜんはん》
（鎌倉時代《かまくらじだい》）

鎌倉文化《かまくらぶんか》が栄《さか》える

運慶《うんけい》
（→ P78）

鴨長明《かものちょうめい》
（→ P81）

吉田兼好《よしだけんこう》
（→ P81）

藤原定家《ふじわらのさだいえ》
（→ P59）

西行《さいぎょう》
（→ P59）

源《みなもとの》頼《より》朝《とも》

生没年《せいぼつねん》:1147～1199年《ねん》　出身地《しゅっしんち》:尾張《おわり》(愛知県《あいちけん》)

鎌倉幕府《かまくらばくふ》初代将軍《しょだいしょうぐん》。1180年《ねん》、以仁王《もちひとおう》の呼《よ》びかけを受《う》けて平氏打倒《へいしだとう》の兵《へい》をあげ、東国《とうごく》(関東《かんとう》)の武士《ぶし》とともに関東《かんとう》をしずめます。弟《おとうと》の範頼《のりより》と義経《よしつね》に軍《ぐん》をひきいさせ、1185年《ねん》、平氏《へいし》をほろぼしました。

鎌倉《かまくら》から全国《ぜんこく》に指示《しじ》を出《だ》し、各地《かくち》に守護《しゅご》・地頭《じとう》という役職《やくしょく》を設置《せっち》して幕府《ばくふ》の基礎《きそ》を固《かた》め、1192年《ねん》に征夷大将軍《せいいたいしょうぐん》になりました。

鎌倉幕府《かまくらばくふ》をひらいた
源氏《げんじ》のリーダー

源《みなもとの》頼《より》朝《とも》がわかる! 3つのキーワード

1. **武家政権《ぶけせいけん》** 一代《いちだい》で日本初《にほんはつ》の本格的《ほんかくてき》な武家政権《ぶけせいけん》の基礎《きそ》を作《つく》り上《あ》げた。
2. **非情《ひじょう》な性格《せいかく》** 戦《たたか》いに貢献《こうけん》した範頼《のりより》と義経《よしつね》の弟二人《おとうとふたり》を追放《ついほう》し、死《し》に追《お》いやった。
3. **子《こ》どもたち** 息子《むすこ》の頼家《よりいえ》と実朝《さねとも》は、幕府内《ばくふない》の権力《けんりょく》争《あらそ》いの末《すえ》、不幸《ふこう》な死《し》をとげた。

1159年《ねん》の平治《へいじ》の乱《らん》のあと、頼朝《よりとも》は伊豆《いず》へ流《なが》された
伊《い》豆《ず》
平氏《へいし》のやつらめ いつか やっつけて やる
20年後《ねんご》……
後白河法皇《ごしらかわほうおう》の皇子《おうじ》以仁王《もちひとおう》が各地《かくち》の源氏《げんじ》に発《はっ》した「平氏《へいし》を倒《たお》せ!」の命令《めいれい》に応《こた》え頼朝《よりとも》も兵《へい》をあげた
以仁王《もちひとおう》
ぼくはすぐ平氏《へいし》に殺《ころ》されました……
今《いま》こそ平氏《へいし》を倒《たお》すときだ
サポートしますぞ
妻《つま》・政子《まさこ》の父《ちち》
北条時政《ほうじょうときまさ》
おーっ
頼朝《よりとも》は鎌倉《かまくら》に腰《こし》をすえて戦闘《せんとう》を重《かさ》ねた末《すえ》関東一帯《かんとういったい》を手《て》に入《い》れた
八幡宮
本当《ほんとう》の勝負《しょうぶ》はこれからだ!

ことば解説《かいせつ》 「幕府《ばくふ》」とは、鎌倉幕府《かまくらばくふ》、室町幕府《むろまちばくふ》、江戸幕府《えどばくふ》のように、征夷大将軍《せいいたいしょうぐん》(将軍《しょうぐん》)を頂点《ちょうてん》とする武家政権《ぶけせいけん》を意味《いみ》する言葉《ことば》。

京《きょう》から手紙《てがみ》です
源頼朝様《みなもとのよりともさま》
きみのいとこの源義仲《みなもとのよしなか》が
平氏《へいし》を都《みやこ》から追《お》い払《はら》ってくれました
でも好《す》きほうだいしてて困《こま》ってます
すごい無礼《ぶれい》きわまりないし
これなら平氏《へいし》のほうがよかった……
きみたちの力《ちから》で都《みやこ》に安定《あんてい》を
取《と》りもどしてくれませんか
朝廷《ちょうてい》のみんなも待《ま》ってます
ヨロシク！
朝廷《ちょうてい》の実力者《じつりょくしゃ》　後白河法皇《ごしらかわほうおう》
追伸《ついしん》
今《いま》までそっけなくて
ごめんなさい
これから仲《なか》よくしましょう
テヘッ
朝廷《ちょうてい》も
ようやく
おれを
認《みと》めたか
フフ…
弟《おとうと》たちよ
義仲《よしなか》を
そして平氏《へいし》を
討《う》て！
はっ！
弟《おとうと》の範頼《のりより》と義経《よしつね》は
義仲《よしなか》との戦《たたか》いに勝利《しょうり》して
京《きょう》に安定《あんてい》を取《と》りもどすと
さらに平氏《へいし》も
ほろぼした
平氏《へいし》が
ほろびたのに
どうして
きげんが
悪《わる》いんだろう？
イラ
イラ
義経《よしつね》のやつおれに無断《むだん》で
朝廷《ちょうてい》から官位《かんい》を
もらいやがって
わな
わな
後白河法皇《ごしらかわほうおう》とも
べったりのようですな
ぐぬぬ…
おれを出《だ》しぬく
つもりだな
そうはさせんぞ
頼朝《よりとも》の怒《いか》りは強《つよ》く
後白河法皇《ごしらかわほうおう》は義経《よしつね》と
距離《きょり》を置《お》き義経《よしつね》は逃亡《とうぼう》した

おもしろ知識《ちしき》　頼朝《よりとも》のいとこの源義仲《みなもとのよしなか》（木曽義仲《きそよしなか》）も頼朝同様《よりともどうよう》に以仁王《もちひとおう》の呼《よ》びかけに応《おう》じ兵《へい》をあげた。平氏《へいし》の軍《ぐん》をやぶり京《きょう》を一時支配《いちじしはい》したが、後白河法皇《ごしらかわほうおう》と対立《たいりつ》したのち、範頼《のりより》・義経軍《よしつねぐん》と戦《たたか》って死亡《しぼう》した。

1185年《ねん》
頼朝《よりとも》は朝廷《ちょうてい》に対《たい》し
守護《しゅご》（各地《かくち》の治安《ちあん》を守《まも》る職《しょく》）と
地頭《じとう》（土地《とち》管理《かんり》や税《ぜい》を取《と》り立《た》てる職《しょく》）
を全国《ぜんこく》に置《お》くことを認《みと》めさせた
これで逃《に》げた義経《よしつね》もつかまえられるだろう
フフフ…
頼朝《よりとも》の力《ちから》どんどん強《つよ》くなるなあ……

このころには鎌倉幕府《かまくらばくふ》のしくみがほぼ完成《かんせい》
鎌倉《かまくら》の地《ち》から日本《にほん》を動《うご》かすぞ
ワハハハハハ
★鎌倉《かまくら》
侍所《さむらいどころ》
御家人《ごけにん》をまとめる
公文所《くもんじょ》（政所《まんどころ》）
行政事務《ぎょうせいじむ》をおこなう
問注所《もんちゅうじょ》
裁判《さいばん》を担当《たんとう》する
★京都《きょうと》
京都守護《きょうとしゅご》
京《きょう》の治安《ちあん》を守《まも》り
朝廷《ちょうてい》と幕府《ばくふ》の連絡《れんらく》
などを担当《たんとう》する
初代《しょだい》はワシ
頼朝《よりとも》と御家人《ごけにん》（将軍直々《しょうぐんじきじき》の家臣《かしん》）は「ご恩《おん》と奉公《ほうこう》」の関係《かんけい》で成《な》り立《た》っていた
（ご恩《おん》）
土地《とち》あげるよ〜
（奉公《ほうこう》）
頼朝様《よりともさま》のために戦《たたか》います

1189年《ねん》
頼朝《よりとも》は義経《よしつね》をかくまったとして奥州藤原氏《おうしゅうふじわらし》の拠点《きょてん》平泉《ひらいずみ》を攻《せ》めた
おれのじゃまになりそうな存在《そんざい》はすべてほろぼす
当主《とうしゅ》の藤原泰衡《ふじわらのやすひら》は義経《よしつね》の首《くび》を差《さ》し出《だ》したが
頼朝《よりとも》はゆるさず
奥州藤原氏《おうしゅうふじわらし》をほろぼした

おもしろ知識《ちしき》 鎌倉幕府《かまくらばくふ》の成立時期《せいりつじき》は、頼朝《よりとも》が征夷大将軍《せいいたいしょうぐん》になった1192年《ねん》、守護《しゅご》・地頭設置《じとうせっち》を認《みと》められた1185年《ねん》、朝廷《ちょうてい》に東国支配《とうごくしはい》を認《みと》められた1183年《ねん》など、さまざまな説《せつ》がある。

1192年《ねん》 頼朝《よりとも》は 征夷大将軍《せいいたいしょうぐん》に 任《にん》じられた
鎌倉幕府初代将軍《かまくらばくふしょだいしょうぐん》 誕生《たんじょう》!
名実《めいじつ》ともに 日本《にほん》のトップに なったぞ!
ワーッ
これからの 日本《にほん》は 源氏《げんじ》が 動《うご》かして いくのだぞ
ぼくは謀反《むほん》の うたがいで 兄《にい》さんに 殺《ころ》されました
源範頼《みなもとののりより》
頼朝《よりとも》の息子《むすこ》 頼家《よりいえ》
よーし まだまだ がんばるぞ!
おーー!
ニヤリ
だが1199年《ねん》 頼朝《よりとも》死去《しきょ》、 この後《あと》 政治《せいじ》の実権《じっけん》は 北条氏《ほうじょうし》がにぎるようになる

歴史《れきし》ミステリー

頼朝《よりとも》の死因《しいん》は何《なん》だった?

頼朝《よりとも》は、いったいなぜ、どのようにして亡《な》くなったのだろうか。その死因《しいん》には、さまざまな説《せつ》がある。

説《せつ》1 落馬事故《らくばじこ》!?

落馬《らくば》による事故《じこ》で命《いのち》を落《お》としたとする、もっとも有名《ゆうめい》な説《せつ》。

説《せつ》2 脳《のう》の病気《びょうき》!?

乗馬中《じょうばちゅう》に脳《のう》の血管《けっかん》に障害《しょうがい》が起《お》こり、意識《しき》を失《うしな》って落馬《らくば》したという説《せつ》。

説《せつ》3 おぼれて死《し》んだ!?

川《かわ》の中《なか》で馬《うま》があばれてふり落《お》とされてしまい、おぼれ死《し》んだという説《せつ》。

説《せつ》4 暗殺《あんさつ》された!?

何者《なにもの》かに殺《ころ》されたとする説《せつ》。北条氏《ほうじょうし》が黒幕《くろまく》という可能性《かのうせい》も……。

説《せつ》5 亡霊《ぼうれい》にとり殺《ころ》された!?

かつて命《いのち》をうばった人々《ひとびと》の亡霊《ぼうれい》に悩《なや》まされ、死《し》んでしまったという説《せつ》。

おもしろ知識《ちしき》 「征夷大将軍《せいいたいしょうぐん》」はもともと、蝦夷討伐《えみしとうばつ》の総指揮官《そうしきかん》の職名《しょくめい》だったが(→P42)、鎌倉時代以降《かまくらじだいいこう》、武家政権《ぶけせいけん》のトップに朝廷《ちょうてい》からあたえられる称号《しょうごう》となった。

源《みなもとの》義《よし》経《つね》

生没年《せいぼつねん》:1159〜1189年《ねん》　出身地《しゅっしんち》:京《きょう》(京都府京都市《きょうとふきょうとし》)

平安時代末期《へいあんじだいまっき》〜鎌倉時代初期《かまくらじだいしょき》の武将《ぶしょう》。異母兄《いぼけい》は鎌倉幕府初代将軍《かまくらばくふしょだいしょうぐん》頼朝《よりとも》。11歳《さい》で京都《きょうと》の寺《てら》にあずけられ、その後《ご》、奥州平泉《おうしゅうひらいずみ》（岩手県《いわてけん》）の藤原秀衡《ふじわらのひでひら》のもとで育《そだ》ちます。

1180年《ねん》、兄《あに》の頼朝《よりとも》の軍《ぐん》に参加《さんか》し、1185年《ねん》に壇ノ浦《だんのうら》（山口県《やまぐちけん》）で平氏《へいし》を滅亡《めつぼう》させました。しかしその後《ご》、頼朝《よりとも》の怒《いか》りを買《か》い平泉《ひらいずみ》へ逃《に》げ、最後《さいご》は自害《じがい》しました。

多《おお》くの伝説《でんせつ》を持《も》つ
悲運《ひうん》の天才戦術家《てんさいせんじゅつか》

源《みなもとの》義《よし》経《つね》がわかる！　3つのキーワード

❶ 名将《めいしょう》　得意《とくい》の奇襲戦法《きしゅうせんぽう》で平氏軍《へいしぐん》を次々《つぎつぎ》と打《う》ちやぶり、平氏《へいし》を滅亡《めつぼう》させた。

❷ 兄《あに》と不仲《ふなか》　兄《あに》の頼朝《よりとも》の怒《いか》りを買《か》い、追放《ついほう》された末《すえ》に殺《ころ》された。

❸ 人気者《にんきもの》　戦《たたか》いでの活躍《かつやく》ぶりと悲劇的《ひげきてき》な死《し》から、現在《げんざい》でもたいへん人気《にんき》がある。

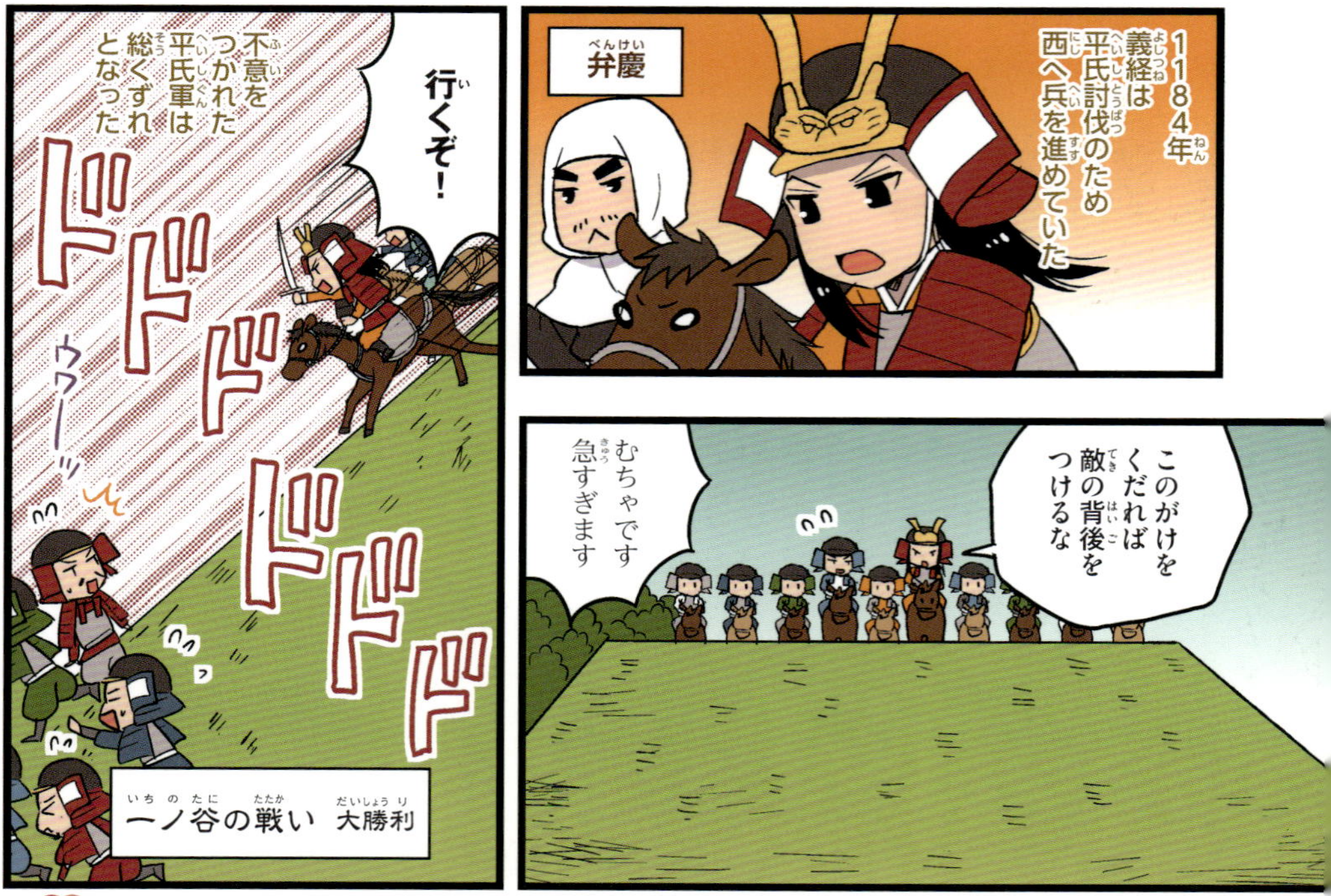
弁慶《べんけい》
1184年《ねん》 義経《よしつね》は平氏討伐《へいしとうばつ》のため西《にし》へ兵《へい》を進《すす》めていた
このがけをくだれば敵《てき》の背後《はいご》をつけるな
むちゃです急《きゅう》すぎます
行《い》くぞ！
不意《ふい》をつかれた平氏軍《へいしぐん》は総《そう》くずれとなった
ドドドドドド
ウワーッ
一ノ谷《いちのたに》の戦《たたか》い　大勝利《だいしょうり》

おもしろ知識《ちしき》　義経《よしつね》の幼名《ようみょう》は牛若丸《うしわかまる》といい、鞍馬山《くらまやま》(京都府《きょうとふ》)にすむ天狗《てんぐ》から武術《ぶじゅつ》を教《おそ》わったなど、さまざまな伝説《でんせつ》が残《のこ》る。現在《げんざい》でも、小《こ》がらで素早《すばや》い人《ひと》を「○○の牛若丸《うしわかまる》」などと表現《ひょうげん》することがある。

源義経《みなもとのよしつね》
義経《よしつね》はさらに西《にし》へ平氏《へいし》を追《お》いかけ
屋島《やしま》の戦《たたか》い　大勝利《だいしょうり》
まてーっ
1185年《ねん》壇《だん》ノ浦《うら》で平氏《へいし》をほろぼした
壇《だん》ノ《の》浦《うら》の戦《たたか》い　大勝利《だいしょうり》
活躍《かつやく》をつづける義経《よしつね》の人気《にんき》は高《たか》まるばかりだった
キャー
鎌倉《かまくら》にもどって兄《にい》さんに会《あ》ってこようほめてくれるかな
エヘヘ
ホワワン
しかし義経《よしつね》は鎌倉《かまくら》に入《はい》ることをゆるされなかった
ガシャーン
勝手《かって》に朝廷《ちょうてい》から官位《かんい》を受《う》けたことに頼朝様《よりともさま》はお怒《いか》りです
兄《にい》さんのためにがんばったのに……
その後《ご》義経《よしつね》は頼朝《よりとも》に命《いのち》をねらわれたため奥州藤原氏《おうしゅうふじわらし》を頼《たよ》り平泉《ひらいずみ》へ逃《のが》れた
藤原泰衡《ふじわらのやすひら》
お守《まも》りしましょう
ありがとうございます
藤原秀衡《ふじわらのひでひら》
しかし秀衡《ひでひら》が死去《しきょ》すると頼朝《よりとも》をおそれた泰衡《やすひら》に攻《せ》められ義経《よしつね》は自《みずか》ら命《いのち》を絶《た》った

おもしろ知識《ちしき》

僧《そう》の弁慶《べんけい》は、義経《よしつね》をかばって矢《や》を受《う》け、立《た》ったまま死亡《しぼう》したという言《い》い伝《つた》えがある。物語《ものがたり》などでは優《すぐ》れた武勇《ぶゆう》と忠誠心《ちゅうせいしん》を持《も》つ人物《じんぶつ》としてえがかれ、現在《げんざい》でも義経《よしつね》とともに人気《にんき》が高《たか》い。

将軍《しょうぐん》の妻《つま》

北条政子《ほうじょうまさこ》

生没年《せいぼつねん》:1157〜1225年《ねん》　出身地《しゅっしんち》:伊豆《いず》(静岡県《しずおかけん》)

鎌倉幕府《かまくらばくふ》の危機《きき》を救《すく》った「尼将軍《あましょうぐん》」

鎌倉幕府《かまくらばくふ》初代将軍《しょだいしょうぐん》、源頼朝《みなもとのよりとも》の妻《つま》。頼朝《よりとも》の死後《しご》は尼《あま》となり、息子《むすこ》の2代将軍《だいしょうぐん》の頼家《よりいえ》や3代将軍《だいしょうぐん》の実朝《さねとも》を助《たす》けて、父《ちち》の時政《ときまさ》や弟《おとうと》の義時《よしとき》とともに幕政《ばくせい》にかかわります。実朝《さねとも》の死後《しご》も引《ひ》きつづき政治《せいじ》にかかわり、「尼将軍《あましょうぐん》」と呼《よ》ばれました。

承久《じょうきゅう》の乱《らん》では、御家人《ごけにん》たちを説《せっ》得《とく》して幕府側《ばくふがわ》を勝利《しょうり》に導《みちび》き、北条《ほうじょう》氏《し》の権力《けんりょく》をさらに固《かた》めました。

北条政子《ほうじょうまさこ》がわかる！　3つのキーワード

❶ 影《かげ》の権力者《けんりょくしゃ》	頼朝《よりとも》の死後《しご》も、将軍《しょうぐん》の母《はは》として幕府《ばくふ》政治《せいじ》にかかわった。
❷ 大演説《だいえんぜつ》	朝廷《ちょうてい》との戦《たたか》いを前《まえ》に動揺《どうよう》する御家人《ごけにん》たちを説得《せっとく》し、まとめあげた。
❸ 息子《むすこ》の死《し》	息子《むすこ》の頼家《よりいえ》と実朝《さねとも》はともに権力争《けんりょくあらそ》いに巻《ま》きこまれ、若《わか》くして亡《な》くなった。

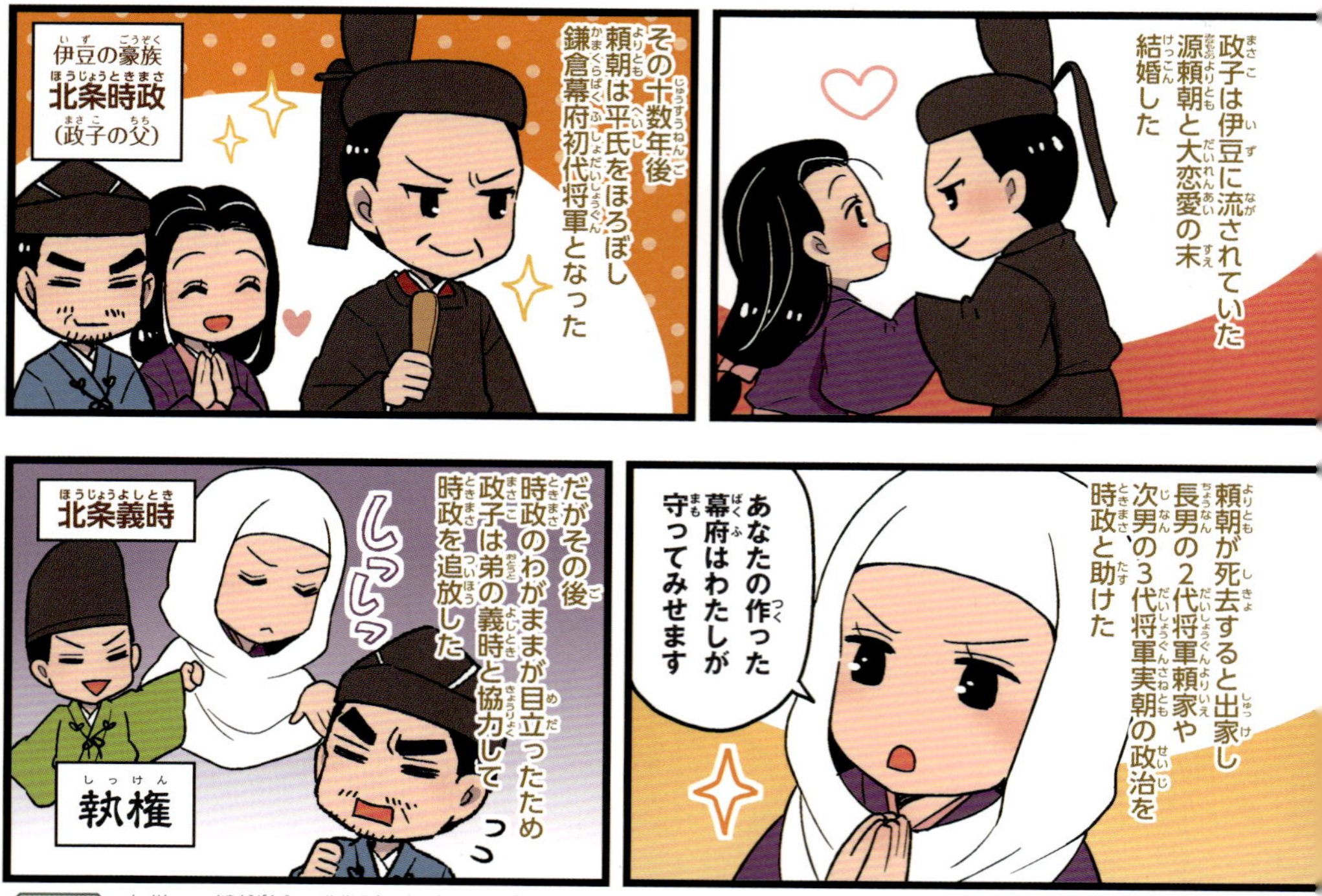

政子《まさこ》は伊豆《いず》に流《なが》されていた源頼朝《みなもとのよりとも》と大恋愛《だいれんあい》の末《すえ》結婚《けっこん》した
その十数年後《じゅうすうねんご》頼朝《よりとも》は平氏《へいし》をほろぼし鎌倉幕府初代将軍《かまくらばくふしょだいしょうぐん》となった
伊豆《いず》の豪族《ごうぞく》
北条時政《ほうじょうときまさ》
(政子《まさこ》の父《ちち》)
頼朝《よりとも》が死去《しきょ》すると出家《しゅっけ》し長男《ちょうなん》の2代将軍頼家《だいしょうぐんよりいえ》や次男《じなん》の3代将軍実朝《だいしょうぐんさねとも》の政治《せいじ》を時政《ときまさ》と助《たす》けた
あなたの作《つく》った幕府《ばくふ》はわたしが守《まも》ってみせます
だがその後《ご》時政《ときまさ》のわがままが目立《めだ》ったため政子《まさこ》は弟《おとうと》の義時《よしとき》と協力《きょうりょく》して時政《ときまさ》を追放《ついほう》した
しっしっ
っっ
北条義時《ほうじょうよしとき》
執権《しっけん》

ことば解説《かいせつ》　「執権《しっけん》」は鎌倉幕府《かまくらばくふ》の事実上《じじつじょう》の最高職《さいこうしょく》で、幕府《ばくふ》の政治全体《せいじぜんたい》をとりしきった。実朝《さねとも》が将軍《しょうぐん》になった際《さい》に北条時《ほうじょうとき》政《まさ》が初代執権《しょだいしっけん》となり、以後《いご》、北条氏《ほうじょうし》が代々《だいだい》ついだ。

1219年《ねん》
鶴岡八幡宮《つるがおかはちまんぐう》
八幡宮
お前《まえ》のせいで父《ちち》は……
ズバッ
誤解《ごかい》だよ～
実朝《さねとも》が頼家《よりいえ》の子《こ》の公暁《くぎょう》に殺《ころ》された
公暁《くぎょう》も同日《どうじつ》討《う》ち取《と》られ頼朝《よりとも》の血筋《ちすじ》は絶《た》えた……
幕府《ばくふ》の4代将軍《だいしょうぐん》は京都《きょうと》から迎《むか》えることに
頼朝《よりとも》さんの遠《とお》い遠《とお》い親戚《しんせき》だよ
わたしがこの子《こ》のかわりに政治《せいじ》を見《み》ます
九条《くじょう》（藤原《ふじわら》）頼経《よりつね》
1221年《ねん》後鳥羽上皇《ごとばじょうこう》が兵《へい》をあげた
幕府《ばくふ》を倒《たお》し政権《せいけん》を朝廷《ちょうてい》に取《と》りもどす！
ワッ
承久《じょうきゅう》の乱《らん》
どーしょー
あわ
あわ
姉上《あねうえ》御家人《ごけにん》たちが動揺《どうよう》しています
わたしが何《なん》とかしましょう
みなさんの領地《りょうち》は頼朝公《よりともこう》からあたえられたものではありませんか今《いま》こそ　その恩《おん》に応《こた》えるときです
それでも朝廷《ちょうてい》に味方《みかた》したいというものは今《いま》すぐこの場《ば》を去《さ》りなさい！
バーン
政子《まさこ》の大演説《だいえんぜつ》で御家人《ごけにん》たちは引《ひ》きしまり
承久《じょうきゅう》の乱《らん》は幕府側《ばくふがわ》の勝利《しょうり》に終《お》わった
幕府軍総大将《ばくふぐんそうだいしょう》
北条泰時《ほうじょうやすとき》
（義時《よしとき》の子《こ》・政子《まさこ》のおい）
これで北条一族《ほうじょういちぞく》の権威《けんい》はますます強《つよ》まるぞ
これからもしっかりね

おもしろ知識《ちしき》

実朝暗殺《さねともあんさつ》の黒幕《くろまく》は、政子《まさこ》の弟《おとうと》の北条義時《ほうじょうよしとき》だという説《せつ》がある。義時《よしとき》が、「頼家《よりいえ》を殺《ころ》したのは実朝《さねとも》だ」と公暁《くぎょう》にささやいたからだというが……。

運慶《うんけい》

生没年《せいぼつねん》:?～1223年《ねん》　出身地《しゅっしんち》:大和《やまと》?（奈良県《ならけん》）

鎌倉時代前期《かまくらじだいぜんき》の仏師《ぶっし》（仏像《ぶつぞう》を作《つく》る人《ひと》）。それまでの貴族好《きぞくごの》みのおだやかな仏像《ぶつぞう》とは異《こと》なり、運慶《うんけい》の仏像《ぶつぞう》は、力強《ちからづよ》く、迫力《はくりょく》に満《み》ちたものでした。

そうした作風《さくふう》が武士《ぶし》たちの心《こころ》をつかみ、平氏《へいし》に焼《や》かれた東大寺《とうだいじ》や興福寺《こうふくじ》の仏像《ぶつぞう》や、東大寺南大門《とうだいじなんだいもん》の金剛力士像《こんごうりきしぞう》（仁王像《におうぞう》）など、数多《かずおお》くの仏像制作《ぶつぞうせいさく》をまかされました。

力強《ちからづよ》い仏像《ぶつぞう》を彫《ほ》った
天才仏師《てんさいぶっし》

運慶《うんけい》がわかる！　3つのキーワード

❶ 力強《ちからづよ》さ	運慶《うんけい》の仏像《ぶつぞう》には男性的《だんせいてき》な力強《ちからづよ》さがあり、武士《ぶし》たちに人気《にんき》だった。
❷ 鎌倉幕府《かまくらばくふ》	鎌倉幕府《かまくらばくふ》の有力者《ゆうりょくしゃ》たちから、多《おお》くの仕事《しごと》を受《う》けていた。
❸ 快慶《かいけい》	兄弟弟子《きょうだいでし》の運慶《うんけい》と並《なら》ぶ、鎌倉時代《かまくらじだい》を代表《だいひょう》する仏師《ぶっし》の一人《ひとり》。

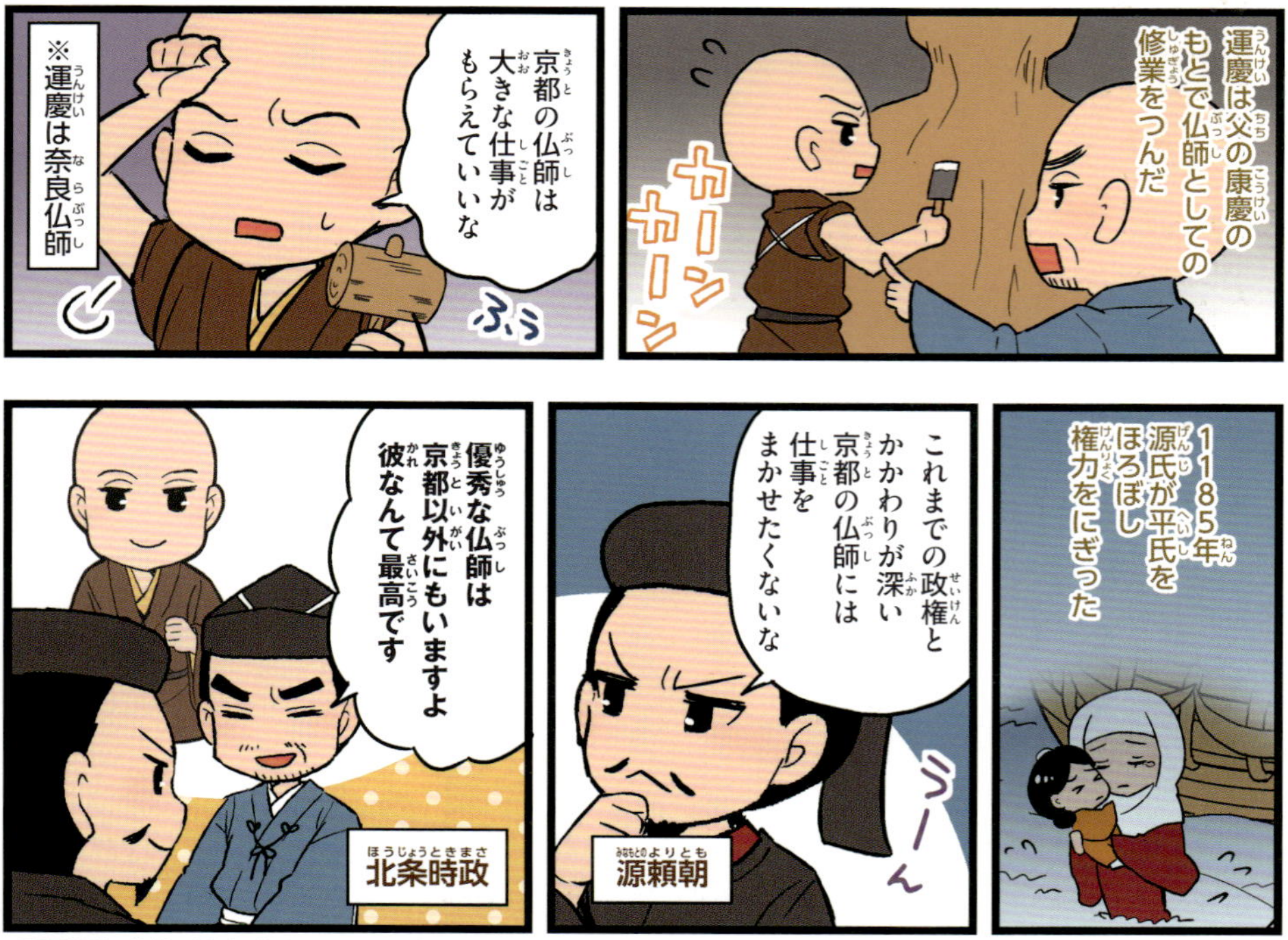
運慶《うんけい》は父《ちち》の康慶《こうけい》のもとで仏師《ぶっし》としての修業《しゅぎょう》をつんだ
カーン
カーン
※運慶《うんけい》は奈良仏師《ならぶっし》
京都《きょうと》の仏師《ぶっし》は大《おお》きな仕事《しごと》がもらえていいな
ふぅ
1185年《ねん》源氏《げんじ》が平氏《へいし》をほろぼし権力《けんりょく》をにぎった
これまでの政権《せいけん》とかかわりが深《ふか》い京都《きょうと》の仏師《ぶっし》には仕事《しごと》をまかせたくないな
うーん
源頼朝《みなもとのよりとも》
優秀《ゆうしゅう》な仏師《ぶっし》は京都以外《きょうといがい》にもいますよ彼《かれ》なんて最高《さいこう》です
北条時政《ほうじょうときまさ》

ことば解説《かいせつ》　父親《ちちおや》も優秀《ゆうしゅう》な仏師《ぶっし》だったが、運慶《うんけい》の６人《にん》の息子《むすこ》たちも優秀《ゆうしゅう》な仏師《ぶっし》だった。康慶《こうけい》・運慶親子《うんけいおやこ》にはじまる、鎌倉時代《かまくらじだい》の仏像制作《ぶつぞうせいさく》において大《おお》きな勢力《せいりょく》を誇《ほこ》ったグループを「慶派《けいは》」と呼《よ》ぶ。

運慶《うんけい》
運慶《うんけい》は鎌倉幕府《かまくらばくふ》の有力者《ゆうりょくしゃ》たちから多《おお》くの仕事《しごと》をまかされるようになった
そして平氏《へいし》に焼《や》かれてしまった奈良《なら》の東大寺《とうだいじ》や興福寺《こうふくじ》の復興《ふっこう》に大《おお》きく貢献《こうけん》する
1203年《ねん》10月《がつ》 東大寺南大門《とうだいじなんだいもん》の金剛力士像《こんごうりきしぞう》（仁王像《におうぞう》）が完成《かんせい》
同年《どうねん》11月《がつ》 運慶《うんけい》は奈良《なら》の仏師《ぶっし》としてはじめて＊法印《ほういん》の称号《しょうごう》をさずけられさらなる名声《めいせい》を手《て》に入《い》れた
すごい迫力《はくりょく》！
強《つよ》そうだ
今《いま》にも動《うご》き出《だ》しそう
男性的《だんせいてき》！
兄弟弟子《きょうだいでし》
快慶《かいけい》

＊僧《そう》の最高位《さいこうい》で、仏師《ぶっし》や絵師《えし》に贈《おく》られることもあった

おもしろ知識《ちしき》 東大寺《とうだいじ》南大門《なんだいもん》の金剛力士像《こんごうりきしぞう》は、運慶《うんけい》が全体的《ぜんたいてき》な指揮《しき》をとりながら、口《くち》を開《ひら》いた阿形像《あぎょうぞう》を運慶《うんけい》と快慶《かいけい》が、口《くち》を閉《と》じた吽形像《うんぎょうぞう》を定覚《じょうかく》（運慶《うんけい》の弟《おとうと》）と湛慶《たんけい》（運慶《うんけい》の息子《むすこ》）が中心《ちゅうしん》となって作《つく》ったとされている。

まとめて人《じん》物《ぶつ》紹《しょう》介《かい》

筆《ふで》にまかせて時代《じだい》をえがく

随筆家《ずいひつか》

静《しず》かに時代《じだい》を見《み》つめた二人《ふたり》

「随筆《ずいひつ》」とは、自分《じぶん》の体験《たいけん》や思《おも》ったことなどを、自由《じゆう》な形式《けいしき》で書《か》いた文章《ぶんしょう》のことをいいます。日本《にほん》を代表《だいひょう》する随筆《ずいひつ》には、鴨長明《かものちょうめい》の『方丈記《ほうじょうき》』、吉田兼好《よしだけんこう》の『徒然草《つれづれぐさ》』があります。

彼《かれ》らの人生観《じんせいかん》が色《いろ》こく反映《はんえい》されたこれらの随筆《ずいひつ》からは、多《おお》くの貴重《きちょう》な教《おし》えを得《え》ることができるとともに、当時《とうじ》の社会状況《しゃかいじょうきょう》などもうかがい知《し》ることができます。

だれか
わかるかな?
ヒント：「つれづれなるままに、
日暮《ひぐ》らし……」

『徒然草《つれづれぐさ》』を書《か》く！
(→P81下《した》)

ヒント：「ゆく河《かわ》の流《なが》れは
絶《た》えずして……」

『方丈記《ほうじょうき》』を書《か》く！
(→P81上《うえ》)

日本《にほん》の「三大随筆《さんだいずいひつ》」あと一《ひと》つは?

日本《にほん》の三大随筆《さんだいずいひつ》とは、鴨長明《かものちょうめい》の『方丈記《ほうじょうき》』、吉田兼好《よしだけんこう》の『徒然草《つれづれぐさ》』に加《くわ》えてもう一《ひと》つあります。それは、平安時代《へいあんじだい》に書《か》かれた清少納言《せいしょうなごん》（→P54）の『枕草子《まくらのそうし》』です。

これらの随筆《ずいひつ》には、今《いま》読《よ》んでも「うんうん、わかるわかる」と共感《きょうかん》できる内容《ないよう》がたくさん書《か》かれています。

一方清少納言は定子に仕《つか》えていたころのできごとや日々感じたことなどを書《か》いた『枕草子』を残した
現代《げんだい》でいう「エッセイ」ね
このような日々《ひび》のことを思《おも》いつくまま書《か》いたのよ
定子様《ていしさま》と雪《ゆき》を見《み》たこと
子ども
スズメ
かわいいと思《おも》ったもの

二人《ふたり》の秘密《ひみつ》 徹底解剖《てっていかいぼう》！

「はかなさ」を見《み》つめつづける

鴨長明《かものちょうめい》

随筆家《ずいひつか》・歌人《かじん》

生没年《せいぼつねん》	1155～1216年《ねん》
出身地《しゅっしんち》	京《きょう》（京都府京都市《きょうとふきょうとし》）
代表作《だいひょうさく》	『方丈記《ほうじょうき》』
執筆時期《しっぴつじき》	鎌倉時代初期《かまくらじだいしょき》

長明《ちょうめい》は神職《しんしょく》（神社《じんじゃ》の儀礼《ぎれい》や事務《じむ》にたずさわる職《しょく》）の家《いえ》に生《う》まれ、歌人《かじん》として活躍《かつやく》しました。

しかし、望《のぞ》んでいた地位《ちい》につけず、50歳《さい》で出家《しゅっけ》して僧《そう》になります。

その後《ご》執筆《しっぴつ》した『方丈記《ほうじょうき》』では、世《よ》にあふれる自然災害《しぜんさいがい》や戦争《せんそう》にふれながら、人生《じんせい》のはかなさについて語《かた》っています。題名《だいめい》の「方丈《ほうじょう》」とは、長明《ちょうめい》の住《す》んでいたのが、一丈《いちじょう》（3メートル）四方《しほう》の小《ちい》さな小屋《こや》だったことからきています。

「つれづれなるまま」に書《か》き残《のこ》す

吉田兼好《よしだけんこう》

随筆家《ずいひつか》・歌人《かじん》

生没年《せいぼつねん》	1283？～1352？年《ねん》
出身地《しゅっしんち》	京《きょう》（京都府京都市《きょうとふきょうとし》）
代表作《だいひょうさく》	『徒然草《つれづれぐさ》』
執筆時期《しっぴつじき》	鎌倉時代末期《かまくらじだいまっき》

30歳《さい》になったころ、朝廷《ちょうてい》の役人《やくにん》の身分《みぶん》を捨《す》てて出家《しゅっけ》して僧《そう》になりました。つれづれなるままに（ひまにまかせて）随筆《ずいひつ》を書《か》きはじめ、50歳《さい》ごろに『徒然草《つれづれぐさ》』を書《か》き上《あ》げました。

『徒然草《つれづれぐさ》』には、人生《じんせい》や自然《しぜん》、芸術《げいじゅつ》など幅広《はばひろ》いテーマがえがかれています。その中《なか》に、兼好自身《けんこうじしん》が経験《けいけん》したことや感《かん》じたこと、兼好《けんこう》の人生観《じんせいかん》などが、ときにはユーモアを交《まじ》えながら書《か》かれています。

北《ほう》条《じょう》時《とき》宗《むね》

生没年《せいぼつねん》:1251〜1284年《ねん》　出身地《しゅっしんち》:相模《さがみ》（神奈川県《かながわけん》）

2度《ど》の元《げん》の襲来《しゅうらい》を
しりぞける

鎌倉幕府《かまくらばくふ》8代執権《だいしっけん》。一族《いちぞく》にささえられ、18歳《さい》で執権《しっけん》（鎌倉幕府《かまくらばくふ》における事実上《じじつじょう》の最高職《さいこうしょく》）になりました。その後《ご》、元《げん》（中国《ちゅうごく》）が日本《にほん》に支配下《しはいか》に入《はい》るよう求《もと》めてきましたが、時宗《ときむね》はそれを拒否《きょひ》。

元《げん》は怒《おこ》って2度《ど》も日本《にほん》に兵《へい》を出《だ》しました（元寇《げんこう》）が、時宗《ときむね》は九州《きゅうしゅう》の防衛態勢《ぼうえいたいせい》を整《ととの》えるなどしてそれをしりぞけました。

北条時宗《ほうじょうときむね》がわかる！　3つのキーワード

❶ 若《わか》きリーダー	18歳《さい》で執権《しっけん》となり、幕府《ばくふ》の中心《ちゅうしん》となって政治《せいじ》をおこなった。
❷ 元《げん》との戦《たたか》い	おどしに負《ま》けず、当時世界最大《とうじせかいさいだい》の国《くに》だった元《げん》と戦《たたか》うことを決意《けつい》。
❸ 禅宗《ぜんしゅう》	深《ふか》く禅宗《ぜんしゅう》を信《しん》じ、元寇《げんこう》で命《いのち》を失《うしな》った人々《ひとびと》のため円覚寺《えんかくじ》を建《た》てた。

執権《しっけん》になった時宗《ときむね》のもとへ元《げん》（中国《ちゅうごく》）の皇帝《こうてい》フビライからたびたび手紙《てがみ》が届《とど》いた
ニヤリ
仲《なか》よくしようよ 断《こと》ったらどうなるかわかってるよね？
フビライ
うーむ……
元《げん》は大国《たいこく》ですどうしましょう
ポイ
無視《むし》
元《げん》はいずれ日本《にほん》を侵略《しんりゃく》する気《き》だ油断《ゆだん》するなよ
はっ！

ことば解説《かいせつ》　「元寇《げんこう》」は、元《げん》（中国《ちゅうごく》）とその支配下《しはいか》にあった高麗《コリョ》（朝鮮《ちょうせん》）の軍《ぐん》が、2度《ど》にわたって日本《にほん》に攻《せ》めてきた事件《じけん》。1274年《ねん》の戦《たたか》いを「文永《ぶんえい》の役《えき》」、1281年《ねん》の戦《たたか》いを「弘安《こうあん》の役《えき》」という。

1274年《ねん》 時宗《ときむね》の予想通《よそうどお》り 元《げん》が日本《にほん》に 攻《せ》めてきた
ついに 来《き》たか
元軍《げんぐん》は 対馬《つしま》・壱岐《いき》(長崎県《ながさきけん》)を おそったあと 博多湾沿岸《はかたわんえんがん》に上陸《じょうりく》した
ワーーッ
文永《ぶんえい》の役《えき》
よし 手《て》がらを 立《た》ててやる
*御家人《ごけにん》
竹崎季長《たけざきすえなが》
*鎌倉幕府《かまくらばくふ》に仕《つか》える武士《ぶし》
ヒューー
?
……なんだ?
てつはう
わあっ
はじめて見《み》る兵器《へいき》や 戦法《せんぽう》に日本軍《にほんぐん》は苦《くる》しんだが 何《なん》とか元軍《げんぐん》をしりぞけた
ふー
どうせまた 攻《せ》めてくるだろう 沿岸《えんがん》に石垣《いしがき》を築《きず》いて 戦《たたか》いに備《そな》えよう

おもしろ知識《ちしき》 日本《にほん》の武士《ぶし》たちをおどろかせた「てつはう」は、球形《きゅうけい》の鉄器《てっき》の中《なか》に火薬《かやく》をつめた兵器《へいき》。爆発時《ばくはつじ》の音《おと》、火《ひ》、煙《けむり》で相手《あいて》をおどす効果《こうか》があり、人《ひと》に直接《ちょくせつ》ぶつけて攻撃《こうげき》する兵器《へいき》ではなかったようだ。

1281年《ねん》ふたたび元《げん》が攻《せ》めてきた
ドドドドドド
弘安《こうあん》の役《えき》
前回《ぜんかい》以上《いじょう》の大軍《たいぐん》がやってきたようだな
ゴォォォオ…
準備《じゅんび》はしているがどうなるだろうか……
ゴォォォ
暴風雨《ぼうふうう》で元軍《げんぐん》は大《おお》きな損害《そんがい》を受《う》け逃《に》げ帰《かえ》った
神風《かみかぜ》が吹《ふ》いたぞ！
しかしこの戦《たたか》いでは領土《りょうど》を得《え》られず十分《じゅうぶん》なほうび（ご恩《おん》）を御家人《ごけにん》にあたえることができなかった
よかったよかった
よくはない….
必死《ひっし》の働《はたら》き（奉公《ほうこう》）が報《むく》われなかった御家人《ごけにん》たちは幕府《ばくふ》への不満《ふまん》をつのらせていった

おもしろ知識《ちしき》 時宗《ときむね》は生涯《しょうがい》、政治《せいじ》の中心地《ちゅうしんち》であった鎌倉《かまくら》（神奈川県鎌倉市《かながわけんかまくらし》）からほとんど離《はな》れることはなかった。元寇《げんこう》の際《さい》も鎌倉《かまくら》にいて、直接戦《ちょくせつたたか》いには参加《さんか》していない。

まとめて人《じん》物《ぶつ》紹《しょう》介《かい》

武士《ぶし》・農民《のうみん》に大人気《だいにんき》

鎌《かま》倉《くら》仏《ぶっ》教《きょう》

新《あら》たな教《おし》えを説《と》いた仏教僧《ぶっきょうそう》

平安時代《へいあんじだい》の末期《まっき》から鎌倉時代《かまくらじだい》にかけて、新《あたら》しい仏教《ぶっきょう》の教《おし》えを説《と》いた僧《そう》がたくさん登場《とうじょう》しました。

朝廷《ちょうてい》や貴族《きぞく》のための儀式《ぎしき》、お経《きょう》の研究《けんきゅう》などを重《おも》んじたそれまでの仏教《ぶっきょう》の僧《そう》とくらべ、彼《かれ》らは純粋《じゅんすい》に仏《ほとけ》への信仰《しんこう》を深《ふか》めることの大切《たいせつ》さを強調《きょうちょう》し、民衆《みんしゅう》にわかりやすく教《おし》えを説《と》きました。その結果《けっか》、仏《ほとけ》の教《おし》えにあまり縁《えん》のなかった武士《ぶし》や農民《のうみん》にも、仏教《ぶっきょう》が広《ひろ》く受《う》け入《い》れられていったのです。

だれかわかるかな?
浄土宗《じょうどしゅう》を開《ひら》く
(→P86上《うえ》)

浄土真宗《じょうどしんしゅう》を開《ひら》く
(→P86右下《みぎした》)
臨済宗《りんざいしゅう》を開《ひら》く
(→P87左上《ひだりうえ》)
時宗《じしゅう》を開《ひら》く
(→P86左下《ひだりした》)
日蓮宗《にちれんしゅう》を開《ひら》く
(→P87右上《みぎうえ》)
曹洞宗《そうとうしゅう》を開《ひら》く
(→P87下《した》)

6人《にん》の秘密《ひみつ》徹底解剖《てっていかいぼう》!

法然《ほうねん》

浄土宗《じょうどしゅう》

生没年《せいぼつねん》	1133～1212年《ねん》
出身地《しゅっしんち》	美作《みまさか》(岡山県《おかやまけん》)
主《おも》な寺《てら》	知恩院《ちおんいん》(京都府《きょうとふ》)
代表作《だいひょうさく》	『選択本願念仏集《せんちゃくほんがんねんぶつしゅう》』

念仏《ねんぶつ》で救《すく》いを得《え》る

25年間《ねんかん》もきびしい修行《しゅぎょう》を積《つ》んで「知恵《ちえ》第一《だいいち》の法然房《ほうねんぼう》」と呼《よ》ばれた法然《ほうねん》。ひたすら修行《しゅぎょう》を積《つ》むことに疑問《ぎもん》を感《かん》じ、「南無《なむ》阿弥陀仏《あみだぶつ》」と念仏《ねんぶつ》(仏《ほとけ》の名《な》を呼《よ》ぶこと)をとなえれば極楽《ごくらく》へ行《い》けると考《かんが》えました。

この教《おし》えは、修行《しゅぎょう》を積《つ》めない武士《ぶし》や庶《しょ》民《みん》にも救《すく》いの道《みち》を開《ひら》いたのでした。

一遍《いっぺん》

時宗《じしゅう》

生没年《せいぼつねん》	1239～1289年《ねん》
出身地《しゅっしんち》	伊予《いよ》(愛媛県《えひめけん》)
主《おも》な寺《てら》	清浄光寺《しょうじょうこうじ》(神奈川県《かながわけん》)
代表作《だいひょうさく》	『一遍上人語録《いっぺんしょうにんごろく》』 ※本人《ほんにん》の著《ちょ》ではない

喜《よろこ》びの「踊念仏《おどりねんぶつ》」

もともと武士《ぶし》だった一遍《いっぺん》は、36歳《さい》のとき、全国《ぜんこく》に念《ねん》仏《ぶつ》の大切《たいせつ》さを広《ひろ》める旅《たび》に出《で》ます。念仏《ねんぶつ》のありがたさを知《し》った人々《ひとびと》は、喜《よろこ》びのあまり踊《おど》り回《まわ》ったといいます。

それが後《のち》に、太鼓《たいこ》や鐘《かね》を鳴《な》らして踊《おど》りながら念仏《ねんぶつ》をとなえるユニークな「踊念《おどりねん》仏《ぶつ》」として定着《ていちゃく》しました。

悪人《あくにん》でも極楽《ごくらく》へ!?

親鸞《しんらん》

浄土真宗《じょうどしんしゅう》

生没年《せいぼつねん》	1173～1262年《ねん》
出身地《しゅっしんち》	京《きょう》(京都府京都市《きょうとふきょうとし》)
主《おも》な寺《てら》	本願寺《ほんがんじ》(京都府《きょうとふ》)
代表作《だいひょうさく》	『教行信証《きょうぎょうしんしょう》』

師匠《ししょう》の法然《ほうねん》の教《おし》えをさらにつきつめます。修行《しゅぎょう》ではなく、ただ阿弥陀仏《あみだぶつ》の力《ちから》にすがれば極楽《ごくらく》に行《い》ける(他《た》力本願《りきほんがん》)と考《かんが》えました。

さらに「善人《ぜんにん》が極楽《ごくらく》に行《い》けるのだから、悪人《あくにん》が行《い》けないわけがない」と説《と》いて(悪人正機説《あくにんしょうきせつ》)、だれもが救《すく》いを得《え》られる道《みち》を示《しめ》したのです。

日蓮《にちれん》

日蓮宗《にちれんしゅう》

生没年《せいぼつねん》	1222～1282年《ねん》
出身地《しゅっしんち》	安房《あわ》（千葉県《ちばけん》）
主《おも》な寺《てら》	久遠寺《くおんじ》（山梨県《やまなしけん》）
代表作《だいひょうさく》	『立正安国論《りっしょうあんこくろん》』

「法華経《ほけきょう》」に釈迦《しゃか》（仏教《ぶっきょう》を開《ひら》いた人物《じんぶつ》）の本当《ほんとう》の教《おし》えが書《か》かれてあると考《かんが》えた日《にち》蓮《れん》は、「南無妙法蓮華経《なむみょうほうれんげきょう》」をとなえれば救《すく》われると説《と》き、ほかの宗派《しゅうは》を激《はげ》しく攻撃《こうげき》しました。

また、法華経《ほけきょう》を信《しん》じなければ国《くに》に災《わざわ》いがつづくと幕《ばく》府《ふ》に主張《しゅちょう》しましたが、受《う》け入《い》れられませんでした。

法華経《ほけきょう》だけが国《くに》を救《すく》う！

禅《ぜん》こそが国《くに》を守《まも》る道《みち》！

栄西《えいさい》

臨済宗《りんざいしゅう》

生没年《せいぼつねん》	1141～1215年《ねん》
出身地《しゅっしんち》	備中《びっちゅう》（岡山県《おかやまけん》）
主《おも》な寺《てら》	建仁寺《けんにんじ》（京都府《きょうとふ》）
代表作《だいひょうさく》	『興禅護国論《こうぜんごこくろん》』

栄西《えいさい》が宋《そう》（中国《ちゅうごく》）から伝《つた》えた臨済宗《りんざいしゅう》（禅宗《ぜんしゅう》の宗派《しゅうは》の一《ひと》つ）は、栄西《えいさい》の努力《どりょく》によって鎌倉幕府《かまくらばくふ》の保護《ほご》を受《う》けることになり、武士《ぶし》や公家《くげ》を中心《ちゅうしん》に信仰《しんこう》を集《あつ》めました。

茶《ちゃ》の種《たね》を宋《そう》から持《も》ち帰《かえ》った栄西《えいさい》は、茶《ちゃ》の栽培方法《さいばいほうほう》や茶《ちゃ》を飲《の》む習慣《しゅうかん》を、日本《にほん》に広《ひろ》めた人物《じんぶつ》としても知《し》られています。

ひたすら座禅《ざぜん》！修行《しゅぎょう》！

道元《どうげん》

曹洞宗《そうとうしゅう》

生没年《せいぼつねん》	1200～1253年《ねん》
出身地《しゅっしんち》	京《きょう》（京都府京都市《きょうとふきょうとし》）
主《おも》な寺《てら》	永平寺《えいへいじ》（福井県《ふくいけん》）
代表作《だいひょうさく》	『正法眼蔵《しょうほうげんぞう》』

栄西《えいさい》が開《ひら》いた建仁寺《けんにんじ》で禅宗《ぜんしゅう》を学《まな》んだあと、宋《そう》（中国《ちゅうごく》）に留学《りゅうがく》して、禅宗《ぜんしゅう》をさらに深《ふか》く学《まな》びました。道元《どうげん》は、あれこれ余計《よけい》なことを考《かんが》えずに、ただひたすら座禅《ざぜん》すること（只管打坐《しかんたざ》）が大事《だいじ》だと主張《しゅちょう》しました。

修行《しゅぎょう》の場《ば》を京《きょう》から離《はな》れた越前《えちぜん》（福井県《ふくいけん》）に置《お》き、弟子《でし》たちと座禅《ざぜん》にはげみました。

天皇《てんのう》

後醍醐天皇《ごだいごてんのう》

生没年《せいぼつねん》:1288〜1339年《ねん》　出身地《しゅっしんち》:京《きょう》(京都府《きょうとふ》京都市《きょうとし》)

96代《だい》天皇《てんのう》。足利尊氏《あしかがたかうじ》や楠木正成《くすのきまさしげ》の力《ちから》を借《か》りて鎌倉幕府《かまくらばくふ》をほろぼし、自《みずか》らが中心《ちゅうしん》となって政治《せいじ》をおこないました(建武《けんむ》の新政《しんせい》)。

しかし、尊氏《たかうじ》にそむかれ、新政《しんせい》権《けん》はわずか2年《ねん》で終《お》わりました。尊氏《たかうじ》との戦《たたか》いに敗《やぶ》れたあとは、吉野《よしの》(奈良《なら》)に新《あたら》しい朝廷《ちょうてい》(南朝《なんちょう》)を作《つく》り、京都《きょうと》の朝廷《ちょうてい》(北朝《ほくちょう》)と争《あらそ》いました。

鎌倉幕府《かまくらばくふ》をほろぼし「建武《けんむ》の新政《しんせい》」をおこなう

後醍醐天皇《ごだいごてんのう》がわかる! 3つのキーワード

❶ **建武《けんむ》の新政《しんせい》** 武士《ぶし》から政権《せいけん》を取《と》りもどし、天皇中心《てんのうちゅうしん》の政治《せいじ》をおこなった。

❷ **武士《ぶし》の反発《はんぱつ》** 協力《きょうりょく》してくれた武士《ぶし》たちを大事《だいじ》にしなかったため、反乱《はんらん》を起《お》こされた。

❸ **南朝《なんちょう》** 尊氏《たかうじ》に敗《やぶ》れたあと、吉野《よしの》に新《あたら》しい朝廷《ちょうてい》(南朝《なんちょう》)を作《つく》った。

後醍醐天皇《ごだいごてんのう》は鎌倉幕府《かまくらばくふ》から政権《せいけん》をうばう計画《けいかく》を立《た》てていた
鎌倉幕府《かまくらばくふ》の政治《せいじ》は乱《みだ》れきっている 必《かなら》ず幕府《ばくふ》をほろぼし政権《せいけん》をうばい返《かえ》すぞ!
ニヤリ
お手伝《てつだ》いいたします
悪党《あくとう》
楠木正成《くすのきまさしげ》
計画《けいかく》がばれたり戦《たたか》いに負《ま》けたり何度《なんど》もピンチもあったが……
女装《じょそう》して逃《に》げたこともあったぞ
1333年《ねん》 楠木正成《くすのきまさしげ》や天皇側《てんのうがわ》に味方《みかた》した有力御家人《ゆうりょくごけにん》たちの活躍《かつやく》で鎌倉幕府《かまくらばくふ》はほろんだ
よくやった!
新田義貞《にったよしさだ》
足利尊氏《あしかがたかうじ》
建武《けんむ》の新政《しんせい》
武家《ぶけ》による政治《せいじ》は終《お》わり! これからの政治《せいじ》は天皇《てんのう》であるわたしが中心《ちゅうしん》になっておこなう
1334年《ねん》 年号《ねんごう》を「建武《けんむ》」とし後醍醐天皇《ごだいごてんのう》による政治《せいじ》がはじまった

ことば解説《かいせつ》 「悪党《あくとう》」とは、鎌倉時代後期《かまくらじだいこうき》にあらわれた、幕府《ばくふ》の支配《しはい》に反発《はんぱつ》した武装集団《ぶそうしゅうだん》。後醍醐天皇《ごだいごてんのう》を助《たす》け、鎌倉幕府《かまくらばくふ》をほろぼすことに貢献《こうけん》した楠木正成《くすのきまさしげ》も、「悪党《あくとう》」だった。

しかし後醍醐《ごだいご》天皇《てんのう》の新《あたら》しい政治《せいじ》は
ほとんどの武士《ぶし》から評判《ひょうばん》が悪《わる》かった
武家《ぶけ》を大事《だいじ》にせず 貴族《きぞく》ばかり 大切《たいせつ》にしやがって
貴族《きぞく》に政治《せいじ》の 何《なに》がわかるんだ
ヒソ
ヒソ
ヒソ
後醍醐天皇《ごだいごてんのう》
1336年《ねん》 足利尊氏《あしかがたかうじ》が朝廷《ちょうてい》に逆《さか》らい攻《せ》めてきた
なんとか追《お》いかえすが……
ガーっ
数《すう》か月後《げつご》 尊氏《たかうじ》がふたたび 攻《せ》めてきた
今度《こんど》は勝《か》てません 尊氏《たかうじ》と仲直《なかなお》り してください
プイッ
絶対《ぜったい》やだ
戦《たたか》いの結果《けっか》 楠木正成《くすのきまさしげ》は戦死《せんし》 後醍醐天皇《ごだいごてんのう》は京都《きょうと》を脱出《だっしゅつ》して 吉野《よしの》（奈良県《ならけん》）へ逃《のが》れた
必《かなら》ず京都《きょうと》へ もどるぞ
「建武《けんむ》の新政《しんせい》」は わずか2年《ねん》ほどしか つづかなかった
何《なに》？ 尊氏《たかうじ》が新《あたら》しい天皇《てんのう》を立《た》てた？ ならばこの吉野《よしの》に 新《あたら》しい朝廷《ちょうてい》を作《つく》るぞ！
その後《ご》 京都《きょうと》の朝廷《ちょうてい》（北朝《ほくちょう》）と 吉野《よしの》の朝廷《ちょうてい》（南朝《なんちょう》）の間《あいだ》で 戦《たたか》いがつづくことになる
1339年《ねん》 52歳《さい》で死去《しきょ》
京都《きょうと》をうばい返《かえ》せず 残念《ざんねん》だ わたしの墓《はか》は 北《きた》（京都《きょうと》の方向《ほうこう》）に 向《む》けて作《つく》れよ

おもしろ知識《ちしき》

後醍醐天皇《ごだいごてんのう》の政治《せいじ》で世《よ》の中《なか》は混乱《こんらん》し、「このごろ都《みやこ》にはやるもの　夜討《ようち》　強盗《ごうとう》　にせ綸旨《りんじ》」という有名《ゆうめい》な落書《らくしょ》（政権《せいけん》や権力者《けんりょくしゃ》を批判《ひはん》した文書《ぶんしょ》）が生《う》まれた。「綸旨《りんじ》」とは、「天皇《てんのう》の命令《めいれい》」のこと。

将軍《しょうぐん》

足利尊氏《あしかがたかうじ》

生没年《せいぼつねん》:1305〜1358年《ねん》　出身地《しゅっしんち》:丹波《たんば》(京都府《きょうとふ》)

室町幕府初代将軍《むろまちばくふしょだいしょうぐん》。足利家《あしかがけ》は有力《ゆうりょく》な御家人《ごけにん》(鎌倉幕府《かまくらばくふ》に仕《つか》える武士《ぶし》)でしたが、政治《せいじ》をおろそかにする幕府《ばくふ》に不満《ふまん》を持《も》った尊氏《たかうじ》は、後醍醐天皇《ごだいごてんのう》に味方《みかた》して、鎌倉幕府《かまくらばくふ》をほろぼしました。

その後《ご》、後醍醐天皇《ごだいごてんのう》との関係《かんけい》が悪化《あっか》。後醍醐天皇《ごだいごてんのう》にかわる新《あたら》しい天皇《てんのう》を立《た》てると、征夷大将軍《せいいたいしょうぐん》となり、「室町幕府《むろまちばくふ》」を開《ひら》きました。

鎌倉幕府《かまくらばくふ》を滅亡《めつぼう》に追《お》いこんだ
室町幕府初代将軍《むろまちばくふしょだいしょうぐん》

足利尊氏《あしかがたかうじ》がわかる! 3つのキーワード

❶ 室町幕府《むろまちばくふ》	政権《せいけん》を後醍醐天皇《ごだいごてんのう》からうばい、新《あら》たな武家政権《ぶけせいけん》、室町幕府《むろまちばくふ》を開《ひら》いた。
❷ 倒幕《とうばく》	後醍醐天皇《ごだいごてんのう》に協力《きょうりょく》し、鎌倉幕府《かまくらばくふ》を倒《たお》した。
❸ 二《ふた》つの朝廷《ちょうてい》	北朝《ほくちょう》と南朝《なんちょう》、二《ふた》つの朝廷《ちょうてい》ができる原因《げんいん》を作《つく》った。

1333年《ねん》 鎌倉幕府《かまくらばくふ》の有力御家人《ゆうりょくごけにん》の足利高氏《あしかがたかうじ》は幕府《ばくふ》の命令《めいれい》で幕府《ばくふ》に敵対《てきたい》する後醍醐天皇《ごだいごてんのう》の軍《ぐん》と戦《たたか》ったが……
今《いま》の乱《みだ》れた幕府《ばくふ》に不満《ふまん》あるだろ? こっちに味方《みかた》してよ
後醍醐天皇《ごだいごてんのう》
このまま北条氏《ほうじょうし》に支配《しはい》された幕府《ばくふ》に未来《みらい》はない……
よし 天皇《てんのう》に味方《みかた》しよう
高氏《たかうじ》の活躍《かつやく》もあって戦《たたか》いは天皇側《てんのうがわ》が勝利《しょうり》
ワァァァ
1333年《ねん》 鎌倉幕府《かまくらばくふ》はほろびた

おもしろ知識《ちしき》 尊氏《たかうじ》はたいへん勇敢《ゆうかん》な人物《じんぶつ》だったようで、死《し》ととなり合《あ》わせの危険《きけん》な戦場《せんじょう》においても、いつもほほえみを絶《た》やさず、味方《みかた》の武士《ぶし》たちに安心感《あんしんかん》をあたえていたという。

足利尊氏《あしかがたかうじ》
よくやった わたしの名前《なまえ》（尊治《たかはる》）の一字《いちじ》をあげよう
高氏《たかうじ》から尊氏《たかうじ》に名前《なまえ》が変《か》わった
これからは わたしが中心《ちゅうしん》になって政治《せいじ》をおこなうぞ
しかし後醍醐天皇《ごだいごてんのう》の新《あたら》しい政治《せいじ》はほとんどの武士《ぶし》から評判《ひょうばん》が悪《わる》かった
政治《せいじ》を知《し》らない公家《くげ》のせいで新《あたら》しい政権《せいけん》は混乱《こんらん》つづき……
ひそ
武家《ぶけ》を大事《だいじ》にせず公家《くげ》ばかり大切《たいせつ》にしやがって
ひそ
武士《ぶし》たちのがまんは限界《げんかい》だ……
1336年《ねん》 尊氏《たかうじ》は朝廷《ちょうてい》との戦《たたか》いに勝利《しょうり》し京都《きょうと》に入《はい》った
オーッ!!
この京都《きょうと》で武士《ぶし》による政治《せいじ》を復活《ふっかつ》するぞ！
新《あたら》しい天皇《てんのう》も立《た》てました
光明天皇《こうみょうてんのう》
逃《のが》れた後醍醐天皇《ごだいごてんのう》は吉野《よしの》（奈良県《ならけん》）に新《あたら》しい朝廷《ちょうてい》を開《ひら》いた これにより二《ふた》つの朝廷《ちょうてい》が存在《そんざい》することになった その後《ご》も北朝《ほくちょう》と南朝《なんちょう》の争《あらそ》いはつづいた
南朝《なんちょう》（吉野《よしの》）
北朝《ほくちょう》（京都《きょうと》）
1358年《ねん》 尊氏《たかうじ》は54歳《さい》で死去《しきょ》した
先《さき》が見《み》えない…

おもしろ知識《ちしき》

尊氏《たかうじ》は後醍醐天皇《ごだいごてんのう》のことを敵対後《てきたいご》も尊敬《そんけい》しており、対立《たいりつ》を後悔《こうかい》したこともあったといわれている。後醍醐《ごだいご》天皇《てんのう》が死去《しきょ》したあとは、その霊《れい》をなぐさめるため、京都《きょうと》に天龍寺《てんりゅうじ》を建《た》てた。

室町時代《むろまちじだい》のできごと早《はや》わかり

新《あたら》しい武家政権《ぶけせいけん》の誕生《たんじょう》

鎌倉幕府《かまくらばくふ》がほろんだあと、後《ご》醍醐天皇《だいごてんのう》を中心《ちゅうしん》とした政権《せいけん》を経《へ》て、足利尊氏《あしかがたかうじ》が室町幕府《むろまちばくふ》を開《ひら》きます。以後《いご》の約《やく》240年間《ねんかん》が室《むろ》町時代《まちじだい》です。3代将軍義満《だいしょうぐんよしみつ》の時《じ》代《だい》に最盛期《さいせいき》をむかえましたが、死後《しご》、幕府《ばくふ》の力《ちから》は弱《よわ》まりました。

なお、室町時代初期《むろまちじだいしょき》、南朝《なんちょう》と北朝《ほくちょう》の二《ふた》つの朝廷《ちょうてい》があった時代《じだい》を、南北朝時代《なんぼくちょうじだい》といいます。

P69から

1336年《ねん》
室町幕府《むろまちばくふ》が誕生《たんじょう》する
足利尊氏《あしかがたかうじ》
(→P90)

1336年《ねん》
南北朝《なんぼくちょう》の対立《たいりつ》がはじまる
足利尊氏《あしかがたかうじ》 VS 後醍醐天皇《ごだいごてんのう》
足利尊氏(→P90) 後醍醐天皇(→P88)

1338年《ねん》
足利尊氏《あしかがたかうじ》が征夷大将軍《せいいたいしょうぐん》になる
足利尊氏《あしかがたかうじ》
(→P90)

1368年《ねん》
足利義満《あしかがよしみつ》が室町幕府《むろまちばくふ》3代将軍《だいしょうぐん》になる
足利義満《あしかがよしみつ》
(→P94)

1374年《ねん》
足利義満《あしかがよしみつ》が観阿弥《かんあみ》・世阿弥《ぜあみ》の能《のう》を見物《けんぶつ》する
足利義満《あしかがよしみつ》 (→P94)
観阿弥《かんあみ》 (→P102)
世阿弥《ぜあみ》 (→P102)

1378年《ねん》
足利義満《あしかがよしみつ》が室町《むろまち》に幕府《ばくふ》を移《うつ》す
足利義満《あしかがよしみつ》
(→P94)

1392年《ねん》
南北朝《なんぼくちょう》が統一《とういつ》される
足利義満《あしかがよしみつ》
(→P94)

1397年《ねん》
足利義満《あしかがよしみつ》が金閣《きんかく》を建《た》てる
足利義満《あしかがよしみつ》
(→P94)

超重要《ちょうじゅうよう》！　大切《たいせつ》　覚《おぼ》えたい　文化《ぶんか》に関《かん》すること

*室町文化《むろまちぶんか》が栄《さか》える

*貴族《きぞく》と武士《ぶし》の文化《ぶんか》が混《ま》じり合《あ》った文化《ぶんか》

北山文化《きたやまぶんか》

足利義満《あしかがよしみつ》 （→P94）

観阿弥《かんあみ》 （→P102）

世阿弥《ぜあみ》 （→P102）

東山文化《ひがしやまぶんか》

14世紀後半《せいきこうはん》～16世紀前半《せいきぜんはん》

足利義政《あしかがよしまさ》 （→P98）

雪舟《せっしゅう》 （→P100）

1400年《ねん》ごろ

世阿弥《ぜあみ》が『風姿花伝《ふうしかでん》』を書《か》く

世阿弥《ぜあみ》 （→P102）

1404年《ねん》

明《みん》（中国《ちゅうごく》）と貿易《ぼうえき》をはじめる（勘合貿易《かんごうぼうえき》）

足利義満《あしかがよしみつ》 （→P94）

1449年《ねん》

足利義政《あしかがよしまさ》が室町幕府《むろまちばくふ》8代将軍《だいしょうぐん》になる

足利義政《あしかがよしまさ》 （→P98）

1467年《ねん》～1477年《ねん》

応仁《おうにん》の乱《らん》

足利義政《あしかがよしまさ》 （→P98）

山名宗全《やまなそうぜん》 VS 細川勝元《ほそかわかつもと》

足利義視《あしかがよしみ》 VS 日野富子《ひのとみこ》

1467年《ねん》

雪舟《せっしゅう》が明《みん》（中国《ちゅうごく》）へ渡《わた》る

雪舟《せっしゅう》 （→P100）

1489年《ねん》

足利義政《あしかがよしまさ》が銀閣《ぎんかく》を建《た》てる

足利義政《あしかがよしまさ》 （→P98）

国《くに》が乱《みだ》れ戦国《せんごく》の世《よ》に

（→4章《しょう》）

P106につづく

足利義満《あしかがよしみつ》

生没年《せいぼつねん》:1358～1408年《ねん》　出身地《しゅっしんち》:京《きょう》(京都府《きょうとふ》京都市《きょうとし》)

絶大《ぜつだい》な権力《けんりょく》をにぎった
室町幕府《むろまちばくふ》3代将軍《だいしょうぐん》

室町幕府《むろまちばくふ》3代将軍《だいしょうぐん》。有力《ゆうりょく》な大名《だいみょう》の力《ちから》を弱《よわ》め、幕府《ばくふ》の権力《けんりょく》を固《かた》めるとともに、南朝《なんちょう》・北朝《ほくちょう》の二《ふた》つに分《わ》かれていた朝廷《ちょうてい》を一《ひと》つにし、朝廷《ちょうてい》内《ない》においても大《おお》きな権力《けんりょく》をふるいました。

また、明《みん》(中国《ちゅうごく》)と貿易《ぼうえき》をおこない利益《りえき》をあげました。京都《きょうと》の北《きた》山《やま》に、金《きん》ぱくでかざりたてた金閣《きんかく》を建《た》てたことでも知《し》られます。

足利義満《あしかがよしみつ》がわかる! 3つのキーワード

❶ 南北朝合一《なんぼくちょうごういつ》	二《ふた》つに分《わ》かれていた朝廷《ちょうてい》を、一《ひと》つにまとめた。
❷ 政治力《せいじりょく》	有力《ゆうりょく》な守護大名《しゅごだいみょう》をおさえこみ、公家《くげ》に対《たい》しても大《おお》きな権力《けんりょく》を持《も》った。
❸ 派手好《はでず》き	屋敷《やしき》は「花《はな》の御所《ごしょ》」と呼《よ》ばれ、壁《かべ》に金《きん》ぱくをはった「金閣《きんかく》」も建《た》てた。

義満《よしみつ》は室町幕府《むろまちばくふ》2代将軍《だいしょうぐん》足利義詮《あしかがよしあきら》の子《こ》として生《う》まれた
美《うつく》しい景色《けしき》じゃな
お前《まえ》たち この景色《けしき》をかついで 京都《きょうと》まで持《も》って帰《かえ》れ
当時《とうじ》の日本《にほん》は朝廷《ちょうてい》が北朝《ほくちょう》(京都《きょうと》)と南朝《なんちょう》(吉野《よしの》)に分《わ》かれて対立《たいりつ》していた
北朝《ほくちょう》を支持《しじ》する幕府《ばくふ》の権力《けんりょく》もまだしっかりとしたものではなかった
大物《おおもの》の風格《ふうかく》だ…… この方《かた》なら きっと 強《つよ》い幕府《ばくふ》を 作《つく》ってくれる
わしは 美《うつく》しいものが 大好《だいす》きなんじゃ

おもしろ知識《ちしき》 義満《よしみつ》は21歳《さい》のとき、天皇《てんのう》の住居《じゅうきょ》である京都御所《きょうとごしょ》の目《め》の前《まえ》に大《おお》きな屋敷《やしき》を作《つく》り、さらに公家《くげ》たちにお金《かね》を援助《えんじょ》した。力《ちから》の大《おお》きさを十分《じゅうぶん》に見《み》せつけることで、朝廷内《ちょうていない》の地位《ちい》を高《たか》めていったのだ。

足利義満《あしかがよしみつ》
11歳《さい》で将軍《しょうぐん》になった義満《よしみつ》は21歳《さい》になると
京都《きょうと》の室町《むろまち》に屋敷《やしき》を作《つく》り　ここで政治《せいじ》をおこなった
足利氏《あしかがし》の政権《せいけん》やその時代《じだい》を「室町幕府《むろまちばくふ》」「室町時代《むろまちじだい》」と
呼《よ》ぶのはこのためである
義満《よしみつ》の屋敷《やしき》はとても豪華《ごうか》で
そのまわりには美《うつく》しい庭園《ていえん》が
広《ひろ》がっていたため
人々《ひとびと》は「花《はな》の御所《ごしょ》」と呼《よ》んだ
その後《ご》　義満《よしみつ》は
将軍《しょうぐん》の力《ちから》を強《つよ》めるため
有力《ゆうりょく》な＊守護大名《しゅごだいみょう》である
土岐氏《ときし》や山名氏《やまなし》と
戦《たたか》って勝利《しょうり》し
彼《かれ》らの勢力《せいりょく》を弱《よわ》めた
あとは南朝《なんちょう》を なんとか しなくては……
＊幕府《ばくふ》から地方《ちほう》の支配《しはい》を任《まか》され、権力《けんりょく》を強《つよ》めた武士《ぶし》
1392年《ねん》
義満《よしみつ》は南朝《なんちょう》に使者《ししゃ》を送《おく》り
北朝《ほくちょう》との仲直《なかなお》りを
もちかけた
北朝《ほくちょう》の後小松天皇《ごこまつてんのう》を 正式《せいしき》な天皇《てんのう》と認《みと》め 「三種《さんしゅ》の神器《じんぎ》」を 渡《わた》していただきます
そのあとは 南朝系《なんちょうけい》と北朝系《ほくちょうけい》から 交互《こうご》に皇位《こうい》をつぐ ということで いかがでしょうか
その条件《じょうけん》なら ありがたいことです
義満《よしみつ》は約《やく》60年《ねん》ぶりに
朝廷《ちょうてい》を一《ひと》つにした
その約束《やくそく》は あとで やぶるけどね
ニヤリ

ことば解説《かいせつ》　「三種《さんしゅ》の神器《じんぎ》」とは、歴代《れきだい》の天皇《てんのう》が皇位《こうい》（天皇《てんのう》の地位《ちい》）のしるしとして受《う》けついできた３種《しゅ》の宝物《ほうもつ》（八《や》咫《たの》鏡《かがみ》、草薙剣《くさなぎのつるぎ》、八《や》坂瓊曲玉《さかにのまがたま》）のこと。

1394年《ねん》
将軍職《しょうぐんしょく》は息子《むすこ》にゆずったが政治《せいじ》はわしが引《ひ》きつづきおこなうぞ
室町幕府《むろまちばくふ》4代将軍《だいしょうぐん》
足利義持《あしかがよしもち》
翌《よく》1395年《ねん》義満《よしみつ》は太政大臣《だいじょうだいじん》(朝廷《ちょうてい》の最高職《さいこうしょく》)もやめ出家《しゅっけ》したが その権力《けんりょく》は大《おお》きくなる一方《いっぽう》だった
将軍《しょうぐん》の位《くらい》も太政大臣《だいじょうだいじん》の位《くらい》ももはやわしには必要《ひつよう》ないのだ
フハハハハ
義満《よしみつ》は京都《きょうと》の北山《きたやま》に大金《たいきん》をかけて別荘《べっそう》を作《つく》りここで政治《せいじ》をおこなうようになった
日本一《にほんいち》の権力者《けんりょくしゃ》つまりわし以外《いがい》こんな豪華《ごうか》な空間《くうかん》は作《つく》れんだろうな
エッヘン!
すごい……ここは極楽《ごくらく》か……
はゃー
キンピカー
このころ「倭寇《わこう》」と呼《よ》ばれる日本人《にほんじん》の海賊《かいぞく》が 明《みん》(中国《ちゅうごく》)や朝鮮《ちょうせん》の沿岸《えんがん》で暴《あば》れまわっていた
ワーーッ
明《みん》が貿易《ぼうえき》を許可《きょか》するから倭寇《わこう》を取《と》りしまれだと!?これは大《おお》もうけのチャンスだ

ことば解説《かいせつ》 明《みん》との貿易《ぼうえき》(日明貿易《にちみんぼうえき》)は、「勘合貿易《かんごうぼうえき》」とも呼《よ》ばれる。これは倭寇《わこう》と区別《くべつ》するため、日本《にほん》の貿易船《ぼうえきせん》は明《みん》から出《だ》された「勘合符《かんごうふ》(勘合《かんごう》)」という証明書《しょうめいしょ》を持《も》って貿易《ぼうえき》をおこなっていたことによる。

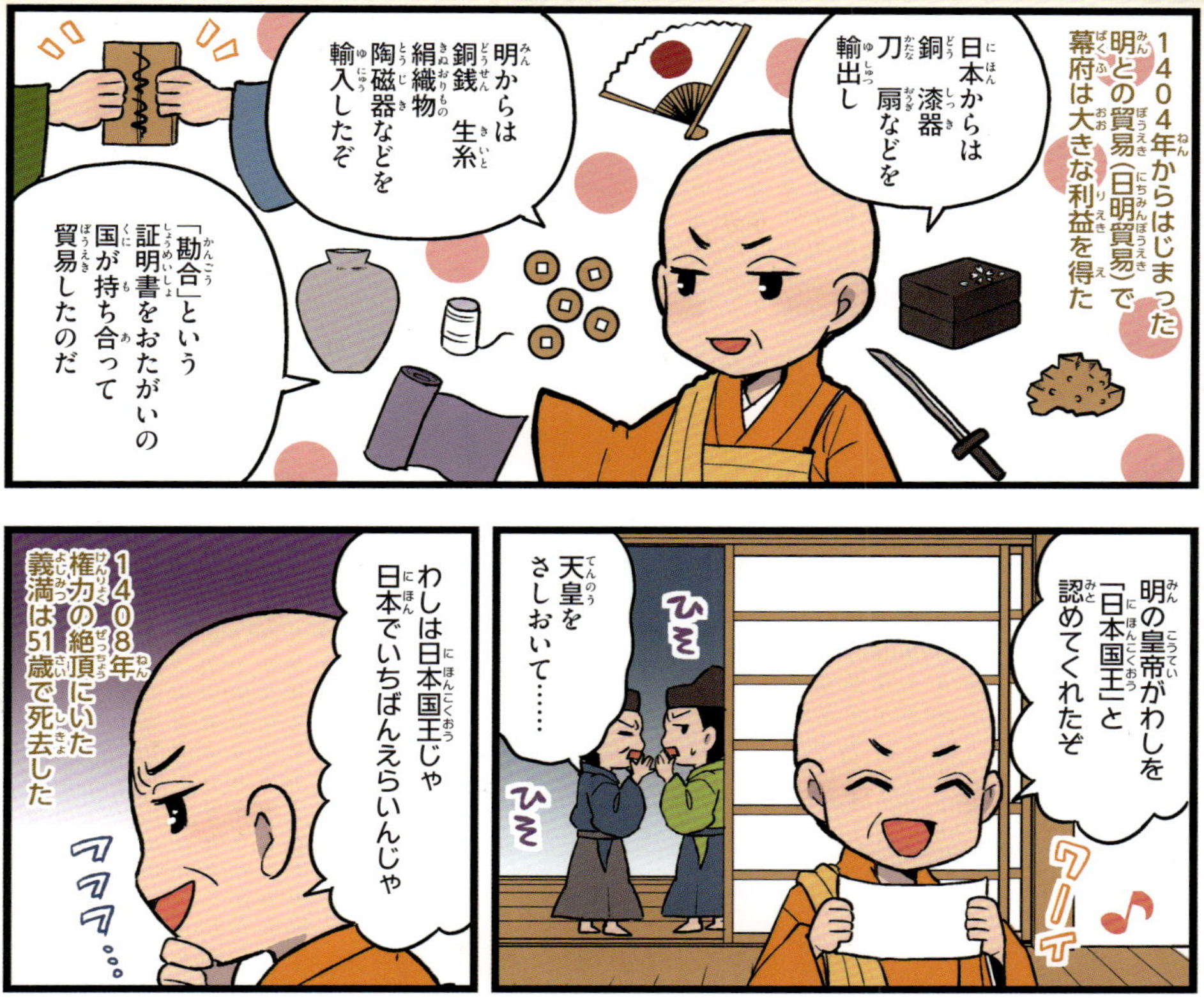
1404年《ねん》からはじまった明《みん》との貿易《ぼうえき》(日明貿易《にちみんぼうえき》)で幕府《ばくふ》は大《おお》きな利益《りえき》を得《え》た
日本《にほん》からは銅《どう》 漆器《しっき》 刀《かたな》 扇《おうぎ》などを輸出《ゆしゅつ》し
明《みん》からは銅銭《どうせん》 生糸《きいと》 絹織物《きぬおりもの》 陶磁器《とうじき》などを輸入《ゆにゅう》したぞ
「勘合《かんごう》」という証明書《しょうめいしょ》をおたがいの国《くに》が持《も》ち合《あ》って貿易《ぼうえき》したのだ
明《みん》の皇帝《こうてい》がわしを「日本国王《にほんこくおう》」と認《みと》めてくれたぞ
ワーイ
ひそ
ひそ
天皇《てんのう》をさしおいて……
1408年《ねん》 権力《けんりょく》の絶頂《ぜっちょう》にいた義満《よしみつ》は51歳《さい》で死去《しきょ》した
わしは日本国王《にほんこくおう》じゃ 日本《にほん》でいちばんえらいんじゃ
フフフ…

歴史《れきし》ミステリー

金閣《きんかく》に秘《ひ》めた義満《よしみつ》の野望《やぼう》

義満《よしみつ》の建《た》てた「金閣《きんかく》」は、1階《かい》が公家《くげ》風《ふう》、2階《かい》が武家風《ぶけふう》、3階《かい》が禅宗《ぜんしゅう》の寺院風《じいんふう》といったつくりになっている。これは出家《しゅっけ》した義満《よしみつ》が、公家《くげ》や武家《ぶけ》だけでなく、寺院勢力《じいんせいりょく》も自分《じぶん》の支配下《しはいか》におくということをアピールするためとの説《せつ》がある。

金閣《きんかく》の頂上《ちょうじょう》にいる鳳凰《ほうおう》は、義満自身《よしみつじしん》をあらわしているのかもしれない。

義満《よしみつ》が建《た》てた金閣《きんかく》は、「古都京都《ことkyoうと》の文化財《ぶんかざい》」として世界遺産《せかいいさん》にもなっている。

写真提供：iStock/Getty Images

おもしろ知識《ちしき》

義満《よしみつ》はかわいがっていた四男《よんなん》の義嗣《よしつぐ》を天皇《てんのう》にし、天皇《てんのう》の父《ちち》になって朝廷《ちょうてい》を完全《かんぜん》に支配《しはい》しようとしたといわれている。また、それを恐《おそ》れた朝廷《ちょうてい》により、義満《よしみつ》は暗殺《あんさつ》されたという説《せつ》もある。

将軍《しょうぐん》

足利義政《あしかがよしまさ》

生没年《せいぼつねん》:1436～1490年《ねん》　出身地《しゅっしんち》:京《きょう》（京都府京都市《きょうとふきょうとし》）

「応仁《おうにん》の乱《らん》」の原因《げんいん》を作《つく》った室町幕府《むろまちばくふ》8代将軍《だいしょうぐん》

室町幕府《むろまちばくふ》8代将軍《だいしょうぐん》。14歳《さい》で将軍《しょうぐん》となりましたが、早《はや》くに政治《せいじ》への意欲《いよく》を失《うしな》ったため、国《くに》が乱《みだ》れはじめました。1467年《ねん》には、将軍《しょうぐん》のあとつぎ争《あらそ》いが、ほかの大名《だいみょう》を巻《ま》きこんで大《おお》きな戦《たたか》い（応仁《おうにん》の乱《らん》）に発展《はってん》。乱《らん》は約《やく》10年《ねん》つづき、幕府《ばくふ》の権威《けんい》は大《おお》きく低下《ていか》しました。

応仁《おうにん》の乱後《らんご》は、京都《きょうと》の東山《ひがしやま》で芸術《げいじゅつ》を楽《たの》しむ生活《せいかつ》を送《おく》りました。

足利義政《あしかがよしまさ》がわかる!　3つのキーワード

❶ **東山文化《ひがしやまぶんか》**　芸術好《げいじゅつず》きで、銀閣《ぎんかく》をはじめとした「東山文化《ひがしやまぶんか》」と呼《よ》ばれる文化《ぶんか》が発展《はってん》。

❷ **優柔不断《ゆうじゅうふだん》**　決断力《けつだんりょく》のなさが政治的混乱《せいじてきこんらん》をまねき、「応仁《おうにん》の乱《らん》」を引《ひ》き起《お》こした。

❸ **恐妻家《きょうさいか》**　妻《つま》の日野富子《ひのとみこ》に頭《あたま》が上《あ》がらず、政治《せいじ》をまかせたりした。

1449年《ねん》
14歳《さい》で室町幕府《むろまちばくふ》
8代将軍《だいしょうぐん》になる
室町幕府《むろまちばくふ》3代将軍《だいしょうぐん》
足利義満《あしかがよしみつ》
おじいさんのようなりっぱな将軍《しょうぐん》になるぞ
しかし20代後半《だいこうはん》のころには政治《せいじ》への情熱《じょうねつ》を失《うしな》っていた
うう…
思《おも》い通《どお》りにいかないもう将軍《しょうぐん》をやめたい……庭作《にわづく》りや能《のう》を楽《たの》しみたい
義政《よしまさ》の妻《つま》
日野富子《ひのとみこ》
情《なさ》けない……
1464年《ねん》
わしには息子《むすこ》がいないからお前《まえ》が将軍職《しょうぐんしょく》をつげ
わかりました僧《そう》をやめます
義政《よしまさ》の弟《おとうと》
足利義視《あしかがよしみ》
だが翌年《よくねん》富子《とみこ》が男《おとこ》の子《こ》（義尚《よしひさ》）を出産《しゅっさん》
オギャー
お前《まえ》は将来《しょうらい》の将軍《しょうぐん》よ～

ことば解説《かいせつ》　義政《よしまさ》の時代《じだい》の文化《ぶんか》を「東山文化《ひがしやまぶんか》」と呼《よ》ぶ。公家《くげ》、武家《ぶけ》、禅宗《ぜんしゅう》（仏教《ぶっきょう》の一派《いっぱ》）の文化《ぶんか》がとけあって一《ひと》つになった点《てん》が特徴《とくちょう》で、庭園《ていえん》・建築《けんちく》・茶道《さどう》・水墨画《すいぼくが》・華道《かどう》などさまざまな分野《ぶんや》の芸術《げいじゅつ》が発達《はったつ》した。

次《つぎ》の将軍《しょうぐん》は
どっち!?
あわわ
義視《よしみ》と富子《とみこ》は有力《ゆうりょく》な＊守護大名《しゅごだいみょう》を味方《みかた》につけ
争《あらそ》うことになった
全国《ぜんこく》の守護大名《しゅごだいみょう》も加《くわ》わり　1467年《ねん》から
全国《ぜんこく》を二《ふた》つに分《わ》けた戦《たたか》いがはじまった
応仁《おうにん》の乱《らん》
東軍《とうぐん》
大将《たいしょう》　細川勝元《ほそかわかつもと》
西軍《せいぐん》
大将《たいしょう》　山名宗全《やまなそうぜん》
あゎ あゎ
＊幕府《ばくふ》から地方《ちほう》の支配《しはい》をまかされ、権力《けんりょく》を強《つよ》めた武士《ぶし》
1477年《ねん》
勝者《しょうしゃ》も敗者《はいしゃ》も
あいまいなまま
ようやく戦《たたか》いは終《お》わった
主《おも》な戦《たたか》いの場《ば》だった京都《きょうと》は
すっかり荒《あ》れてしまった
ポツン。
その後《ご》　義政《よしまさ》は
京都《きょうと》の東山《ひがしやま》に
芸術家《げいじゅつか》たちの
力《ちから》を借《か》りて
別荘《べっそう》（銀閣《ぎんかく》）を作《つく》り
能《のう》や茶《ちゃ》を楽《たの》しむ
生活《せいかつ》を送《おく》った
おじいさんは北山《きたやま》に
別荘《べっそう》を作《つく》ったから
わしは東山《ひがしやま》に
別荘《べっそう》を作《つく》ろう
このころ
栄《さか》えた文化《ぶんか》を
「東山文化《ひがしやまぶんか》」という

おもしろ知識《ちしき》
義政《よしまさ》の祖父《そふ》の足利義満《あしかがよしみつ》（→P94）の建《た》てた「金閣《きんかく》」の壁《かべ》には、文字通《もじどお》り金《きん》ぱくがはられているが、義政《よしまさ》の建《た》てた「銀閣《ぎんかく》」に、銀《ぎん》ぱくははられていない。「銀閣《ぎんかく》」の名《な》がついたのは、義政《よしまさ》の死後《しご》のことである。

画僧《がそう》

雪舟《せっしゅう》

生没年《せいぼつねん》:1420〜1506?年《ねん》　出身地《しゅっしんち》:備中《びっちゅう》（岡山県《おかやまけん》）

日本独自《にほんどくじ》の「水墨画《すいぼくが》」を完成《かんせい》させた

室町時代後期《むろまちじだいこうき》の画僧《がそう》（僧《そう》でもある画家《がか》）。京都《きょうと》で水墨画《すいぼくが》を学《まな》んだあと、周防《すおう》（山口県《やまぐちけん》）の大内氏《おおうちし》のもとに身《み》を寄《よ》せて作品《さくひん》を制作《せいさく》。水墨画《すいぼくが》の本場《ほんば》である明《みん》（中国《ちゅうごく》）でも学《まな》びました。

帰国後《きこくご》は各地《かくち》をめぐって、中国《ちゅうごく》のまねではない、日本独特《にほんどくとく》の水墨画《すいぼくが》を確立《かくりつ》。その後《ご》の日本《にほん》の絵画界《かいがかい》に大《おお》きな影響《えいきょう》をあたえました。

雪舟《せっしゅう》がわかる! 3つのキーワード

❶ 水墨画《すいぼくが》	優《すぐ》れた水墨画《すいぼくが》（墨《すみ》だけを使《つか》ってかいた絵《え》）を数多《かずおお》く残《のこ》した。
❷ 旅《たび》	各地《かくち》を旅《たび》をして回《まわ》り、日本《にほん》の風景《ふうけい》を水墨画《すいぼくが》でえがいた。
❸ 絵《え》への情熱《じょうねつ》	87歳《さい》で亡《な》くなるまで、絵《え》をかく意欲《いよく》はおとろえなかった。

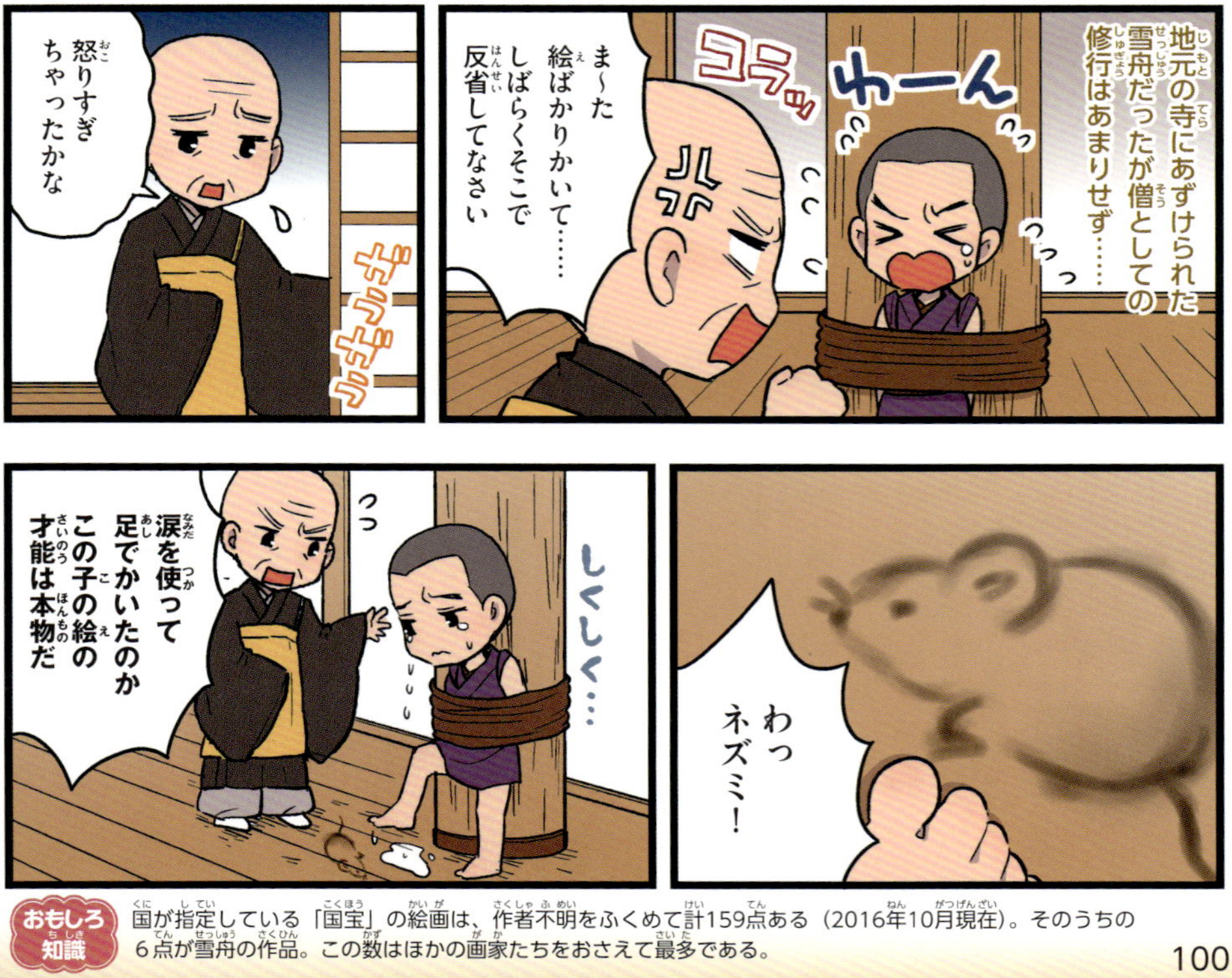

地元《じもと》の寺《てら》にあずけられた雪舟《せっしゅう》だったが僧《そう》としての修行《しゅぎょう》はあまりせず……
コラッ
わーん
まーた絵《え》ばかりかいて……しばらくそこで反省《はんせい》してなさい
怒《おこ》りすぎちゃったかな
ガラガラ
わっネズミ!
しくしく…
涙《なみだ》を使《つか》って足《あし》でかいたのか この子《こ》の絵《え》の才能《さいのう》は本物《ほんもの》だ

おもしろ知識《ちしき》　国《くに》が指定《してい》している「国宝《こくほう》」の絵画《かいが》は、作者不明《さくしゃふめい》をふくめて計《けい》159点《てん》ある（2016年《ねん》10月現在《がつげんざい》）。そのうちの6点《てん》が雪舟《せっしゅう》の作品《さくひん》。この数《かず》はほかの画家《がか》たちをおさえて最多《さいた》である。

成長《せいちょう》した雪舟《せっしゅう》は京都《きょうと》で水墨画《すいぼくが》を学《まな》んで
30代半《だいなか》ばまで過《す》ごし
その後《ご》は周防《すおう》（山口県《やまぐちけん》）の
大内氏《おおうちし》に仕《つか》えた
ここを京都《きょうと》のような文化《ぶんか》あふれる地《ち》にしたいんだ
48歳《さい》のとき大内氏《おおうちし》の貿易船《ぼうえきせん》で明《みん》（中国《ちゅうごく》）への旅《たび》が実現《じつげん》した
わあっ!!
水墨画《すいぼくが》でよく見《み》る風景《ふうけい》を実際《じっさい》に見《み》られて感激《かんげき》!
雪舟《せっしゅう》の絵《え》は本場《ほんば》中国《ちゅうごく》の人《ひと》たちにも評価《ひょうか》された
パチパチ
たのまれて役所《やくしょ》の壁《かべ》にもかきました
テヘ★
2年後《ねんご》 帰国《きこく》
日本《にほん》は応仁《おうにん》の乱《らん》（→P99）の真《ま》っ最中《さいちゅう》
戦乱《せんらん》をさけてちょっと九州《きゅうしゅう》に行《い》ってみようかな
応仁《おうにん》の乱後《らんご》また山口《やまぐち》を拠点《きょてん》としてひたすらかきつづけた
サラ
サラ
それまでの日本画《にほんが》にはない巧《たく》みさと力強《ちからづよ》さを持《も》った雪舟《せっしゅう》の絵《え》は多《おお》くの人《ひと》に受《う》け入《い》れられ人気《にんき》となった
『四季山水図《しきさんすいず》（山水長巻《さんすいちょうかん》）』
年《とし》をとっても雪舟《せっしゅう》の絵《え》に対《たい》する意欲《いよく》がおとろえることはなかった
代表作《だいひょうさく》の一《ひと》つ『天橋立図《あまのはしだてず》』をかいたときは80歳《さい》を過《す》ぎていたぞ
『天橋立図《あまのはしだてず》』
残《のこ》された作品《さくひん》のうち現在《げんざい》 6点《てん》が国宝《こくほう》に指定《してい》されている
『慧可断臂図《えかだんぴず》』

おもしろ知識《ちしき》 雪舟《せっしゅう》は山口《やまぐち》に来《く》る前《まえ》は京都《きょうと》にいた。彼《かれ》のダイナミックな画風《がふう》は、細《こま》やかな美《うつく》しさが好《この》まれていた当時《とうじ》の京都《きょうと》では、あまり受《う》け入《い》れられなかったという。

観阿弥《かんあみ》・世阿弥《ぜあみ》

観阿弥《かんあみ》／生没年《せいぼつねん》:1333〜1384年《ねん》　出身地《しゅっしんち》:大和《やまと》?（奈良県《ならけん》）
世阿弥《ぜあみ》／生没年《せいぼつねん》:1363?〜1443?年《ねん》　出身地《しゅっしんち》:大和《やまと》?（奈良県《ならけん》）

室町時代前期《むろまちじだいぜんき》の能役者《のうやくしゃ》・能作者《のうさくしゃ》。猿楽《さるがく》（能《のう》のもとになった芸能《げいのう》）の役者《やくしゃ》だった観阿弥《かんあみ》は、それまでにない新《あたら》しい舞《まい》などを舞台《ぶたい》に取《と》り入《い》れ、人気《にんき》を得《え》ました。

息子《むすこ》の世阿弥《ぜあみ》は、それにみがきをかけ、能《のう》を芸術性《げいじゅつせい》の高《たか》い芸能《げいのう》に育《そだ》て上《あ》げました。世阿弥《ぜあみ》は『風姿花伝《ふうしかでん》』『花鏡《かきょう》』などの優《すぐ》れた能《のう》の芸術論《げいじゅつろん》も残《のこ》しています。

観阿弥《かんあみ》・世阿弥《ぜあみ》がわかる！ 3つのキーワード

❶ 能《のう》	親子《おやこ》で、能《のう》を一流《いちりゅう》の娯楽《ごらく》・芸術《げいじゅつ》へと育《そだ》て上《あ》げた。
❷ 芸術論《げいじゅつろん》	世阿弥《ぜあみ》の残《のこ》した芸術論《げいじゅつろん》は、現代《げんだい》においても多《おお》くの人《ひと》に読《よ》まれている。
❸ 将軍《しょうぐん》の保護《ほご》	将軍《しょうぐん》の足利義満《あしかがよしみつ》が、能《のう》の地位向上《ちいこうじょう》に大《おお》きな役割《やくわり》をはたした。

おもしろ知識《ちしき》　当時《とうじ》、役者《やくしゃ》の身分《みぶん》は低《ひく》かったが、将軍《しょうぐん》の義満《よしみつ》は世阿弥《ぜあみ》をとてもかわいがった。そのためまわりの武士《ぶし》や公家《くげ》たちは、世阿弥《ぜあみ》にプレゼントを贈《おく》るなどして、義満《よしみつ》に気《き》に入《い》られようとしたという。

観阿弥《かんあみ》と世阿弥《ぜあみ》は
足利義満《あしかがよしみつ》に気《き》に入《い》られ
大衆《たいしゅう》の娯楽《ごらく》だった能《のう》は
武士《ぶし》や公家《くげ》の間《あいだ》でも人気《にんき》となった
なんと
美《うつく》しい子《こ》だ……
1384年《ねん》 観阿弥《かんあみ》が死去《しきょ》し
世阿弥《ぜあみ》は若《わか》くして父《ちち》のあとをついだ
観客《かんきゃく》をおどろかせるには
感動《かんどう》させるには
どうしたらよいだろうか
世阿弥《ぜあみ》の作品《さくひん》は
有名《ゆうめい》な物語《ものがたり》や伝説《でんせつ》を題材《だいざい》にしていたが
その世界《せかい》は霊的《れいてき》な存在《そんざい》が行《い》き来《き》する
不思議《ふしぎ》で美《うつく》しく
そしてまったく新《あたら》しいものだった
世阿弥《ぜあみ》は能《のう》の芸術性《げいじゅつせい》を高《たか》め
観阿弥《かんあみ》と世阿弥《ぜあみ》の親子《おやこ》で
現代《げんだい》までつづく能《のう》の基礎《きそ》を作《つく》り上《あ》げた
世阿弥《ぜあみ》は能《のう》における心構《こころがま》えや美学《びがく》
父《ちち》から学《まな》んだことなどを
文章《ぶんしょう》に多《おお》く残《のこ》した
初心《しょしん》忘《わす》るべからず
そこには
現代《げんだい》のわたしたちが生《い》きるうえで
参考《さんこう》になることも多《おお》く書《か》かれている
風姿花伝
花鏡
だが 演芸界《えんげいかい》のスターだった
世阿弥《ぜあみ》も老《お》いてからは
将軍《しょうぐん》の足利義教《あしかがよしのり》にきらわれ
佐渡島《さどがしま》(新潟《にいがた》)へ追放《ついほう》されてしまった
次《つぎ》のスターは
こいつだ
お前《まえ》は
じゃまだ
室町幕府《むろまちばくふ》6代将軍《だいしょうぐん》
足利義教《あしかがよしのり》
世阿弥《ぜあみ》のおい
音阿弥《おんあみ》

おもしろ知識《ちしき》 なぜ世阿弥《ぜあみ》が追放《ついほう》されたのかは謎《なぞ》である。将軍《しょうぐん》の義教《よしのり》は世阿弥《ぜあみ》にかわる新《あたら》しいスターを作《つく》ることで自分《じぶん》の権力《けんりょく》を見《み》せつけようとしたが、根強《ねづよ》い人気《にんき》を誇《ほこ》る世阿弥《ぜあみ》の存在《そんざい》がじゃまになったのだろうか。

歴史人物《れきしじんぶつ》 座談会《ざだんかい》

鎌倉《かまくら》～室町編《むろまちへん》

二《ふた》つの幕府《ばくふ》の共通点《きょうつうてん》

出席者《しゅっせきしゃ》

源頼朝《みなもとのよりとも》　北条時宗《ほうじょうときむね》　足利尊氏《あしかがたかうじ》　足利義政《あしかがよしまさ》

今日《きょう》は鎌倉幕府《かまくらばくふ》と室町幕府《むろまちばくふ》の共通点《きょうつうてん》とちがいについて、話《はな》し合《あ》おう。

さっそくちがう点《てん》を一《ひと》つ。鎌倉幕府《かまくらばくふ》は関東《かんとう》の鎌倉《かまくら》、室町幕府《むろまちばくふ》は京都《きょうと》と、幕府《ばくふ》が置《お》かれた場所《ばしょ》がちがうよな。

そもそも幕府《ばくふ》って何《なん》ですか？

将軍《しょうぐん》なのに、そんな基本的《きほんてき》なことも知《し》らないのか！

まあまあ。幕府《ばくふ》とは、将軍《しょうぐん》を頂点《ちょうてん》とした武家政権《ぶけせいけん》のことですよ。

なるほど。では、鎌倉時代《かまくらじだい》も室町時《むろまちじ》代《だい》も、武士《ぶし》が支配《しはい》していたという大《おお》きな共通点《きょうつうてん》がありますね。

そうだな。あとは、地方《ちほう》に「守護《しゅご》」という役職《やくしょく》を置《お》いたという共通点《きょうつうてん》もあるぞ。

でも「守護《しゅご》」の役割《やくわり》はちがいますよね。鎌倉時代《かまくらじだい》の守護《しゅご》は、その地方《ちほう》の警察的役割《けいさつてきやくわり》が主《おも》な仕事《しごと》でしたけど。

うん。室町時代《むろまちじだい》になると守護《しゅご》の力《ちから》が強《つよ》まり、その地方《ちほう》で大《おお》きな政治的権《せいじてきけん》限《げん》を持《も》つようになったんだ。

あと、鎌倉幕府《かまくらばくふ》は権力《けんりょく》が幕府《ばくふ》に集中《しゅうちゅう》していたけど、室町幕府《むろまちばくふ》の場合《ばあい》は、力《ちから》のある守護《しゅご》の存在《そんざい》が国《くに》の政治《せいじ》に大《おお》きな影響《えいきょう》をあたえたよな。

あっ、共通点《きょうつうてん》を一《ひと》つ発見《はっけん》しました。

なになに？

将軍《しょうぐん》の権威《けんい》がどんどん低下《ていか》していったこと。その結果《けっか》、鎌倉幕府《かまくらばくふ》は北条《ほうじょう》氏《し》に乗《の》っ取《と》られ、室町幕府《むろまちばくふ》は有力守《ゆうりょくしゅ》護《ご》が好《す》き勝手《かって》ふるまって、崩壊《ほうかい》したんですよね。

……。

鎌倉幕府《かまくらばくふ》も室町幕府《むろまちばくふ》も、もっと将軍《しょうぐん》がしっかりしなくちゃ。

（応仁《おうにん》の乱《らん》を引《ひ》き起《お》こしたきみが言《い》うなよ……）

4章《しょう》

戦《せん》国《こく》・安《あ》土《づち》桃《もも》山《やま》時《じ》代《だい》

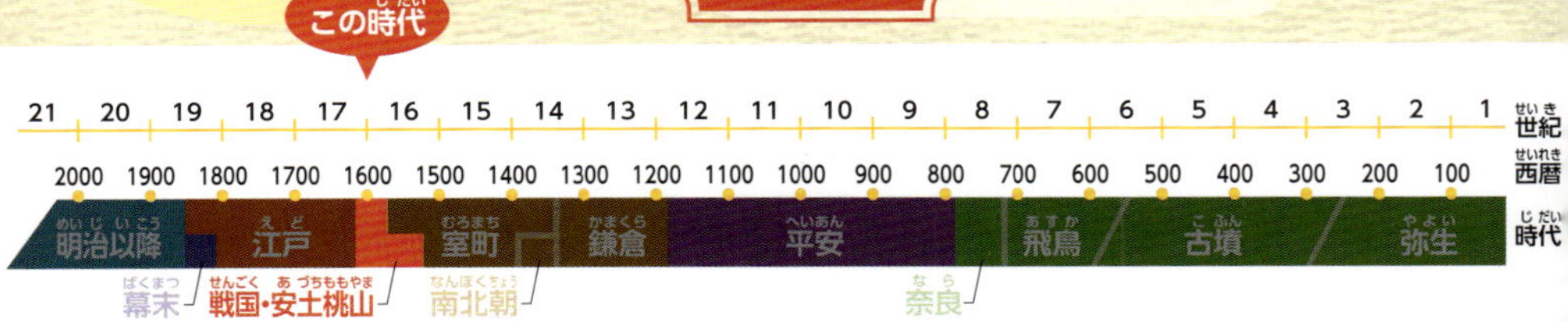

戦国《せんごく》・安土桃山時代《あづちももやまじだい》のできごと早《はや》わかり

戦国大名《せんごくだいみょう》が争《あらそ》う

室町幕府《むろまちばくふ》の力《ちから》が弱《よわ》まり、戦国大名《せんごくだいみょう》と呼《よ》ばれる地方《ちほう》の実力者《じつりょくしゃ》が争《あらそ》う戦国時代《せんごくじだい》になりました。

そうした中《なか》、織田信長《おだのぶなが》が勢力《せいりょく》を広《ひろ》げ、死後《しご》、信長《のぶなが》の家来《けらい》だった豊臣秀吉《とよとみひでよし》が天下《てんか》を統一《とういつ》します。

信長《のぶなが》と秀吉《ひでよし》が勢力《せいりょく》を築《きず》いた約《やく》30年間《ねんかん》を、安土桃山時代《あづちももやまじだい》といいます。

P93から

15世紀後半《せいきこうはん》
戦国大名《せんごくだいみょう》たちが争《あらそ》う戦国時代《せんごくじだい》に突入《とつにゅう》

1543年《ねん》
鉄砲《てっぽう》が日本《にほん》に伝《つた》わる

1549年《ねん》
キリスト教《きょう》が日本《にほん》に伝《つた》わる

ザビエル
(→P108)

1560年《ねん》
桶狭間《おけはざま》の戦《たたか》い

織田信長《おだのぶなが》 (→P120)
今川義元《いまがわよしもと》 (→P114)

1561年《ねん》
川中島《かわなかじま》の戦《たたか》い(第《だい》4次《じ》)

武田信玄《たけだしんげん》 (→P110)
上杉謙信《うえすぎけんしん》 (→P110)

16世紀中《せいきなか》ごろ
*南蛮文化《なんばんぶんか》が栄《さか》える

ザビエル (→P108)
織田信長《おだのぶなが》 (→P120)

*ヨーロッパの学問《がくもん》や技術《ぎじゅつ》など

1573年《ねん》
織田信長《おだのぶなが》が室町幕府《むろまちばくふ》をほろぼす

織田信長《おだのぶなが》 (→P120)
足利義昭《あしかがよしあき》

1575年《ねん》
長篠《ながしの》の戦《たたか》い

織田信長《おだのぶなが》 (→P120)
武田勝頼《たけだかつより》

超重要《ちょうじゅうよう》！　大切《たいせつ》　覚《おぼ》えたい　文化《ぶんか》に関《かん》すること

1577年《ねん》

安土城下《あづちじょうか》で
楽市《らくいち》・楽座《らくざ》を
おこなう

織田信長《おだのぶなが》
(→P120)

1582年《ねん》

本能寺《ほんのうじ》の変《へん》

織田信長《おだのぶなが》
(→P120)
明智光秀《あけちみつひで》

1590年《ねん》

豊臣秀吉《とよとみひでよし》が
天下《てんか》を統一《とういつ》する

豊臣秀吉《とよとみひでよし》
(→P124)

16世紀後半《せいきこうはん》

桃山文化《ももやまぶんか》が栄《さか》える
(→P130)

織田信長《おだのぶなが》
(→P120)

豊臣秀吉《とよとみひでよし》
(→P124)

千利休《せんのりきゅう》
(→P128)

狩野永徳《かのうえいとく》
(→P131)

古田織部《ふるたおりべ》
(→P131)

出雲阿国《いずものおくに》
(→P131)

1591年《ねん》

豊臣秀吉《とよとみひでよし》が
千利休《せんのりきゅう》に
切腹《せっぷく》を命《めい》じる

豊臣秀吉《とよとみひでよし》
(→P124)

千利休《せんのりきゅう》
(→P128)

朝鮮出兵《ちょうせんしゅっぺい》

1592年《ねん》
~1596年《ねん》

文禄《ぶんろく》の役《えき》

1597年《ねん》
~1598年《ねん》

慶長《けいちょう》の役《えき》

豊《とよ》臣《とみ》秀《ひで》吉《よし》
(→P124)
李舜臣《イスンシン》

1600年《ねん》

関ヶ原《せきがはら》の戦《たたか》い

石田三成《いしだみつなり》
(→P132)
徳川家康《とくがわいえやす》
(→P138〔5章《しょう》〕)

徳川家康《とくがわいえやす》が
天下《てんか》を取《と》る
(→5章《しょう》)

P136
につづく

宣教師《せんきょうし》

ザビエル

生没年《せいぼつねん》:1506～1552年《ねん》　出身地《しゅっしんち》:スペイン

日本《にほん》にキリスト教《きょう》を伝《つた》える

スペイン出身《しゅっしん》の宣教師《せんきょうし》（キリスト教《きょう》を外国《がいこく》に広《ひろ》める人《ひと》）。パリでキリスト教《きょう》を学《まな》び、仲間《なかま》たちと修《しゅう》道会《どうかい》「イエズス会《かい》」を結成《けっせい》。インドなどで約《やく》7年間《ねんかん》布教《ふきょう》をしたあと、1549年《ねん》、鹿児島《かごしま》に来《き》ました。以後《いご》2年《ねん》あまり、長崎《ながさき》の平戸《ひらど》、山口《やまぐち》などを中心《ちゅうしん》に布教《ふきょう》をつづけます。その後《ご》、中国《ちゅうごく》へと渡《わた》りましたが、1552年《ねん》に病死《びょうし》しました。

ザビエルがわかる！　3つのキーワード

1. **キリスト教《きょう》** さまざまな苦労《くろう》をへて、キリスト教《きょう》をはじめて日本《にほん》に伝《つた》えた。
2. **アジアに布教《ふきょう》** 日本以外《にほんいがい》にもインドや東南《とうなん》アジア、中国《ちゅうごく》などをめぐった。
3. **聖人《せいじん》** 功績《こうせき》を評価《ひょうか》されて、死後《しご》、聖人《せいじん》の称号《しょうごう》をあたえられた。

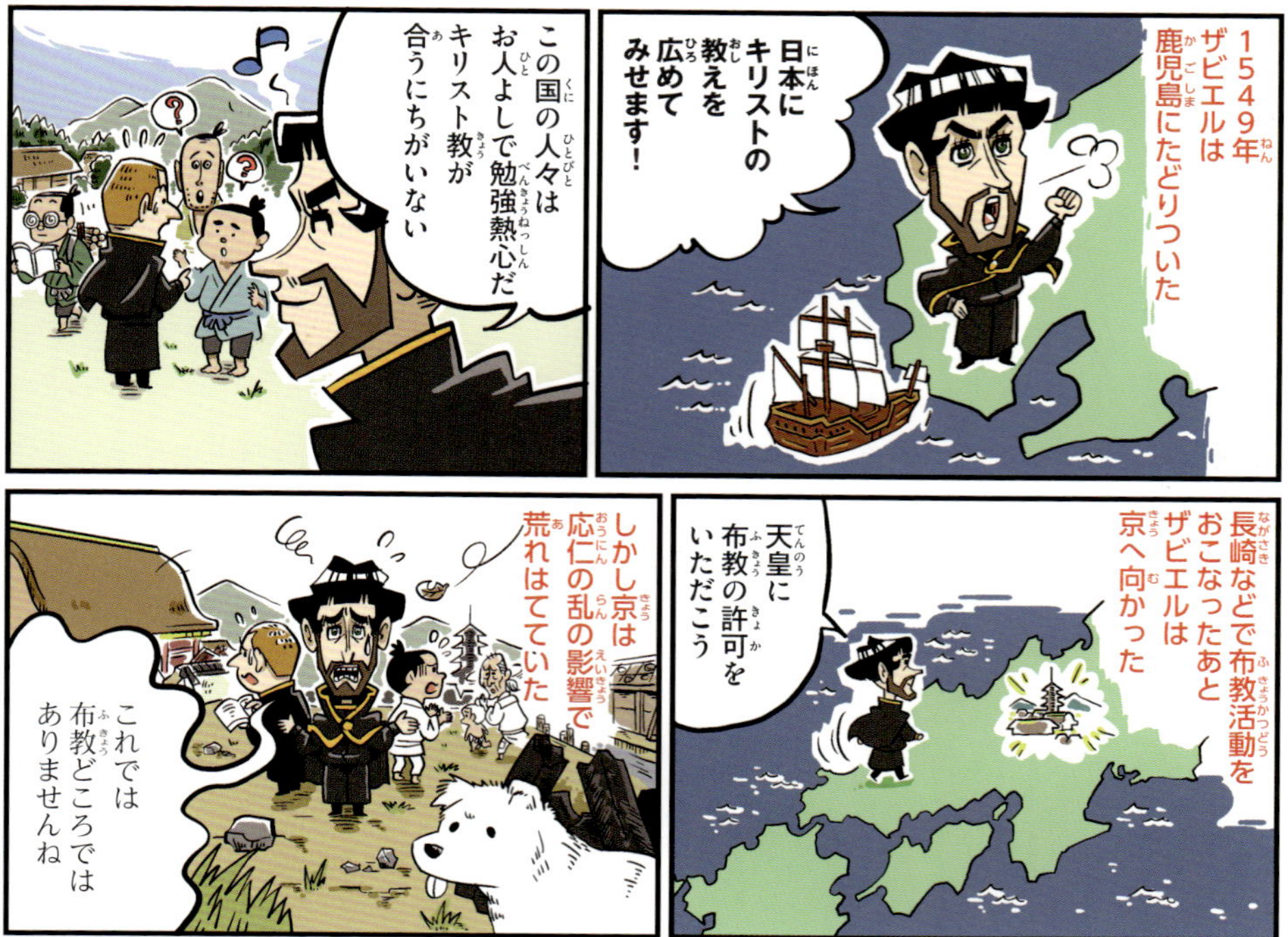

1549年《ねん》ザビエルは鹿児島《かごしま》にたどりついた
日本《にほん》にキリストの教《おし》えを広《ひろ》めてみせます！
この国《くに》の人々《ひとびと》はお人《ひと》よしで勉強熱心《べんきょうねっしん》だキリスト教《きょう》が合《あ》うにちがいない
長崎《ながさき》などで布教活動《ふきょうかつどう》をおこなったあとザビエルは京《きょう》へ向《む》かった
天皇《てんのう》に布教《ふきょう》の許可《きょか》をいただこう
しかし京《きょう》は応仁《おうにん》の乱《らん》の影響《えいきょう》で荒《あ》れはてていた
これでは布教《ふきょう》どころではありませんね

おもしろ知識《ちしき》　キリスト教《きょう》は当初《とうしょ》、日本《にほん》の人々《ひとびと》に仏教《ぶっきょう》の一種《いっしゅ》と思《おも》われていた。ザビエルはその誤解《ごかい》をとくためにとても苦労《くろう》したという。

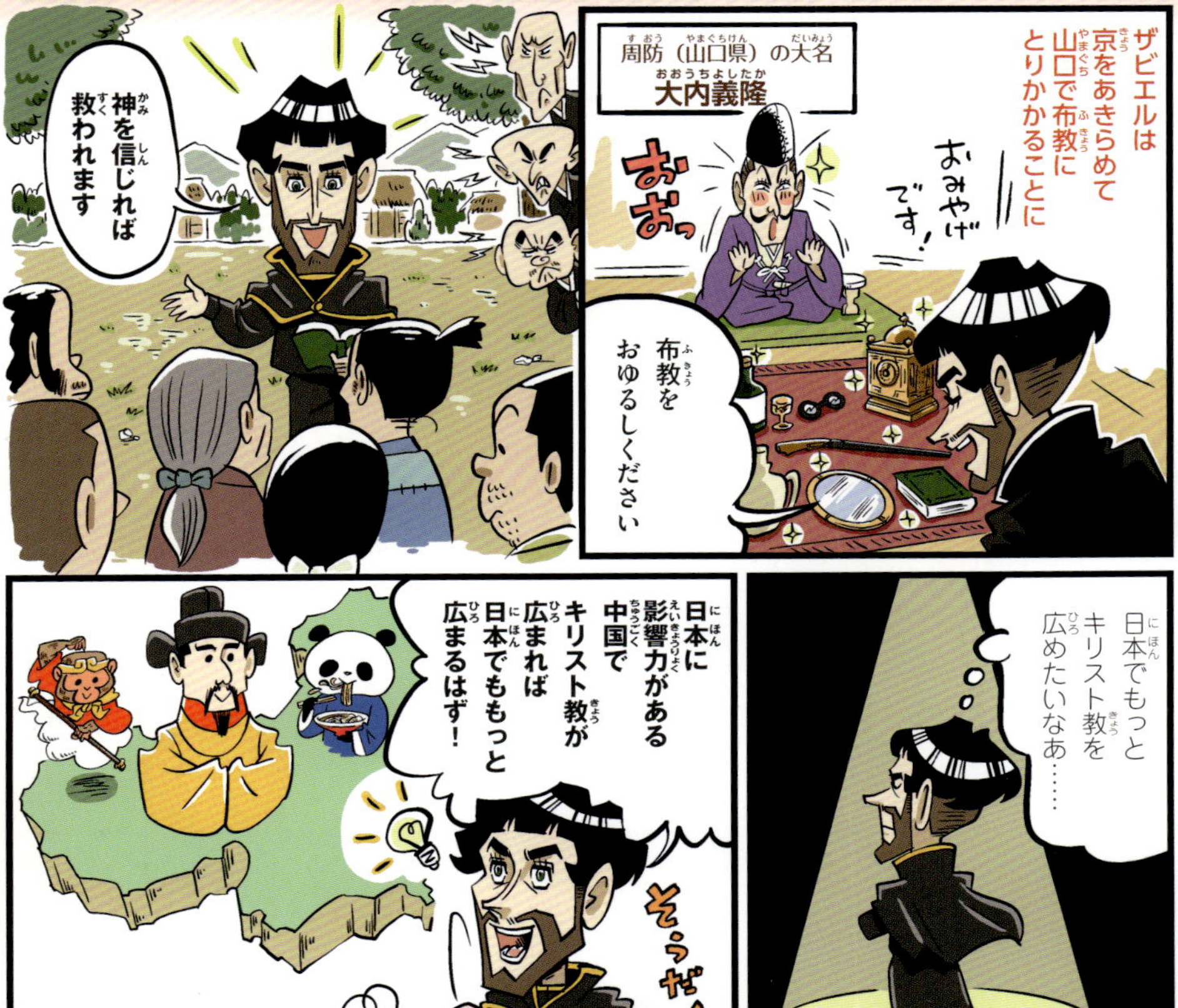
ザビエルは京《きょう》をあきらめて山口《やまぐち》で布教《ふきょう》にとりかかることに
周防《すおう》（山口県《やまぐちけん》）の大名《だいみょう》
大内義隆《おおうちよしたか》
おみやげです！
おおっ
布教《ふきょう》をおゆるしください
神《かみ》を信《しん》じれば救《すく》われます
日本《にほん》でもっとキリスト教《きょう》を広《ひろ》めたいなあ……
日本《にほん》に影響力《えいきょうりょく》がある中国《ちゅうごく》でキリスト教《きょう》が広《ひろ》まれば日本《にほん》でももっと広《ひろ》まるはず！
そうだ！
1551年《ねん》ザビエルは日本《にほん》を離《はな》れた
きっとまたもどってきます
しかし約《やく》1年後《ねんご》熱病《ねつびょう》により亡《な》くなってしまう
その死《し》の70年後《ねんご》ザビエルはローマ教皇《きょうこう》から「聖人《せいじん》」の称号《しょうごう》をあたえられた
S.P.FRĀCISCUSXAVERIVSSOCIEATISV
あなたの活動《かつどう》はすばらしかった！

おもしろ知識《ちしき》 ザビエルの遺体《いたい》は、死後《しご》1年以上《ねんいじょう》たっても腐《くさ》らず元《もと》の姿《すがた》を保《たも》ったという。遺体《いたい》はインドのゴアの教会《きょうかい》に移《うつ》されて現在《げんざい》も安置《あんち》され、10年《ねん》に1度《ど》、信者《しんじゃ》に公開《こうかい》されている。

武将《ぶしょう》

武田《たけだ》信玄《しんげん》・上杉《うえすぎ》謙信《けんしん》

武田信玄《たけだしんげん》／生没年《せいぼつねん》:1521～1573年《ねん》　出身地《しゅっしんち》:甲斐《かい》（山梨県《やまなしけん》）
上杉謙信《うえすぎけんしん》／生没年《せいぼつねん》:1530～1578年《ねん》　出身地《しゅっしんち》:越後《えちご》（新潟県《にいがたけん》）

「甲斐《かい》の虎《とら》」と「越後《えちご》の龍《りゅう》」
風林
火山

どちらも戦国時代《せんごくじだい》を代表《だいひょう》する戦《せん》国大名《ごくだいみょう》。信玄《しんげん》は21歳《さい》のときに父《ちち》の信虎《のぶとら》を追放《ついほう》し、以後《いご》、甲斐《かい》（山梨《やまなし》県《けん》）を中心《ちゅうしん》に領土《りょうど》を広《ひろ》げ、法整備《ほうせいび》や洪水対策《こうずいたいさく》などに取《と》り組《く》みました。

謙信《けんしん》は、はじめ長尾景虎《ながおかげとら》と名乗《なの》り、22歳《さい》で越後《えちご》（新潟県《にいがたけん》）を統一《とういつ》。信玄《しんげん》や周辺《しゅうへん》の戦国大名《せんごくだいみょう》と戦《たたか》い、1561年《ねん》、関東管領《かんとうかんれい》の上杉憲政《うえすぎのりまさ》から上杉《うえすぎ》の姓《せい》をゆずられました。

信玄《しんげん》・謙信《けんしん》がわかる！ 3つのキーワード

1. **戦上手《いくさじょうず》**　二人《ふたり》とも優《すぐ》れた軍事《ぐんじ》の才能《さいのう》を持《も》ち、強力《きょうりょく》なライバルどうしだった。
2. **経営上手《けいえいじょうず》**　特《とく》に武田信玄《たけだしんげん》は、鉱山開発《こうざんかいはつ》や治水事《ちすいじ》業《ぎょう》にも熱心《ねっしん》だった。
3. **道半《みちなか》ば**　どちらも、織田信長《おだのぶなが》との本格的《ほんかくてき》な対《たい》決《けつ》を前《まえ》に病死《びょうし》した。

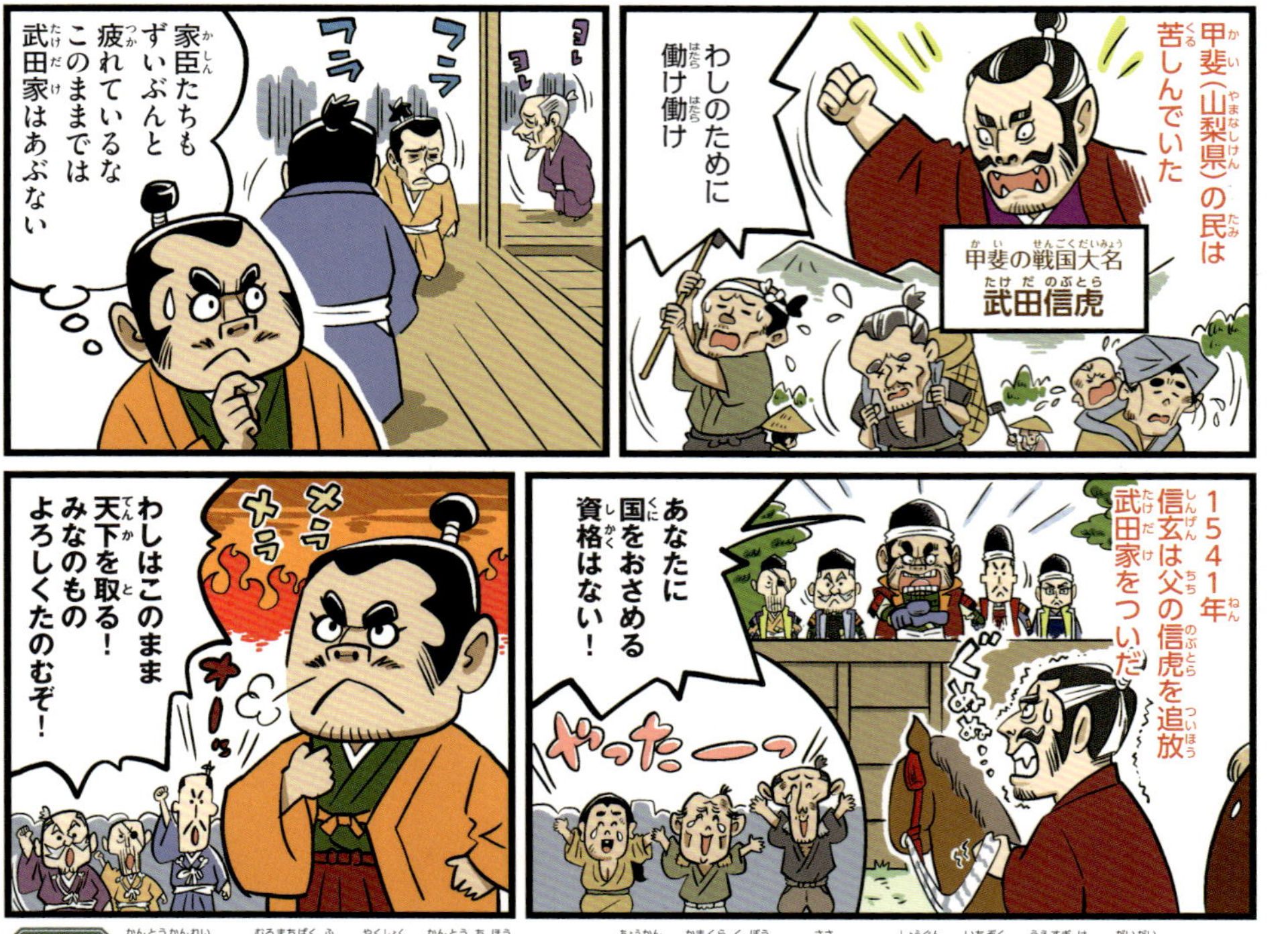
甲斐《かい》（山梨県《やまなしけん》）の民《たみ》は苦《くる》しんでいた
甲斐《かい》の戦国大名《せんごくだいみょう》
武田信虎《たけだのぶとら》
わしのために働《はたら》け働《はたら》け
フラ
フラ
家臣《かしん》たちもずいぶんと疲《つか》れているなこのままでは武田家《たけだけ》はあぶない
1541年《ねん》 信玄《しんげん》は父《ちち》の信虎《のぶとら》を追放《ついほう》 武田家《たけだけ》をついだ
あなたに国《くに》をおさめる資格《しかく》はない！
ぐぬぬ…
やった――っ
メラ
メラ
わしはこのまま天下《てんか》を取《と》る！みなのものよろしくたのむぞ！
オーッ

ことば解説《かいせつ》　関東管領《かんとうかんれい》とは室町幕府《むろまちばくふ》の役職《やくしょく》。関東地方《かんとうちほう》をおさめる長官《ちょうかん》（鎌倉公方《かまくらくぼう》）を支《ささ》えた。将軍《しょうぐん》の一族《いちぞく》の上杉家《うえすぎけ》が代々《だいだい》つとめていたが、しだいに力《ちから》を失《うしな》った結果《けっか》、謙信《けんしん》に名前《なまえ》と役職《やくしょく》をゆずることになった。

越後《えちご》（新潟県《にいがたけん》）
越後《えちご》の戦国大名《せんごくだいみょう》
上杉謙信《うえすぎけんしん》
信濃《しなの》（長野県《ながのけん》）の有力者《ゆうりょくしゃ》たち
謙信殿《けんしんどの》助《たす》けてくだされ
どうした？
甲斐《かい》の武田信玄《たけだしんげん》が信濃《しなの》も支配《しはい》しようとしているんです
越後《えちご》
信濃《しなの》
フフフ…
まかせろ わしを頼《たよ》ってきたものを見捨《みす》てることはできぬ
さすが義《ぎ》の男《おとこ》！
こうして信玄《しんげん》と謙信《けんしん》はたびたび争《あらそ》うライバルになった
1561年《ねん》 謙信《けんしん》は信玄《しんげん》の支配《しはい》する信濃《しなの》の川中島《かわなかじま》へ兵《へい》を出《だ》した
このままでは越後《えちご》もあぶない 信玄《しんげん》を追《お》いはらわねば
ザッ
ザッ
ふん 返《かえ》り討《う》ちにしてやるわ
うおーーー
今日《きょう》は霧《きり》が深《ふか》いな
ザッ
ザッ
おっ 晴《は》れてきた
フフフ…
どーーーん
なにっ!?
いきなりあらわれた謙信《けんしん》の軍《ぐん》に信玄《しんげん》の軍《ぐん》は大混乱《だいこんらん》となった
ドドドドドドドドド
うわあああ

おもしろ知識《ちしき》
敵対《てきたい》している相手《あいて》でも、苦《くる》しいときには助《たす》けてあげるという意味《いみ》のことわざ「敵《てき》に塩《しお》を送《おく》る」。信玄《しんげん》の領地《りょうち》の甲斐《かい》で塩《しお》が不足《ふそく》した際《さい》、謙信《けんしん》が塩《しお》を送《おく》ったというエピソードからきている。

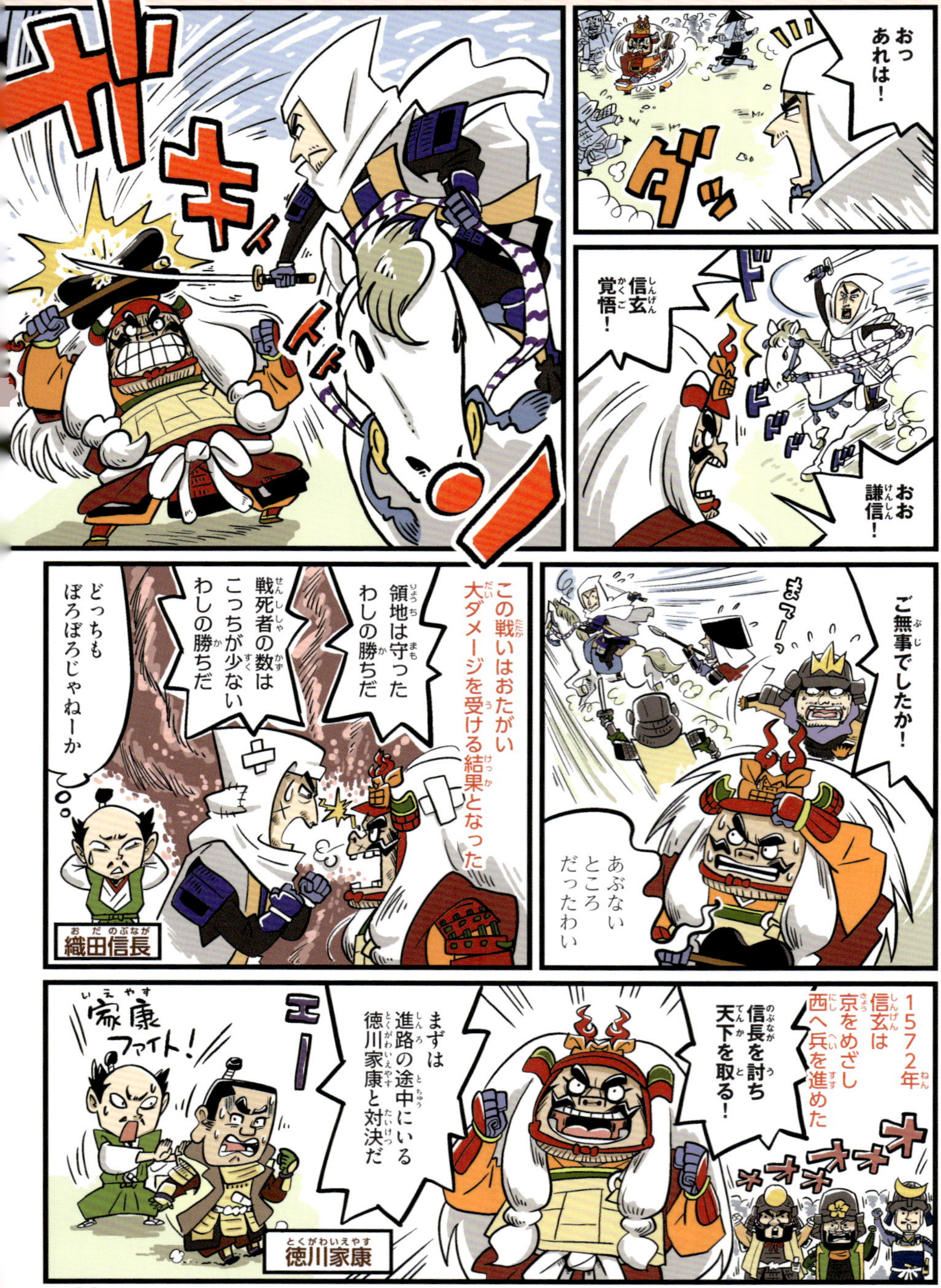
おっ あれは！
ダッ
信玄《しんげん》覚悟《かくご》！
ドド
ドドドド
おお 謙信《けんしん》！
ガキィィィン
ご無事《ぶじ》でしたか！
まて～
あぶない ところ だったわい
この戦《たたか》いはおたがい大《だい》ダメージを受《う》ける結果《けっか》となった
領地《りょうち》は守《まも》った わしの勝《か》ちだ
戦死者《せんししゃ》の数《かず》は こっちが少《すく》ない わしの勝《か》ちだ
どっちも ぼろぼろじゃねーか
織田信長《おだのぶなが》
1572年《ねん》 信玄《しんげん》は京《きょう》をめざし西《にし》へ兵《へい》を進《すす》めた
信長《のぶなが》を討《う》ち 天下《てんか》を取《と》る！
オオオオオ
まずは 進路《しんろ》の途中《とちゅう》にいる 徳川家康《とくがわいえやす》と対決《たいけつ》だ
エー
家康《いえやす》ファイト！
徳川家康《とくがわいえやす》

おもしろ知識《ちしき》

武田軍《たけだぐん》と上杉軍《うえすぎぐん》の戦《たたか》いは「川中島《かわなかじま》の戦《たたか》い」といい、計《けい》５回《かい》おこなわれた。まんがに出《で》てくるのは第《だい》４次川中《じかわなか》島《じま》の戦《たたか》いで、もっとも激戦《げきせん》だった。

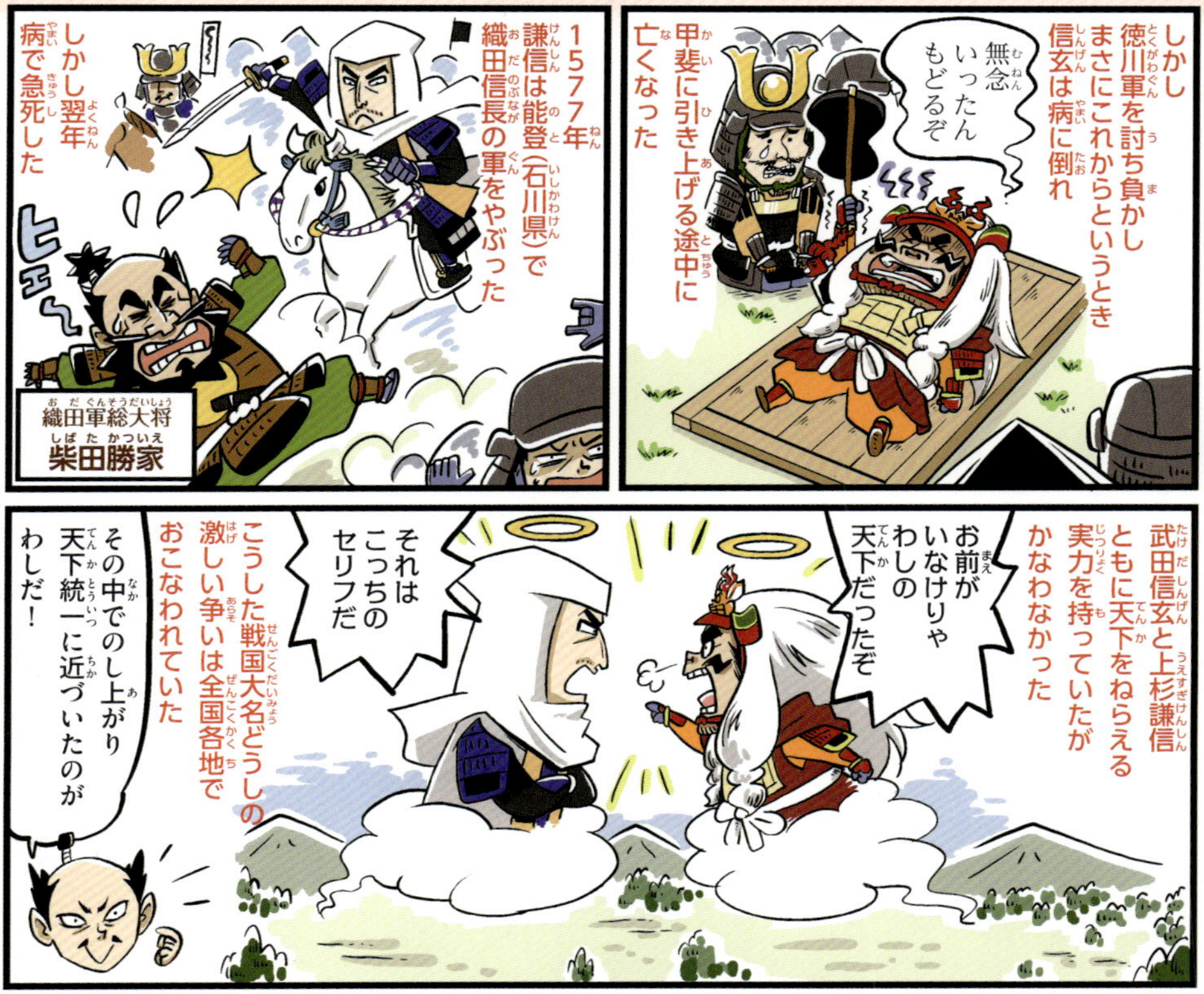
しかし
徳川軍《とくがわぐん》を討《う》ち負《ま》かし
まさにこれからというとき
信玄《しんげん》は病《やまい》に倒《たお》れ
甲斐《かい》に引《ひ》き上《あ》げる途中《とちゅう》に
亡《な》くなった
無念《むねん》
いったん
もどるぞ
1577年《ねん》
謙信《けんしん》は能登《のと》（石川県《いしかわけん》）で
織田信長《おだのぶなが》の軍《ぐん》をやぶった
しかし翌年《よくねん》
病《やまい》で急死《きゅうし》した
ヒェ〜
織田軍総大将《おだぐんそうだいしょう》
柴田勝家《しばたかついえ》
武田信玄《たけだしんげん》と上杉謙信《うえすぎけんしん》
ともに天下《てんか》をねらえる
実力《じつりょく》を持《も》っていたが
かなわなかった
お前《まえ》が いなけりゃ わしの 天下《てんか》だったぞ
それは こっちの セリフだ
こうした戦国大名《せんごくだいみょう》どうしの
激《はげ》しい争《あらそ》いは全国各地《ぜんこくかくち》で
おこなわれていた
その中《なか》でのし上《あ》がり 天下統一《てんかとういつ》に近《ちか》づいたのが わしだ！

人物《じんぶつ》カンケイ

信玄《しんげん》と謙信《けんしん》の本当《ほんとう》の関係《かんけい》は？

信玄《しんげん》と謙信《けんしん》は、川中島《かわなかじま》で5回《かい》にわたって戦《たたか》うなど、戦国大名《せんごくだいみょう》の中《なか》でも特《とく》に有名《ゆうめい》なライバルどうしだった。しかし、実《じつ》は信玄《しんげん》は謙信《けんしん》を信頼《しんらい》していたという。死《し》の直前《ちょくぜん》、信玄《しんげん》はあとつぎの勝頼《かつより》に「困《こま》ったときは謙信《けんしん》に頼《たよ》りなさい」と遺言《ゆいごん》している。

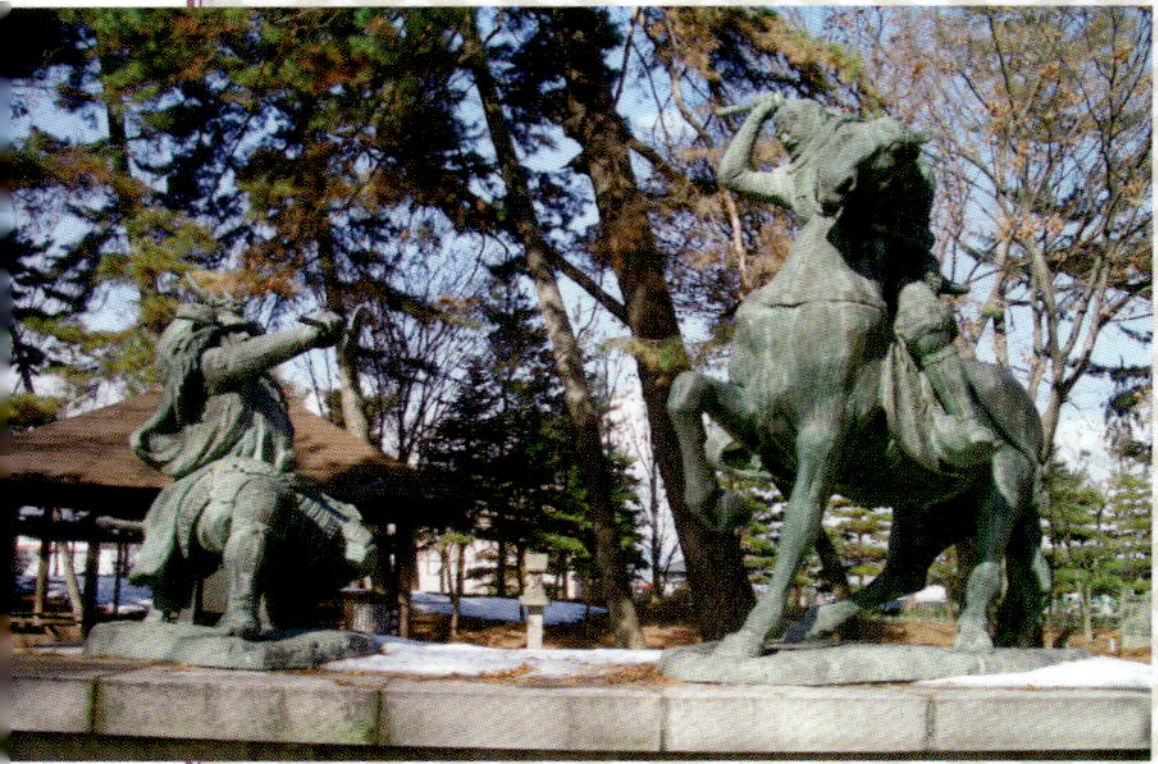

信玄《しんげん》・謙信《けんしん》の一騎討《いっきう》ちの銅像《どうぞう》（長野市《ながのし》の八幡社《はちまんしゃ》）。二人《ふたり》の強烈《きょうれつ》なライバル関係《かんけい》は、さまざまな形《かたち》で伝《つた》えられているが……。

写真提供：長野県観光機構

おもしろ知識《ちしき》

「謙信《けんしん》は実《じつ》は女性《じょせい》」という説《せつ》がある。死《し》ぬまで妻《つま》を持《も》たなかったことや、死因《しいん》が女性特有《じょせいとくゆう》の病気《びょうき》だったという説《せつ》から出《で》たうわさだが、確《たし》かな証拠《しょうこ》はない。

今《いま》川《がわ》義《よし》元《もと》

生没年《せいぼつねん》:1519〜1560年《ねん》　出身地《しゅっしんち》:駿河《するが》(静岡県《しずおかけん》)

戦国大名《せんごくだいみょう》。18歳《さい》で今川家《いまがわけ》をつぎ、駿河《するが》（静岡県中央部《しずおかけんちゅうおうぶ》）、遠江《とおとうみ》（静岡県西部《しずおかけんせいぶ》）をおさめ、松平広忠《まつだいらひろただ》（徳川家康《とくがわいえやす》の父《ちち》）がおさめていた三河《みかわ》（愛知県東部《あいちけんとうぶ》）も支配《しはい》します。

1560年《ねん》、織田信長《おだのぶなが》がおさめる尾張《おわり》（愛知県西部《あいちけんせいぶ》）に大軍《たいぐん》で攻《せ》めこみましたが、桶狭間《おけはざま》（愛知県《あいちけん》豊明市《とよあけし》）で休息《きゅうそく》していたときに奇襲《きしゅう》にあい、戦死《せんし》しました。

織田信長《おだのぶなが》との戦《たたか》いで
まさかの敗死《はいし》

今川義元《いまがわよしもと》がわかる！　3つのキーワード

❶ 政治力《せいじりょく》	優《すぐ》れた政治力《せいじりょく》で、東海地方《とうかいちほう》に大《おお》きな勢力《せいりょく》を築《きず》き上《あ》げた。
❷ 外交力《がいこうりょく》	武田信玄《たけだしんげん》、上杉謙信《うえすぎけんしん》などの有力大名《ゆうりょくだいみょう》とも対等《たいとう》に渡《わた》り合《あ》った。
❸ 過小評価《かしょうひょうか》	少数《しょうすう》の織田軍《おだぐん》に討《う》たれたため、評価《ひょうか》が低《ひく》く見《み》られることがある。

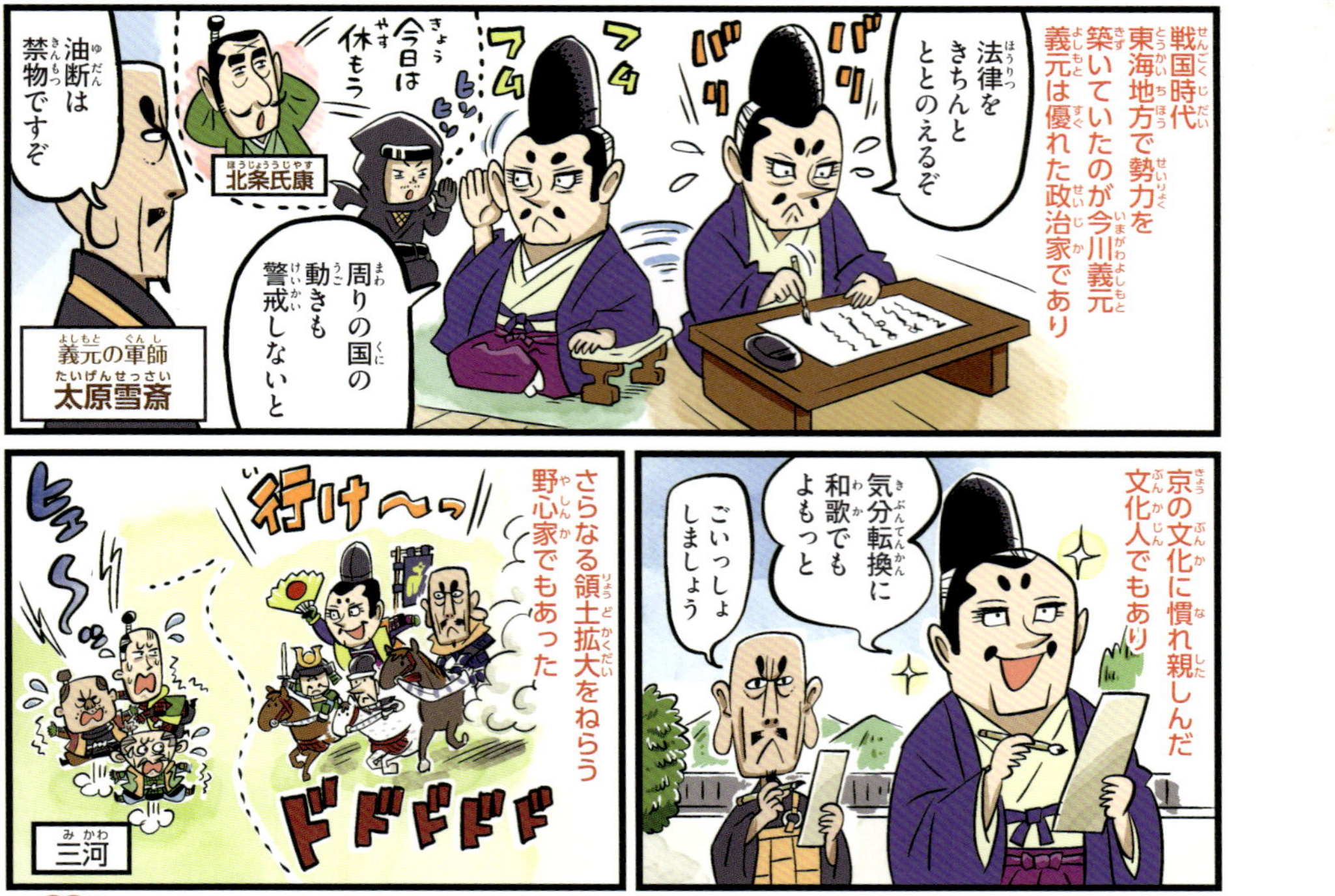
戦国時代《せんごくじだい》東海地方《とうかいちほう》で勢力《せいりょく》を築《きず》いていたのが今川義元《いまがわよしもと》
義元《よしもと》は優《すぐ》れた政治家《せいじか》であり
法律《ほうりつ》をきちんとととのえるぞ
バリバリ
フムフム
ヒソヒソ
今日《きょう》は休《やす》もう
北条氏康《ほうじょううじやす》
周《まわ》りの国《くに》の動《うご》きも警戒《けいかい》しないと
油断《ゆだん》は禁物《きんもつ》ですぞ
義元《よしもと》の軍師《ぐんし》
太原雪斎《たいげんせっさい》
京《きょう》の文化《ぶんか》に慣《な》れ親《した》しんだ文化人《ぶんかじん》でもあり
気分転換《きぶんてんかん》に和歌《わか》でもよもっと
ごいっしょしましょう
さらなる領土拡大《りょうどかくだい》をねらう野心家《やしんか》でもあった
行《い》け〜っ
ドドドドド
ヒュ〜
三河《みかわ》

おもしろ知識《ちしき》　義元《よしもと》は、お歯黒《はぐろ》(歯《は》を黒《くろ》く染《そ》めること)にするなど貴族風《きぞくふう》の生活《せいかつ》をたいへん好《この》んだ。一方《いっぽう》で、「海道一《かいどういち》の弓取《ゆみと》り」といわれた優《すぐ》れた戦国大名《せんごくだいみょう》だった。

1554年《ねん》 今川氏《いまがわし》 武田氏《たけだし》 北条氏《ほうじょうし》の三者間《さんしゃかん》で同盟《どうめい》が成立《せいりつ》した
甲斐《かい》
駿河《するが》
相模《さがみ》
これで上杉《うえすぎ》と戦《たたか》える
これで関東支配《かんとうしはい》に専念《せんねん》できる
これで西《にし》に兵力《へいりょく》を集中《しゅうちゅう》できる
ガク
雪斎《せっさい》
油断《ゆだん》は禁物《きんもつ》ですぞ
1560年《ねん》 義元《よしもと》の軍《ぐん》は尾張《おわり》に攻《せ》め入《い》った
余裕《よゆう》で勝《か》てるわ
ザッ
ザッ
ザッ
ザッ
今川軍《いまがわぐん》 2万5000
織田軍《おだぐん》 4000
桶狭間《おけはざま》
ザー
ザー
ひどい雨《あめ》じゃな 休憩《きゅうけい》じゃ
ワーワー
ん?
ズドドド
ウォォーッ
ドドド
わ!
信長軍《のぶながぐん》の奇襲《きしゅう》で義元《よしもと》は死亡《しぼう》 以後《いご》 今川家《いまがわけ》はおとろえる
エイ!
義元《よしもと》の死後《しご》 今川家《いまがわけ》にしたがっていた松平元康《まつだいらもとやす》(のちの徳川家康《とくがわいえやす》)が信長《のぶなが》と同盟《どうめい》を結《むす》んだ
独立《どくりつ》したぞ!
ガンバレ!

おもしろ知識《ちしき》 僧《そう》の太原雪斎《たいげんせっさい》は義元《よしもと》に学問《がくもん》を教《おし》える先生《せんせい》だった。義元《よしもと》を支《ささ》えて、政治《せいじ》、外交《がいこう》、軍事《ぐんじ》など多方面《たほうめん》で大《おお》きく貢献《こうけん》した。1555年《ねん》に死去《しきょ》したが、もし雪斎《せっさい》が生《い》きていたら今川家《いまがわけ》がおとろえることはなかったともいわれる。

天下《てんか》を統一《とういつ》するのはだれ!?

戦国大名《せんごくだいみょう》

野心《やしん》あふれる独眼竜《どくがんりゅう》

伊達政宗《だてまさむね》

戦国大名《せんこくだいみょう》

東北《とうほく》で勢力《せいりょく》を築《きず》く！

生没年《せいぼつねん》	1567～1636年《ねん》
出身地《しゅっしんち》	出羽《でわ》（山形県《やまがたけん》）
敗《やぶ》れた相手《あいて》	豊臣秀吉《とよとみひでよし》 ※戦《たたか》わずに降参《こうさん》
死因《しいん》	病死《びょうし》（70歳《さい》）

小《ち》さいころに病気《びょうき》で右目《みぎめ》の視力《しりょく》を失《うしな》いましたが、勇敢《ゆうかん》な心《こころ》の持《も》ち主《ぬし》で戦上手《いくさじょうず》でもあった政宗《まさむね》は、東北《とうほく》で勢力《せいりょく》をのばし、「独眼竜《どくがんりゅう》（一《ひと》つ目《め》の竜《りゅう》）」と呼《よ》ばれ恐《おそ》れられました。

豊臣秀吉《とよとみひでよし》に降参《こうさん》する際《さい》、死《し》ぬ覚悟《かくご》を示《しめ》すため死装束姿《しにしょうぞくすがた》で秀吉《ひでよし》に会見《かいけん》して、ゆるされたエピソードが有名《ゆうめい》です。

文武《ぶんぶ》に優《すぐ》れた関東《かんとう》の覇者《はしゃ》

北条氏康《ほうじょううじやす》

戦国大名《せんこくだいみょう》

関東《かんとう》で勢力《せいりょく》を築《きず》く！

生没年《せいぼつねん》	1515～1571年《ねん》
出身地《しゅっしんち》	相模《さがみ》（神奈川県《かながわけん》）
敗《やぶ》れた相手《あいて》	― ※死後《しご》、北条家《ほうじょうけ》は豊臣《とよとみ》秀吉《ひでよし》に敗《やぶ》れてほろびた
死因《しいん》	病死《びょうし》（57歳《さい》）

軍事《ぐんじ》の才能《さいのう》に優《すぐ》れた氏康《うじやす》は、激《はげ》しい戦《たたか》いを制《せい》して関東《かんとう》の大部分《だいぶぶん》を支配《しはい》しただけでなく、さまざまな制度《せいど》や法律《ほうりつ》を整備《せいび》するなど高《たか》い政治能力《せいじのうりょく》も発揮《はっき》。状況《じょうきょう》に応《おう》じて今川氏《いまがわし》や武田氏《たけだし》と同盟《どうめい》を結《むす》ぶなど、外交能力《がいこうのうりょく》にも確《たし》かなものがありました。

また、学問《がくもん》にも熱心《ねっしん》で、和歌《わか》の腕前《うでまえ》もなかなかのものでした。

上杉謙信《うえすぎけんしん》
(→P110)
最上義光《もがみよしあき》

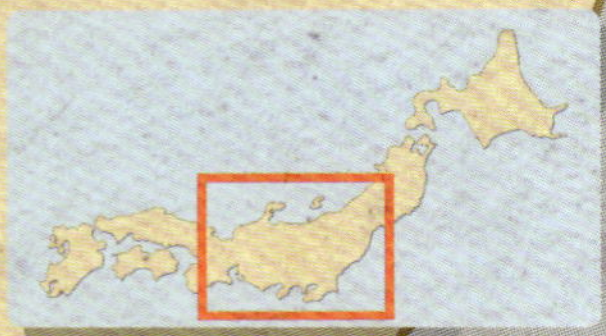

勢力《せいりょく》を広《ひろ》げる戦国大名《せんごくだいみょう》たち

室町時代後期《むろまちじだいこうき》になると室町幕府《むろまちばくふ》の力《ちから》はおとろえ、各地《かくち》の戦国大名《せんごくだいみょう》が競《きそ》い合《あ》って勢力《せいりょく》を広《ひろ》げました。

戦国大名《せんごくだいみょう》には、戦《たたか》いの才能《さいのう》はもちろん、支配《しはい》地域《ちいき》をきちんとおさめたり、ほかの大名《だいみょう》と交渉《こうしょう》したりする能力《のうりょく》も求《もと》められました。

主《おも》に東海地方《とうかいちほう》を拠点《きょてん》にした戦国大名《せんごくだいみょう》の中《なか》には、天下統一《てんかとういつ》を望《のぞ》むものも登場《とうじょう》していきます。

ぐずぐずしているうちに……

朝倉義景《あさくらよしかげ》 戦国大名《せんごくだいみょう》

生没年《せいぼつねん》	1533～1573年《ねん》
出身地《しゅっしんち》	越前《えちぜん》（福井県《ふくいけん》）
敗《やぶ》れた相手《あいて》	織田信長《おだのぶなが》
死因《しいん》	自害《じがい》（41歳《さい》）

北陸《ほくりく》で勢力《せいりょく》を築《きず》く！

　戦《いくさ》よりも、芸術《げいじゅつ》に熱心《ねっしん》だった戦《せん》国大名《ごくだいみょう》。義景《よしかげ》を頼《たよ》って越前《えちぜん》にやって来《き》た足利義昭《あしかがよしあき》（のちの室町幕府《むろまちばくふ》15代将軍《だいしょうぐん》）から、おとろえた幕府《ばくふ》を立《た》て直《なお》すため、兵《へい》をつれて上洛《じょうらく》（京都《きょうと》へ行《い》くこと）するよう求《もと》められましたが応《おう》じませんでした。

　その後《ご》、義昭《よしあき》の上洛《じょうらく》を助《たす》けて勢《せい》力《りょく》を築《きず》いた織田信長《おだのぶなが》と戦《たたか》い、敗北《はいぼく》。

織田信長《おだのぶなが》
（→P120）
斎藤道三《さいとうどうさん》

武田信玄《たけだしんげん》
（→P110）

義兄《ぎけい》の信長《のぶなが》と激突《げきとつ》

浅井長政《あざいながまさ》 戦国大名《せんごくだいみょう》

生没年《せいぼつねん》	1545～1573年《ねん》
出身地《しゅっしんち》	近江《おうみ》（滋賀県《しがけん》）
敗《やぶ》れた相手《あいて》	織田信長《おだのぶなが》
死因《しいん》	自害《じがい》（29歳《さい》）

近畿《きんき》で勢力《せいりょく》を築《きず》く！

　織田信長《おだのぶなが》と同盟《どうめい》を結《むす》び、信長《のぶなが》の妹《いもうと》である市《いち》を妻《つま》にしましたが、その後《ご》、信《のぶ》長《なが》と敵対《てきたい》。朝倉義景《あさくらよしかげ》と組《く》んで信長《のぶなが》と戦《たたか》いましたが、敗《やぶ》れました。

　のちに、市《いち》との間《あいだ》に生《う》まれた長女《ちょうじょ》の茶々《ちゃちゃ》（淀殿《よどどの》）が豊臣秀吉《とよとみひでよし》の妻《つま》に、三女《さんじょ》の江《ごう》が徳川秀忠《とくがわひでただ》（江戸幕《えどばく》府《ふ》2代将軍《だいしょうぐん》）の妻《つま》になっています。

徳川家康《とくがわいえやす》
（→P138）

今川義元《いまがわよしもと》
（→P114）

関西《かんさい》地方《ちほう》の勢力争《せいりょくあらそ》い

関西《かんさい》でも、数多《かずおお》くの戦国大名《せんごくだいみょう》が活躍《かつやく》しました。激《はげ》しい戦《たたか》いがくり広《ひろ》げられた結果《けっか》、中国《ちゅうごく》地方《ちほう》、四国《しこく》地方《ちほう》、九州《きゅうしゅう》地方《ちほう》のそれぞれを統一《とういつ》する戦国大名《せんごくだいみょう》が登場《とうじょう》します。

しかし、いずれも天下《てんか》をねらうところまではいかず、最終的《さいしゅうてき》に豊臣秀吉《とよとみひでよし》（→P124）の支配下《しはいか》に入《はい》ることになりました。

戦国《せんごく》きっての知性派《ちせいは》

毛利元就《もうりもとなり》

戦国大名《せんごくだいみょう》

生没年《せいぼつねん》	1497～1571年《ねん》
出身地《しゅっしんち》	安芸《あき》（広島県《ひろしまけん》）
敗《やぶ》れた相手《あいて》	― ※死後《しご》、毛利家《もうりけ》は豊臣《とよとみ》秀吉《ひでよし》に降参《こうさん》した
死因《しいん》	病死《びょうし》（75歳《さい》）

中国《ちゅうごく》で勢力《せいりょく》を築《きず》く！

周辺《しゅうへん》を力《ちから》のある戦国大名《せんごくだいみょう》にはさまれ、わずかな領地《りょうち》しかない毛利家《もうりけ》は苦《くる》しい立場《たちば》に置《お》かれていました。

そんな中《なか》、元就《もとなり》は計略《けいりゃく》（はかりごと）や優《すぐ》れた外交能力《がいこうのうりょく》を武器《ぶき》に勢力《せいりょく》を拡大《かくだい》します。中《ちゅう》国地方《ごくちほう》の有力《ゆうりょく》な大名《だいみょう》たちを倒《たお》して、中国地方全域《ちゅうごくちほうぜんいき》をほぼ支配《しはい》する戦《せん》国大名《ごくだいみょう》へとのし上《あ》がっていきました。

三好長慶《みよしながよし》

「姫若子《ひめわこ》」から四国《しこく》の雄《ゆう》に

長宗我部元親《ちょうそかべもとちか》

戦国大名《せんごくだいみょう》

生没年《せいぼつねん》	1539～1599年《ねん》
出身地《しゅっしんち》	土佐《とさ》（高知県《こうちけん》）
敗《やぶ》れた相手《あいて》	豊臣秀吉《とよとみひでよし》
死因《しいん》	病死《びょうし》（61歳《さい》）

四国《しこく》で勢力《せいりょく》を築《きず》く！

少年《しょうねん》のころは色白《いろじろ》で弱々《よわよわ》しかったため、「姫若子《ひめわこ》」と呼《よ》ばれからかわれていましたが、たくましく成長《せいちょう》し、家《いえ》をついだあとは土佐《とさ》を中心《ちゅうしん》に領地《りょうち》を拡大《かくだい》していきました。

1585年《ねん》に四国全土《しこくぜんど》を統一《とういつ》しましたが、その後《ご》すぐ豊臣秀吉《とよとみひでよし》の大軍《たいぐん》に攻《せ》められ、降参《こうさん》しています。

有力《ゆうりょく》なキリシタン大名《だいみょう》

大友宗麟《おおともそうりん》

戦国大名《せんごくだいみょう》

生没年《せいぼつねん》	1530～1587年《ねん》
出身地《しゅっしんち》	豊後《ぶんご》（大分県《おおいたけん》）
敗《やぶ》れた相手《あいて》	豊臣秀吉《とよとみひでよし》 ※戦《たたか》わずに降参《こうさん》
死因《しいん》	病死《びょうし》（58歳《さい》）

九州《きゅうしゅう》で
勢力《せいりょく》を築《きず》く！

キリスト教《きょう》を保護《ほご》し、キリスト教《きょう》に入信《にゅうしん》したキリシタン大名《だいみょう》です。キリスト教《きょう》の保護《ほご》は、西洋《せいよう》の国《くに》との貿易《ぼうえき》をスムーズにおこない、文《ぶん》化《か》や武器《ぶき》を導入《どうにゅう》するためでもありました。

1586年《ねん》、敵対《てきたい》する島津氏《しまづし》に対抗《たいこう》できなくなったため、豊臣秀《とよとみひで》吉《よし》に助《たす》けを求《もと》め、その支配下《しはいか》に入《はい》りました。

竜造寺隆信《りゅうぞうじたかのぶ》

全員《ぜんいん》ワシに
負《ま》けた
やつらじゃ

兄弟《きょうだい》で天下《てんか》をねらう

島津義久《しまづよしひさ》

戦国大名《せんごくだいみょう》

生没　年	1533～1611年《ねん》
出身地《しゅっしんち》	薩摩《さつま》（鹿児島県《かごしまけん》）
敗《やぶ》れた相手《あいて》	豊臣秀吉《とよとみひでよし》
死因《しいん》	病死《びょうし》（79歳《さい》）

九州《きゅうしゅう》で
勢力《せいりょく》を築《きず》く！

九州南部《きゅうしゅうなんぶ》を支配《しはい》した島津貴久《しまづたかひさ》の長男《ちょうなん》で、34歳《さい》のときに家《いえ》をつぎました。

統率力《とうそつりょく》（多《おお》くの人《ひと》をまとめてひきいる能《のう》力《りょく》）に優《すぐ》れた義久《よしひさ》は、優秀《ゆうしゅう》な弟《おとうと》たちの力《ちから》を借《か》りながら勢力《せいりょく》を伸《の》ばし、ついには九州《きゅうしゅう》のほぼ全《ぜん》域《いき》を支配《しはい》するまでになりましたが、豊臣秀吉《とよとみひでよし》に攻《せ》められ、降参《こうさん》しました。

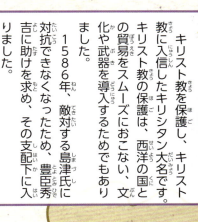

織田信長《おだのぶなが》

生没年《せいぼつねん》:1534～1582年《ねん》　出身地《しゅっしんち》:尾張《おわり》（愛知県《あいちけん》）

天下《てんか》を目前《もくぜん》にして「本能寺《ほんのうじ》の変《へん》」で散《ち》る

戦国大名《せんごくだいみょう》。尾張《おわり》（愛知県《あいちけん》）の大名《だいみょう》でしたが、今川義元《いまがわよしもと》など強敵《きょうてき》を倒《たお》して勢力《せいりょく》を拡大《かくだい》。さらには室町幕府《むろまちばくふ》をほろぼし、天下統一《てんかとういつ》に向《む》けて突《つ》き進《すす》みます。

だれでも自由《じゆう》に商売《しょうばい》ができる楽市《らくいち》・楽座《らくざ》、キリスト教《きょう》の保護《ほご》など、古《ふる》い形式《けいしき》にとらわれない政策《せいさく》を打《う》ち出《だ》しましたが、家臣《かしん》の明智光秀《あけちみつひで》におそわれ自害《じがい》しました。

織田信長《おだのぶなが》がわかる！　3つのキーワード

❶ 天下《てんか》は目前《もくぜん》	天下《てんか》を統一《とういつ》する目前《もくぜん》に、家臣《かしん》の裏切《うらぎ》りによって命《いのち》を落《お》とした。
❷ 実力主義《じつりょくしゅぎ》	古《ふる》いしきたりを無視《むし》し、身分《みぶん》を問《と》わず、実力《じつりょく》のある人物《じんぶつ》を取《と》り立《た》てた。
❸ 南蛮文化《なんばんぶんか》	西洋《せいよう》の文化《ぶんか》に興味《きょうみ》をもち、マントや帽子《ぼうし》を身《み》に着《つ》けることもあった。

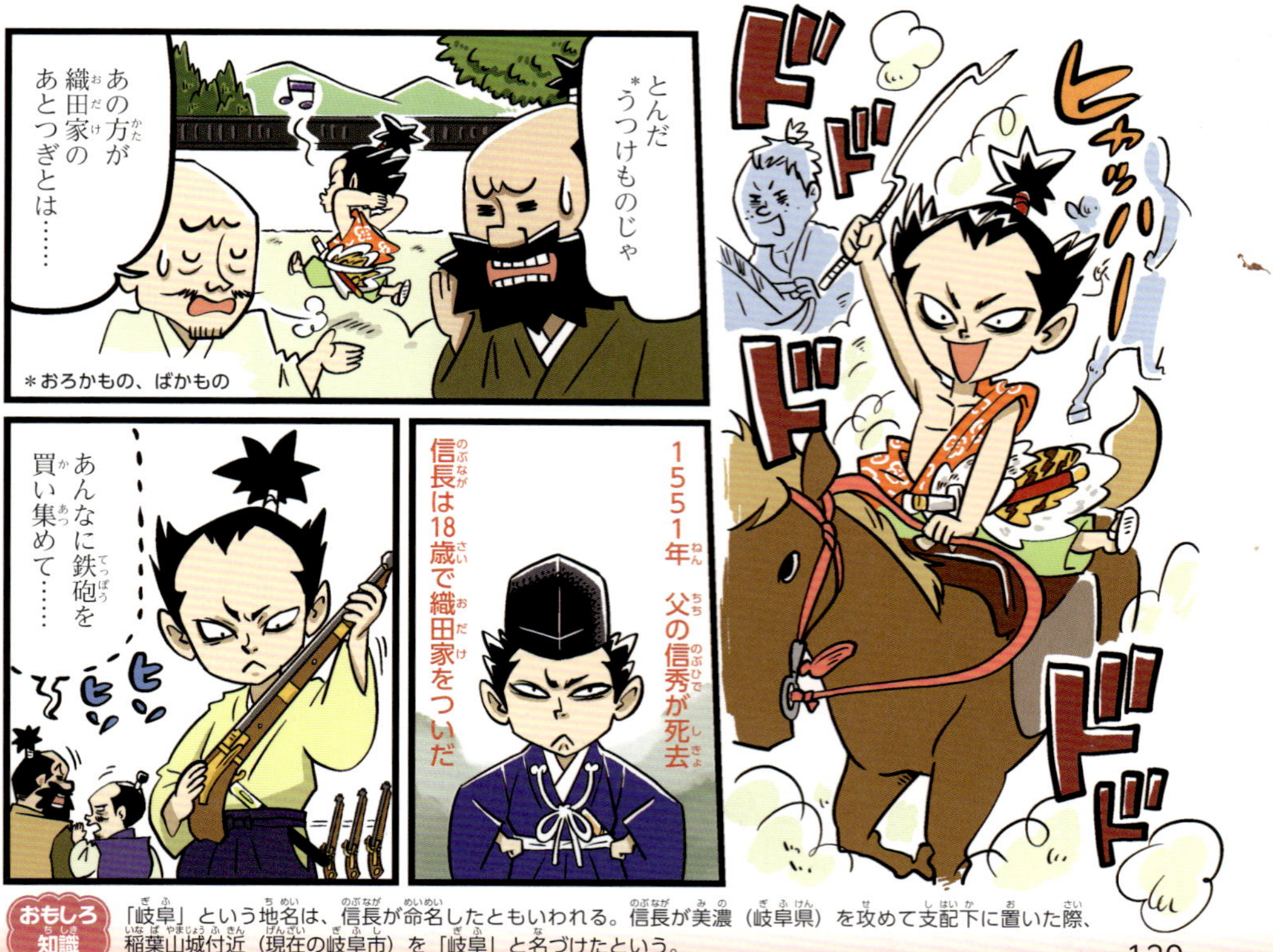
ド
ド
ド
ヒャッハー
ドド
とんだ*うつけものじゃ
あの方《かた》が織田家《おだけ》のあとつぎとは……
*おろかもの、ばかもの
1551年《ねん》　父《ちち》の信秀《のぶひで》が死去《しきょ》
信長《のぶなが》は18歳《さい》で織田家《おだけ》をついだ
あんなに鉄砲《てっぽう》を買《か》い集《あつ》めて……
ヒ
ヒ

おもしろ知識《ちしき》　「岐阜《ぎふ》」という地名《ちめい》は、信長《のぶなが》が命名《めいめい》したともいわれる。信長《のぶなが》が美濃《みの》（岐阜県《ぎふけん》）を攻《せ》めて支配下《しはいか》に置《お》いた際《さい》、稲葉山城《いなばやまじょう》付近《ふきん》（現在《げんざい》の岐阜市《ぎふし》）を「岐阜《ぎふ》」と名《な》づけたという。

信長《のぶなが》は当時《とうじ》まで
一般的《いっぱんてき》では
なかった鉄砲《てっぽう》を
戦《いくさ》に利用《りよう》した
1560年《ねん》
強敵《きょうてき》 今川義元《いまがわよしもと》に勝利《しょうり》
桶狭間《おけはざま》の戦《たたか》い
ヨシ！
その後《ご》も勢力《せいりょく》を拡大《かくだい》
やがて「天下布武《てんかふぶ》」の
印《いん》を使《つか》いはじめ
敵対勢力《てきたいせいりょく》を倒《たお》していった
「武力《ぶりょく》で天下《てんか》を
おさめる」という
意味《いみ》じゃ
うつけ
どころか
とんでもない
殿様《とのさま》じゃった
浅井家《あざいけ》・朝倉家《あさくらけ》の連合軍《れんごうぐん》をやぶり
姉川《あねがわ》の戦《たたか》い
協力《きょうりょく》
ありがとうな
ワー
ワー
信長《のぶなが》の同盟相手《どうめいあいて》
徳川家康《とくがわいえやす》
比叡山《ひえいざん》の延暦寺《えんりゃくじ》を焼《や》きはらい
比叡山焼《ひえいざんや》き討《う》ち
ワハハ
わしに逆《さか》らうものは
すべて殺《ころ》すまでじゃ
そして
最大《さいだい》の敵《てき》
武田信玄《たけだしんげん》が病死《びょうし》
ホッ
いちばんの
要注意人物《ようちゅういじんぶつ》が
死《し》んでくれたか
1573年《ねん》
室町幕府《むろまちばくふ》15代将軍《だいしょうぐん》の足利義昭《あしかがよしあき》を
京都《きょうと》から追放《ついほう》
室町幕府《むろまちばくふ》は滅亡《めつぼう》した
ドカッ
ヒー
1575年《ねん》
徳川家康《とくがわいえやす》とともに
信玄《しんげん》の子《こ》の武田勝頼《たけだかつより》の軍《ぐん》と対決《たいけつ》
長篠《ながしの》の戦《たたか》い
戦国最強《せんごくさいきょう》
武田《たけだ》の騎馬隊《きばたい》
ダダダー
ドドド
ドドドド

おもしろ知識《ちしき》

当時《とうじ》の武家《ぶけ》の女性《じょせい》の多《おお》くは、政治的《せいじてき》な理由《りゆう》で結婚《けっこん》させられた。信長《のぶなが》の妹《いもうと》の市《いち》も、戦国大名《せんごくだいみょう》の浅井長政《あざいながまさ》と結《けっ》婚《こん》した。信長《のぶなが》が浅井家《あざいけ》をほろぼすと、織田家《おだけ》の重臣《じゅうしん》である柴田勝家《しばたかついえ》と再婚《さいこん》した。

織田軍《おだぐん》の鉄砲隊《てっぽうたい》の活躍《かつやく》で
織田《おだ》・徳川連合軍《とくがわれんごうぐん》の大勝利《だいしょうり》に終《お》わった
ワハハ
1579年《ねん》
近江《おうみ》（滋賀県《しがけん》）の安土《あづち》に巨大《きょだい》な城《しろ》が完成《かんせい》
どーん
信長《のぶなが》はだれもが自由《じゆう》に
商売《しょうばい》をおこなえるようにした（楽市《らくいち》・楽座《らくざ》）
そのため城下町《じょうかまち》はたいへんにぎわった
ワイワイ
ワイワイ
各地《かくち》にある関所《せきしょ》もへらそう
商品《しょうひん》の移動《いどう》が
スムーズになって
より商業《しょうぎょう》が発展《はってん》するはずだ
仏教勢力《ぶっきょうせいりょく》に対抗《たいこう》するため　ヨーロッパから
伝《つた》わったキリスト教《きょう》の保護《ほご》もおこなった
*南蛮寺《なんばんじ》を
建《た》てるのも
ゆるしてやろう
アリガトウ
ゴザイマス…
*当時《とうじ》のキリスト教《きょう》の教会《きょうかい》
そしてキリスト教《きょう》の保護《ほご》は
ヨーロッパとの貿易《ぼうえき》（南蛮貿易《なんばんぼうえき》）を活発《かっぱつ》にし
ヨーロッパの品物《しなもの》・文化《ぶんか》・知識《ちしき》などを
日本《にほん》にもたらした
ふむ
地球《ちきゅう》は
丸《まる》いのか

おもしろ知識《ちしき》　宣教師《せんきょうし》（キリスト教《きょう》を外国《がいこく》に広《ひろ》める人《ひと》）のルイス・フロイスは、信長《のぶなが》について「背《せ》は中《ちゅう》くらいで、体《からだ》は細《ほそ》く、ひげは少《すく》ない」「神仏《しんぶつ》、占《うらな》い、迷信《めいしん》などをまったく信《しん》じない」などと記録《きろく》している。

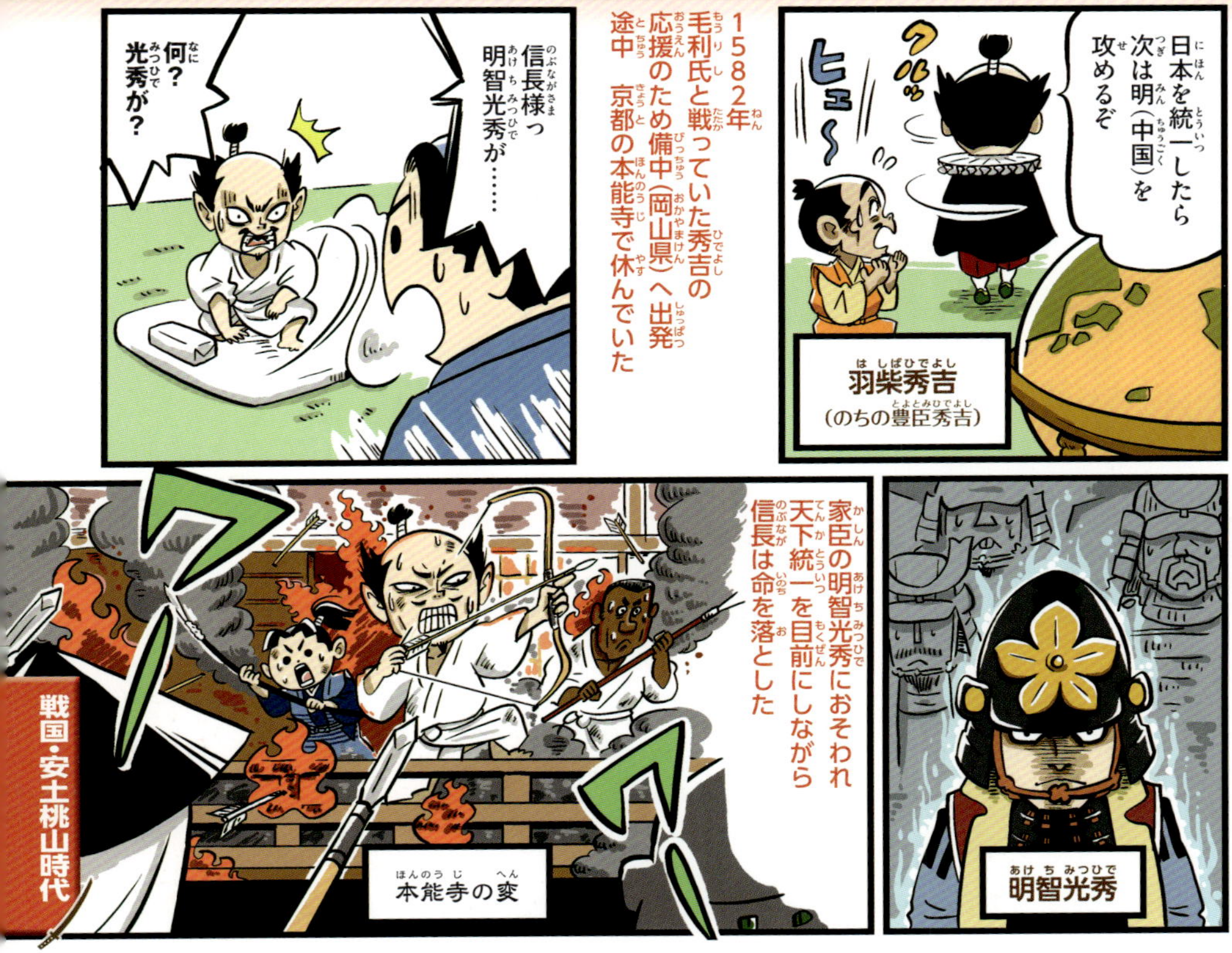
日本《にほん》を統一《とういつ》したら次《つぎ》は明《みん》(中国《ちゅうごく》)を攻《せ》めるぞ
クルッ
ヒュ～
羽柴秀吉《はしばひでよし》
(のちの豊臣秀吉《とよとみひでよし》)
1582年《ねん》 毛利氏《もうりし》と戦《たたか》っていた秀吉《ひでよし》の応援《おうえん》のため備中《びっちゅう》(岡山県《おかやまけん》)へ出発《しゅっぱつ》途中《とちゅう》 京都《きょうと》の本能寺《ほんのうじ》で休《やす》んでいた
信長様《のぶながさま》っ明智光秀《あけちみつひで》が……
何《なに》? 光秀《みつひで》が?
明智光秀《あけちみつひで》
家臣《かしん》の明智光秀《あけちみつひで》におそわれ天下統一《てんかとういつ》を目前《もくぜん》にしながら信長《のぶなが》は命《いのち》を落《お》とした
本能寺《ほんのうじ》の変《へん》

歴史《れきし》ミステリー

なぜ光秀《みつひで》は信長《のぶなが》を殺《ころ》したのか?

光秀《みつひで》が主君《しゅくん》である信長《のぶなが》を殺害《さつがい》した理由《りゆう》は、はっきりとはわかっていない。光秀《みつひで》は以前《いぜん》から天下《てんか》をねらっていたという「野望説《やぼうせつ》」、信長《のぶなが》にひどい仕打《しう》ちを受《う》けうらんでいたという「うらみ説《せつ》」などが考《かんが》えられる。

そのほか、朝廷《ちょうてい》、足利義昭《あしかがよしあき》、豊臣秀吉《とよとみひでよし》、徳川家康《とくがわいえやす》などが、信長《のぶなが》を殺《ころ》すよう光秀《みつひで》を仕《し》向《む》けたとの説《せつ》もあるが、理由《りゆう》は不明《ふめい》だ。

豊臣秀吉《とよとみひでよし》
徳川家康《とくがわいえやす》
この中《なか》に、信長殺害《のぶながさつがい》の真《しん》の黒幕《くろまく》がいるのかもしれない!?
足利義昭《あしかがよしあき》

おもしろ知識《ちしき》 焼《や》け落《お》ちた本能寺《ほんのうじ》の中《なか》から、信長《のぶなが》の死体《したい》は見《み》つからなかった。光秀《みつひで》に味方《みかた》する大名《だいみょう》が少《すく》なかったのは、「信長《のぶなが》はまだ生《い》きているのかも」と大名《だいみょう》たちが考《かんが》えたからとの説《せつ》もある。

武将《ぶしょう》

豊臣秀吉《とよとみひでよし》

生没年《せいぼつねん》:1537〜1598年《ねん》　出身地《しゅっしんち》:尾張《おわり》(愛知県《あいちけん》)

安土桃山時代《あづちももやまじだい》の武将《ぶしょう》。貧《まず》しい農《のう》家《か》の出身《しゅっしん》でしたが、織田信長《おだのぶなが》に仕《つか》えて戦《いくさ》で数々《かずかず》の手柄《てがら》をあげ、重臣《じゅうしん》の一人《ひとり》となるまで出世《しゅっせ》しました。

本能寺《ほんのうじ》の変《へん》で信長《のぶなが》が死亡《しぼう》すると、敵対《てきたい》する勢力《せいりょく》を次々《つぎつぎ》とやぶり、天《てん》下《か》を統一《とういつ》。その後《ご》、明《みん》（中国《ちゅうごく》）を征服《せいふく》するため朝鮮《ちょうせん》に兵《へい》を出《だ》しましたが、思《おも》うような成果《せいか》をあげられないまま死去《しきょ》しました。

農民《のうみん》の子《こ》から
天下人《てんかびと》へ大出世《だいしゅっせ》

豊臣秀吉《とよとみひでよし》がわかる！ 3つのキーワード

❶ 天下統一《てんかとういつ》	信長《のぶなが》がはたせなかった天下統一《てんかとういつ》を成《な》しとげ、大《おお》きな権力《けんりょく》を持《も》った。
❷ 兵農分離《へいのうぶんり》	太閤検地《たいこうけんち》や刀狩《かたなが》りをおこない、武士《ぶし》と農民《のうみん》の身分《みぶん》のちがいを明確《めいかく》にした。
❸ 人《ひと》たらし	明《あか》るい人《ひと》がらで人《ひと》をひきつける魅力《みりょく》があったが、老《お》いてからは……。

貧《まず》しい農家《のうか》の家《いえ》に生《う》まれた秀吉《ひでよし》は
絶対《ぜったい》えらくなってやる
家《いえ》を飛《と》び出《だ》しやがて織田信長《おだのぶなが》に仕《つか》えた
ん？ ぞうりがあたたかい
ふところであたためておきました
がはは おもしろいやつだ
信長《のぶなが》に気《き》に入《い》られた秀吉《ひでよし》はどんどん出世《しゅっせ》していった

おもしろ知識《ちしき》 当時《とうじ》の武将《ぶしょう》はひげをたくわえるのが一般的《いっぱんてき》だった。しかし、秀吉《ひでよし》はひげがうすかったため、つけひげでごまかしていたという。

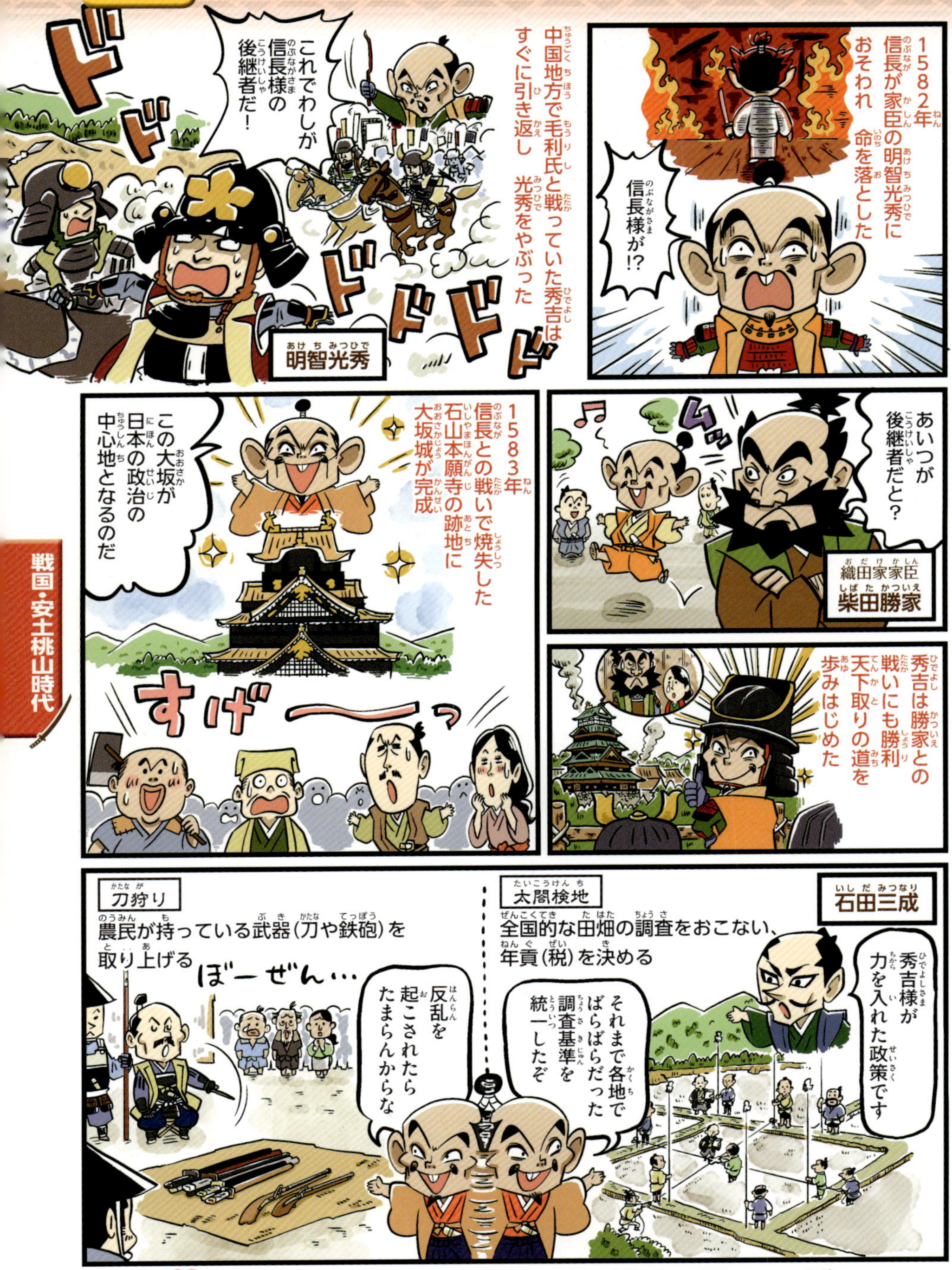
1582年《ねん》
信長《のぶなが》が家臣《かしん》の明智光秀《あけちみつひで》に
おそわれ　命《いのち》を落《お》とした
信長様《のぶながさま》が!?
中国地方《ちゅうごくちほう》で毛利氏《もうりし》と戦《たたか》っていた秀吉《ひでよし》は
すぐに引《ひ》き返《かえ》し　光秀《みつひで》をやぶった
これでわしが
信長様《のぶながさま》の
後継者《こうけいしゃ》だ!
ドドド
ドドドド
明智光秀《あけちみつひで》
あいつが
後継者《こうけいしゃ》だと?
ムッ
織田家家臣《おだけかしん》
柴田勝家《しばたかついえ》
秀吉《ひでよし》は勝家《かついえ》との
戦《たたか》いにも勝利《しょうり》
天下取《てんかと》りの道《みち》を
歩《あゆ》みはじめた
1583年《ねん》
信長《のぶなが》との戦《たたか》いで焼失《しょうしつ》した
石山本願寺《いしやまほんがんじ》の跡地《あとち》に
大坂城《おおさかじょう》が完成《かんせい》
この大坂《おおさか》が
日本《にほん》の政治《せいじ》の
中心地《ちゅうしんち》となるのだ
すげ――っ
刀狩《かたなが》り
農民《のうみん》が持《も》っている武器《ぶき》(刀《かたな》や鉄砲《てっぽう》)を
取《と》り上《あ》げる
ぼーぜん…
反乱《はんらん》を
起《お》こされたら
たまらんからな
太閤検地《たいこうけんち》
全国的《ぜんこくてき》な田畑《たはた》の調査《ちょうさ》をおこない、
年貢《ねんぐ》(税《ぜい》)を決《き》める
それまで各地《かくち》で
ばらばらだった
調査基準《ちょうさきじゅん》を
統一《とういつ》したぞ
石田三成《いしだみつなり》
秀吉様《ひでよしさま》が
力《ちから》を入《い》れた政策《せいさく》です

おもしろ知識《ちしき》　秀吉《ひでよし》の刀狩《かたなが》りには、農民《のうみん》と武士《ぶし》を明確《めいかく》に区別《くべつ》して武士《ぶし》の支配《しはい》を固《かた》める目的《もくてき》もあった。抵抗《ていこう》をさけるため、没収《ぼっしゅう》した武器《ぶき》を仏像《ぶつぞう》の材料《ざいりょう》にするという理由《りゆう》でおこなわれた。

1584年《ねん》
最大《さいだい》のライバル
徳川家康《とくがわいえやす》と激突《げきとつ》
小牧《こまき》・長久手《ながくて》の戦《たたか》い
徳川家康《とくがわいえやす》
うーむさすが家康《いえやす》
手《て》ごわいな……
いったん戦《たたか》いをやめて
家康《いえやす》の仲間《なかま》を
支配下《しはいか》に入《い》れるぞ
えっ
そして1586年《ねん》
さすが秀吉様《ひでよしさま》！
ついに家康《いえやす》も
わしにしたがったぞ
1590年《ねん》
最後《さいご》まで抵抗《ていこう》していた
関東《かんとう》の北条氏《ほうじょうし》をほろぼし
ついに全国《ぜんこく》を統一《とういつ》した
次《つぎ》は朝鮮《ちょうせん》をしたがわせ
明《みん》（中国《ちゅうごく》）に攻《せ》めこむぞ
信長様《のぶながさま》 見《み》ていてください
1592年《ねん》
秀吉《ひでよし》は大軍《たいぐん》を
朝鮮《ちょうせん》へ送《おく》ったが
反撃《はんげき》され
兵《へい》を引《ひ》き上《あ》げた
ひえ〜
朝鮮水軍指揮官《ちょうせんすいぐんしきかん》
李舜臣《イスンシン》
わしももう年《とし》じゃ
幼《おさな》い秀頼《ひでより》を支《ささ》える
体制《たいせい》を
今《いま》のうちに作《つく》ったぞ
秀頼《ひでより》
老衆《おとなしゅう》
われら力《ちから》のある大名《だいみょう》たちが
秀頼様《ひでよりさま》をお支《ささ》えします
小早川隆景《こばやかわたかかげ》
毛利輝元《もうりてるもと》
上杉景勝《うえすぎかげかつ》
宇喜多秀家《うきたひでいえ》
前田利家《まえだとしいえ》
徳川家康《とくがわいえやす》
五奉行《ごぶぎょう》
政治上《せいじじょう》の
さまざまな仕事《しごと》は
責任《せきにん》をもって
われらが担当《たんとう》します
長束正家《なつかまさいえ》
前田玄以《まえだげんい》
浅野長政《あさのながまさ》
増田長盛《ましたながもり》
石田三成《いしだみつなり》

おもしろ知識《ちしき》
秀吉《ひでよし》は北条氏《ほうじょうし》をほろぼしたあと、東海地方《とうかいちほう》をおさめていた家康《いえやす》に関東《かんとう》への領地替《りょうちが》えを命令《めいれい》。家康《いえやす》を権力《けんりょく》の中心《ちゅうしん》の大坂《おおさか》から遠《とお》ざけたが、逆《ぎゃく》に家康《いえやす》が、江戸《えど》を拠点《きょてん》にいっそう力《ちから》をつける結果《けっか》になった。

人物《じんぶつ》カンケイ

秀吉《ひでよし》は信長《のぶなが》や家康《いえやす》の親戚《しんせき》？

秀吉《ひでよし》の息子《むすこ》、秀頼《ひでより》の母方《ははかた》の祖母《そぼ》は、織田信長《おだのぶなが》の妹《いもうと》。また秀吉《ひでよし》の死後《しご》、秀頼《ひでより》が結婚《けっこん》した千姫《せんひめ》は、徳川家康《とくがわいえやす》の孫《まご》だった。

だがのちに秀頼《ひでより》は、この義理《ぎり》の祖父《そふ》である家康《いえやす》に攻《せ》められ自害《じがい》し、豊臣家《とよとみけ》は滅亡《めつぼう》する。

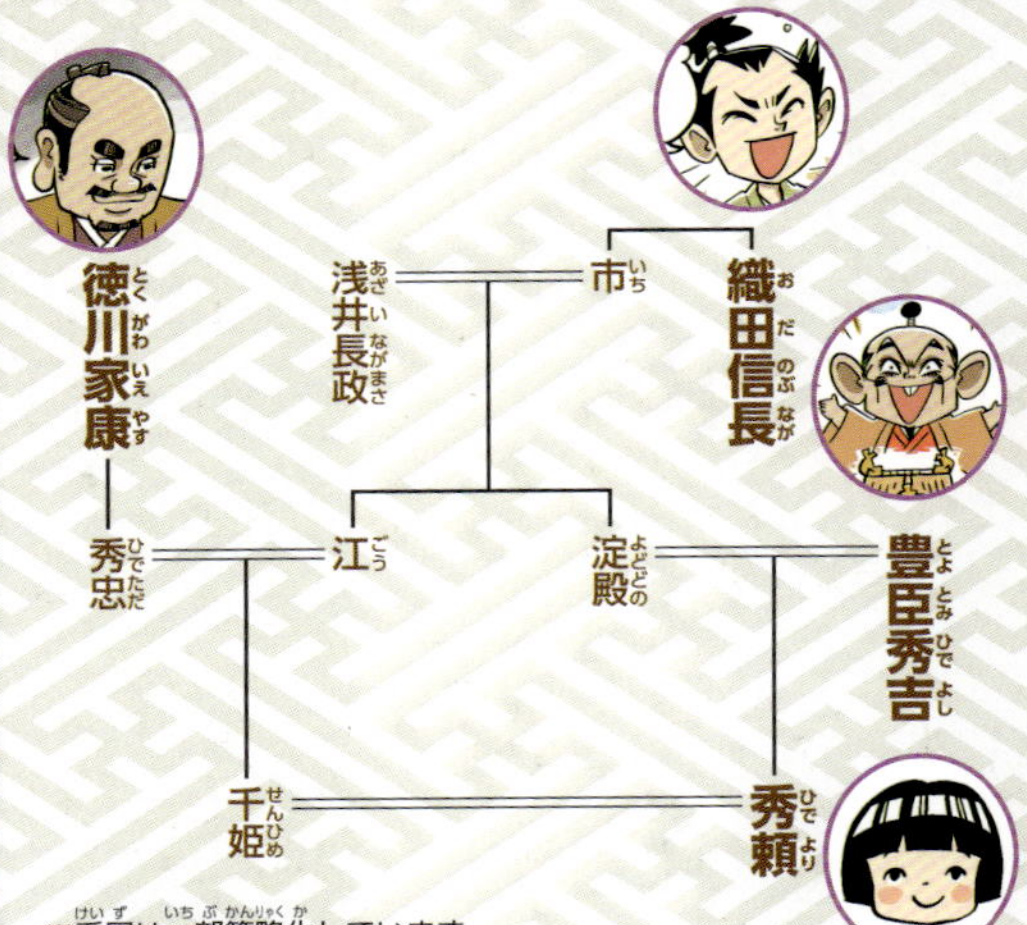

※系図《けいず》は一部簡略化《いちぶかんりゃくか》しています

ことば解説《かいせつ》　秀吉《ひでよし》のおこなった「朝鮮出兵《ちょうせんしゅっぺい》」は、「文禄《ぶんろく》・慶長《けいちょう》の役《えき》」とも呼《よ》ばれる。1592年《ねん》の１度目《どめ》の出兵《しゅっぺい》が「文禄《ぶんろく》の役《えき》」、1597年《ねん》の２度目《どめ》の出兵《しゅっぺい》が「慶長《けいちょう》の役《えき》」。

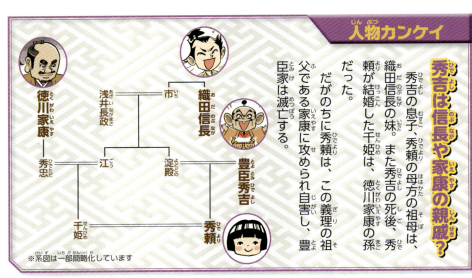

千《せんの》利《り》休《きゅう》

生没年《せいぼつねん》:1522～1591年《ねん》　出身地《しゅっしんち》:和泉《いずみ》（大阪府《おおさかふ》）

「わび茶《ちゃ》」を完成《かんせい》させた
豊臣秀吉《とよとみひでよし》の茶《ちゃ》の師匠《ししょう》

安土桃山時代《あづちももやまじだい》の茶人《ちゃじん》（茶道《ちゃどう》の専《せん》門家《もんか》）。商人《しょうにん》の子《こ》として生《う》まれた利休《りきゅう》は若《わか》いころから茶《ちゃ》を学《まな》び、やがて織田信長《おだのぶなが》に仕《つか》えました。

信長《のぶなが》の死後《しご》、豊臣秀吉《とよとみひでよし》にさらに引《ひ》き立《た》てられ、「わび茶《ちゃ》」と呼《よ》ばれる茶道《ちゃどう》を完成《かんせい》します。秀吉《ひでよし》の信《しん》頼《らい》が厚《あつ》く、政治《せいじ》にもかかわりました。しかし、最後《さいご》は秀吉《ひでよし》の怒《いか》りを買《か》い、切腹《せっぷく》を命《めい》じられました。

千利休《せんのりきゅう》がわかる！　3つのキーワード

❶ わび茶《ちゃ》	ぜいたくを排除《はいじょ》し、つつましさを大《たい》切《せつ》にした茶道《ちゃどう》を追求《ついきゅう》した。
❷ 秀吉《ひでよし》の側近《そっきん》	利休《りきゅう》は秀吉《ひでよし》の茶《ちゃ》の師匠《ししょう》だけでなく、政治《せいじ》の相談役《そうだんやく》でもあった。
❸ 人脈《じんみゃく》	多《おお》くの武将《ぶしょう》から尊敬《そんけい》され、独自《どくじ》のネットワークを築《きず》いた。

戦国時代《せんごくじだい》
武士《ぶし》が身《み》につけておくべき
教養《きょうよう》の一《ひと》つとして
茶道《ちゃどう》が流行《りゅうこう》していた
その茶道《ちゃどう》を
芸術《げいじゅつ》の域《いき》まで高《たか》めたのが
豊臣秀吉《とよとみひでよし》の茶《ちゃ》の師匠《ししょう》
千利休《せんのりきゅう》である
つつましさの中《なか》にある美《うつく》しさを大切《たいせつ》する
これがわたしの完成《かんせい》させた「わび茶《ちゃ》」でございます
質素《しっそ》なせまい茶室《ちゃしつ》
地味《じみ》な色《いろ》の茶碗《ちゃわん》

おもしろ知識《ちしき》　茶人《ちゃじん》ということで小《こ》がらなイメージがあるが、実際《じっさい》はかなりの大男《おおおとこ》だった。なお、利休《りきゅう》の茶《ちゃ》の弟子《でし》である秀《ひで》吉《よし》は、小《こ》がらだったようだ。

超一流《ちょういちりゅう》の茶人《ちゃじん》である利休《りきゅう》のもとには多《おお》くの有名《ゆうめい》な武将《ぶしょう》がやって来《き》た
利休《りきゅう》さんの茶《ちゃ》が飲《の》みたい～
弟子《でし》にしてください
政治家《せいじか》としての才能《さいのう》も持《も》っていた利休《りきゅう》は秀吉《ひでよし》の政治《せいじ》の相談《そうだん》にものっていた
なやんでるんだよね～
かんげき…!
利休《りきゅう》は秀吉様《ひでよしさま》をおそれていない豊臣家《とよとみけ》にとって危険《きけん》な存在《そんざい》だ……
秀吉《ひでよし》の側近《そっきん》
石田三成《いしだみつなり》
だが利休《りきゅう》と秀吉《ひでよし》の関係《かんけい》はしだいに悪化《あっか》していった
どうじゃ わしの作《つく》った この黄金《おうこん》の茶室《ちゃしつ》は!
「わび茶《ちゃ》」と正反対《せいはんたい》……
お前《まえ》の娘《むすめ》かわいいな嫁《よめ》にくれ
おことわりします
わしも通《とお》る寺《てら》の門《もん》に自分《じぶん》の木像《もくぞう》を置《お》きやがって気分《きぶん》が悪《わる》いわ
自分《じぶん》の茶器《ちゃき》に高《たか》い値段《ねだん》をつけて売《う》って金《かね》もうけしてますよ
わたしも一応《いちおう》商人《しょうにん》ですので
少《すこ》しこらしめるか
利休《りきゅう》は*謹慎処分《きんしんしょぶん》となったが秀吉《ひでよし》への謝罪《しゃざい》を拒否《きょひ》し結局《けっきょく》切腹《せっぷく》となった
あやまったらゆるすつもりだったのに……
＊家《いえ》の出入《ではい》りを禁止《きんし》すること

おもしろ知識《ちしき》

「利休《りきゅう》」と名乗《なの》るようになったのは死《し》の６年前《ねんまえ》の1585年《ねん》ころからで、それまでは「宗易《そうえき》」と名乗《なの》っていた。「千利休《せんのりきゅう》」より「千宗易《せんのそうえき》」として活動《かつどう》した期間《きかん》のほうが、ずっと長《なが》かったことになる。

まとめて
人《じん》物《ぶつ》紹《しょう》介《かい》

豪華《ごうか》けんらん!

桃《もも》山《やま》文《ぶん》化《か》

舞《まい》の世界《せかい》に
革命《かくめい》を起《お》こす
(→P131左下《ひだりした》)

茶《ちゃ》の湯《ゆ》の世界《せかい》に
革命《かくめい》を起《お》こす
(→P131右下《みぎした》)

信長《のぶなが》・秀吉《ひでよし》の生《う》んだ文化《ぶんか》

織田信長《おだのぶなが》が一大勢力《いちだいせいりょく》を築《きず》き、その後《ご》、後継者《こうけいしゃ》となった豊臣秀吉《とよとみひでよし》が天下《てんか》を統一《とういつ》。世《よ》の中《なか》が安定《あんてい》した時代《じだい》に入《はい》ると、戦国大名《せんごくだいみょう》たちや裕福《ゆうふく》な商人《しょうにん》の財力《ざいりょく》を背景《はいけい》に、建築《けんちく》、絵画《かいが》、芸能《げいのう》、工芸《こうげい》などさまざまな分野《ぶんや》の芸術《げいじゅつ》が発展《はってん》しました。

自由《じゆう》な雰囲気《ふんいき》の中《なか》で栄《さか》えた、この「華《はな》やかな美《うつく》しさ」や「雄大《ゆうだい》さ」が特徴的《とくちょうてき》な文化《ぶんか》を、「桃《もも》山文化《やまぶんか》」と呼《よ》びます。

『唐獅子図屏風《からじしずびょうぶ》』。雄《おす》と雌《めす》、一対《いっつい》の獅子《しし》の姿《すがた》が力強《ちからづよ》くえがかれている。
宮内庁三の丸尚蔵館所蔵

3人《にん》の秘密《ひみつ》徹底解剖《てっていかいぼう》！

狩野永徳《かのうえいとく》

画家《がか》

生没年《せいぼつねん》	1543～1590年《ねん》
出身地《しゅっしんち》	山城《やましろ》（京都府《きょうとふ》）
功《こう》　績《せき》	大胆《だいたん》で力強《ちからづよ》い表現《ひょうげん》の確立《かくりつ》
代表作《だいひょうさく》	『唐獅子図屏風《からじしずびょうぶ》』『洛中洛外図屏風《らくちゅうらくがいずびょうぶ》』など

信長《のぶなが》や秀吉《ひでよし》も絶賛《ぜっさん》

室町《むろまち》時代中期《じだいちゅうき》からつづく画家《がか》の一族《いちぞく》に生《う》まれ、幼《おさな》いころから才能《さいのう》を発揮《はっき》しました。

華《はな》やかでダイナミックな作風《さくふう》が、織田信長《おだのぶなが》や豊臣秀吉《とよとみひでよし》ら、力強《ちからづよ》さを好《この》む武士《ぶし》たちから気《き》に入《い》られました。安土城《あづちじょう》や大坂城《おおさかじょう》などの重要《じゅうよう》な建物《たてもの》の障壁画《しょうへきが》（ふすまなどにかく絵《え》）を多数制作《たすうせいさく》しました。

出雲阿国《いずものおくに》

芸能者《げいのうしゃ》

生没年《せいぼつねん》	不明《ふめい》
出身地《しゅっしんち》	出雲《いずも》（島根県《しまねけん》）？
功《こう》　績《せき》	歌舞伎《かぶき》のもととなる踊《おど》りを考《かんが》え出《だ》す

魅力的《みりょくてき》な踊《おど》りに庶民《しょみん》は夢中《むちゅう》

歌舞伎《かぶき》を最初《さいしょ》にはじめたとされる女性《じょせい》で、もともとは出雲大社《いずもたいしゃ》の巫女《みこ》だったといいます。芸能《げいのう》団《だん》をひきいて各地《かくち》をめぐり、1603年《ねん》に京都《きょうと》でおこなった踊《おど》りがたいへんな評判《ひょうばん》となりました。

その踊《おど》りをさらに発展《はってん》させた「阿国歌舞伎《おくにかぶき》」が、現在《げんざい》の歌舞伎《かぶき》のルーツだといわれています。

古田織部《ふるたおりべ》

茶人《ちゃじん》・武将《ぶしょう》

生没年《せいぼつねん》	1544～1615年《ねん》
出身地《しゅっしんち》	美濃《みの》（岐阜県《ぎふけん》）
功《こう》　績《せき》	新《あたら》しいデザインの茶道具《ちゃどうぐ》の発明《はつめい》

ユニークな発想《はっそう》の大名茶人《だいみょうちゃじん》

千利休《せんのりきゅう》の優秀《ゆうしゅう》な弟子《でし》の一人《ひとり》。利休《りきゅう》の死後《しご》、「天下一《てんかいち》の茶人《ちゃじん》」として、徳川秀忠《とくがわひでただ》をはじめ多《おお》くの大名《だいみょう》に茶《ちゃ》を指導《しどう》しました。

大胆《だいたん》で、自由《じゆう》な発想《はっそう》の持《も》ち主《ぬし》だった織部《おりべ》は、茶器作《ちゃきづく》りにも熱心《ねっしん》で、いびつな形《かたち》、おもしろみのある文様《もんよう》が特徴的《とくちょうてき》な「織部焼《おりべやき》」と呼《よ》ばれる陶器《とうき》を発明《はつめい》しています。

石田三成《いしだみつなり》

生没年《せいぼつねん》:1560〜1600年《ねん》　出身地《しゅっしんち》:近江《おうみ》(滋賀県《しがけん》)

安土桃山時代《あづちももやまじだい》の武将《ぶしょう》。豊臣秀吉《とよとみひでよし》のそばに仕《つか》え、検地《けんち》(土地《とち》の調査《ちょうさ》)、戦《たたか》いの準備《じゅんび》、財政管理《ざいせいかんり》などの面《めん》で活躍《かつやく》します。

秀吉《ひでよし》の死後《しご》、豊臣家《とよとみけ》から天下《てんか》をうばおうとしていた徳川家康《とくがわいえやす》と対立《たいりつ》。三成《みつなり》を支持《しじ》する西軍《せいぐん》と家康《いえやす》を支持《しじ》する東軍《とうぐん》に分《わ》かれ戦《たたか》いが起《お》きましたが(関《せき》ヶ《が》原《はら》の戦《たたか》い)、敗《やぶ》れて処刑《しょけい》されました。

大一大万大吉
「関《せき》ヶ《が》原《はら》の戦《たたか》い」で
徳川家康《とくがわいえやす》と対決《たいけつ》

石田三成《いしだみつなり》がわかる! 3つのキーワード

❶ 政治手腕《せいじしゅわん》	細《こま》かい政治《せいじ》の仕事《しごと》をきっちりこなし、秀吉《ひでよし》にとって欠《か》かせない存在《そんざい》だった。
❷ 戦《いくさ》は苦手《にがて》	戦《たたか》いの指揮官《しきかん》としては能力《のうりょく》に欠《か》け、「関《せき》ヶ《が》原《はら》の戦《たたか》い」でも敗北《はいぼく》した。
❸ 冷静沈着《れいせいちんちゃく》	冷静《れいせい》さが人《ひと》を見下《みくだ》した態度《たいど》に見《み》られ、反発《はんぱつ》する武将《ぶしょう》も多《おお》かったという。

豊臣秀吉《とよとみひでよし》の家来《けらい》だった三成《みつなり》は仕事《しごと》を手際《てぎわ》よくこなした
全国統一《ぜんこくとういつ》するまでお前《まえ》にはずいぶん助《たす》けられたな
ありがとうございます
次《つぎ》は明《みん》(中国《ちゅうごく》)に攻《せ》めるぞ準備《じゅんび》を整《ととの》えろ
おまかせください
とにかく準備《じゅんび》がたいへんだな
うーん…
戦《たたか》うのはおれたちだぞあいつは楽《らく》そうだな
秀吉様《ひでよしさま》に取《と》り入《い》りやがって
ヒソ
ヒソ
秀吉《ひでよし》の側近《そっきん》という立場上《たちばじょう》ねたまれることも多《おお》かった

ことば解説《かいせつ》　「関《せき》ヶ《が》原《はら》の戦《たたか》い」は、美濃《みの》(岐阜県《ぎふけん》)の関《せき》ヶ《が》原《はら》でおこなわれた、徳川家康《とくがわいえやす》らの東軍《とうぐん》と、石田三成《いしだみつなり》らの西軍《せいぐん》が争《あらそ》った戦《たたか》い。この後《あと》、勝利《しょうり》した家康《いえやす》が天下《てんか》を取《と》ったことから、「天下分《てんかわ》け目《め》の戦《たたか》い」ともいわれる。

1598年《ねん》
秀吉《ひでよし》が死去《しきょ》
秀吉《ひでよし》の子《こ》
秀頼《ひでより》
秀頼様《ひでよりさま》をみんなで支《ささ》えて守《まも》っていきましょう
反応《はんのう》が悪《わる》い……
秀吉《ひでよし》が死《し》ぬと実力者《じつりょくしゃ》である徳川家康《とくがわいえやす》に多《おお》くの武将《ぶしょう》が近《ちか》づくようになっていった
ニコニコ
秀頼様《ひでよりさま》をみんなで支《ささ》えましょう
絶対《ぜったい》うそだ！家康《いえやす》は天下《てんか》をうばうつもりだ！
三成《みつなり》の家来《けらい》
島左近《しまさこん》
うちの殿《との》はほんとに人気《にんき》ないな……
1600年《ねん》
家康《いえやす》を中心《ちゅうしん》とする東軍《とうぐん》と三成《みつなり》を中心《ちゅうしん》とする西軍《せいぐん》が関ヶ原《せきがはら》で激突《げきとつ》
関ヶ原《せきがはら》の戦《たたか》い
東軍《とうぐん》 兵士数《へいしすう》 約《やく》9万人《まんにん》
西軍《せいぐん》 兵士数《へいしすう》 約《やく》8万人《まんにん》
たいへんです 小早川秀秋殿《こばやかわひであきどの》が裏切《うらぎ》りました
何《なん》だと
西軍《せいぐん》からは裏切《うらぎ》りが続出《ぞくしゅつ》 こうなっては戦上手《いくさじょうず》の家康《いえやす》に勝《か》てるはずもなかった
小川祐忠殿《おがわすけただどの》が裏切《うらぎ》り！
島左近殿《しまさこんどの》が討《う》ち死《じ》に！
脇坂安治殿《わきざかやすはるどの》が裏切《うらぎ》り！
三成《みつなり》はとらえられ死刑《しけい》となった

戦国・安土桃山時代

おもしろ知識《ちしき》
当時《とうじ》、勇猛《ゆうもう》（強《つよ》くて勇気《ゆうき》があること）な武将《ぶしょう》として評判《ひょうばん》の高《たか》かった島左近《しまさこん》を自分《じぶん》の部下《ぶか》にしたいと考《かんが》えた三成《みつなり》は、自分《じぶん》の給料《きゅうりょう》の半分《はんぶん》を渡《わた》して、左近《さこん》を家来《けらい》にやとったという。

戦国《せんごく》～安土桃山編《あづちももやまへん》

戦国大名《せんごくだいみょう》に必要《ひつよう》な能力《のうりょく》

出席者《しゅっせきしゃ》

さあ、みなさん。まずはお茶《ちゃ》を。

うまい！　利休《りきゅう》の茶《ちゃ》は日本一《にほんいち》だ！

さて今日《きょう》はみなさんに、大《おお》きな勢力《せいりょく》を築《きず》くことのできた理由《りゆう》をうかがいたいのですが。

わしは最強《さいきょう》の軍《ぐん》も持《も》っていたが、法《ほう》の整備《せいび》や洪水対策《こうずいたいさく》などにも力《ちから》をつくして、領民《りょうみん》の支持《しじ》を得《え》たことだな。

よいと思《おも》ったものは、すぐにどんどん取《と》り入《い》れたことだ。鉄砲《てっぽう》、南蛮文化《なんばんぶんか》、楽市《らくいち》・楽座《らくざ》などがそうだな。

わしはやはり「信長様《のぶながさま》の存在《そんざい》」だな。すべては信長様《のぶながさま》が取《と》り立《た》ててくださったおかげさ。

なるほど。みなさん戦《いくさ》が上手《じょうず》でしたが、それだけではないんですね。ほかに大切《たいせつ》なことはありますか？

「人《ひと》は城《しろ》、人《ひと》は石垣《いしがき》、情《なさ》けは味方《みかた》」。城《しろ》や石垣《いしがき》を強固《きょうこ》にするよりも、家来《けらい》の気持《きも》ちをつかむことが大切《たいせつ》だぞ。

さすが！　すばらしいお言葉《ことば》。

わしはそうは思《おも》わんな。家来《けらい》どもは、だまってしたがえばいいんじゃ。能力《のうりょく》のないやつは、切《き》り捨《す》てればいい。

でも結局《けっきょく》お主《ぬし》は、家来《けらい》の明智光秀《あけちみつひで》に本能寺《ほんのうじ》で殺《ころ》されたではないか。

なんじゃと？

まあまあ。しかし、信玄様《しんげんさま》と信長様《のぶながさま》は結局天下《けっきょくてんか》を取《と》れず、秀吉様《ひでよしさま》が天下《てんか》を取《と》った。それはなぜでしょうか。

それもおれのおかげだろ？　おいしいところを持《も》っていきやがって。

はい、その通《とお》り。信長様《のぶながさま》がほぼ統一《とういつ》した天下《てんか》が、幸運《こううん》にもわたしの手《て》に。運《うん》がよかったということでしょう。

本能寺《ほんのうじ》の変《へん》の本当《ほんとう》の黒幕《くろまく》は、秀吉殿《ひでよしどの》だといううわさもあるが？

なにぃ!?

……ゴホン！　利休《りきゅう》、茶《ちゃ》をおかわり！

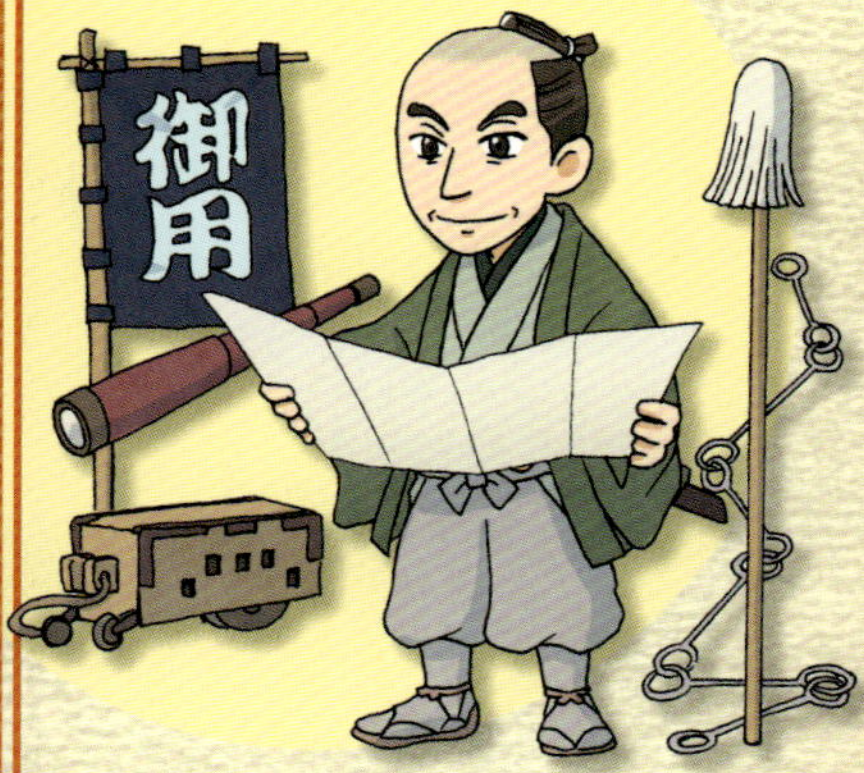

5章《しょう》 江戸《えど》時代《じだい》

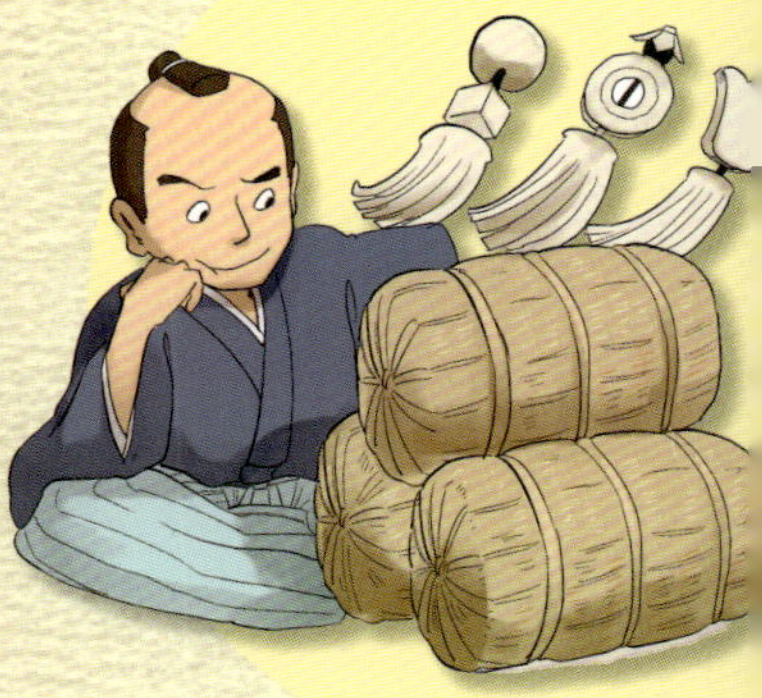

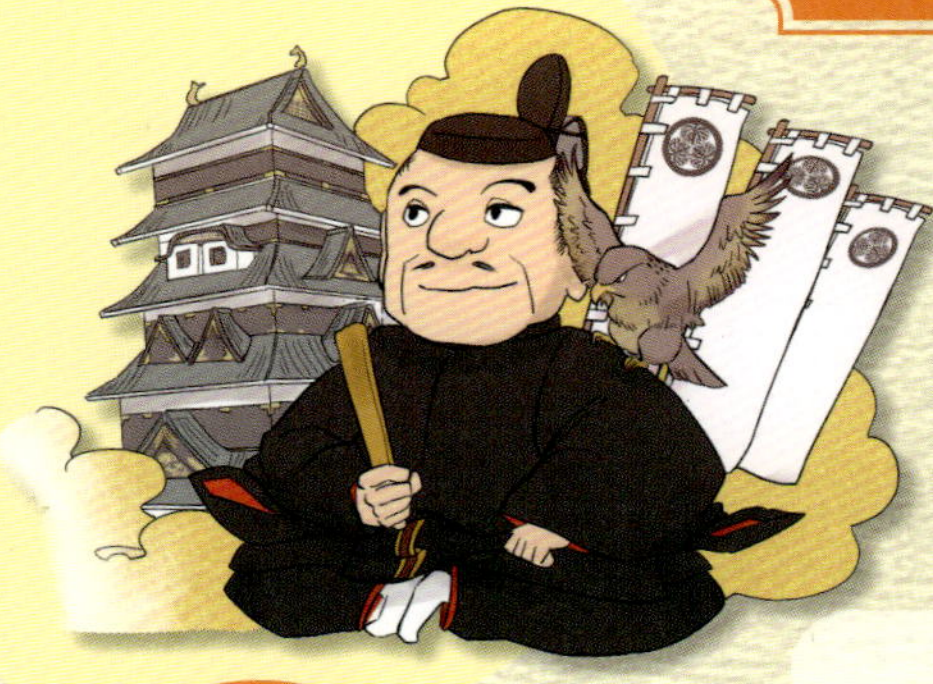

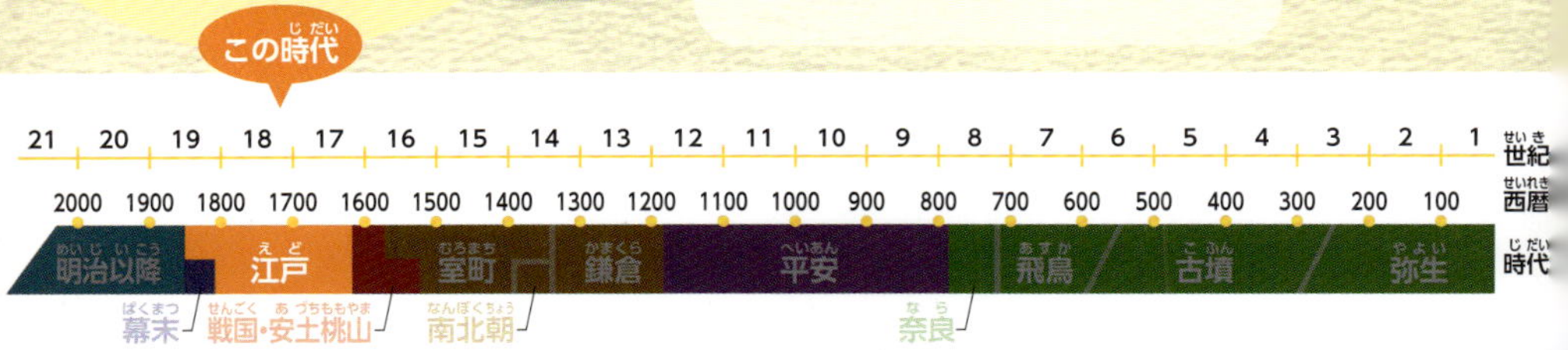

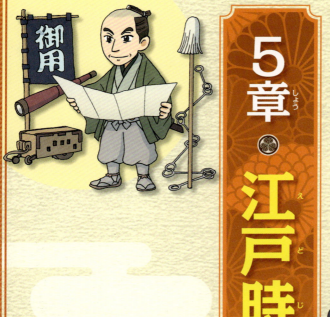

江戸時代《えどじだい》のできごと早《はや》わかり

戦《いくさ》のない時代《じだい》へ

1603年《ねん》、徳川家康《とくがわいえやす》は江戸《えど》を政治《せいじ》の中心《ちゅうしん》と定《さだ》め、幕府《ばくふ》を開《ひら》きます。以《い》後《ご》、徳川家《とくがわけ》が将軍《しょうぐん》として日本《にほん》をおさめた約《やく》260年間《ねんかん》が江戸時代《えどじだい》です。

平和《へいわ》がつづき、町人《ちょうにん》の文化《ぶんか》も発展《はってん》しましたが、幕府《ばくふ》の力《ちから》はしだいにおとろえていきました。

P107から
1603年《ねん》
江戸幕府《えどばくふ》が誕生《たんじょう》する
徳川家康《とくがわいえやす》
（→P138）
1612年《ねん》
巌流島《がんりゅうじま》の決闘《けっとう》
VS
宮本武蔵《みやもとむさし》
佐々木小次郎《ささきこじろう》
（→P146）
1615年《ねん》
大坂夏《おおさかなつ》の陣《じん》
豊臣氏《とよとみし》がほろびる
VS
徳川家康《とくがわいえやす》
豊臣秀頼《とよとみひでより》
（→P138）
1637年《ねん》
島原《しまばら》・天草一揆《あまくさいっき》
天草四郎《あまくさしろう》
（→P148）
1635年《ねん》
参勤交代《さんきんこうたい》の制度《せいど》が定《さだ》まる
徳川家光《とくがわいえみつ》
（→P142）
1641年《ねん》
鎖国《さこく》が完成《かんせい》する
徳川家光《とくがわいえみつ》
（→P142）
17世紀後半《せいきこうはん》～18世紀前半《せいきぜんはん》
元禄文化《げんろくぶんか》が栄《さか》える
（→P156）
松尾芭蕉《まつおばしょう》
（→P152）
近松門左衛門《ちかまつもんざえもん》
（→P154）
井原西鶴《いはらさいかく》
（→P157）
1669年《ねん》
シャクシャインの戦《たたか》い
シャクシャイン
（→P150）

超重要《ちょうじゅうよう》！　大切《たいせつ》　覚《おぼ》えたい　文化《ぶんか》に関《かん》すること

1685年《ねん》

生類憐《しょうるいあわれ》みの令《れい》が出《だ》される

徳川綱吉《とくがわつなよし》
（→ P160）

1716年《ねん》

享保《きょうほう》の改革《かいかく》がはじまる

徳川吉宗《とくがわよしむね》
（→ P162）

1772年《ねん》

田沼意次《たぬまおきつぐ》が老中《ろうじゅう》になる

田沼意次《たぬまおきつぐ》
（→ P166）

1774年《ねん》

『解体新書《かいたいしんしょ》』が出版《しゅっぱん》される

杉田玄白《すぎたげんぱく》
（→ P194）

前野良沢《まえのりょうたく》
（→ P194）

1787年《ねん》

寛政《かんせい》の改革《かいかく》がはじまる

松平定信《まつだいらさだのぶ》
（→ P168）

18世紀後半《せいきこうはん》～19世紀前半《せいきぜんはん》

化政文化《かせいぶんか》が栄《さか》える

（→ P156）

杉田玄白《すぎたげんぱく》
（→ P194）

前野良沢《まえのりょうたく》
（→ P194）

平賀源内《ひらがげんない》
（→ P174）

本居宣長《もとおりのりなが》
（→ P192）

小林一茶《こばやしいっさ》
（→ P182）

葛飾北斎《かつしかほくさい》
（→ P186）

歌川広重《うたがわひろしげ》
（→ P184）

1808年《ねん》

間宮林蔵《まみやりんぞう》が樺太《からふと》を探検《たんけん》

間宮林蔵《まみやりんぞう》
（→ P180）

1821年《ねん》

日本地図《にほんちず》「大日本沿海輿地全図《だいにほんえんかいよちぜんず》」が完成《かんせい》

伊能忠敬《いのうただたか》
（→ P176）

1837年《ねん》

大塩平八郎《おおしおへいはちろう》の乱《らん》

大塩平八郎《おおしおへいはちろう》
（→ P196）

1841年《ねん》

天保《てんぽう》の改革《かいかく》がはじまる

水野忠邦《みずのただくに》
（→ P170）

動乱《どうらん》の幕末《ばくまつ》へ

（→ 6章《しょう》）

P200につづく

将軍《しょうぐん》

徳川家康《とくがわいえやす》

生没年《せいぼつねん》:1542～1616年《ねん》　出身地《しゅっしんち》:三河《みかわ》(愛知県《あいちけん》)

江戸幕府《えどばくふ》の基礎《きそ》を築《きず》いた初代将軍《しょだいしょうぐん》

江戸幕府初代将軍《えどばくふしょだいしょうぐん》。織田信長《おだのぶなが》と同盟《どうめい》して東海《とうかい》で勢力《せいりょく》をのばします。信長《のぶなが》の死後《しご》は、権力《けんりょく》をにぎった豊臣秀吉《とよとみひでよし》にしたがい、関東《かんとう》の支配《しはい》をまかされました。

秀吉《ひでよし》の死後《しご》、関ヶ原《せきがはら》の戦《たたか》いで石田三成《いしだみつなり》に勝利《しょうり》。1603年《ねん》に征夷大将軍《せいいたいしょうぐん》となって江戸《えど》（東京《とうきょう》）に幕府《ばくふ》を開《ひら》き、徳川家《とくがわけ》を中心《ちゅうしん》とする政治体制《せいじたいせい》の基礎《きそ》を築《きず》きました。

徳川家康《とくがわいえやす》がわかる! 3つのキーワード

❶ 江戸幕府《えどばくふ》	戦乱《せんらん》の世《よ》を勝《か》ちぬいて江戸《えど》に幕府《ばくふ》を開《ひら》き、初代将軍《しょだいしょうぐん》となった。
❷ 忍耐力《にんたいりょく》	苦《くる》しい時代《じだい》をしぶとく生《い》きてチャンスを待《ま》ち、最後《さいご》に天下《てんか》を取《と》った。
❸ 優秀《ゆうしゅう》な政治家《せいじか》	能力《のうりょく》のある家臣《かしん》たちを上手《じょうず》に用《もち》いて、制度《せいど》や法律《ほうりつ》をととのえた。

1603年《ねん》征夷大将軍《せいいたいしょうぐん》(将軍《しょうぐん》)となった家康《いえやす》は
江戸《えど》に幕府《ばくふ》を開《ひら》き　政治《せいじ》の実権《じっけん》をにぎった
すべての大名《だいみょう》をしたがえたぞ
ついに天下《てんか》を取《と》ったのだ!
ははーー
この江戸《えど》がこれからの日本《にほん》の中心《ちゅうしん》になるのだ
家康《いえやす》はまず全国《ぜんこく》の大名《だいみょう》に
江戸城《えどじょう》や江戸《えど》の町《まち》の
工事《こうじ》をおこなわせた

おもしろ知識《ちしき》　家康以前《いえやすいぜん》の江戸《えど》は関東《かんとう》の一地方《いちちほう》に過《す》ぎず、発展《はってん》が遅《おく》れていた。武将《ぶしょう》の太田道灌《おおたどうかん》が1457年《ねん》に築《きず》いた江戸城《えどじょう》も、長《なが》い間放置《あいだほうち》され荒《あ》れていたが、日本《にほん》の中心《ちゅうしん》にふさわしい城《しろ》になるよう家康《いえやす》が作《つく》り直《なお》した。

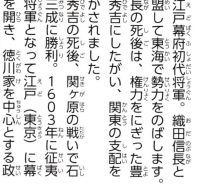

ここまで来《く》るのに
いろんなことが
あったなあ
幼少《ようしょう》・少年期《しょうねんき》
織田家《おだけ》・今川家《いまがわけ》での
人質生活《ひとじちせいかつ》
19～20歳《さい》
今川家《いまがわけ》から独立《どくりつ》～
織田信長《おだのぶなが》と同盟《どうめい》
31歳《さい》
武田信玄《たけだしんげん》に
生涯最大《しょうがいさいだい》の大敗《たいはい》
45歳《さい》
豊臣秀吉《とよとみひでよし》にしたがう
江戸《えど》って
こんなに
さびれて
49歳《さい》
秀吉《ひでよし》の命令《めいれい》で
領地《りょうち》が関東《かんとう》に移《うつ》る
59歳《さい》
関ケ原《せきがはら》の戦《たたか》いで勝利《しょうり》
62歳《さい》
だがこれで
満足《まんぞく》してはいかん
わしが死《し》んだあと
戦乱《せんらん》の世《よ》に
逆《ぎゃく》もどりしては
意味《いみ》がないのだ
1605年《ねん》
家康《いえやす》は息子《むすこ》の秀忠《ひでただ》に
将軍職《しょうぐんしょく》をゆずり
駿府《すんぷ》（静岡県《しずおかけん》）に移《うつ》った
徳川《とくがわ》の天下《てんか》が
ずっとつづくことを
世《よ》の中《なか》に
知《し》らしめるためじゃ
あっ
実際《じっさい》の政治《せいじ》は今後《こんご》も
*大御所《おおごしょ》として
わしがおこなうから
ずいっ
*引退《いんたい》した将軍《しょうぐん》のこと
秀吉《ひでよし》の子《こ》
豊臣秀頼《とよとみひでより》
あと心配《しんぱい》なのは
大坂城《おおさかじょう》にいる
成長《せいちょう》した
豊臣秀頼《とよとみひでより》の
存在《そんざい》だな
何《なに》か手《て》を
打《う》たないと……

おもしろ知識《ちしき》 健康《けんこう》に非常《ひじょう》に気《き》をつかっていた家康《いえやす》は、薬作《くすりづく》りと鷹狩《たかが》りなどの運動《うんどう》を趣味《しゅみ》としていた。元気《げんき》に長生《ながい》きして、天下《てんか》を取《と》ることができたのも、趣味《しゅみ》のおかげなのかもしれない。

大坂城内《おおさかじょうない》
秀頼《ひでより》の母《はは》
淀殿《よどどの》
家康《いえやす》が怒《おこ》っているですって？
豊臣家《とよとみけ》の再建《さいけん》した方広寺《ほうこうじ》の鐘《かね》にきざまれた文字《もじ》でまずい部分《ぶぶん》がいくつかあると……たとえば　この言葉《ことば》です
国家安康《こっかあんこう》
国《くに》の平和《へいわ》を願《ねが》う言葉《ことば》じゃないの
「家康《いえやす》」の名前《なまえ》を引《ひ》きさき呪《のろ》う意味《いみ》があるのではないかと
そんなのこじつけよ
ぐしゃ
国家安康
豊臣家《とよとみけ》は家康《いえやす》の示《しめ》した謝罪条件《しゃざいじょうけん》を拒否《きょひ》してきた
よし　これで攻《せ》める理由《りゆう》ができた
大坂《おおさか》の陣《じん》
1614年《ねん》家康《いえやす》は大坂城《おおさかじょう》を攻《せ》めた（大坂冬《おおさかふゆ》の陣《じん》）その後《ご》　1回《かい》は豊臣家《とよとみけ》と仲直《なかなお》りしたが翌《よく》1615年《ねん》ふたたび大阪城《おおさかじょう》を攻《せ》めた（大坂夏《おおさかなつ》の陣《じん》）
3日《か》もあれば勝《か》てるだろう
？
大御所様《おおごしょさま》お逃《に》げください！
わっ
ドドド ドドド
真田幸村《さなだゆきむら》
（信繁《のぶしげ》）

おもしろ知識《ちしき》　家康《いえやす》は、鎌倉幕府《かまくらばくふ》を開《ひら》いた源頼朝《みなもとのよりとも》（→P70）をたいへん尊敬《そんけい》しており、頼朝《よりとも》についてくわしく書《か》かれた歴史書《れきししょ》『吾妻鏡《あづまかがみ》』をよく読《よ》んでいた。

家康《いえやす》はなんとか助《たす》かり
大坂《おおさか》の陣《じん》は
幕府《ばくふ》の勝利《しょうり》に終《お》わった
豊臣家《とよとみけ》はほろびた
ふぅー
わしが死《し》んだら
勝敗《しょうはい》は
わからなかったぞ
その後家康《ごいえやす》は
さらに全国支配《ぜんこくしはい》を進《すす》めた
一国一城令《いっこくいちじょうれい》
大名《だいみょう》が住《す》む用以外《よういがい》の城《しろ》を
すべてこわすことを命令《めいれい》
武家諸法度《ぶけしょはっと》
大名《だいみょう》が勝手《かって》に城《しろ》を
修理《しゅうり》したり
子《こ》どもを結婚《けっこん》
させたりするのを禁止《きんし》
秀忠《ひでただ》の名前《なまえ》で
出《だ》したぞ
これで徳川家《とくがわけ》の
完全《かんぜん》な天下《てんか》だ
思《おも》い残《のこ》すことはない
1616年《ねん》
家康《いえやす》死去《しきょ》

人物《じんぶつ》カンケイ

なぜ三男《さんなん》の秀忠《ひでただ》が次期将軍《じきしょうぐん》に？

家康《いえやす》の長男《ちょうなん》の信康《のぶやす》は、切腹《せっぷく》を命《めい》じられ、21歳《さい》で死去《しきょ》した。家康《いえやす》との対《たい》立《りつ》が原因《げんいん》ともいわれている。次男《じなん》の秀康《ひでやす》（のちの結城秀康《ゆうきひでやす》）は母親《ははおや》の身《み》分《ぶん》が低《ひく》く、また、豊臣秀吉《とよとみひでよし》の養子《ようし》となっていた。そういった事情《じじょう》から、後継者《こうけいしゃ》には三男《さんなん》の秀忠《ひでただ》が選《えら》ばれた。

なお家康《いえやす》には、短命《たんめい》だったものをふくめると11人《にん》もの息子《むすこ》がいた。

徳川秀忠《とくがわひでただ》（1579～1632年《ねん》）

家康《いえやす》の死後《しご》、将軍《しょうぐん》として指導力《しどうりょく》を発揮《はっき》し、徳川家《とくがわけ》の支配体制《しはいたいせい》をより強固《きょうこ》なものにした。

おもしろ知識《ちしき》

信長《のぶなが》と秀吉《ひでよし》がほぼ手《て》にした天下《てんか》を、最後《さいご》に家康《いえやす》がおさめたことから、「織田《おだ》がつき　羽柴《はしば》がこねし天下《てんか》もち　座《すわ》りしままに　食《く》うは徳川《とくがわ》」という狂歌《きょうか》（ふざけたおもしろみのある短歌《たんか》）が生《う》まれた。

徳川家光《とくがわいえみつ》

生没年《せいぼつねん》:1604〜1651年《ねん》　出身地《しゅっしんち》:江戸《えど》（東京都《とうきょうと》）

江戸《えど》幕府《ばくふ》3代将軍《だいしょうぐん》。初代将軍《しょだいしょうぐん》の徳川家康《とくがわいえやす》の孫《まご》。全国《ぜんこく》の大名《だいみょう》に領地《りょうち》と江戸《えど》の往復《おうふく》を義務《ぎむ》づける「参勤《さんきん》交代《こうたい》」の制度《せいど》を定《さだ》め、大名《だいみょう》の力《ちから》を弱《よわ》めます。またキリスト教《きょう》を禁止《きんし》するとともに、貿易相手国《ぼうえきあいてこく》をオランダと中国《ちゅうごく》に限定《げんてい》。窓口《まどぐち》も長崎《ながさき》の出島《でじま》に限《かぎ》って認《みと》めました（鎖国《さこく》）。

これにより貿易《ぼうえき》の利益《りえき》を独占《どくせん》して、幕府《ばくふ》の支配体制《しはいたいせい》を固《かた》めました。

全国支配《ぜんこくしはい》を固《かた》めた
3代将軍《だいしょうぐん》

徳川家光《とくがわいえみつ》がわかる！　3つのキーワード

❶	指導力《しどうりょく》	その後《ご》200年以上《ねんいじょう》つづく幕府《ばくふ》の制度《せいど》は、ほぼ家光《いえみつ》の代《だい》で固《かた》められた。
❷	非情《ひじょう》な将軍《しょうぐん》	「生《う》まれながらの将軍《しょうぐん》」として、多《おお》くの大名《だいみょう》を取《と》りつぶした。
❸	家康《いえやす》を尊敬《そんけい》	家康《いえやす》をまつる日光東照宮《にっこうとうしょうぐう》を、大金《たいきん》をかけて建《た》て直《なお》した。

父《ちち》の2代将軍《だいしょうぐん》の秀忠《ひでただ》と母親《ははおや》は家光《いえみつ》よりも弟《おとうと》の忠長《ただなが》をかわいがっていた
かわいいし頭《あたま》もいい
次《つぎ》の将軍《しょうぐん》はこの子《こ》かな
おろ
おろ
う〜む それはいかんな
*大御所《おおごしょ》
徳川家康《とくがわいえやす》
家光《いえみつ》の乳母《うば》
春日局《かすがのつぼね》
*引退《いんたい》した将軍《しょうぐん》のこと
今後《こんご》ずっと将軍《しょうぐん》は年上《としうえ》の子《こ》につがせる決《き》まりにしよう後継者争《こうけいしゃあらそ》いをさけるためじゃ
はあい
それから約《やく》10年後《ねんご》の1623年《ねん》秀忠《ひでただ》から将軍職《しょうぐんしょく》をゆずられた家光《いえみつ》は*外様大名《とざまだいみょう》たちを集《あつ》めた
*関ヶ原《せきがはら》の戦《たたか》い（→P133）以後《いご》に徳川家《とくがわけ》にしたがった大名《だいみょう》

ことば解説《かいせつ》　外様大名《とざまだいみょう》に対《たい》して、徳川家《とくがわけ》の一族《いちぞく》の大名《だいみょう》を「親藩《しんぱん》」、関ヶ原《せきがはら》の戦《たたか》い以前《いぜん》から徳川家《とくがわけ》に仕《つか》えていた大名《だいみょう》を「譜《ふ》代大名《だいだいみょう》」という。

徳川家光《とくがわいえみつ》
祖父《そふ》や父《ちち》はみなと同《おな》じ立場《たちば》の大名《だいみょう》だった時期《じき》がある
そのため　みなに対《たい》し少《すこ》しは遠慮《えんりょ》があったかもしれない
だがわたしはちがう
わたしは生《う》まれながらの将軍《しょうぐん》である遠慮《えんりょ》なく　みなを家来《けらい》としてあつかう！
文句《もんく》あるやつは戦《いくさ》を起《お》こせ相手《あいて》してやる
家光《いえみつ》は最初《さいしょ》のあいさつで将軍《しょうぐん》こそが幕府《ばくふ》の頂点《ちょうてん》に立《た》つ唯一《ゆいいつ》の存在《そんざい》だと大名《だいみょう》たちに印象《いんしょう》づけた
1632年《ねん》大御所《おおごしょ》として政治《せいじ》をおこなっていた秀忠《ひでただ》が死去《しきょ》
ようやくおれの時代《じだい》だ
ぐっ
幕府《ばくふ》の敵《てき》になる可能性《かのうせい》がわずかでもあると家光《いえみつ》にうたがわれた大名《だいみょう》たちは次々《つぎつぎ》と*改易《かいえき》になった
*領地《りょうち》を取《と》り上《あ》げること
弟《おとうと》の忠長《ただなが》も改易《かいえき》されのちに自害《じがい》している

おもしろ知識《ちしき》
幼《おさな》い家光《いえみつ》が、病気《びょうき》になったとき春日局《かすがのつぼね》は、自分《じぶん》が一生薬《いっしょうくすり》を飲《の》まないかわりに家光《いえみつ》がよくなるように神仏《しんぶつ》に祈《いの》った。家光《いえみつ》が無事回復《ぶじかいふく》すると、以後《いご》この誓《ちか》いを死《し》ぬまで守《まも》ったという。

参勤交代《さんきんこうたい》
大名《だいみょう》に幕府《ばくふ》への忠誠《ちゅうせい》を示《しめ》させるため「*武家諸法度《ぶけしょはっと》」を改《あらた》めて「参勤交代《さんきんこうたい》」を制度化《せいどか》したぞ
大名《だいみょう》を1年《ねん》おきに江戸《えど》と領地《りょうち》に住《す》まわせる
移動《いどう》や準備《じゅんび》にお金《かね》がかかってつらい……
つまり人質《ひとじち》です
大名《だいみょう》たちの妻《つま》と子《こ》は江戸《えど》に住《す》まわせる
＊1615年《ねん》に作《つく》られた江戸幕府《えどばくふ》の基本的《きほんてき》な法令《ほうれい》

幕府《ばくふ》の政治体制《せいじたいせい》が固《かた》まりだしたのも家光《いえみつ》の代《だい》である
大事《だいじ》な問題《もんだい》はだれか一人《ひとり》で決《き》めるのでなく「老中《ろうじゅう》」のお前《まえ》たちみんなで話《はな》し合《あ》って結論《けつろん》を出《だ》し将軍《しょうぐん》であるわしの承認《しょうにん》を得《え》よ
老中《ろうじゅう》

家康《いえやす》をたいへん尊敬《そんけい》していた家光《いえみつ》は家康《いえやす》をまつる日光東照宮《にっこうとうしょうぐう》をとても豪華《ごうか》に建《た》て直《なお》した
おじいちゃん喜《よろこ》んでくれるかな

1637年《ねん》九州《きゅうしゅう》でキリスト教《きょう》の信者《しんじゃ》たちが中心《ちゅうしん》となり反乱《はんらん》を起《お》こしたが幕府軍《ばくふぐん》が勝利《しょうり》した（島原《しまばら》・天草一揆《あまくさいっき》）
禁止《きんし》にしているキリスト教《きょう》の信者《しんじゃ》がまだこんなにいたのか……

ことば解説《かいせつ》 老中《ろうじゅう》とは、江戸幕府《えどばくふ》の通常時《つうじょうじ》の最高職《さいこうしょく》。定員《ていいん》は4〜5人《にん》で、限《かぎ》られた家《いえ》からの譜代大名《ふだいだいみょう》から選《えら》ばれた。臨時《りんじ》に、老中《ろうじゅう》の上《うえ》に「大老《たいろう》」が置《お》かれることもあった。

江戸時代

人物《じんぶつ》カンケイ

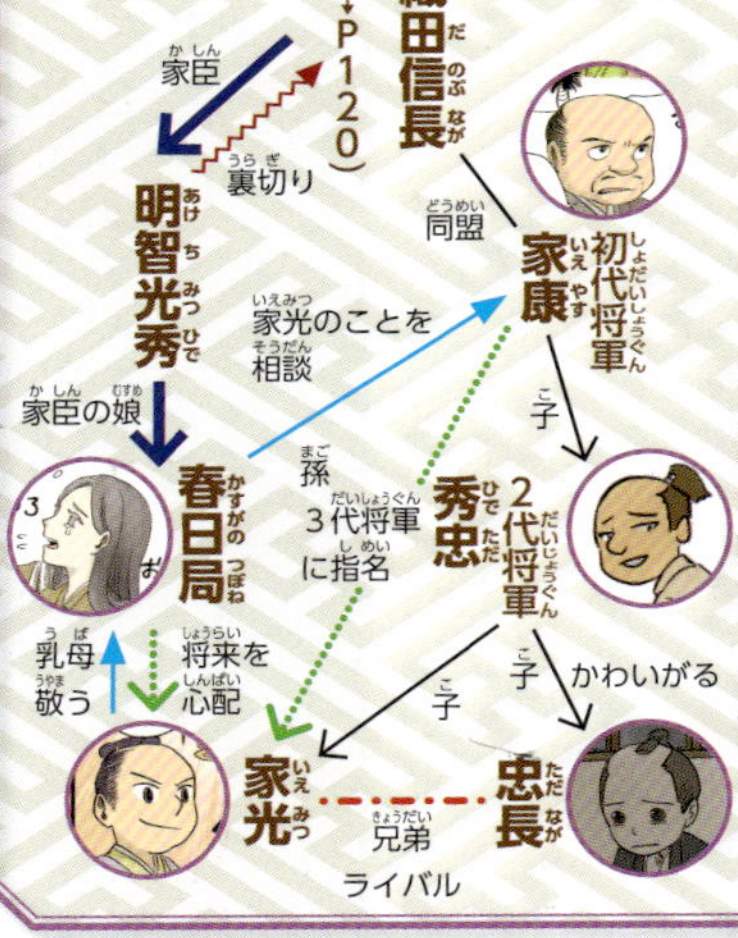

家光《いえみつ》を支《ささ》えた乳母《うば》　春日局《かすがのつぼね》

家光《いえみつ》の乳母《うば》の春日局《かすがのつぼね》は、本能寺《ほんのうじ》の変《へん》（→P123）を起《お》こした明智光秀《あけちみつひで》の家臣《かしん》の娘《むすめ》。光秀《みつひで》が豊臣秀吉《とよとみひでよし》（→P124）に討《う》たれた際《さい》に父《ちち》も死亡《しぼう》してしまい、苦《くる》しい生活《せいかつ》を送《おく》ったが、26歳《さい》で家光《いえみつ》の乳母《うば》に取《と》り立《た》てられた。

家光《いえみつ》が将軍《しょうぐん》になると*大奥《おおおく》の実質《じっしつ》的《てき》なあるじとなり、家光《いえみつ》の家庭生活《かていせいかつ》をとりしきった。

*江戸城内《えどじょうない》の、将軍《しょうぐん》の夫人《ふじん》が住《す》むところ

おもしろ知識《ちしき》　鎖国完成後《さこくかんせいご》も、実《じつ》は対馬《つしま》（長崎県《ながさきけん》）の大名《だいみょう》の宗氏《そうし》を通《つう》じて、朝鮮《ちょうせん》とも貿易《ぼうえき》がおこなわれていた。その規模《きぼ》は、出島《でじま》でのオランダ・中国《ちゅうごく》との貿易以上《ぼうえきいじょう》だった。

剣術家《けんじゅつか》

宮本武蔵《みやもとむさし》

生没年《せいぼつねん》:1584〜1645年《ねん》　出身地《しゅっしんち》:播磨《はりま》(兵庫県《ひょうごけん》)

江戸時代初期《えどじだいしょき》の剣術家《けんじゅつか》。全国《ぜんこく》を回《まわ》って剣術《けんじゅつ》の修行《しゅぎょう》にはげみ、両手《りょうて》に1本《ぽん》ずつの刀《かたな》を手《て》にして戦《たたか》う二刀流《にとうりゅう》の戦《たたか》い方《かた》を身《み》につけ、これを「二天一流《にてんいちりゅう》」と名《な》づけました。

数々《かずかず》の名勝負《めいしょうぶ》で知《し》られ、とくに剣士《けんし》の佐々木小次郎《ささきこじろう》との「巌流島《がんりゅうじま》の決闘《けっとう》」が有名《ゆうめい》です。死《し》の直前《ちょくぜん》に書《か》いた『五輪書《ごりんのしょ》』には、戦《たたか》いの技《ぎ》術《じゅつ》などが記《しる》されています。

無敵《むてき》を誇《ほこ》った
伝説《でんせつ》の剣豪《けんごう》

宮本武蔵《みやもとむさし》がわかる!　3つのキーワード

❶ 生涯無敗《しょうがいむはい》	13歳《さい》で初決闘《はつけっとう》。その後《ご》、60回以上《かいいじょう》もの勝負《しょうぶ》をおこなったが負《ま》け知《し》らず。
❷ 用意周到《よういしゅうとう》	対戦相手《たいせんあいて》や対戦場所《たいせんばしょ》を研究《けんきゅう》したうえで、勝負《しょうぶ》にのぞんだという。
❸ 芸術家《げいじゅつか》	絵《え》が得意《とくい》で、優《すぐ》れた水墨画《すいぼくが》をいくつか残《のこ》している。

若《わか》くして剣《けん》の道《みち》をこころざした武蔵《むさし》は各地《かくち》を回《まわ》って修行《しゅぎょう》をつみながら多《おお》くの勝負《しょうぶ》をおこなった
剣術家《けんじゅつか》として有名《ゆうめい》になってやる!

おもしろ知識《ちしき》

武蔵《むさし》の身長《しんちょう》は180センチメートルを超《こ》えていたという。当時《とうじ》の男性《だんせい》の平均身長《へいきんしんちょう》が150センチメートル台後半《だいこうはん》だったことを考《かんが》えると、かなり大《おお》がらだったことになる。

1612年《ねん》
武蔵《むさし》の戦《たたか》いの中《なか》で
もっとも名高《なだか》い
巌流島《がんりゅうじま》の決闘《けっとう》が
おこなわれた
やあっ
剣士《けんし》
佐々木小次郎《ささきこじろう》
キンッ
武蔵《むさし》はその生涯《しょうがい》で
敗北《はいぼく》は
一度《いちど》もなかった
巌流島《がんりゅうじま》の決闘後《けっとうご》の
20数年《すうねん》は
不明《ふめい》な点《てん》が多《おお》いが
大坂《おおさか》の陣《じん》
（→P140）や
島原《しまばら》・天草一揆《あまくさいっき》
（→P149）で
幕府側《ばくふがわ》について
戦《たたか》っている
老《お》いてからは
熊本藩《くまもとはん》にむかえられ
剣術《けんじゅつ》の指導《しどう》などを
おこなった
わしの命《いのち》も
残《のこ》り少《すく》ない
自分《じぶん》の技《わざ》や知恵《ちえ》を
文章《ぶんしょう》にして
若《わか》い人《ひと》たちのために
残《のこ》しておこう
死《し》の直前《ちょくぜん》に書《か》いた
『五輪書《ごりんのしょ》』では
剣《けん》や戦《たたか》いの技術《ぎじゅつ》だけでなく
心《こころ》がまえも説《と》かれ
多《おお》くの人々《ひとびと》に影響《えいきょう》をあたえた
現代《げんだい》のみんなが
読《よ》んでも
参考《さんこう》になると思《おも》うよ

おもしろ知識《ちしき》

佐々木小次郎《ささきこじろう》は一般《いっぱん》のものより長《なが》い刀《かたな》を武器《ぶき》としていたが、武蔵《むさし》はそれよりもさらに長《なが》い木刀《ぼくとう》を用意《ようい》して、小次郎《こじろう》を一撃《いちげき》で倒《たお》したという。

キリシタン

天草四郎《あまくさしろう》

生没年《せいぼつねん》:1621?〜1638年《ねん》　出身地《しゅっしんち》:肥後《ひご》（熊本県《くまもとけん》）

「島原《しまばら》・天草一揆《あまくさいっき》」の謎多《なぞおお》き少年指導者《しょうねんしどうしゃ》

江戸時代《えどじだい》のキリシタン。本名《ほんみょう》は益田時貞《ますだときさだ》。子《こ》どものころからかしこく、長崎《ながさき》でキリスト教《きょう》を学《まな》び、不思議《ふしぎ》な力《ちから》と美《うつく》しい顔立《かおだ》ちから、「神《かみ》の子《こ》」といわれました。

1637年《ねん》、高《たか》い税《ぜい》や飢饉《ききん》に苦《くる》しむキリシタンの農民《のうみん》を中心《ちゅうしん》に反乱《はんらん》（島原《しまばら》・天草一揆《あまくさいっき》）が起《お》こると、その総大将《そうだいしょう》となります。一揆軍《いっきぐん》は全滅《ぜんめつ》し、四郎《しろう》も殺《ころ》されました。

天草四郎《あまくさしろう》がわかる！　3つのキーワード

1. **一揆指導者《いっきしどうしゃ》**　わずか17歳《さい》で一揆軍《いっきぐん》の総大将《そうだいしょう》になり、幕府軍《ばくふぐん》にはげしく抵抗《ていこう》した。
2. **キリスト教《きょう》**　幼《おさな》いころからかしこく、長崎《ながさき》でキリスト教《きょう》をくわしく学《まな》んだ。
3. **神《かみ》の子《こ》**　さまざまな不思議《ふしぎ》な力《ちから》を見《み》せ、「神《かみ》の子《こ》」と呼《よ》ばれたという。

天草四郎《あまくさしろう》はさまざまな奇跡《きせき》を起《お》こす少年《しょうねん》として評判《ひょうばん》だった
海面《かいめん》を歩《ある》けるそうだ
鳩《はと》が手《て》のひらで卵《たまご》をうんだ話《はなし》も聞《き》いたぞ
その卵《たまご》の中《なか》からキリストの教《おし》えを書《か》いた紙《かみ》が出《で》てきたとか

当時《とうじ》　島原《しまばら》（長崎県島原《ながさきけんしまばら》）や天草《あまくさ》（熊本県天草《くまもとけんあまくさ》）ではキリスト教《きょう》のきびしい取《と》りしまりや重《おも》い年貢《ねんぐ》のために多《おお》くの人々《ひとびと》が苦《くる》しんでいた

おもしろ知識《ちしき》　ある外国《がいこく》の宣教師《せんきょうし》（キリスト教《きょう》を教《おし》え広《ひろ》める人《ひと》）が、「今《いま》から25年後《ねんご》に天《てん》の使《つか》いの少年《しょうねん》があらわれる」と予言《よげん》し、追放《ついほう》された。島原《しまばら》・天草《あまくさ》の人々《ひとびと》は、四郎《しろう》がその天《てん》の使《つか》いであると信《しん》じていたという。

1637年《ねん》
キリシタンをふくむ農民《のうみん》たちの
不満《ふまん》がついに爆発《ばくはつ》
＊一揆《いっき》が起《お》きた
島原《しまばら》・天草一揆《あまくさいっき》
＊支配者《しはいしゃ》に集団《しゅうだん》で、武力《ぶりょく》をもって逆《さか》らうこと
四郎《しろう》は一揆軍《いっきぐん》
3万《まん》7000人《にん》の
リーダーとなった
われらには
キリストがついています
一揆軍《いっきぐん》は原城《はらじょう》にたてこもり
12万人《まんにん》の幕府軍《ばくふぐん》を苦《くる》しめた
われらには
四郎殿《しろうどの》が
ついているぞ！
しかし
城《しろ》の食料《しょくりょう》や火薬《かやく》が
やがて少《すく》なくなり……
もう
だめだ……
みなさん
四郎殿《しろうどの》
今《いま》この城《しろ》にいるものたちは
天国《てんごく》でも友《とも》だちです
不安《ふあん》がることはありません
1638年《ねん》2月《がつ》
幕府軍《ばくふぐん》の総攻撃《そうこうげき》で
一揆軍《いっきぐん》は全滅《ぜんめつ》した

おもしろ知識《ちしき》

原城《はらじょう》に立《た》てこもった人々《ひとびと》の中《なか》でただ一人《ひとり》の生《い》き残《のこ》りといわれるのが、絵師《えし》の山田《やまだ》右衛門作《えもさく》。一揆《いっき》の終結後《しゅうけつご》は幕府《ばくふ》の役人《やくにん》としてキリシタン取《と》りしまりの仕事《しごと》につき、80数歳《すうさい》まで生《い》きた。

シャクシャイン

生没年《せいぼつねん》:?～1669年《ねん》　出身地《しゅっしんち》:蝦夷地《えぞち》(北海道《ほっかいどう》)

北《きた》の大地《だいち》で戦《たたか》った
アイヌ民族《みんぞく》の英雄《えいゆう》

蝦夷地《えぞち》(北海道《ほっかいどう》)の先住民族《せんじゅうみんぞく》アイヌの指導者《しどうしゃ》の一人《ひとり》。アイヌの生活《せいかつ》をおびやかす松前藩《まつまえはん》に対《たい》し、アイヌの人《ひと》たちをひきいて戦《たたか》いました。その後《ご》、松前藩《まつまえはん》と仲直《なかなお》りをしましたが、松前藩《まつまえはん》にだまされ、殺《ころ》されました。

死後《しご》、アイヌ民族《みんぞく》の誇《ほこ》りとして語《かた》りつがれ、地元《じもと》には銅像《どうぞう》や記念館《きねんかん》が建《た》てられています。

シャクシャインがわかる! 3つのキーワード

❶アイヌ	蝦夷地《えぞち》に古《ふる》くから住《す》んでいた民族《みんぞく》で、独自《どくじ》の言葉《ことば》と文化《ぶんか》を持《も》つ。
❷指導力《しどうりょく》	対立《たいりつ》するアイヌの人《ひと》たちをまとめ、松前藩《まつまえはん》と戦《たたか》った。
❸反乱《はんらん》は失敗《しっぱい》	シャクシャインの死《し》のあと、松前藩《まつまえはん》によるアイヌ支配《しはい》がより強《つよ》まった。

蝦夷地《えぞち》(北海道《ほっかいどう》)では古《ふる》くから「アイヌ」と呼《よ》ばれる人々《ひとびと》がくらしていた
だが江戸時代《えどじだい》に入《はい》ると江戸幕府《えどばくふ》の支配下《しはいか》に置《お》かれ北海道南西部《ほっかいどうなんせいぶ》を拠点《きょてん》とした松前藩《まつまえはん》の支配力《しはいりょく》が強《つよ》まった
お前《まえ》たちが取《と》り引《ひ》きできる相手《あいて》は松前藩《まつまえはん》だけだからな本州《ほんしゅう》や外国《がいこく》の人間《にんげん》とはかかわるな!
取《と》り引《ひ》きで得《とく》をするのは松前藩《まつまえはん》ばかりおれたちは利用《りよう》されているんじゃないか
これだけぇ!?
砂金《さきん》♪砂金《さきん》♪
あいつらが川《かわ》を荒《あ》らすから魚《さかな》も最近《さいきん》とれなくなってきたよな……

おもしろ知識《ちしき》 アイヌは松前藩《まつまえはん》との交易《こうえき》で、干鮭《ほしざけ》、昆布《こんぶ》、トドの皮《かわ》や油《あぶら》などを提供《ていきょう》し、米《こめ》、鉄製品《てっせいひん》、木綿《もめん》などを得《え》ていた。シャクシャインのころの交易《こうえき》は、松前藩《まつまえはん》に有利《ゆうり》な条件《じょうけん》となっていた。

アイヌどうしの争《あらそ》いにも松前藩《まつまえはん》は割《わ》りこんできたぞ
いずれあいつらはわれわれを追《お》い出《だ》す気《き》だ
……
今《いま》こそアイヌが団結《だんけつ》して立《た》ち上《あ》がるときだ
1669年《ねん》アイヌの人々《ひとびと》の不満《ふまん》がついに爆発《ばくはつ》リーダーのシャクシャインは約《やく》2000人《にん》をひきい松前藩《まつまえはん》に戦《たたか》いをいどんだ
相手《あいて》は弓矢《ゆみや》だがわれらは鉄砲《てっぽう》だ！負《ま》けるわけがない！
だが戦《たたか》いが長引《ながび》けば幕府《ばくふ》から罰《ばつ》を受《う》けるかもしれない……
もう戦《たたか》いはやめませんか？
えへへ
わかりました今後《こんご》について話《はな》し合《あ》いましょう
まずはお酒《さけ》でも
はい
ふう〜酔《よ》った酔《よ》ったん？
あっ何《なに》をする
松前藩《まつまえはん》のはかりごとによりシャクシャインは命《いのち》を落《お》とした

おもしろ知識《ちしき》

蝦夷地《えぞち》から遠《とお》く離《はな》れた幕府《ばくふ》にも、シャクシャインの反乱《はんらん》は大《おお》きな衝撃《しょうげき》をあたえた。幕府《ばくふ》は松前藩《まつまえはん》だけでなく津軽藩《つがるはん》（青森県《あおもりけん》）にも出兵《しゅっぺい》を命《めい》じたが、津軽藩《つがるはん》が実際《じっさい》に戦《たたか》う前《まえ》に反乱《はんらん》は終《お》わった。

俳人《はいじん》

松尾芭蕉《まつおばしょう》

生没年《せいぼつねん》:1644〜1694年《ねん》　出身地《しゅっしんち》:伊賀《いが》（三重県《みえけん》）

俳句《はいく》を一流《いちりゅう》の芸術《げいじゅつ》に高《たか》める

江戸《えど》時代前期《じだいぜんき》の俳人《はいじん》（俳句《はいく》を作《つく》る人《ひと》）。津藩《つはん》（三重県《みえけん》）に仕《つか》えていましたが、俳人《はいじん》として生《い》きるため、29歳《さい》で江戸《えど》に移《うつ》り住《す》みます。

その後《ご》、幽玄《ゆうげん》（奥深《おくぶか》い味《あじ》わいのあること）・閑寂《かんじゃく》（静《しず》かでしみじみとした味《あじ》わいがあること）など「蕉風《しょうふう》」と呼《よ》ばれる独自《どくじ》の作風《さくふう》を開拓《かいたく》。俳句《はいく》の芸術性《げいじゅつせい》を高《たか》めました。作品《さくひん》に『奥《おく》の細道《ほそみち》』など。

松尾芭蕉《まつおばしょう》がわかる！ 3つのキーワード

❶ 蕉風《しょうふう》	自然《しぜん》を重視《じゅうし》した奥深《おくぶか》い味《あじ》わいの俳句《はいく》をよみ、独自《どくじ》の作風《さくふう》を生《う》んだ。
❷ 旅好《たびず》き	旅《たび》での経験《けいけん》を、自身《じしん》の俳句《はいく》に多《おお》く取《と》り入《い》れた。
❸ 自然体《しぜんたい》	人《ひと》にこびたり、いばったりすることはなかったという。

深川《ふかがわ》（東京《とうきょう》）芭蕉庵《ばしょうあん》
げろっ
ぴょん
ちゃぽん

おもしろ知識《ちしき》
実《じつ》は芭蕉《ばしょう》は幕府《ばくふ》の隠密《おんみつ》（忍者《にんじゃ》）で、『奥《おく》の細道《ほそみち》』の旅《たび》は、仙台藩《せんだいはん》（宮城県《みやぎけん》）の様子《ようす》を探《さぐ》るためにおこなったものとの説《せつ》がある。

古池《ふるいけ》や蛙《かわず》飛《と》びこむ水《みず》の音《おと》
お――っ
なんて新《あたら》しいんだ！
独特《どくとく》の「軽《かる》み」にあふれた芭蕉《ばしょう》の俳句《はいく》は多《おお》くの人《ひと》をとりこにした
芭蕉《ばしょう》はたびたび旅《たび》に出《で》た
奥州《おうしゅう》（東北《とうほく》）や北陸《ほくりく》へ行《い》ってみよう
芭蕉《ばしょう》の弟子《でし》
曾良《そら》
平泉《ひらいずみ》（岩手県《いわてけん》）
夏草《なつくさ》や兵《つわもの》どもが夢《ゆめ》の跡《あと》
＊激《はげ》しい戦《たたか》いがおこなわれたこの地《ち》も今《いま》は夏草《なつくさ》が生《お》いしげるばかりだ
＊1189年《ねん》に源頼朝が奥州藤原氏《おうしゅうふじわらし》を攻《せ》めほろぼした（→P75）
立石寺《りっしゃくじ》（山形県《やまがたけん》）
閑《しず》かさや岩《いわ》にしみ入《い》る蝉《せみ》の声《こえ》
なんて静《しず》かで清《きよ》らかな場所《ばしょ》なんだ セミの声《こえ》が岩《いわ》にしみ入《い》っていくようだ
この旅《たび》でよんだ俳句《はいく》をまとめたのが『奥《おく》の細道《ほそみち》』だよ
芭蕉《ばしょう》は51歳《さい》のとき旅先《たびさき》の大坂《おおさか》で死去《しきょ》した
旅《たび》に病《や》んで夢《ゆめ》は枯《かれ》野《の》をかけ廻《めぐ》る

おもしろ知識《ちしき》　芭蕉《ばしょう》は34歳《さい》で宗匠《そうしょう》（俳句《はいく》を人《ひと》に教《おし》える先生《せんせい》）になり、多《おお》くの弟子《でし》を教《おし》えていた。しかし、生活《せいかつ》は苦《くる》しかったため水道工事《すいどうこうじ》の仕事《しごと》などもしていた。

脚本家《きゃくほんか》

近松門左衛門《ちかまつもんざえもん》

生没年《せいぼつねん》:1653～1724年《ねん》　出身地《しゅっしんち》:越前《えちぜん》（福井県《ふくいけん》）

江戸《えど》時代《じだい》前《ぜん》・中期《ちゅうき》の浄瑠璃《じょうるり》作家《さっか》。ストーリーや人形《にんぎょう》のせりふを語《かた》る竹本義太夫《たけもとぎだゆう》とのコンビで、人気《にんき》作《さっ》家《か》としての地位《ちい》を不動《ふどう》のものとしました。町人《ちょうにん》社会《しゃかい》の義理《ぎり》・人情《にんじょう》・恋愛《れんあい》などをテーマにした作品《さくひん》を得《とく》意《い》としたほか、歴史《れきし》をテーマにした作品《さくひん》も多《おお》く残《のこ》しています。

浄瑠璃《じょうるり》だけでなく、歌舞伎《かぶき》作者《さくしゃ》としても成功《せいこう》をおさめました。

義理《ぎり》人情《にんじょう》のドラマを
えがいた大人《だいにん》気《き》浄瑠璃《じょうるり》作家《さっか》

近松門左衛門《ちかまつもんざえもん》がわかる！　3つのキーワード

❶ 人形浄瑠璃《にんぎょうじょうるり》	数々《かずかず》のヒット作《さく》を飛《と》ばし、人形浄瑠《にんぎょうじょうる》璃《り》の人気《にんき》を高《たか》めた。
❷ 義理《ぎり》と人情《にんじょう》	義理《ぎり》と人情《にんじょう》の間《あいだ》で悩《なや》む、人間《にんげん》の心《こころ》のゆれを作品《さくひん》にえがいた。
❸ コンビで活躍《かつやく》	人形浄瑠璃《にんぎょうじょうるり》では竹本義太夫《たけもとぎだゆう》、歌舞伎《かぶき》では坂田藤十郎《さかたとうじゅうろう》とのコンビで成功《せいこう》。

公家《くげ》に仕《つか》えていた近松《ちかまつ》は20歳《さい》を過《す》ぎたころから浄瑠璃《じょうるり》作家《さっか》としての修業《しゅぎょう》をはじめた
武士《ぶし》の出《で》らしいね
どうして芝居《しばい》の世界《せかい》なんかに……
こうした芸能《げいのう》の世界《せかい》は当時《とうじ》　職業的《しょくぎょうてき》に低《ひく》く見《み》られがちだった
デビュー作《さく》は31歳《さい》のときに書《か》いた『世継曽我《よつぎそが》』歴史《れきし》を題材《だいざい》としながらもそれを現代風《げんだいふう》にアレンジした点《てん》が大《おお》いに評判《ひょうばん》となった
そして……
新《あたら》しい団体《だんたい》を立《た》ち上《あ》げたので脚本《きゃくほん》を書《か》いてくれませんか？
竹本座《たけもとざ》
竹本義太夫《たけもとぎだゆう》
喜《よろこ》んで！

ことば解説《かいせつ》　「浄瑠璃《じょうるり》」とは、三味線《しゃみせん》の音《おと》に合《あ》わせて物語《ものがたり》を語《かた》る、室町時代《むろまちじだい》に成立《せいりつ》した芸能《げいのう》。「人形浄瑠璃《にんぎょうじょうるり》」はこれに人形《にんぎょう》劇《げき》が加《くわ》わったもので、近松門左衛門《ちかまつもんざえもん》の登場《とうじょう》で一大娯楽《いちだいごらく》となり、現在《げんざい》も「文楽《ぶんらく》」として人気《にんき》がある。

近松門左衛門《ちかまつもんざえもん》
義太夫《ぎだゆう》にたのまれて書《か》いた『出世景清《しゅっせかげきよ》』は大《だい》ヒット
その後《ご》も語《かた》り手《て》の竹本義太夫《たけもとぎだゆう》脚本《きゃくほん》の近松門左衛門《ちかまつもんざえもん》コンビによる人形浄瑠璃《にんぎょうじょうるり》は大人気《だいにんき》となった
40代《だい》のころの近松《ちかまつ》は坂田藤十郎《さかたとうじゅうろう》とのコンビで歌舞伎《かぶき》の世界《せかい》でも成功《せいこう》をおさめた
美《うつく》しい男性《だんせい》の役《やく》が得意《とくい》だった役者《やくしゃ》さんだよ
今度《こんど》はまた人形浄瑠璃《にんぎょうじょうるり》を中心《ちゅうしん》に活動《かつどう》するよ
待《ま》ってたよ～
51歳《さい》のときの作品《さくひん》『曽根崎心中《そねざきしんじゅう》』では悲《かな》しくも激《はげ》しい恋《こい》をする男女《だんじょ》をえがき多《おお》くの人《ひと》たちを感動《かんどう》させた
その後《ご》も優《すぐ》れた作品《さくひん》を連発《れんぱつ》し脚本家《きゃくほんか》としての地位《ちい》をゆるぎないものとした
国性爺合戦《こくせんやかっせん》
作《さく》・近松門左衛門《ちかまつもんざえもん》
近松《ちかまつ》の新作《しんさく》だな
じゃあおもしろいのは確実《かくじつ》だな
最後《さいご》の作品《さくひん》が発表《はっぴょう》された1724年《ねん》に72歳《さい》で死去《しきょ》した
わたしの作品《さくひん》死後《しご》も残《のこ》るのかなあ恥《は》ずかしいけど残《のこ》るといいなあ
300年後《ねんご》も人気《にんき》ですよ

おもしろ知識《ちしき》 愛《あい》をつらぬいた男女《だんじょ》が心中《しんじゅう》（いっしょに死《し》ぬこと）するまでをえがいた『曽根崎心中《そねざきしんじゅう》』は、世間《せけん》に「心中《しんじゅう》ブーム」を巻《ま》き起《お》こした。多《おお》くの男女《だんじょ》が心中《しんじゅう》して大問題《だいもんだい》となり、幕府《ばくふ》は「心中物《しんじゅうもの》」の上演《じょうえん》を禁止《きんし》した。

まとめて
人《じん》物《ぶつ》紹《しょう》介《かい》

町人《ちょうにん》の文化《ぶんか》が花開《はなひら》く

元禄《げんろく》・化政文化《かせいぶんか》

二《ふた》つの文化《ぶんか》の特徴《とくちょう》

	元禄文化《げんろくぶんか》	化政文化《かせいぶんか》
時代《じだい》	江戸時代前期《えどじだいぜんき》の17世紀後半《せいきこうはん》から18世紀《せいき》はじめ ※徳川綱吉《とくがわつなよし》（5代将《だいしょう》軍《ぐん》）の時代《じだい》	江戸時代後期《えどじだいこうき》の19世紀前半《せいきぜんはん》 ※徳川家斉《とくがわいえなり》（11代将《だいしょう》軍《ぐん》）の時代《じだい》
地域《ちいき》	上方《かみがた》（京都《きょうと》・大《おお》坂《さか》）中心《ちゅうしん》	江戸中心《えどちゅうしん》
中心層《ちゅうしんそう》	裕福《ゆうふく》な町人《ちょうにん》	一般的《いっぱんてき》な町人《ちょうにん》
芸術的傾向《げいじゅつてきけいこう》	・現実社会《げんじつしゃかい》をえがく ・上品《じょうひん》な美《うつく》しさ	・わかりやすい楽《たの》しさ ・ユーモアをこめた社会批判《しゃかいひはん》

変化《へんか》した文化《ぶんか》の作《つく》り手《て》

江戸時代以前《えどじだいいぜん》に発展《はってん》した文化《ぶんか》は、武士《ぶし》や貴族《きぞく》など、その時代《じだい》の権力者《けんりょくしゃ》たちの保護《ほご》によって栄《さか》える場合《ばあい》がほとんどでした。しかし平和《へいわ》で安定《あんてい》した江戸時代《えどじだい》に入《はい》ると、町人《ちょうにん》を中心《ちゅうしん》とした文化《ぶんか》が栄《さか》えるようになります。

その代表的《だいひょうてき》なものが、江戸時代前期《えどじだいぜんき》の「元禄文化《げんろくぶんか》」と、江戸時代後期《えどじだいこうき》の「化政《かせい》文化《ぶんか》」です。

元禄文化《げんろくぶんか》

俵屋宗達《たわらやそうたつ》（生没年不明《せいぼつねんふめい》）

謎《なぞ》に満《み》ちた「琳派《りんぱ》」の創始者《そうししゃ》
（→P158上《うえ》）

尾形光琳《おがたこうりん》（1658～1716年《ねん》）

「琳派《りんぱ》」をさらに発展《はってん》させた画家《がか》
（→P158下《した》）

菱川師宣《ひしかわもろのぶ》（?～1694年《ねん》）

最初《さいしょ》の浮世絵師《うきよえし》
（→P157左《ひだり》）

だれかわかるかな?

感情《かんじょう》や欲望《よくぼう》をえがいた作家《さっか》
（→P157右《みぎ》）

松尾芭蕉《まつおばしょう》（→P152）

近松門左衛門《ちかまつもんざえもん》（→P154）

化政文化《かせいぶんか》

だれかわかるかな?

ユーモアあふれる人気作家《にんきさっか》
（→P159上《うえ》）

歴史《れきし》をもとに物語《ものがたり》をえがく
（→P159下《した》）

葛飾北斎《かつしかほくさい》（→P186）

歌川広重《うたがわひろしげ》（→P184）

小林一茶《こばやしいっさ》（→P182）

6人《にん》の秘密《ひみつ》徹底解剖《てっていかいぼう》！

井原西鶴《いはらさいかく》

作家《さっか》

生没年《せいぼつねん》	1642～1693年《ねん》
出身地《しゅっしんち》	大坂《おおさか》（大阪府《おおさかふ》）
文化《ぶんか》	元禄文化《げんろくぶんか》
代表作《だいひょうさく》	『好色一代男《こうしょくいちだいおとこ》』

江戸時代前期《えどじだいぜんき》の大作家《だいさっか》

人間《にんげん》の欲望《よくぼう》や義理人情《ぎりにんじょう》を描《えが》いた作品《さくひん》で人気作家《にんきさっか》となり、町人《ちょうにん》の経済生活《けいざいせいかつ》をえがいた「町人物《ちょうにんもの》」、武士《ぶし》の生活《せいかつ》をえがいた「武家物《ぶけもの》」と呼《よ》ばれるジャンルでも優《すぐ》れた作品《さくひん》を残《のこ》しました。

恋愛《れんあい》と快楽《かいらく》に生《い》きる主人公《しゅじんこう》をえがいた代表作《だいひょうさく》の一《ひと》つ『好色一代男《こうしょくいちだいおとこ》』は、『源氏物語《げんじものがたり》』や『伊勢物語《いせものがたり》』などの古典文学《こてんぶんがく》のパロディともいわれます。

『見《み》返《かえ》り美人《びじん》図《ず》』。あざやかな着物《きもの》の女性《じょせい》がふりかえった瞬間《しゅんかん》を切《き》り取《と》っている。

Image：TNM Image Archives　東京国立博物館所蔵

日本最初《にほんさいしょ》の浮世絵師《うきよえし》

菱川師宣《ひしかわもろのぶ》

画家《がか》

生没年《せいぼつねん》	？～1694年《ねん》
出身地《しゅっしんち》	安房《あわ》（千葉県《ちばけん》）
文化《ぶんか》	元禄文化《げんろくぶんか》
代表作《だいひょうさく》	『見返《みかえ》り美人図《びじんず》』

浮世絵《うきよえ》（版画絵《はんがえ》）を確立《かくりつ》した、「浮世絵《うきよえ》の祖《そ》」といわれる画家《がか》です。それまで本《ほん》の挿絵《さしえ》でしかなかった浮世絵《うきよえ》が、師宣《もろのぶ》の登場《とうじょう》により、浮世絵《うきよえ》そのものが一《ひと》つの独立《どくりつ》した作品《さくひん》として、人気《にんき》を集《あつ》めるようになりました。

浮世絵《うきよえ》だけでなく、肉筆画《にくひつが》（実際《じっさい》に手《て》でかいた絵《え》）も多《おお》く残《のこ》しています。

作品《さくひん》は有名《ゆうめい》だが本人《ほんにん》は謎《なぞ》

俵屋宗達《たわらやそうたつ》

画家《がか》

生没年《せいぼつねん》	不明《ふめい》
出身地《しゅっしんち》	京《きょう》（京都府《きょうとふ》）
文化《ぶんか》	元禄文化《げんろくぶんか》
代表作《だいひょうさく》	『風神雷神図屏風《ふうじんらいじんずびょうぶ》』

『風神雷神図屏風《ふうじんらいじんずびょうぶ》』（部分《ぶぶん》）。
写真《しゃしん》は雷神《らいじん》。

建仁寺所蔵

安土桃山《あづちももやま》～江戸時代《えどじだい》に活躍《かつやく》した画家《がか》ですが、生涯《しょうがい》の多《おお》くは謎《なぞ》につつまれています。『源氏物語《げんじものがたり》』や『伊勢物語《いせものがたり》』など、古典《こてん》を題材《だいざい》にした絵《え》を多《おお》く制作《せいさく》。華《はな》やかな色彩感覚《しきさいかんかく》は尾《お》形光琳《がたこうりん》（→下段《げだん》）に大《おお》きな影響《えいきょう》をあたえ、「琳派《りんぱ》」という新《あら》たな絵画《かいが》の流《なが》れが生《う》まれました。

尾形光琳《おがたこうりん》

ばつぐんの美的《びてき》センス

画家《がか》

生没年《せいぼつねん》	1658～1716年《ねん》
出身地《しゅっしんち》	京《きょう》（京都府京都市《きょうとふきょうとし》）
文化《ぶんか》	元禄文化《げんろくぶんか》
代表作《だいひょうさく》	『燕子花図屏風《かきつばたずびょうぶ》』

『燕子花図屏風《かきつばたずびょうぶ》』（部分《ぶぶん》）。
金《きん》ぱく地《じ》の大画面《だいがめん》にあざやかな燕子花《かきつばた》が咲《さ》き乱《みだ》れる。

根津美術館所蔵

京都《きょうと》の有名《ゆうめい》な呉服屋《ごふくや》に生《う》まれましたが、遺産《いさん》を遊《あそ》びで使《つか》いはたし、30代末《だいすえ》ごろから生《せい》活《かつ》のため絵《え》をかきはじめます。伝統的《でんとうてき》な日本画《にほんが》をベースに、あざやかな色彩《しきさい》と独特《どくとく》のデザイン感覚《かんかく》で、「琳派《りんぱ》」の流《なが》れをさらに発展《はってん》させました。

旅《たび》ブームを加速《かそく》させる

十返舎一九《じっぺんしゃいっく》

小説家《しょうせつか》

生没年《せいぼつねん》	1765～1831年
出身地《しゅっしんち》	駿河《するが》（静岡県《しずおかけん》）
文化《ぶんか》	化政文化《かせいぶんか》
代表作《だいひょうさく》	『東海道中膝栗毛《とうかいどうちゅうひざくりげ》』

ユーモアあふれる小説《しょうせつ》『東《とう》海道中膝栗毛《かいどうちゅうひざくりげ》』がたいへんな評判《ひょうばん》となり、人気作家《にんきさっか》となりました。

『東海道中膝栗毛《とうかいどうちゅうひざくりげ》』は、弥《や》次郎兵衛《じろべえ》と喜多八《きたはち》の二人《ふたり》の主《しゅ》人公《じんこう》が、数々《かずかず》の失敗《しっぱい》を繰《く》り返《かえ》しながら東海道《とうかいどう》を旅《たび》する物語《ものがたり》です。当時《とうじ》、庶民《しょみん》の間《あいだ》で人気《にんき》の娯楽《ごらく》だった旅行《りょこう》のさらなるブームを生《う》みました。

『南総里見八犬伝《なんそうさとみはっけんでん》』が大《だい》ヒット

滝沢馬琴《たきざわばきん》

小説家《しょうせつか》

生没年《せいぼつねん》	1767～1848年《ねん》
出身地《しゅっしんち》	江戸《えど》（東京都《とうきょうと》）
文化《ぶんか》	化政文化《かせいぶんか》
代表作《だいひょうさく》	『南総里見八犬伝《なんそうさとみはっけんでん》』

歴史的事実《れきしてきじじつ》をベースにした、不思議《ふしぎ》な雰囲気《ふんいき》がただよう作風《さくふう》の人気作家《にんきさっか》です。十返舎一九《じっぺんしゃいっく》とともに、原稿料《げんこうりょう》だけで生活《せいかつ》した日本最初《にほんさいしょ》の職業作家《しょくぎょうさっか》となりました。

老《お》いて視力《しりょく》を失《うしな》ってから息子《むすこ》の妻《つま》の協力《きょうりょく》を得《え》て、口述筆記《こうじゅつひっき》（ほかの人《ひと》が口《くち》で述《の》べたものを書《か》き記《しる》すこと）で創作《そうさく》をつづけました。

徳川綱吉《とくがわつなよし》

生没年《せいぼつねん》:1646～1709年《ねん》　出身地《しゅっしんち》:江戸《えど》（東京《とうきょう》）

学問好《がくもんず》きで
動物好《どうぶつず》きの「犬公方《いぬくぼう》」

江戸幕府《えどばくふ》5代将軍《だいしょうぐん》。3代将軍家《だいしょうぐんいえ》光《みつ》の四男《よんなん》。35歳《さい》で将軍《しょうぐん》になり、それまで重視《じゅうし》されていた弓術《きゅうじゅつ》、馬術《ばじゅつ》などの「武《ぶ》」ではなく、礼儀《れいぎ》や学《がく》問《もん》など「文《ぶん》」を大事《だいじ》にするように武士《ぶし》たちに命《めい》じます。

民衆《みんしゅう》に対《たい》しても、法《ほう》や道徳《どうとく》を重《おも》んじた政治《せいじ》を進《すす》めました。しかし、極端《きょくたん》な動物愛護政策《どうぶつあいごせいさく》「生類憐《しょうるいあわれ》みの令《れい》」は人々《ひとびと》を苦《くる》しめました。

徳川綱吉《とくがわつなよし》がわかる！　3つのキーワード

❶ 動物好《どうぶつず》き	動物《どうぶつ》の中《なか》でもとくに犬《いぬ》を大事《だいじ》にしたので、「犬公方《いぬくぼう》」と呼《よ》ばれた。
❷ 学問好《がくもんず》き	学問《がくもん》を重《おも》んじ、自《みずか》ら家臣《かしん》に講義《こうぎ》をおこなうこともあった。
❸ 人材登用《じんざいとうよう》	自分《じぶん》の意《い》のままに政治《せいじ》を動《うご》かせるよう、柳沢吉保《やなぎさわよしやす》などを引《ひ》き立《た》てた。

1680年《ねん》
江戸幕府《えどばくふ》5代将軍《だいしょうぐん》に就任《しゅうにん》
文《ぶん》武《ぶ》
は——い
これからの時代《じだい》
こっちが大事《だいじ》
綱吉《つなよし》は勉強《べんきょう》が
大好《だいす》き
スチャッ
自《みずか》ら家臣《かしん》に
教《おし》えることも
あったという
ほらそこ
寝《ね》ない！
ドッ
学問《がくもん》を重《おも》んじる政治《せいじ》を
進《すす》めた綱吉《つなよし》だったが
さらに世《よ》の中《なか》を
平和《へいわ》にするために
どうするか考《かんが》えた
何《なに》かいい政策《せいさく》
ないかなあ
そうだ！
ぴょこっ

おもしろ知識《ちしき》　「生類憐《しょうるいあわれ》みの令《れい》」は、長男《ちょうなん》が5歳《さい》で死《し》んでしまってから子《こ》どもに恵《めぐ》まれなかった綱吉《つなよし》が、「犬《いぬ》を大切《たいせつ》にすればよい（綱吉《つなよし》が戌年《いぬどし》のため）」と僧《そう》に言《い》われて出《だ》したという説《せつ》もある。

徳川綱吉《とくがわつなよし》
動物《どうぶつ》を大切《たいせつ》にする法律《ほうりつ》を作《つく》ろう！
生類憐《しょうるいあわれ》みの令《れい》
犬《いぬ》をいじめてはいけない
すばらしいっ
まだまだたくさんあるよ
傷《きず》ついた動物《どうぶつ》を見《み》つけたら手当《てあて》すること
病気《びょうき》の牛《うし》や馬《うま》を捨《す》ててはいけない
側用人《そばようにん》 柳沢吉保《やなぎさわよしやす》
しかしこの動物愛護政策《どうぶつあいごせいさく》はその後《ご》どんどんエスカレートし人々《ひとびと》を苦《くる》しめた……
ピィ
ピィ〜
害鳥《がいちょう》も自由《じゆう》に駆除《くじょ》できないなんて……
生《い》きた魚《さかな》を食用《しょくよう》に売《う》っちゃダメなのかー
漁師以外《りょうしいがい》の釣《つ》りも禁止《きんし》になりました……
野良犬《のらいぬ》におそわれても
抵抗《ていこう》すれば
ポカッ
処罰《しょばつ》
野良犬《のらいぬ》を保護《ほご》する大《おお》きな施設《しせつ》も作《つく》った
10万匹《まんーびき》集《しゅう》容《よう》可《か》
お金《かね》がかかってつらいな〜
1709年《ねん》綱吉死去《つなよししきょ》
「生類憐《しょうるいあわれ》みの令《れい》」は廃止《はいし》するなよ
ガクッ
綱吉《つなよし》の死後《しご》「生類憐《しょうるいあわれ》みの令《れい》」はすぐに廃止《はいし》された

ことば解説《かいせつ》 側用人《そばようにん》は綱吉《つなよし》が新《あたら》しく設置《せっち》した役職《やくしょく》で、将軍《しょうぐん》のそばにひかえて、将軍《しょうぐん》の命令《めいれい》を老中《ろうじゅう》（幕府《ばくふ》の最高職《さいこうしょく》）に伝《つた》えるのが仕事《しごと》。綱吉《つなよし》は柳沢吉保《やなぎさわよしやす》などの信頼《しんらい》できる側近《そっきん》を側用人《そばようにん》に置《お》いて、将軍《しょうぐん》の権力強化《けんりょくきょうか》をはかった。

徳《とく》川《がわ》吉《よし》宗《むね》

生没年《せいぼつねん》:1684～1751年《ねん》　出身地《しゅっしんち》:紀伊《きい》（和歌山県《わかやまけん》）

「享保《きょうほう》の改革《かいかく》」で
幕府《ばくふ》を救《すく》った「米将軍《こめしょうぐん》」

江戸《えど》幕府《ばくふ》8代将軍《だいしょうぐん》。幕府《ばくふ》の財政《ざいせい》を立《た》て直《なお》すため、自《みずか》ら節約生活《せつやくせいかつ》を実践《じっせん》します。また、新《あたら》しい田《た》の開発《かいはつ》をおこなうなどして、米《こめ》の収穫量《しゅうかくりょう》アップに取《と》り組《く》みました。

ほかにも、庶民《しょみん》の意見《いけん》を聞《き》くための目安箱《めやすばこ》の設置《せっち》、町火消《まちびけし》（消火《しょうか》活動《かつどう》をおこなう組織《そしき》）の設置《せっち》など、さまざまな改革《かいかく》をおこないました（享保《きょうほう》の改革《かいかく》）。

徳川吉宗《とくがわよしむね》がわかる!　3つのキーワード

❶ 米将軍《こめしょうぐん》	とくに「米《こめ》」に関連《かんれん》する問題《もんだい》に、熱心《ねっしん》に取《と》り組《く》んだ。
❷ 「御三家《ごさんけ》」出身《しゅっしん》	徳川宗家《とくがわそうけ》（徳川家《とくがわけ》の中心《ちゅうしん》となる家《いえ》から）出身《しゅっしん》でない初《はつ》の将軍《しょうぐん》。
❸ 発想力《はっそうりょく》	ほかの将軍《しょうぐん》には見《み》られないほど、数《かず》多《おお》くの新《あたら》しい試《こころ》みをおこなった。

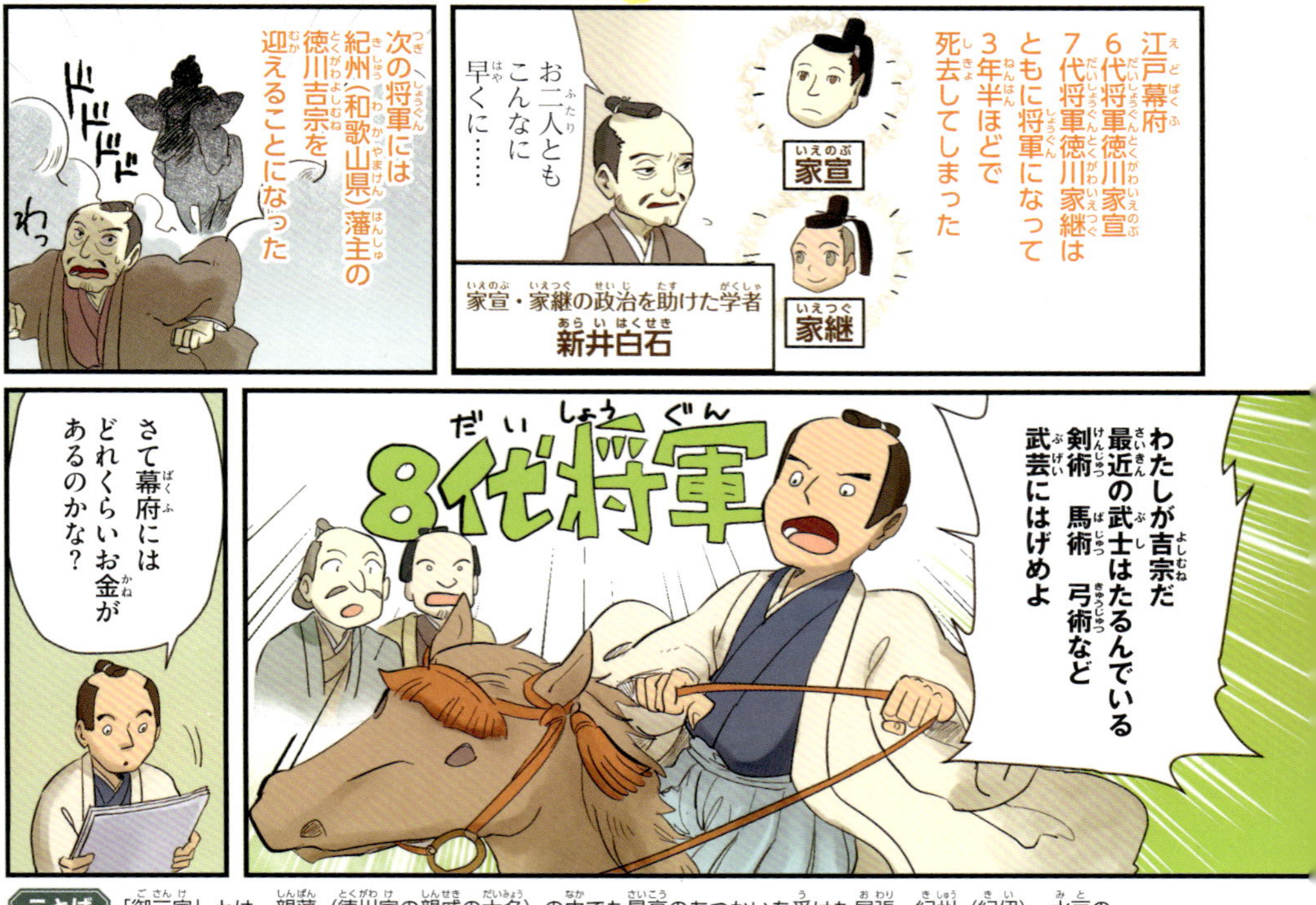
江戸《えど》幕府《ばくふ》
6代将軍《だいしょうぐん》徳川家宣《とくがわいえのぶ》
7代将軍《だいしょうぐん》徳川家継《とくがわいえつぐ》は
ともに将軍《しょうぐん》になって
3年半《ねんはん》ほどで
死去《しきょ》してしまった
家宣《いえのぶ》
家継《いえつぐ》
お二人《ふたり》とも
こんなに
早《はや》くに……
家宣《いえのぶ》・家継《いえつぐ》の政治《せいじ》を助《たす》けた学者《がくしゃ》
新井白石《あらいはくせき》
次《つぎ》の将軍《しょうぐん》には
紀州《きしゅう》（和歌山県《わかやまけん》）藩主《はんしゅ》の
徳川吉宗《とくがわよしむね》を
迎《むか》えることになった
ドドドド
わっ
わたしが吉宗《よしむね》だ
最近《さいきん》の武士《ぶし》はたるんでいる
剣術《けんじゅつ》　馬術《ばじゅつ》　弓術《きゅうじゅつ》など
武芸《ぶげい》にはげめよ
8代将軍《だいしょうぐん》
さて幕府《ばくふ》には
どれくらいお金《かね》が
あるのかな?

ことば解説《かいせつ》　「御三家《ごさんけ》」とは、親藩《しんぱん》（徳川家《とくがわけ》の親戚《しんせき》の大名《だいみょう》）の中《なか》でも最高《さいこう》のあつかいを受《う》けた尾張《おわり》、紀州《きしゅう》（紀伊《きい》）、水戸《みと》の3つの家《いえ》のこと。尾張家《おわりけ》と紀州家《きしゅうけ》には、将軍《しょうぐん》にあとつぎがいない場合《ばあい》、将軍家《しょうぐんけ》をつぐ資格《しかく》があった。

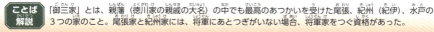

えっ これだけ？
今《いま》までの幕府《ばくふ》は 何《なに》も考《かんが》えずに 金《かね》を使《つか》って いたのか……
これからの将軍家《しょうぐんけ》の 行事《ぎょうじ》はあまり派手《はで》に しないように！
ぜいたくな生活《せいかつ》も 禁止《きんし》だぞ
わたしの服《ふく》を見《み》よ！
木綿《もめん》の着物《きもの》
あとはやはり「米《こめ》」だな
当時《とうじ》 幕府《ばくふ》から武士《ぶし》への給料《きゅうりょう》は米《こめ》だったため 幕府《ばくふ》には多《おお》くの米《こめ》が必要《ひつよう》だった
新《あら》たな田《た》を開発《かいはつ》して 米《こめ》の収穫量《しゅうかくりょう》をふやせ
農民《のうみん》には悪《わる》いが 年貢《ねんぐ》もふやすぞ
あとは 大名《だいみょう》たちにも お願《ねが》いするか
吉宗《よしむね》は幕府《ばくふ》の財政《ざいせい》を建《た》て直《なお》すため 大名《だいみょう》たちから米《こめ》をもらうことにした
たのむよ 参勤交代《さんきんこうたい》の期間《きかん》を 短《みじか》くするからさ
こうした吉宗《よしむね》の努力《どりょく》により 幕府《ばくふ》の財政《ざいせい》は一時的《いちじてき》に危機《きき》を乗《の》り越《こ》えた

おもしろ知識《ちしき》 22歳《さい》で紀州藩主《きしゅうはんしゅ》になったとき、当時《とうじ》の将軍《しょうぐん》だった徳川綱吉《とくがわつなよし》（→P160）から「吉《よし》」の字《じ》をもらい、名前《なまえ》を「頼方《よりかた》」から「吉宗《よしむね》」に変《か》えている。

町火消《まちびけし》
町人《ちょうにん》による消火《しょうか》組織《そしき》を作《つく》り、
消防体制《しょうぼうたいせい》をととのえた
小石川養生所《こいしかわようじょうしょ》
貧《まず》しい人々《ひとびと》のために、
無料《むりょう》の診療所《しんりょうじょ》を作《つく》った
公事方御定書《くじかたおさだめがき》
裁判《さいばん》が公平《こうへい》におこなわれるよう
にするための、ルール作《づく》りをお
こなった
全部《ぜんぶ》あわせて
享保《きょうほう》の改革《かいかく》
ほかにも
わたしがおこなった
改革《かいかく》はこんなにあるぞ
目安箱《めやすばこ》
だれもが幕府《ばくふ》に意見《いけん》を述《の》べられる
ように、意見《いけん》を入《い》れる箱《はこ》を置《お》いた
洋書輸入《ようしょゆにゅう》
新《あたら》しい知識《ちしき》を取《と》り入《い》れるため、
禁止《きんし》されていた洋書《ようしょ》の輸入《ゆにゅう》を
一部《いちぶ》認《みと》めた
さつまいも
食料不足《しょくりょうぶそく》にそなえて、さつまいもの収穫量《しゅうかくりょう》アップにつとめた

おもしろ知識《ちしき》

海外《かいがい》の知識《ちしき》を積極的《せっきょくてき》に導入《どうにゅう》しようとした吉宗《よしむね》は、海外《かいがい》の動物《どうぶつ》にも強《つよ》い興味《きょうみ》をもち、江戸《えど》に運《はこ》んだ。そのうちとくに人気《にんき》だったのがベトナムの「象《ぞう》」。はじめて見《み》る巨大《きょだい》な動物《どうぶつ》に、人々《ひとびと》は熱狂《ねっきょう》したという。

歴史《れきし》ミステリー

ライバルたちの相次《あいつ》ぐ死《し》

紀州家《きしゅうけ》の四男《よんなん》だった吉宗《よしむね》は、本来《ほんらい》、将軍《しょうぐん》になる可能性《かのうせい》は限《かぎ》りなく低《ひく》かった。だが10年《ねん》ほどの間《あいだ》に、徳川宗家《とくがわそうけ》（徳川家《とくがわけ》の中心《ちゅうしん》となる家柄《いえがら》）の血筋《ちすじ》がとだえ、自分《じぶん》の兄《あに》たちや、同《おな》じ御三家《ごさんけ》の尾張藩《おわりはん》の藩主《はんしゅ》が相次《あいつ》いで死去《しきょ》。将軍《しょうぐん》の座《ざ》が転《ころ》がりこんできた。

そのため自身《じしん》の兄《あに》や尾張藩主《おわりはんしゅ》の死《し》には、吉宗《よしむね》の家来《けらい》がかかわっていたとの疑惑《ぎわく》がささやかれている。

その死《し》には吉宗《よしむね》がかかわっていた？

紀伊藩《きいはん》３代藩主《だいはんしゅ》
徳川綱教《とくがわつなのり》
1705年《ねん》に死亡《しぼう》

紀伊藩《きいはん》４代藩主《だいはんしゅ》
徳川頼職《とくがわよりもと》
1705年《ねん》に死亡《しぼう》

尾張藩《おわりはん》４代藩主《だいはんしゅ》
徳川吉通《とくがわよしみち》
1713年《ねん》に死亡《しぼう》

尾張藩《おわりはん》５代藩主《だいはんしゅ》
徳川五郎太《とくがわごろうた》
1713年《ねん》に死亡《しぼう》

おもしろ知識《ちしき》 吉宗《よしむね》の後継者《こうけいしゃ》は、病弱《びょうじゃく》な長男《ちょうなん》の家重《いえしげ》よりも、頭《あたま》のいい次男《じなん》の宗武《むねたけ》のほうがよいと考《かんが》えるものも多《おお》かった。だが吉宗《よしむね》は、年上《としうえ》の者《もの》に将軍《しょうぐん》をつがせるというルールにしたがい、家重《いえしげ》に決《き》めた。

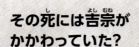

政治家《せいじか》

田《た》沼《ぬま》意《おき》次《つぐ》

生没年《せいぼつねん》:1719～1788年《ねん》　出身地《しゅっしんち》:江戸《えど》（東京都《とうきょうと》）

江戸《えど》時代《じだい》中期《ちゅうき》の老中《ろうじゅう》（幕府《ばくふ》の最《さい》高職《こうしょく》）。江戸《えど》幕府《ばくふ》9代《だい》将軍《しょうぐん》の徳川《とくがわ》家重《いえしげ》、10代《だい》将軍《しょうぐん》の徳川《とくがわ》家治《いえはる》に信頼《しんらい》されて出世《しゅっせ》。老中《ろうじゅう》になると、経済《けいざい》を重視《じゅうし》した政策《せいさく》を打《う》ち出《だ》しました。

しかし、悪《わる》いことをする役人《やくにん》や商人《しょうにん》がふえたり、物価《ぶっか》が上昇《じょうしょう》したりしたため多《おお》くの人《ひと》からきらわれます。家治《いえはる》が死《し》ぬと権力《けんりょく》の座《ざ》からすべり落《お》ちました。

積極的《せっきょくてき》な経済政策《けいざいせいさく》で
幕府《ばくふ》の財政危機《ざいせいきき》にいどむ

田《た》沼《ぬま》意《おき》次《つぐ》がわかる！　3つのキーワード

❶ 経済政策《けいざいせいさく》　経済《けいざい》を活発《かっぱつ》にすることが、幕府財政《ばくふざいせい》を立《た》て直《なお》すと考《かんが》えた。

❷ わいろ　田沼《たぬま》の時代《じだい》には、わいろがさかんにおこなわれ、政治《せいじ》が乱《みだ》れた。

❸ 大出世《だいしゅっせ》　身分《みぶん》の高《たか》い武士《ぶし》ではなかったが、能力《のうりょく》だけで老中《ろうじゅう》までのぼりつめた。

田沼《たぬま》は江戸《えど》幕府《ばくふ》9代《だい》将軍《しょうぐん》徳川《とくがわ》家重《いえしげ》と10代《だい》将軍《しょうぐん》家治《いえはる》に信頼《しんらい》された
わしは引退《いんたい》するから政治《せいじ》のことは田沼《たぬま》にまかせなさい
徳川家治《とくがわいえはる》
徳川家重《とくがわいえしげ》
幕府《ばくふ》の財政《ざいせい》を建《た》て直《なお》すためには米《こめ》ではなくお金《かね》の収入《しゅうにゅう》をふやすことが大事《だいじ》です
商人《しょうにん》たちが商売《しょうばい》のしやすい環境《かんきょう》を作《つく》って商業《しょうぎょう》を発展《はってん》させて
お金《かね》をもうけた彼《かれ》らから税金《ぜいきん》を取《と》ります
ぽかーーーん…

おもしろ知識《ちしき》　以前《いぜん》は「わいろが大好《だいす》きな悪《わる》い政治家《せいじか》」と評価《ひょうか》されていた田沼《たぬま》だが、最近《さいきん》の研究《けんきゅう》では「江戸時代《えどじだい》のだれよりも経済《けいざい》を重視《じゅうし》していた優《すぐ》れた政治家《せいじか》」という別《べつ》の一面《いちめん》が取《と》り上《あ》げられるようになっている。

商人《しょうにん》から金《かね》を
めぐんで
もらうようで
はずかしいなあ
ダンッ
そんなこと
言《い》ってる場合《ばあい》じゃない！
金《かね》がないんだよ
幕府《ばくふ》には！
貿易《ぼうえき》ももっと
さかんにしよう
銅《どう》や海産物《かいさんぶつ》の
輸出《ゆしゅつ》をふやしたら
金《かね》になるだろう
もちろん農地《のうち》の整備《せいび》も大事《だいじ》
広大《こうだい》な印旛沼《いんばぬま》（千葉県《ちばけん》）を
陸地《りくち》にして田畑《たはた》をふやすぞ
幕府《ばくふ》の財政《ざいせい》は上向《うわむ》いたが
田沼《たぬま》の権力《けんりょく》も大《おお》きくなり　多《おお》くの武士《ぶし》や商人《しょうにん》が
田沼《たぬま》に気《き》に入《い》られようとした
父上《ちちうえ》
またプレゼントが
届《とど》きました
もらっとけ
もらっとけ
だが武士《ぶし》の中《なか》には
こうした状況《じょうきょう》を
よく思《おも》わない者《もの》もおり
息子《むすこ》の意知《おきとも》が
殺《ころ》される
事件《じけん》も起《お》きた
田沼《たぬま》のせいで
「わいろ」が
あたり前《まえ》の
世《よ》の中《なか》に
なってしまった
さらに
「天明《てんめい》のききん」の影響《えいきょう》で
一揆《いっき》や*打《う》ちこわしがふえ
田沼政治《たぬませいじ》に対《たい》する民衆《みんしゅう》の不満《ふまん》が
強《つよ》まっていった
米《こめ》の値段《ねだん》は
上《あ》がる一方《いっぽう》だ
田沼《たぬま》の政治《せいじ》が
悪《わる》いせいだ
将軍家治《しょうぐんいえはる》が死去《しきょ》すると
財産《ざいさん》のほとんどを没収《ぼっしゅう》され
翌年《よくねん》　死去《しきょ》した
*貧《まず》しい人々《ひとびと》が、裕福《ゆうふく》な商人《しょうにん》の家《いえ》などを破壊《はかい》する行為《こうい》

おもしろ知識《ちしき》 ある朝《あさ》、田沼《たぬま》が庭《にわ》の池《いけ》を見《み》て「魚《さかな》がいたらおもしろいのになあ」とつぶやいた。するとその日《ひ》の夕方《ゆうがた》には、田沼《たぬま》に気《き》に入《い》られたい人《ひと》たちから届《とど》けられたたくさんの魚《さかな》が池《いけ》を泳《およ》ぎ回《まわ》っていたという。

政治家《せいじか》

松《まつ》平《だいら》定《さだ》信《のぶ》

生没年《せいぼつねん》:1758～1829年《ねん》　出身地《しゅっしんち》:江戸《えど》（東京都《とうきょうと》）

「寛政《かんせい》の改革《かいかく》」をおこなった
清《きよ》く正《ただ》しい老中《ろうじゅう》

　江戸《えど》時代後期《じだいこうき》の老中《ろうじゅう》（幕府《ばくふ》の最高職《さいこうしょく》）。白河藩《しらかわはん》（福島県《ふくしまけん》）の藩主《はんしゅ》として活躍後《かつやくご》、老中《ろうじゅう》として江戸幕《えどばく》府《ふ》11代将軍《だいしょうぐん》の徳川家斉《とくがわいえなり》を補佐《ほさ》。

　ぜいたくの禁止《きんし》、囲米《かこいまい》（食料不足《しょくりょうぶそく》にそなえて米《こめ》をためておくこと）、寛政異学《かんせいいがく》の禁《きん》（身分関係《みぶんかんけい》を重《おも》んじる朱子学《しゅしがく》以外《いがい》の学問《がくもん》を禁《きん》じる政策《せいさく》）など、「寛政《かんせい》の改革《かいかく》」と呼《よ》ばれる政治《せいじ》をおこないました。

松平定信《まつだいらさだのぶ》がわかる！　3つのキーワード

❶ ぜいたく禁止《きんし》	武士《ぶし》にも町人《ちょうにん》にも、節約生活《せつやくせいかつ》をおこなうよう命《めい》じた。
❷ 吉宗《よしむね》の孫《まご》	祖父《そふ》である８代将軍吉宗《だいしょうぐんよしむね》の「享保《きょうほう》の改革《かいかく》」を目標《もくひょう》にしていた。
❸ きびしすぎ	生真面目《きまじめ》な定信《さだのぶ》の政治《せいじ》は、庶民《しょみん》や武士《ぶし》、最後《さいご》は将軍《しょうぐん》にもきらわれた。

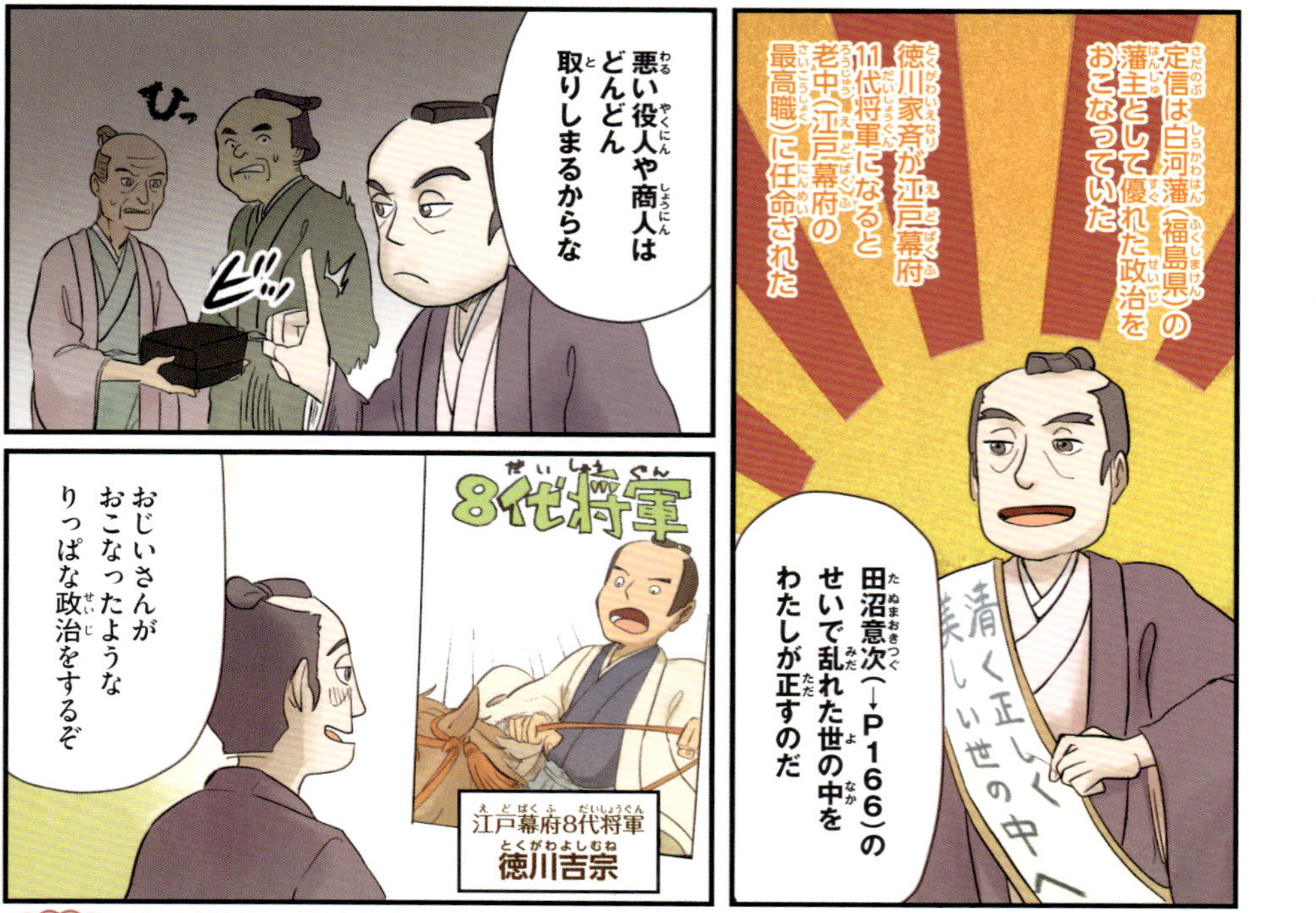
定信《さだのぶ》は白河藩《しらかわはん》（福島県《ふくしまけん》）の藩主《はんしゅ》として優《すぐ》れた政治《せいじ》をおこなっていた
徳川家斉《とくがわいえなり》が江戸幕府《えどばくふ》11代将軍《だいしょうぐん》になると老中《ろうじゅう》（江戸幕府《えどばくふ》の最高職《さいこうしょく》）に任命《にんめい》された
田沼意次《たぬまおきつぐ》（→P166）のせいで乱《みだ》れた世《よ》の中《なか》をわたしが正《ただ》すのだ
清く正しい世の中へ
悪《わる》い役人《やくにん》や商人《しょうにん》はどんどん取《と》りしまるからな
ひっ
ビッ
8代《だい》将軍《しょうぐん》
江戸幕府《えどばくふ》8代将軍《だいしょうぐん》
徳川吉宗《とくがわよしむね》
おじいさんがおこなったようなりっぱな政治《せいじ》をするぞ

おもしろ知識《ちしき》

父《ちち》の田安宗武《たやすむねたけ》が８代将軍徳川吉宗《だいしょうぐんとくがわよしむね》の次男《じなん》という血統《けっとう》だったため、場合《ばあい》によっては定信《さだのぶ》が11代将軍《だいしょうぐん》になる可能性《かのうせい》もあった。しかし田沼意次《たぬまおきつぐ》の妨害《ぼうがい》もあり、早《はや》い段階《だんかい》で将軍《しょうぐん》の後継者《こうけいしゃ》レースから外《はず》されてしまった。

大名《だいみょう》たちは 食料《しょくりょう》不足《ぶそく》にそなえて 米《こめ》をたくわえなさい
囲米《かこいまい》
寛政異学《かんせいいがく》の禁《きん》
幕府《ばくふ》の学問所《がくもんじょ》では 幕府《ばくふ》が認《みと》めた学問《がくもん》だけ 教《おし》えなさい
武士《ぶし》たちは学問《がくもん》と武芸《ぶげい》を しっかりやりなさい ぜいたくなくらしもだめだぞ
ええーーーっ
ビリッ
町人《ちょうにん》たちもぜいたくするな 派手《はで》な服装《ふくそう》は禁止《きんし》 社会《しゃかい》のためにならないような ふざけた本《ほん》の出版《しゅっぱん》も禁止《きんし》だ
寛政《かんせい》の改革《かいかく》の主《おも》な政策《せいさく》
武士《ぶし》に金《かね》を貸《か》した商人《しょうにん》たちよ 6年以上前《ねんいじょうまえ》の武士《ぶし》の借金《しゃっきん》は なかったことにしてくれ
えっ
今《いま》までみたいに お金《かね》を 貸《か》してくれなく なっちゃった……
寛政《かんせい》の改革《かいかく》は 一定《いってい》の成果《せいか》をあげたが あまりにきびしく 人々《ひとびと》は疲《つか》れてしまった
息苦《いきぐる》しくて 毎日《まいにち》が つまらない
田沼時代《たぬまじだい》が なつかしい……
はぁ
ついに将軍家斉《とくがわいえなり》からもきらわれ 定信《さだのぶ》は老中《ろうじゅう》をやめさせられ 寛政《かんせい》の改革《かいかく》はわずか6年《ねん》で終《お》わった
将軍《しょうぐん》であるわしにも いろいろうるさく 言《い》うんだもん……
11代将軍《だいしょうぐん》 徳川家斉《とくがわいえなり》

おもしろ知識《ちしき》 定信《さだのぶ》の政治《せいじ》はきびしすぎたため、「白河《しらかわ》の清《きよ》きに魚《うお》も住《す》みかねて もとの濁《にご》りの田沼恋《たぬまこい》しき」という田沼時《たぬまじ》代《だい》をなつかしむ歌《うた》が庶民《しょみん》に流行《りゅうこう》した。「白河《しらかわ》」とは定信《さだのぶ》のこと。

水野忠邦《みずのただくに》

生没年《せいぼつねん》:1794～1851年《ねん》　出身地《しゅっしんち》:江戸《えど》（東京都《とうきょうと》）

失敗《しっぱい》に終《お》わった
「天保《てんぽう》の改革《かいかく》」

江戸時代後期《えどじだいこうき》の老中《ろうじゅう》（幕府《ばくふ》の最《さい》高職《こうしょく》）。江戸幕府《えどばくふ》11代将軍《だいしょうぐん》の徳川《とくがわ》家斉《いえなり》の代《だい》に老中《ろうじゅう》に就任《しゅうにん》。

その後《ご》、12代将軍《だいしょうぐん》徳川《とくがわ》家慶《いえよし》の代《だい》になると、幕府《ばくふ》の中心《ちゅうしん》となって政治《せいじ》をおこないます。幕府《ばくふ》の力《ちから》を世《よ》の中《なか》に見《み》せつけることで、弱《よわ》まっていた幕府《ばくふ》を立《た》て直《なお》そうとしました（天保《てんぽう》の改革《かいかく》）。しかし各方面《かくほうめん》から反発《はんぱつ》をまねき、改革《かいかく》は失敗《しっぱい》しました。

水野忠邦《みずのただくに》がわかる！　3つのキーワード

❶ 娯楽《ごらく》の制限《せいげん》	庶民《しょみん》の楽《たの》しみを禁止《きんし》したり制限《せいげん》したりして、反発《はんぱつ》をまねいた。
❷ 幕府《ばくふ》の弱体化《じゃくたいか》	武士《ぶし》たちからも反発《はんぱつ》され、幕府《ばくふ》の権《けん》威《い》の低下《ていか》が決定的《けっていてき》となった。
❸ 野心家《やしんか》	さまざまな手《て》を使《つか》って、幕府《ばくふ》の最高《さいこう》職《しょく》である老中《ろうじゅう》まで出世《しゅっせ》した。

当時《とうじ》　相次《あいつ》ぐききんで米《こめ》の値段《ねだん》が急上昇《きゅうじょうしょう》し農民《のうみん》たちは苦《くる》しんでいた
各地《かくち》で一揆《いっき》が発生《はっせい》し社会《しゃかい》は混乱《こんらん》幕府《ばくふ》の権威《けんい》もゆるんでいた
一方《いっぽう》　唐津藩《からつはん》（佐賀県《さがけん》）の藩主《はんしゅ》忠邦《ただくに》には日本《にほん》の政治《せいじ》を動《うご》かすという夢《ゆめ》があった
わたしを幕府《ばくふ》の重要《じゅうよう》な職《しょく》につけてください
ドン
幕府《ばくふ》に領地《りょうち》の変更《へんこう》を希望《きぼう》それが認《みと》められた
唐津藩《からつはん》から浜松藩《はままつはん》（静岡県《しずおかけん》）へ
やがて出世《しゅっせ》を重《かさ》ね老中《ろうじゅう》（幕府《ばくふ》の最高職《さいこうしょく》）になった
世《よ》の中《なか》を引《ひ》きしめ幕府《ばくふ》の財政《ざいせい》と権威《けんい》を回復《かいふく》させてみせます
うむ

おもしろ知識《ちしき》　忠邦《ただくに》は、「寛政《かんせい》の改革《かいかく》」をおこなった松平定信《まつだいらさだのぶ》（→P168）を尊敬《そんけい》しており、実際《じっさい》に会《あ》っていろいろ質問《しつもん》をしたこともあった。なお「天保《てんぽう》の改革《かいかく》」の際《さい》、水野《みずの》は定信《さだのぶ》の子《こ》を重要《じゅうよう》な役職《やくしょく》につけている。

天保《てんぽう》の改革《かいかく》
まずは最近《さいきん》浮《う》かれている町人《ちょうにん》たちを引《ひ》きしめるぞ
ぎゅっ
ぜいたくな料理《りょうり》
はでな着物《きもの》や装飾品《そうしょくひん》
落語《らくご》
役者絵《やくしゃえ》
これ以外《いがい》にも忠邦《ただくに》は小説《しょうせつ》や歌舞伎《かぶき》など町人《ちょうにん》たちの娯楽《ごらく》を制限《せいげん》し大《おお》きな反発《はんぱつ》をまねいた
さらに……
人返《ひとがえ》し令《れい》
江戸《えど》への引《ひ》っ越《こ》しは禁止《きんし》！むしろ農民《のうみん》を地元《じもと》に帰《かえ》らせて農業《のうぎょう》をさせるぞ
商人《しょうにん》たちの組合《くみあい》（株仲間《かぶなかま》）を解散《かいさん》させるぞ
彼《かれ》らのせいで物価《ぶっか》が上《あ》がったのだ
いまさら田舎《いなか》に帰《かえ》りたくないよ
流通《りゅうつう》が混乱《こんらん》してぜんぜんものが安《やす》くならない……
しかしこれらの政策《せいさく》もうまくいかなかった
忠邦《ただくに》は幕府《ばくふ》による江戸《えど》・大坂周辺《おおさかしゅうへん》の支配《しはい》を強《つよ》めるためあるアイデアを思《おも》いついた
江戸《えど》と大坂《おおさか》に近《ちか》い大名《だいみょう》や旗本《はたもと》たちの領地《りょうち》を幕府《ばくふ》に返《かえ》させ別《べつ》の土地《とち》をあたえよう
ニヤリ
上知令《あげちれい》
絶対《ぜったい》いやだ
びくっ
だが　大名《だいみょう》や旗本《はたもと》　そこでくらす領民《りょうみん》たちまでもが激《はげ》しく抵抗《ていこう》
幕府《ばくふ》の考《かんが》えが反対《はんたい》されるなんて……幕府《ばくふ》の力《ちから》はここまで弱《よわ》まったのか
上知令《あげちれい》は実行《じっこう》されることなく天保《てんぽう》の改革《かいかく》は3年《ねん》ほどで終《お》わった

おもしろ知識《ちしき》
「天保《てんぽう》の改革《かいかく》」の失敗《しっぱい》で老中《ろうじゅう》をやめさせられた忠邦《ただくに》だが、その９か月後《げつご》、ふたたび老中《ろうじゅう》に任命《にんめい》されている。だが以前《いぜん》のように政治《せいじ》の中心《ちゅうしん》に立《た》つことはなく、また、本人《ほんにん》の気力《きりょく》のおとろえもあり、活躍《かつやく》できなかった。

歴史人物《れきしじんぶつ》
座談会《ざだんかい》

江戸編《えどへん》1 三大改革《さんだいかいかく》の正体《しょうたい》

出席者《しゅっせきしゃ》

水野忠邦《みずのただくに》

松平定信《まつだいらさだのぶ》

徳川吉宗《とくがわよしむね》

近松門左衛門《ちかまつもんざえもん》

今日《きょう》の座談会《ざだんかい》のテーマは、「江戸幕府《えどばくふ》の三大改革《さんだいかいかく》」についてです。みなさん、自己紹介《じこしょうかい》をお願《ねが》いします。

「享保《きょうほう》の改革《かいかく》（1716～1745年《ねん》）」をおこなった徳川吉宗《とくがわよしむね》だ。

「寛政《かんせい》の改革《かいかく》（1787～1793年《ねん》）」をおこなった松平定信《まつだいらさだのぶ》です。

「天保《てんぽう》の改革《かいかく》（1841～1843年《ねん》）」をおこなった水野忠邦《みずのただくに》です。

ちなみに吉宗公《よしむねこう》は将軍《しょうぐん》、松平様《まつだいらさま》と水野様《みずのさま》は老中《ろうじゅう》（幕府《ばくふ》の最高職《さいこうしょく》）という立場《たちば》で改革《かいかく》をおこないました。さて、吉宗公《よしむねこう》が8代将軍《だいしょうぐん》となったときはすでに、幕府《ばくふ》の財政状態《ざいせいじょうたい》はかなり悪《わる》かったそうですが。

ひどいもんだったよ。江戸幕府《えどばくふ》は260年以上《ねんいじょう》つづいたといっても、誕生《たんじょう》から100年《ねん》ほどたった1700年《ねん》ごろにはもう、幕府《ばくふ》の財政《ざいせい》は悪化《あっか》しはじめていたんだ。

そんなに早《はや》くからですか？

3代将軍《だいしょうぐん》の家光公《いえみつこう》や、5代将軍《だいしょうぐん》の綱吉公《つなよしこう》は、かなりぜいたくなお金《かね》の使《つか》い方《かた》をしていたらしいからね。

幕府《ばくふ》の財政《ざいせい》を上向《うわむ》かせること、そしてそのために、幕府《ばくふ》の財政《ざいせい》のもととなっていた米《こめ》の収穫《しゅうかく》をふやすこと、これが「三大改革《さんだいかいかく》」に共通《きょうつう》したテーマだったというわけさ。

吉宗公《よしむねこう》は、どのように幕府《ばくふ》の財政《ざいせい》を立《た》て直《なお》そうとしたんでしょうか？

幕府《ばくふ》のむだづかいをやめさせたのはもちろん、新《あたら》しい田《た》の開発《かいはつ》をすすめたり、年貢《ねんぐ》の制度《せいど》を幕府《ばくふ》に有利《ゆうり》なようにあらためたりしたんだ。

吉宗公《よしむねこう》のこうした方針《ほうしん》は、のちの「寛政《かんせい》の改革《かいかく》」や「天保《てんぽう》の改革《かいかく》」の手本《てほん》となったんだよ。

なるほど。こうした三大改革《さんだいかいかく》によって、幕府《ばくふ》の財政《ざいせい》が上向《うわむ》いたというわけですね。

……。

実《じつ》はそうでもないんだ。江戸幕府《えどばくふ》という組織《そしき》は、武士《ぶし》に米《こめ》で給料《きゅうりょう》をはらっていたように、「経済《けいざい》の中心《ちゅうしん》は米《こめ》」という考《かんが》えで成《な》り立《た》っていたんだ。だけど江戸《えど》時代《じだい》の中《なか》ごろには、世《よ》の中《なか》では「お金《かね》」が経済《けいざい》の中心《ちゅうしん》になっていたんだよ。

つまり米《こめ》の収穫量《しゅうかくりょう》アップが、そのまま幕府《ばくふ》の財政《ざいせい》アップにつながるわけではなかったんだ。

そしてわれわれ幕府《ばくふ》は最後《さいご》まで、時代《じだい》の流《なが》れに合《あ》わせて政治《せいじ》のシステムを作《つく》り変《か》えることができなかったというわけ……。

わしの「享保《きょうほう》の改革《かいかく》」では、確《たし》かに米《こめ》の収穫量《しゅうかくりょう》はアップした。でもそのために、米《こめ》の価格《かかく》が下《さ》がって農民《のうみん》が苦《くる》しんだり、一部《いちぶ》の商人《しょうにん》だけがもうかったりするような世《よ》の中《なか》になってしまったんだ。

時代《じだい》にそぐわない改革《かいかく》によって、新《あたら》しい問題《もんだい》が生《う》まれてしまったというわけですね。

それでもわしの時代《じだい》は、まだ幕府《ばくふ》の権威《けんい》は高《たか》かった。「公事方御定書《くじかたおさだめがき》」や、町火消《まちびけし》の制度《せいど》なども作《つく》った「享保《きょうほう》の改革《かいかく》」は、成功《せいこう》だったと評価《ひょうか》されることのほうが多《おお》いよ。

けれどもわたしの「寛政《かんせい》の改革《かいかく》」は、それほど大《おお》きな成果《せいか》はあげられませんでした。

わたしの「天保《てんぽう》の改革《かいかく》」にいたっては、やることなすこと失敗《しっぱい》ばかり。このころにはもう、幕府《ばくふ》の権威《けんい》は大《おお》きく低下《ていか》していました……。

「寛政《かんせい》の改革《かいかく》」も「天保《てんぽう》の改革《かいかく》」も、いろいろときびしい規制《きせい》を設《もう》けて、町人《ちょうにん》たちから不評《ふひょう》だったようですね。

町人《ちょうにん》の立場《たちば》に寄《よ》りそって多《おお》くの作品《さくひん》を書《か》いた近松《ちかまつ》さんにそれを言《い》われると、きついね……。

幕府《ばくふ》の権威《けんい》を守《まも》るため、しかたなかったんだよ。

「江戸《えど》時代《じだい》の三大改革《さんだいかいかく》」という言葉《ことば》には、「幕府《ばくふ》の状態《じょうたい》を大《おお》きく改善《かいぜん》させた3つの改革《かいかく》」というイメージがあったんですが、実際《じっさい》はそうでもなかったんですね……。

平賀源内《ひらがげんない》

生没年《せいぼつねん》:1728〜1779年《ねん》　出身地《しゅっしんち》:讃岐《さぬき》(香川県《かがわけん》)

江戸《えど》時代《じだい》中期《ちゅうき》の本草学者《ほんぞうがくしゃ》（薬《くすり》になる植物《しょくぶつ》を研究《けんきゅう》する学者《がくしゃ》）。江戸《えど》で日本《にほん》初《はつ》の物産展《ぶっさんてん》を開《ひら》き、本草学《ほんぞうがく》の発展《はってん》につとめました。また本草《ほんぞう》学者《がくしゃ》だけでなく、作家《さっか》、画家《がか》、発明家《はつめいか》などさまざまな顔《かお》を持《も》ち、多《おお》くの分野《ぶんや》で才能《さいのう》を発揮《はっき》しました。静電気《せいでんき》を発生《はっせい》させる西洋《せいよう》の医療《いりょう》器具《きぐ》「エレキテル」の修理《しゅうり》復元《ふくげん》に成功《せいこう》したことでとくに有名《ゆうめい》です。

時代《じだい》を先取《さきど》りした天才《てんさい》クリエーター

平賀源内《ひらがげんない》がわかる!　3つのキーワード

❶ 多才《たさい》	理系《りけい》・文系《ぶんけい》・芸術系《げいじゅつけい》と、幅広《はばひろ》い才能《さいのう》の持《も》ち主《ぬし》だった。
❷ 器用貧乏《きようびんぼう》	結局《けっきょく》、どの分野《ぶんや》でも自身《じしん》が望《のぞ》む大《おお》きな功績《こうせき》は残《のこ》せず、後悔《こうかい》していた。
❸ 不幸《ふこう》な最期《さいご》	酒《さけ》に酔《よ》って殺人《さつじん》を犯《おか》し、牢内《ろうない》で病気《びょうき》になって死去《しきょ》。

源内《げんない》は小《ちい》さいころから天才少年《てんさいしょうねん》として評判《ひょうばん》だった
20代半《だいなか》ばのとき江戸《えど》で本草学者《ほんぞうがくしゃ》として活躍《かつやく》したが
この植物《しょくぶつ》はいい薬《くすり》になるな
本草学者《ほんぞうがくしゃ》
ほかのさまざまな分野《ぶんや》でも才能《さいのう》を見《み》せた
本草学《ほんぞうがく》以外《いがい》にもアイデアはたくさんあるぞ!

おもしろ知識《ちしき》　源内《げんない》は、のちに老中《ろうじゅう》になって大《おお》きな権力《けんりょく》をふるった江戸幕府《えどばくふ》の実力者《じつりょくしゃ》の田沼意次《たぬまおきつぐ》（→P166）にも、才能《さいのう》を注目《ちゅうもく》されていた。

各地《かくち》の植物《しょくぶつ》や鉱物《こうぶつ》を集《あつ》めたイベントを何度《なんど》も開《ひら》いたよ
イベントプロデューサー
地質学者《ちしつがくしゃ》
珍石発見《ちんせきはっけん》！
日本初《にほんはつ》の油絵《あぶらえ》！
画家《がか》
器《うつわ》も作《つく》る！
陶芸家《とうげいか》
ベストセラー！
作家《さっか》
これを店先《みせさき》にはれば商売繁盛《しょうばいはんじょう》！
江戸前
大蒲焼
土用の丑の日
コピーライター
これがエレキテルか
発明家《はつめいか》・技術者《ぎじゅつしゃ》

しかしその死《し》はあっけなく……
51歳《さい》のとき人《ひと》を殺《ころ》してつかまり翌年《よくねん》に牢内《ろうない》で亡《な》くなった

源内《げんない》さんあなたは天才《てんさい》だ
おれもそう思《おも》う
蘭学者《らんがくしゃ》
杉田玄白《すぎたげんぱく》

おもしろ知識《ちしき》 源内《げんない》の発明品《はつめいひん》は、寒暖計《かんだんけい》や量程器《りょうていき》（万歩計《まんぽけい》のようなもの）、磁針器《じしんき》（方角《ほうがく》をはかる器具《きぐ》）、石綿製《いしわたせい》の燃《も》えにくい布《ぬの》など、さまざまな分野《ぶんや》にわたった。

測量家《そくりょうか》

伊能忠敬《いのうただたか》

生没年《せいぼつねん》:1745～1818年《ねん》　出身地《しゅっしんち》:上総《かずさ》（千葉県《ちばけん》）

江戸《えど》時代《じだい》後期《こうき》の測量家《そくりょうか》（地図《ちず》の作成《さくせい》などをおこなう人《ひと》）。商売《しょうばい》で成功《せいこう》をおさめたあと、50歳《さい》を過《す》ぎてから江戸《えど》で暦学《れきがく》（星《ほし》の動《うご》きや暦《こよみ》を研究《けんきゅう》する学問《がくもん》）を学《まな》びました。

56歳《さい》のときから全国《ぜんこく》を測量《そくりょう》する旅《たび》に何度《なんど》も出《で》かけ、その結果《けっか》をもとに、日本初《にほんはつ》の実測《じっそく》（実際《じっさい》に測《はか》ること）日本地図《にほんちず》「大日本沿海輿地《だいにほんえんかいよち》全図《ぜんず》」の作製《さくせい》に取《と》り組《く》みました。

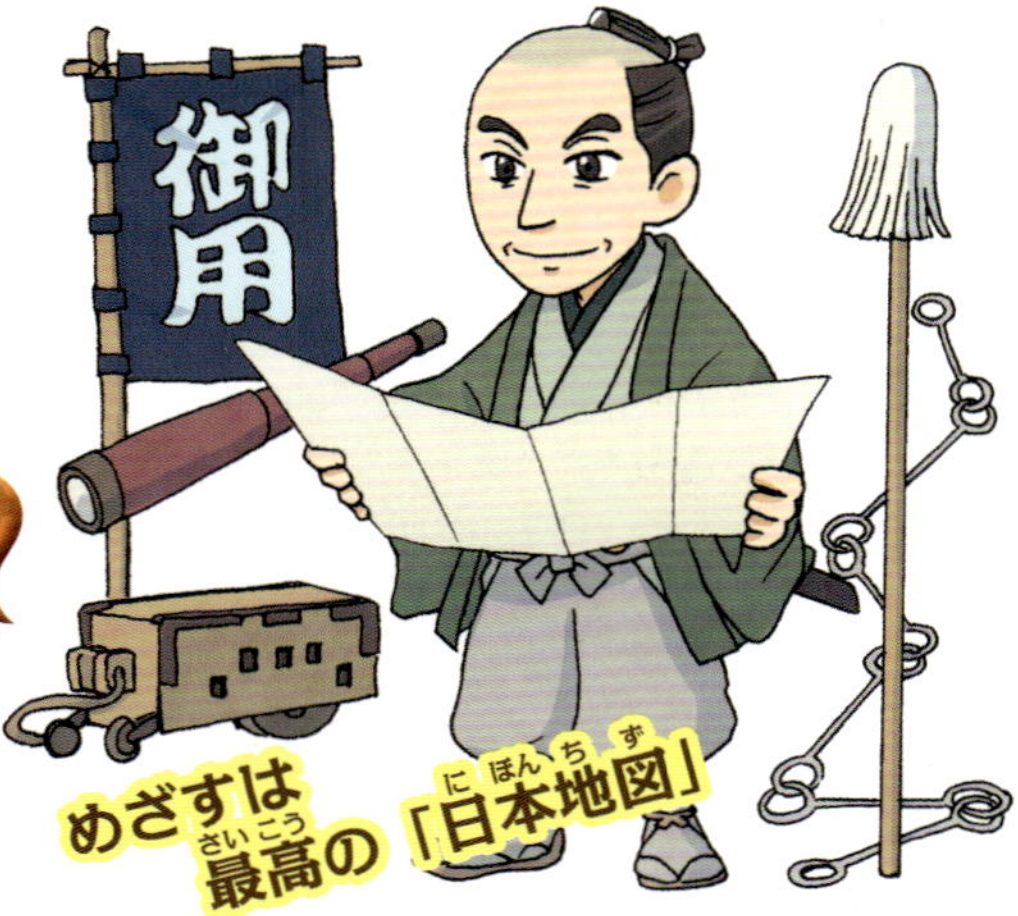
御用
めざすは最高《さいこう》の「日本地図《にほんちず》」

伊能忠敬《いのうただたか》がわかる!　3つのキーワード

❶ 日本地図《にほんちず》	正確《せいかく》な地図《ちず》を作《つく》るため、地道《じみち》な測量《そくりょう》作業《さぎょう》を何年《なんねん》もつづけた。
❷ 向学心《こうがくしん》	いつまでも学《まな》びたいという気持《きも》ちを持《も》ち、50歳《さい》から暦学《れきがく》の勉強《べんきょう》を開始《かいし》。
❸ 商才《しょうさい》	酒《さけ》の製造《せいぞう》のほか、運送業《うんそうぎょう》、金融業《きんゆうぎょう》など、幅広《はばひろ》い商売《しょうばい》で財産《ざいさん》を築《きず》いた。

忠敬《ただたか》は商人《しょうにん》として成功《せいこう》をおさめ50歳《さい》で商売《しょうばい》を息子《むすこ》にゆずった
ふー
長《なが》い間《あいだ》おつかれさまでした
やっと自由《じゆう》になれたこれからは暦学《れきがく》の勉強《べんきょう》を思《おも》う存分《ぞんぶん》やるぞ!
忠敬《ただたか》は江戸《えど》に出《で》て幕府《ばくふ》の依頼《いらい》で新《あたら》しい暦作《こよみづく》りに取《と》り組《く》んでいた高橋至時《たかはしよしとき》に弟子《でし》入りした
ここだな
高橋
先生《せんせい》よろしくお願《ねが》いします
ぺこり
よろしく
この年齢《ねんれい》ですごいなあ
高橋至時《たかはしよしとき》

おもしろ知識《ちしき》　平均寿命《へいきんじゅみょう》が今《いま》より短《みじか》かった江戸時代《えどじだい》は、40代《だい》で仕事《しごと》を引退《いんたい》し、趣味《しゅみ》に生《い》きる裕福《ゆうふく》な商人《しょうにん》もめずらしくなかった。忠敬《ただたか》も本当《ほんとう》はもっと早《はや》く引退《いんたい》して、趣味《しゅみ》の勉強《べんきょう》をしたかったようだ。

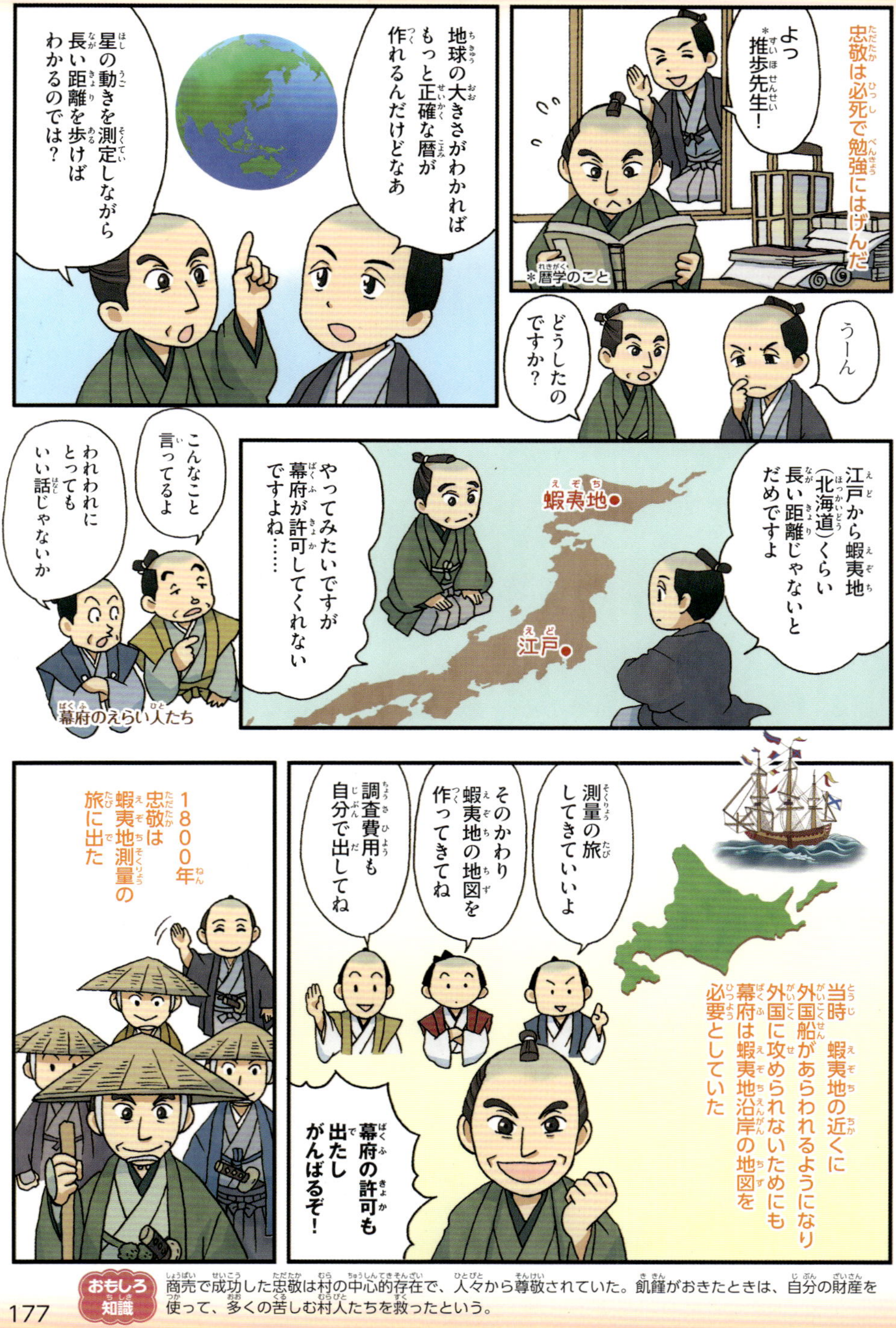
忠敬《ただたか》は必死《ひっし》で勉強《べんきょう》にはげんだ
よっ ＊推歩先生《すいほせんせい》!
＊暦学《れきがく》のこと
地球《ちきゅう》の大《おお》きさがわかれば もっと正確《せいかく》な暦《こよみ》が 作《つく》れるんだけどなあ
星《ほし》の動《うご》きを測定《そくてい》しながら 長《なが》い距離《きょり》を歩《ある》けば わかるのでは?
うーん
どうしたの ですか?
江戸《えど》から蝦夷地《えぞち》 (北海道《ほっかいどう》)くらい 長《なが》い距離《きょり》じゃないと だめですよ
蝦夷地《えぞち》
江戸《えど》
やってみたいですが 幕府《ばくふ》が許可《きょか》してくれない ですよね……
こんなこと 言《い》ってるよ
われわれに とっても いい話《はなし》じゃないか
幕府《ばくふ》のえらい人《ひと》たち
当時《とうじ》 蝦夷地《えぞち》の近《ちか》くに 外国船《がいこくせん》があらわれるようになり 外国《がいこく》に攻《せ》められないためにも 幕府《ばくふ》は蝦夷地沿岸《えぞちえんがん》の地図《ちず》を 必要《ひつよう》としていた
測量《そくりょう》の旅《たび》 してきていいよ
そのかわり 蝦夷地《えぞち》の地図《ちず》を 作《つく》ってきてね
調査費用《ちょうさひよう》も 自分《じぶん》で出《だ》してね
幕府《ばくふ》の許可《きょか》も 出《で》たし がんばるぞ!
1800年《ねん》 忠敬《ただたか》は 蝦夷地測量《えぞちそくりょう》の 旅《たび》に出《で》た

おもしろ知識《ちしき》 商売《しょうばい》で成功《せいこう》した忠敬《ただたか》は村《むら》の中心的存在《ちゅうしんてきそんざい》で、人々《ひとびと》から尊敬《そんけい》されていた。飢饉《ききん》がおきたときは、自分《じぶん》の財産《ざいさん》を使《つか》って、多《おお》くの苦《くる》しむ村人《むらびと》たちを救《すく》ったという。

同《おな》じ歩幅《ほはば》で歩《ある》いて
正確《せいかく》な距離《きょり》を出《だ》すぞ
約半年後《やくはんとしご》
蝦夷地東南《えぞちとうなん》の沿岸《えんがん》の地図《ちず》です
これはすごい
日本全体《にほんぜんたい》の地図《ちず》も作《つく》ってもらいたいな
次《つぎ》の測量《そくりょう》からは幕府《ばくふ》も少《すこ》しは協力《きょうりょく》するぞ
能力《のうりょく》を認《みと》められた忠敬《ただたか》は
その後《ご》　数度《すうど》にわたり
各地《かくち》へ測量《そくりょう》の旅《たび》に出《で》た
1805年《ねん》
ふーっ
働《はたら》きが認《みと》められ幕臣《ばくしん》(幕府所属《ばくふしょぞく》の役人《やくにん》)になりました
測量《そくりょう》も正式《せいしき》な幕府《ばくふ》の事業《じぎょう》になりいろいろとやりやすくなったぞ
お手伝《てつだ》いします
なんでも言《い》ってください
1816年《ねん》
すべての測量《そくりょう》が終了《しゅうりょう》
日本地図《にほんちず》の完成《かんせい》まで
あと少《すこ》しと思《おも》われたが……

おもしろ知識《ちしき》 地球《ちきゅう》の外周《がいしゅう》は約《やく》4万《まん》キロメートルだが、忠敬《ただたか》が江戸《えど》から蝦夷地《えぞち》の測量結果《そくりょうけっか》からわり出《だ》した予測《よそく》も、この数字《すうじ》と同《おな》じといってもいいくらい正確《せいかく》なものだった。

1818年《ねん》
日本地図《にほんちず》の完成《かんせい》を前《まえ》に
74歳《さい》で死去《しきょ》
残念《ざんねん》だ
その後《ご》も地図《ちず》の作製《さくせい》は
忠敬《ただたか》の死《し》を
かくしたまま
弟子《でし》たちによって
つづけられた

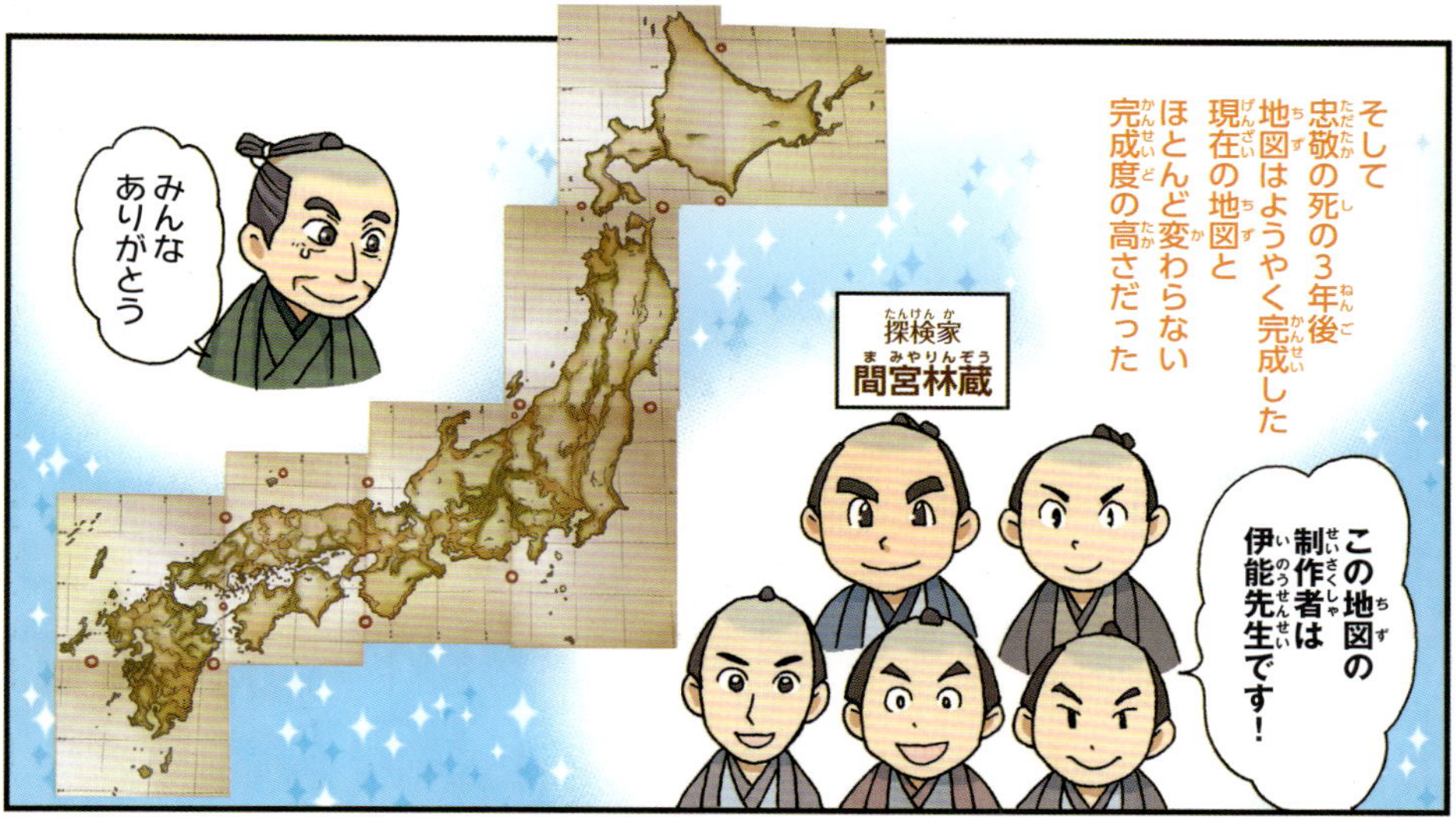
そして
忠敬《ただたか》の死《し》の3年後《ねんご》
地図《ちず》はようやく完成《かんせい》した
現在《げんざい》の地図《ちず》と
ほとんど変《か》わらない
完成度《かんせいど》の高《たか》さだった
探検家《たんけんか》
間宮林蔵《まみやりんぞう》
この地図《ちず》の 制作者《せいさくしゃ》は 伊能先生《いのうせんせい》です！
みんな ありがとう

歴史《れきし》ミステリー

なぜ忠敬《ただたか》の死《し》はかくされたのか

『大日本沿海輿地全図《だいにほんえんかいよちぜんず》』が完成《かんせい》したのは忠敬《ただたか》の死《し》の3年後《ねんご》。しかし、忠敬《ただたか》の死《し》は、地図《ちず》が完成《かんせい》するまでかくされていた。

忠敬《ただたか》の弟子《でし》たちが、地図《ちず》を完成《かんせい》させた人物《じんぶつ》として歴史《れきし》に名《な》を残《のこ》す名誉《めいよ》は、師匠《ししょう》である忠敬《ただたか》が得《え》るべきと考《かんが》えたからだといわれている。

忠敬《ただたか》は、間宮林蔵《まみやりんぞう》(→P180)をはじめ多《おお》くの弟子《でし》に尊敬《そんけい》されていたことがうかがえる。

おもしろ知識《ちしき》

忠敬《ただたか》は先生《せんせい》の高橋至時《たかはしよしとき》を、自分《じぶん》よりも19歳《さい》も年下《としした》でありながらたいへん尊敬《そんけい》していた。そのため忠敬《ただたか》の希望《きぼう》により、忠敬《ただたか》の墓《はか》は至時《よしとき》（1804年《ねん》に41歳《さい》で死去《しきょ》）の墓《はか》の横《よこ》にたてられた。

間宮林蔵《まみやりんぞう》

生没年《せいぼつねん》:1780～1844年《ねん》　出身地《しゅっしんち》:常陸《ひたち》（茨城県《いばらきけん》）

謎《なぞ》の地《ち》「樺太《からふと》」が
島《しま》であることを確認《かくにん》

江戸時代後期《えどじだいこうき》の探検家《たんけんか》。幕府《ばくふ》の命令《めいれい》で蝦夷地《えぞち》（北海道《ほっかいどう》）を調査《ちょうさ》し、そのとき、伊能忠敬《いのうただたか》と出会《であ》って測量術《そくりょうじゅつ》を学《まな》びました。その後《ご》、樺太《からふと》（北海道《ほっかいどう》の北《きた》に位置《いち》する細長《ほそなが》い島《しま》。別名《べつめい》はサハリン）を探検《たんけん》し、樺太《からふと》が島《しま》であることを確認《かくにん》。

その発見《はっけん》は海外《かいがい》にも伝《つた》えられ、樺太《からふと》とアジア大陸《たいりく》を分《わ》ける海《うみ》は「間宮海峡《まみやかいきょう》」と名《な》づけられました。

間宮林蔵《まみやりんぞう》がわかる!　3つのキーワード

❶ 樺太探検《からふとたんけん》	当時謎《とうじなぞ》につつまれていた樺太《からふと》が、島《しま》であることを確認《かくにん》した。
❷ 伊能忠敬《いのうただたか》の弟子《でし》	当時最新《とうじさいしん》の測量方法《そくりょうほうほう》を、測量家《そくりょうか》の伊能忠敬《いのうただたか》から学《まな》んだ。
❸ 好奇心《こうきしん》	樺太探検《からふとたんけん》の際《さい》、幕府《ばくふ》に命《めい》じられた範囲《はんい》の外《そと》まで調査《ちょうさ》した。

林蔵《りんぞう》は農家《のうか》の子《こ》として生《う》まれた
その竹《たけ》ざおは何《なに》？
これがあればいろんなものの長《なが》さや深《ふか》さがわかるんだ
それおもしろい？
うん
やがて林蔵《りんぞう》は幕府《ばくふ》の役人《やくにん》となり蝦夷地《えぞち》(北海道《ほっかいどう》)の調査《ちょうさ》などにかかわるようになった
このころ伊能忠敬《いのうただたか》(→P176)と出会《であ》い測量術《そくりょうじゅつ》を学《まな》んでいる

おもしろ知識《ちしき》　伊能忠敬《いのうただたか》が中心《ちゅうしん》になって作製《さくせい》した日本地図《にほんちず》「大日本沿海輿地全図《だいにほんえんかいよちぜんず》」には、林蔵《りんぞう》がおこなった蝦夷地《えぞち》の測量結果《そくりょうけっか》も取《と》り入《い》れられている。

1808年《ねん》 幕府《ばくふ》から蝦夷地《えぞち》の北《きた》にある 樺太《からふと》の調査《ちょうさ》を命《めい》じられた
島《しま》なの？ 島《しま》じゃないの？ どんな人《ひと》が 住《す》んでるの？ ロシアの勢力《せいりょく》は およんでいるの？
おまかせください
どん
つらい寒《さむ》さにたえ アイヌの人々《ひとびと》の 協力《きょうりょく》を 得《え》ながら 林蔵《りんぞう》は樺太《からふと》を 調査《ちょうさ》した
そしてついに 樺太《からふと》が島《しま》であることを確認《かくにん》
大陸《たいりく》とは つながってないね
＊海峡《かいきょう》→
＊二《ふた》つの海《うみ》をつなぐ、陸地《りくち》にはさまったせまい海《うみ》
「大日本沿海輿地全図《だいにほんえんかいよちぜんず》」（→P179）に 蝦夷地《えぞち》の測量結果《そくりょうけっか》が 取《と》り入《い》れられたよ
林蔵《りんぞう》のくわしい報告《ほうこく》は 幕府《ばくふ》がロシアと 領土《りょうど》の話《はな》し合《あ》いを するのにも役立《やくだ》てられた
樺太《からふと》には さまざまな民族《みんぞく》が くらしていますが どこの国《くに》の領土《りょうど》でも ありません
その後《ご》 林蔵《りんぞう》が発見《はっけん》した海峡《かいきょう》は 「間宮海峡《まみやかいきょう》」と名《な》づけられ 世界《せかい》に知《し》られるようになった
わたしが 名《な》づけました
NIPPON
オランダ商館《しょうかん》の医師《いし》
シーボルト（→P189）

おもしろ知識《ちしき》　「間宮海峡《まみやかいきょう》」の名《な》づけ親《おや》であるシーボルトは、その後《ご》、日本地図《にほんちず》などを国外《こくがい》に持《も》ち出《だ》そうとした罪《つみ》で国外《こくがい》追放《ついほう》の処分《しょぶん》を受《う》けた。シーボルトの行動《こうどう》を幕府《ばくふ》に密告《みっこく》したのが、林蔵《りんぞう》だったとの説《せつ》がある。

俳人《はいじん》

小林《こばやし》一茶《いっさ》

生没年《せいぼつねん》:1763〜1827年《ねん》　出身地《しゅっしんち》:信濃《しなの》（長野県《ながのけん》）

力の弱《よわ》いものたちに愛情《あいじょう》を注《そそ》いだ俳人《はいじん》

江戸《えど》時代《じだい》後期《こうき》の俳人《はいじん》（俳句《はいく》を作《つく》る人《ひと》）。3歳《さい》で母《はは》を亡《な》くし、15歳《さい》で江戸《えど》に出《で》ます。やがて俳句《はいく》の道《みち》に進《すす》み、全国《ぜんこく》を旅《たび》します。50歳《さい》からは故郷《こきょう》でくらしましたが、子《こ》どもの死《し》など不幸《ふこう》がつづきました。

つらい境遇《きょうぐう》にある自身《じしん》の感情《かんじょう》を交《まじ》えながら、弱《よわ》いものへの愛情《あいじょう》に満《み》ちた句《く》を多《おお》く残《のこ》しています。句《く》集《しゅう》に『おらが春《はる》』など。

小林《こばやし》一茶《いっさ》がわかる！　3つのキーワード

❶ 弱者《じゃくしゃ》の視点《してん》	自身《じしん》のほか、子《こ》どもや動物《どうぶつ》などの弱《じゃく》者《しゃ》の視点《してん》を歌《うた》によみこんだ。
❷ 旅《たび》	俳句《はいく》の修業《しゅぎょう》として、7年《ねん》にわたって全国《ぜんこく》を旅《たび》して回《まわ》った。
❸ 家庭《かてい》	家族《かぞく》の幸《しあわ》せに恵《めぐ》まれず、温《あたた》かい家庭《かてい》を求《もと》める心《こころ》が強《つよ》かった。

10代《だい》で江戸《えど》に働《はたら》きに出《で》たが25歳《さい》のとき俳人《はいじん》を夢見《ゆめみ》て仕事《しごと》をやめ本格的《ほんかくてき》に俳句《はいく》を学《まな》びはじめた
弟子《でし》にしてください
自分《じぶん》は茶《ちゃ》の泡《あわ》のように消《き》えやすい存在《そんざい》だ……
「一茶《いっさ》」と名乗《なの》ろう

30歳《さい》から7年《ねん》かけ全国《ぜんこく》を歩《ある》き回《まわ》って俳句《はいく》をよんだ
貧乏《びんぼう》旅《たび》だなぁ
ZZZ
夏《なつ》の夜《よ》に風呂敷《ふろしき》かぶる旅寝《たびね》かな
ふるさとがなつかしい……
初夢《はつゆめ》に古郷《ふるさと》を見《み》て涙《なみだ》かな

おもしろ知識《ちしき》　一茶《いっさ》の時代《じだい》、松尾芭蕉《まつおばしょう》（→P152）は俳句《はいく》の神様《かみさま》のような存在《そんざい》で、一茶《いっさ》もあこがれていた。一茶《いっさ》の夢枕《ゆめまくら》に芭《ば》蕉《しょう》が立《た》ち、「わたしの命日《めいにち》を忘《わす》れるな」と一茶《いっさ》に告《つ》げたこともあったとか。

39歳《さい》で故郷《こきょう》にもどったが 父《ちち》の遺産《いさん》をめぐって 継母《ままはは》らと争《あらそ》いがおきた
ヒソ ヒソ
せっかく もどってきた 故郷《こきょう》なのに ばらのとげに 刺《さ》されているようで いづらいなあ……
古郷《ふるさと》や よるも障《さわ》るも 茨《ばら》の花
争《あらそ》いは一茶《いっさ》が 50歳《さい》になるまでつづいた
ようやく 落《お》ち着《つ》いたし わが故郷《こきょう》を 句《く》によもう
雪《ゆき》とけて 村《むら》一《いっ》ぱいの 子《こ》どもかな
雀《すずめ》の子《こ》 そこのけそこのけ 御馬《おうま》が通《とお》る
でも さみしい…… 家族《かぞく》がほしいなあ
やせ蛙《がえる》 まけるな一茶《いっさ》 これにあり
52歳《さい》のとき 28歳《さい》の菊《きく》と結婚《けっこん》
こんな身《み》も 拾《ひろ》う神《かみ》ありて 花《はな》の春《はる》
子《こ》どもにもめぐまれるが 幼《おさな》いうちに みんな亡《な》くなってしまう
目出度《めでた》さも ちゅう位《くらい》なり おらが春《はる》
正月《しょうがつ》なのに めでたくないなあ
65歳《さい》で死去《しきょ》するまで 弱者《じゃくしゃ》の視点《してん》 自身《じしん》の苦労《くろう》 などにもとづいた俳句《はいく》を多《おお》くよみつづけた
一茶《いっさ》の俳句《はいく》が本《ほん》にまとめられたのは その死後《しご》のことである

江戸時代

おもしろ知識《ちしき》

一茶《いっさ》は生涯《しょうがい》で、約《やく》2万《まん》2000句《く》の俳句《はいく》をよんだといわれている。なお松尾芭蕉《まつおばしょう》が生涯《しょうがい》でよんだ俳句《はいく》の数《かず》は約《やく》1000句《く》。

浮世絵師《うきよえし》

歌川広重《うたがわひろしげ》

生没年《せいぼつねん》:1797～1858年《ねん》　出身地《しゅっしんち》:江戸《えど》（東京都《とうきょうと》）

江戸《えど》時代《じだい》後期《こうき》の浮世絵師《うきよえし》。本名《ほんみょう》は安藤重右衛門《あんどうじゅうえもん》。定火消《じょうびけし》（江戸《えど》の防火《ぼうか》などにあたる職業《しょくぎょう》）として働《はたら》きながら絵《え》をかいていましたが、やがて絵《え》に専念《せんねん》。名所《めいしょ》をえがいた風景画《ふうけいが》で人気《にんき》となり、『東海道五十三次《とうかいどうごじゅうさんつぎ》』は大《だい》ヒットとなりました。

その後《ご》も多《おお》くの風景画《ふうけいが》を残《のこ》し、その色合《いろあ》いや構図《こうず》は海外《かいがい》の画家《がか》たちにも影響《えいきょう》をあたえました。

歌川広重《うたがわひろしげ》がわかる！　3つのキーワード

❶ 風景画《ふうけいが》	遠近法《えんきんほう》を使《つか》った風景画《ふうけいが》の分野《ぶんや》で、とくに優《すぐ》れた作品《さくひん》を多《おお》く残《のこ》した。
❷ 武家《ぶけ》の出身《しゅっしん》	はじめは定火消《じょうびけし》と絵師《えし》を両立《りょうりつ》させていたが、やがて絵《え》に専念《せんねん》。
❸ 葛飾北斎《かつしかほくさい》	あこがれの人《ひと》でライバル。『富嶽三十六景《ふがくさんじゅうろっけい》』に対抗《たいこう》した作品《さくひん》も出《だ》した。

ゴッホも愛《あい》した日本《にほん》を代表《だいひょう》する絵師《えし》

早《はや》くに両親《りょうしん》がなくなり13歳《さい》で父《ちち》の仕事《しごと》をついだが
火消《ひけ》しの仕事《しごと》も大事《だいじ》だけど本当《ほんとう》は絵《え》がかきたいなあ
生活《せいかつ》が苦《くる》しいこともあり副業《ふくぎょう》で絵《え》をかくために15歳《さい》で歌川豊広《うたがわとよひろ》に弟子入《でしい》り
いい絵《え》をかくねこれからは歌川広重《うたがわひろしげ》と名乗《なの》りなさい
27歳《さい》で絵《え》の仕事《しごと》に専念《せんねん》するようになった
これまでは美人画《びじんが》や役者絵《やくしゃえ》をかいてきたけど人気《にんき》の絵師《えし》になるためにはどうすれば……
うーん
北斎《ほくさい》さんのように風景画《ふうけいが》をかこう
葛飾北斎《かつしかほくさい》
(→P186)
よし！
江戸《えど》の名所《めいしょ》をえがいた『東都名所《とうとめいしょ》』が人気《にんき》となった
まるでその場《ば》にいるかのようだ
色合《いろあ》いもすばらしい

ことば解説《かいせつ》　「浮世絵《うきよえ》」には肉筆画《にくひつが》（本人《ほんにん》が実際《じっさい》に手《て》でかいた絵《え》）と木版画《もくはんが》がある。木版画《もくはんが》はもとの絵《え》をかく絵師《えし》、絵《え》をもとに版木《はんぎ》を彫《ほ》る彫師《ほりし》、版木《はんぎ》に色《いろ》をつけて刷《す》る摺師《すりし》で作《つく》る。北斎《ほくさい》や広重《ひろしげ》は「絵師《えし》」だった。

36歳《さい》のとき
幕府《ばくふ》の役人《やくにん》にしたがい
東海道《とうかいどう》で京都《きょうと》へ行《い》く機会《きかい》を得《え》た
なんて
すばらしい風景《ふうけい》だ
これをかかないで
いられるか！
どんどん
スケッチするぞ！
はじめての
長旅《ながたび》！
はじめての
東海道《とうかいどう》！
江戸《えど》と京都《きょうと》を結《むす》ぶ東海道《とうかいどう》の
宿場《しゅくば》を題材《だいざい》にした『東海道五十三次《とうかいどうごじゅうさんつぎ》』は
庶民《しょみん》の旅心《たびごころ》をくすぐり　大評判《だいひょうばん》となった
出発地《しゅっぱつち》の江戸《えど》と
到着地《とうちゃくち》の京都《きょうと》を
入《い》れて55枚《まい》
出《だ》しましょう
出版元《しゅっぱんもと》の
保永堂《ほえいどう》の主人《しゅじん》
こりゃ
いい！
実際《じっさい》に
旅《たび》してる
みてえだぜ！
行《い》って
みたいねえ
北斎《ほくさい》と並《なら》ぶ人気絵師《にんきえし》となった広重《ひろしげ》は
その後《ご》も多《おお》くの風景画《ふうけいが》を世《よ》に残《のこ》した
江戸《えど》みやげに
広重《ひろしげ》の
『名所江戸百景《めいしょえどひゃっけい》』は
いかがですか～
キャー
キャー
わっ
やった！
広重《ひろしげ》や北斎《ほくさい》の浮世絵《うきよえ》は
海外《かいがい》の画家《がか》にも大《おお》きな影響《えいきょう》をあたえた
ヒロシゲさんの
作品《さくひん》をよく
模写《もしゃ》（そのまま
写《うつ》すこと）
しましたよ
オランダの画家《がか》
ゴッホ

おもしろ知識《ちしき》　広重《ひろしげ》は空《そら》や海《うみ》、川《かわ》や湖《みずうみ》の青色《あおいろ》にこだわり、摺師《すりし》に細《こま》かく指定《してい》した。その深《ふか》くあざやかな色合《いろあ》いは、海外《かいがい》の有名画家《ゆうめいがか》であるゴッホやモネなどからも愛《あい》され、「ヒロシゲブルー」と呼《よ》ばれた。

浮世絵師《うきよえし》

葛《かつ》飾《しか》北《ほく》斎《さい》

生没年《せいぼつねん》:1760～1849年《ねん》　出身地《しゅっしんち》:江戸《えど》（東京都《とうきょうと》）

理想《りそう》の絵《え》を
死《し》ぬまで追求《ついきゅう》した奇才《きさい》

江戸《えど》時代《じだい》後期《こうき》の浮世絵師《うきよえし》。それまでの日本画《にほんが》の画法《がほう》（絵《え》をかく方法《ほうほう》）だけでなく、西洋画《せいようが》の画法《がほう》も積極的《せっきょくてき》に取《と》り入《い》れて、浮世絵《うきよえ》の世界《せかい》に新風《しんぷう》を吹《ふ》きこみました。

90歳《さい》で死去《しきょ》するまで、大胆《だいたん》な構図《こうず》で富士山《ふじさん》をえがいた代表作《だいひょうさく》『富嶽三十六景《ふがくさんじゅうろっけい》』など優《すぐ》れた作品《さくひん》を数多《かずおお》く残《のこ》しました。海外《かいがい》の画家《がか》にも影響《えいきょう》をあたえています。

葛飾北斎《かつしかほくさい》がわかる！　3つのキーワード

❶ **浮世絵《うきよえ》の奇才《きさい》**　いろいろな画法《がほう》を取《と》り入《い》れ、死《し》ぬ直前《ちょくぜん》まで理想《りそう》の絵《え》を追求《ついきゅう》した。

❷ **変人《へんじん》**　名前《なまえ》を何度《なんど》も変《か》える、引《ひ》っ越《こ》しをくりかえすなど、変《か》わった行動《こうどう》で有名《ゆうめい》。

❸ **長生《ながい》き**　90歳《さい》で死去《しきょ》するまで数多《かずおお》くの作品《さくひん》を残《のこ》し、多《おお》くの弟子《でし》も育《そだ》てた。

北斎《ほくさい》は若《わか》いころから「絵《え》」のことばかり考《かんが》えていた
ゴオオォ
とことん絵《え》の勉強《べんきょう》をして本物《ほんもの》の絵《え》かきになってやる
研究熱心《けんきゅうねっしん》な北斎《ほくさい》は遠近法《えんきんほう》など西洋《せいよう》の絵《え》の技法《ぎほう》も取《と》り入《い》れながらさまざまなジャンルの絵《え》をかいた
役者絵《やくしゃえ》 美人画《びじんが》 風景画《ふうけいが》 相撲絵《すもうえ》
動物《どうぶつ》や植物《しょくぶつ》 妖怪《ようかい》の絵《え》 なんかも かいたぞ
小説《しょうせつ》の挿絵《さしえ》や ＊絵手本《えでほん》も 話題《わだい》になったな
すごい 絵《え》に奥行《おくゆ》きがある

＊絵《え》のかき方《かた》を習《なら》うための本《ほん》

おもしろ知識《ちしき》　北斎《ほくさい》の三女《さんじょ》の葛飾応為《かつしかおうい》も優《すぐ》れた浮世絵師《うきよえし》で、北斎《ほくさい》が絵《え》を制作《せいさく》する際《さい》、アシスタントをつとめたともいわれる。性格《せいかく》も父親《ちちおや》ゆずりで、当時《とうじ》の女性《じょせい》にしてはかなり豪快《ごうかい》な人物《じんぶつ》だったようだ。

北斎《ほくさい》はとても変《か》わった人物《じんぶつ》だった
何《なに》か新《あら》たなひらめきがうまれるかも
生涯《しょうがい》で引《ひ》っ越《こ》しは90回以上《かいいじょう》
名前《なまえ》も何度《なんど》も変《か》え
春朗《しゅんろう》 北斎《ほくさい》 宗理《そうり》 画狂人《がきょうじん》 為一《いいつ》 戴斗《たいと》 卍《まんじ》…… いくつあったか忘《わす》れたわ
部屋《へや》はいつも汚《きたな》かった
でも 絵《え》には つねにまじめに 取《と》り組《く》んでいたぞ！

70歳《さい》を過《す》ぎて発表《はっぴょう》した『富嶽三十六景《ふがくさんじゅうろっけい》』は大《おお》いに評判《ひょうばん》となり 北斎《ほくさい》の代表作《だいひょうさく》と呼《よ》べるものになった
当時《とうじ》の人々《ひとびと》にとって富士山《ふじさん》は信仰《しんこう》の対象《たいしょう》であり愛《あい》すべき存在《そんざい》でもあったんだよ
いろいろな富士山《ふじさん》が楽《たの》しめておもしろいねえ
構図《こうず》も色使《いろづか》いも最高《さいこう》！

その後《ご》も理想《りそう》の絵《え》を追《お》い求《もと》め多《おお》くの弟子《でし》も持《も》ったが自分《じぶん》の絵《え》に満足《まんぞく》することはなかった
ようやく最近《さいきん》絵《え》というものがわかってきたがまだまだだなあ

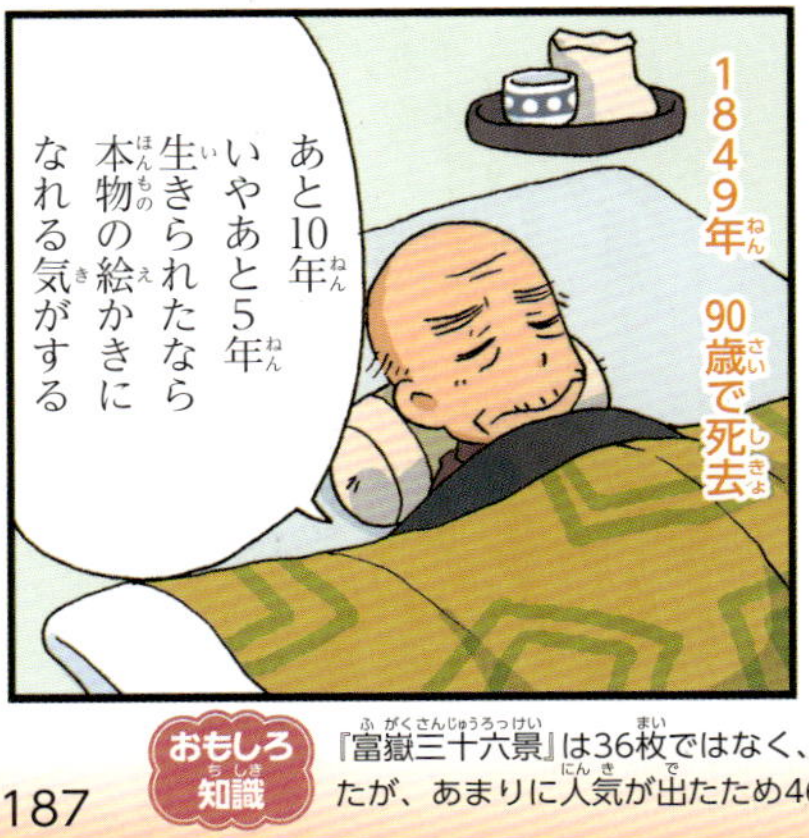
1849年《ねん》 90歳《さい》で死去《しきょ》
あと10年《ねん》いやあと5年《ねん》生《い》きられたなら本物《ほんもの》の絵《え》かきになれる気《き》がする

おもしろ知識《ちしき》 『富嶽三十六景《ふがくさんじゅうろっけい》』は36枚《まい》ではなく、46枚《まい》の絵《え》からなる。最初《さいしょ》はそのタイトル通《どお》り、36枚《まい》で終《お》わる予定《よてい》だったが、あまりに人気《にんき》が出《で》たため46枚《まい》までふえたのだ。

まとめて人物紹介《じんぶつしょうかい》

鎖国下《さこくか》の日本《にほん》で 異国《いこく》とかかわる人《ひと》たち

せまり来《く》る外国《がいこく》の脅威《きょうい》

江戸時代後期《えどじだいこうき》には、日本《にほん》の周辺《しゅうへん》に外国《がいこく》の船《ふね》があらわれるようになり、幕府《ばくふ》にとって海防《かいぼう》（海《うみ》からの攻撃《こうげき》に対《たい》し国土《こくど》を守《まも》ること）など外国《がいこく》に向《む》けた政策《せいさく》が重要《じゅうよう》な課題《かだい》になりました。

しかし幕府《ばくふ》の政策《せいさく》は、蘭学者《らんがくしゃ》など西洋《せいよう》の知識《ちしき》を持《も》つ人《ひと》から見《み》ると不完全《ふかんぜん》で、幕府《ばくふ》への批判《ひはん》も起《お》きました。幕府《ばくふ》はそうした声《こえ》を徹底的《てっていてき》におさえこみます。1839年《ねん》に蘭学者《らんがくしゃ》たちをきびしく罰《ばっ》した「蛮社《ばんしゃ》の獄《ごく》」も、その一《ひと》つです。

だれか
わかるかな?
日本《にほん》から
追放《ついほう》される
(→P189上《うえ》)

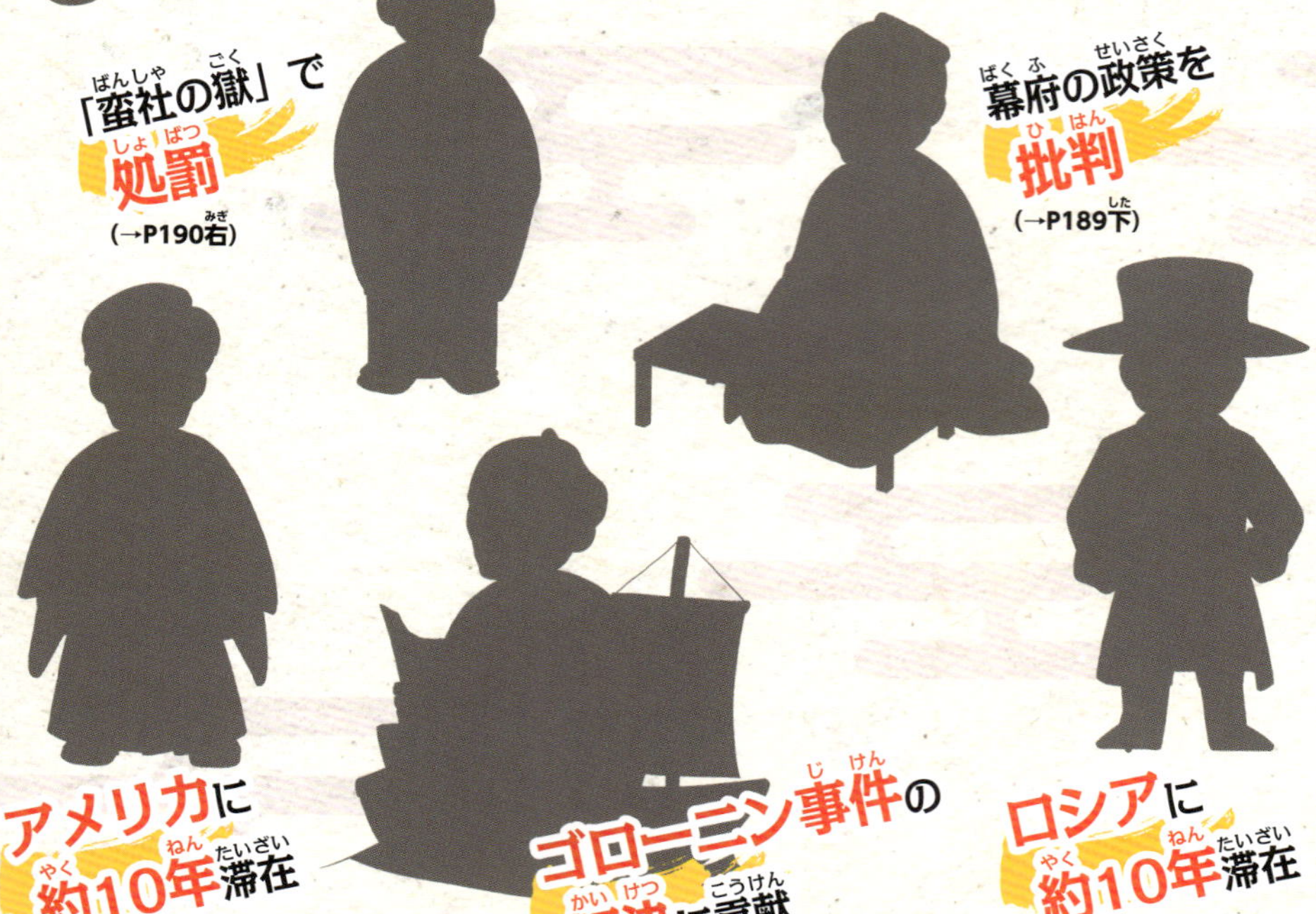
「蛮社《ばんしゃ》の獄《ごく》」で
処罰《しょばつ》
(→P190右《みぎ》)
幕府《ばくふ》の政策《せいさく》を
批判《ひはん》
(→P189下《した》)
アメリカに
約《やく》10年《ねん》滞在《たいざい》
(→P191下《した》)
ゴローニン事件《じけん》の
解決《かいけつ》に貢献《こうけん》
(→P191上《うえ》)
ロシアに
約《やく》10年《ねん》滞在《たいざい》
(→P190左《ひだり》)

6人《にん》の秘密《ひみつ》 徹底解剖《てっていかいぼう》！

シーボルト

医師《いし》・博物学者《はくぶつがくしゃ》

生没年《せいぼつねん》	1796 ～ 1866 年《ねん》
出身地《しゅっしんち》	ドイツ
主《おも》な著書《ちょしょ》	『日本《にほん》』
関係《かんけい》の深《ふか》い人物《じんぶつ》	間宮林蔵《まみやりんぞう》（→ P180）、高野長英《たかのちょうえい》

日本地図《にほんちず》を持《も》ち出《だ》し追放処分《ついほうしょぶん》

28歳《さい》のとき、長崎《ながさき》の出島《でじま》にあるオランダ商館《しょうかん》の医者《いしゃ》として来日《らいにち》。「鳴滝塾《なるたきじゅく》」で西洋医学《せいよういがく》を教《おし》え、日本《にほん》の医《い》学《がく》の発展《はってん》に貢献《こうけん》しました。

その後《ご》、日本地図《にほんちず》を国外《こくがい》に持《も》ち出《だ》そうとした罪《つみ》で追《つい》放処分《ほうしょぶん》となりました（シーボルト事件《じけん》）。幕末《ばくまつ》に罪《つみ》をゆるされて再来日《さいらいにち》し、幕府《ばくふ》の外交《がいこう》を助《たす》けています。

渡辺崋山《わたなべかざん》

武士《ぶし》・画家《がか》

生没年《せいぼつねん》	1793 ～ 1841 年《ねん》
出身地《しゅっしんち》	江戸《えど》（東京都《とうきょうと》）
主《おも》な著書《ちょしょ》	『慎機論《しんきろん》』 ※未発表《みはっぴょう》
関係《かんけい》の深《ふか》い人物《じんぶつ》	高野長英《たかのちょうえい》

画家《がか》としても優《すぐ》れた才能《さいのう》

田原藩《たはらはん》（愛知県東部《あいちけんとうぶ》）の重臣《じゅうしん》として活《かつ》躍《やく》していた崋山《かざん》は、蘭学《らんがく》にくわしく、蘭《らん》学者《がくしゃ》グループのリーダー的存在《てきそんざい》でもありました。しかし、幕府《ばくふ》の政策《せいさく》に批判的《ひはんてき》だったことなどから、「蛮社《ばんしゃ》の獄《ごく》」で処罰《しょばつ》され、その後《ご》、自害《じがい》しました。

優《すぐ》れた西洋画家《せいようがか》としても、歴史《れきし》に名《な》を残《のこ》しています。

大黒屋光太夫《だいこくやこうだゆう》

船頭《せんどう》

生没年《せいぼつねん》	1751～1828年《ねん》
出身地《しゅっしんち》	伊勢《いせ》（三重県《みえけん》）
主《おも》な著書《ちょしょ》	『北槎聞略《ほくさぶんりゃく》』 ※光太夫《こうだゆう》の報告《ほうこく》を蘭学者《らんがくしゃ》の桂川甫周《かつらがわほしゅう》がまとめたもの
関係《かんけい》の深《ふか》い人物《じんぶつ》	松平定信《まつだいらさだのぶ》（→P168） ※帰国《きこく》した光太夫《こうだゆう》を取《と》り調《しら》べる

船《ふね》で米《こめ》を江戸《えど》に運《はこ》ぶ途中《とちゅう》、暴風《ぼうふう》にあって流《なが》され、約《やく》10年《ねん》間《かん》、ロシアで過《す》ごすことになりました。

１７９２年《ねん》に帰国《きこく》。幕府《ばくふ》からはロシアで見聞《みき》きしたことなどを話《はな》すのを禁止《きんし》され、江戸《えど》にとどめおかれました。しかし、江戸《えど》の蘭学者《らんがくしゃ》などと交流《こうりゅう》して、ロシアでの経験《けいけん》を伝《つた》えています。

ロシアの事情《じじょう》を日本《にほん》に伝《つた》える

幕府《ばくふ》批判《ひはん》の書《しょ》が大反響《だいはんきょう》

高野長英《たかのちょうえい》

蘭学者《らんがくしゃ》・医者《いしゃ》

生没年《せいぼつねん》	1804～1850年《ねん》
出身地《しゅっしんち》	陸奥《むつ》（岩手県《いわてけん》）
主《おも》な著書《ちょしょ》	『戊戌夢物語《ぼじゅつゆめものがたり》』
関係《かんけい》の深《ふか》い人物《じんぶつ》	シーボルト、渡辺崋山《わたなべかざん》

シーボルトの「鳴滝塾《なるたきじゅく》」で学《まな》んだ長英《ちょうえい》は、江戸《えど》で医者《いしゃ》として働《はたら》きながら、渡辺崋山《わたなべかざん》たちと蘭学《らんがく》の勉強《べんきょう》につとめました。

しかし、『戊戌夢物語《ぼじゅつゆめものがたり》』で幕府《ばくふ》の政策《せいさく》を批判《ひはん》したため、「蛮社《ばんしゃ》の獄《ごく》」でつかまってしまいます。その後《ご》、牢《ろう》から脱走《だっそう》しましたが、やがて見《み》つかり、自《みずか》ら命《いのち》を絶《た》ちました。

日本《にほん》とロシアの激突《げきとつ》をふせぐ

高田屋嘉兵衛《たかだやかへえ》

商人《しょうにん》

生没年《せいぼつねん》	1769～1827年《ねん》
出身地《しゅっしんち》	淡路《あわじ》（兵庫県《ひょうごけん》）
主《おも》な著書《ちょしょ》	―
関係《かんけい》の深《ふか》い人物《じんぶつ》	―

海運業《かいうんぎょう》で成功後《せいこうご》、蝦夷地《えぞち》（北海道《ほっかいどう》）の箱館《はこだて》で商売《しょうばい》をはじめて、大《おお》きな財産《ざいさん》を築《きず》きました。

1811年《ねん》のゴローニン事件《じけん》（国後島《くなしりとう》で、日本《にほん》がロシアの海軍軍人《かいぐんぐんじん》ゴローニンを捕《つか》まえた事件《じけん》）では日本《にほん》とロシアの間《あいだ》に立《た》ちます。ゴローニンの釈放《しゃくほう》を幕府《ばくふ》に認《みと》めさせるなど、事件《じけん》を解決《かいけつ》するのに貢献《こうけん》しました。

漁師《りょうし》から幕臣《ばくしん》へ

ジョン万次郎《まんじろう》

幕臣《ばくしん》

生没年《せいぼつねん》	1827～1898年《ねん》
出身地《しゅっしんち》	土佐《とさ》（高知県《こうちけん》）
主《おも》な著書《ちょしょ》	『英米対話捷径《えいべいたいわしょうけい》』
関係《かんけい》の深《ふか》い人物《じんぶつ》	勝海舟《かつかいしゅう》（→P208）、福沢諭吉《ふくざわゆきち》（→P234） ※ともに咸臨丸《かんりんまる》に乗船《じょうせん》

15歳《さい》のとき、海《うみ》で遭難《そうなん》しましたが、アメリカの船《ふね》に助《たす》けられ、そのままアメリカで教育《きょういく》を受《う》けました。

約《やく》10年後《ねんご》の1851年《ねん》に帰国《きこく》。万次郎《まんじろう》の英語力《えいごりょく》などを評価《ひょうか》した土佐藩《とさはん》（高知県《こうちけん》）に武士《ぶし》の身分《みぶん》をあたえられます。その後《ご》は幕臣《ばくしん》（幕府《ばくふ》の家来《けらい》）に取《と》り立《た》てられ、アメリカとの外交《がいこう》に力《ちから》をつくしました。

学者《がくしゃ》

本《もと》居《おり》宣《のり》長《なが》

生没年《せいぼつねん》:1730〜1801年《ねん》　出身地《しゅっしんち》:伊勢《いせ》(三重県《みえけん》)

35年《ねん》かけ『古事記伝《こじきでん》』を執筆《しっぴつ》

江戸《えど》時代《じだい》中期《ちゅうき》の国学者《こくがくしゃ》(日本《にほん》の古典《こてん》を研究《けんきゅう》し、日本独自《にほんどくじ》の思想《しそう》や文化《ぶんか》を研究《けんきゅう》する学者《がくしゃ》)。中国《ちゅうごく》から伝《つた》わった仏教《ぶっきょう》や儒教《じゅきょう》ではなく、昔《むかし》の日本人《にほんじん》の思想《しそう》の中《なか》にこそ学《まな》ぶべきものがあると考《かんが》え、医者《いしゃ》をしながら日本《にほん》の古典《こてん》を研究《けんきゅう》。

35年《ねん》かけて『古事記《こじき》』の解説書《かいせつしょ》である『古事記伝《こじきでん》』を完成《かんせい》させたほか、多《おお》くの著作物《ちょさくぶつ》を残《のこ》しました。

本居宣長《もとおりのりなが》がわかる!　3つのキーワード

❶ 国学《こくがく》	日本《にほん》の古典《こてん》を研究《けんきゅう》することで、昔《むかし》の日本人《にほんじん》の思想《しそう》を学《まな》ぼうとした。
❷ 古事記《こじき》	日本《にほん》のもっとも古《ふる》い歴史書《れきししょ》である『古事記《こじき》』の研究《けんきゅう》でとくに有名《ゆうめい》。
❸ 賀茂真淵《かものまぶち》	師匠《ししょう》の賀茂真淵《かものまぶち》と会《あ》ったのは1回《かい》だけ。あとは手紙《てがみ》でやり取《と》りした。

宣長《のりなが》は伊勢《いせ》(三重県《みえけん》)の商人《しょうにん》の家《いえ》に生《う》まれた
商売《しょうばい》に興味《きょうみ》がないし医者《いしゃ》になろうかな
京都《きょうと》に出《で》た宣長《のりなが》は医学《いがく》を学《まな》びながら日本《にほん》の古《ふる》い文学作品《ぶんがくさくひん》に熱中《ねっちゅう》した
今《いま》の日本人《にほんじん》は中国《ちゅうごく》から伝《つた》わった思想《しそう》に多《おお》くの影響《えいきょう》を受《う》けている
でも昔《むかし》の日本人《にほんじん》からだって学《まな》べることは多《おお》いはずだ
やがて伊勢《いせ》にもどり医者《いしゃ》として働《はたら》きながら国学《こくがく》の勉強《べんきょう》にはげんだ

おもしろ知識《ちしき》　趣味《しゅみ》は、鈴《すず》のコレクション。勉強部屋《べんきょうべや》に鈴《すず》をぶら下《さ》げて、息《いき》ぬきにその音《おと》を楽《たの》しんでいたことから、その部屋《へや》には「鈴屋《すずのや》」という名《な》がつけられていた。

34歳《さい》のとき
有名《ゆうめい》な国学者《こくがくしゃ》の賀茂真淵《かものまぶち》と会《あ》い
一晩中語《ひとばんじゅうかた》り明《あ》かした
賀茂真淵《かものまぶち》
古《ふる》くからの日本人《にほんじん》の精神《せいしん》を研究《けんきゅう》したいのです
では*『古事記《こじき》』を研究《けんきゅう》するとよいでしょう
*日本最古《にほんさいこ》の歴史書《れきししょ》（→P.29）
その後宣長《ごのりなが》は『古事記《こじき》』の研究《けんきゅう》をつづけ
ついにできたぞ
35年《ねん》の期間《きかん》をついやし『古事記《こじき》』の解説書《かいせつしょ》『古事記伝《こじきでん》』を完成《かんせい》させた
宣長《のりなが》は68歳《さい》になっていた
宣長《のりなが》は日本《にほん》の古《ふる》い文化《ぶんか》の研究《けんきゅう》に一生《いっしょう》をささげながら
*『源氏物語《げんじものがたり》』の研究《けんきゅう》もしたんだ
*平安時代《へいあんじだい》の物語《ものがたり》。作者《さくしゃ》は紫式部《むらさきしきぶ》（→P54）
たくさんの弟子《でし》を育《そだ》てて国学《こくがく》の発展《はってん》に大《おお》きく貢献《こうけん》し当時《とうじ》の社会《しゃかい》に影響《えいきょう》をあたえた
『古事記伝《こじきでん》』すごいな〜

おもしろ知識《ちしき》 宣長《のりなが》は学者一筋《がくしゃひとすじ》だったわけでなく、72歳《さい》で死去《しきょ》するまで医者《いしゃ》としてもいそがしく働《はたら》いていた。「年末《ねんまつ》や正《しょう》月《がつ》まで働《はたら》きづめでたいへんだ」と書《か》かれた友人《ゆうじん》への手紙《てがみ》も残《のこ》っている。

杉田《すぎた》玄白《げんぱく》・前野《まえの》良沢《りょうたく》

(杉田玄白《すぎたげんぱく》)生没年《せいぼつねん》:1733〜1817年《ねん》　出身地《しゅっしんち》:江戸《えど》(東京都《とうきょうと》)
(前野良沢《まえのりょうたく》)生没年《せいぼつねん》:1723〜1803年《ねん》　出身地《しゅっしんち》:江戸《えど》(東京都《とうきょうと》)

『解体新書《かいたいしんしょ》』を完成《かんせい》させ
蘭学《らんがく》の発展《はってん》に貢献《こうけん》

ともに江戸《えど》時代《じだい》中期《ちゅうき》の蘭学者《らんがくしゃ》(オランダ語《ご》で西洋《せいよう》の学問《がくもん》を研究《けんきゅう》する学者《がくしゃ》)、医者《いしゃ》。

オランダ語《ご》で書《か》かれた医学書《いがくしょ》『ターヘル・アナトミア』の人体解《じんたいかい》剖図《ぼうず》の正確《せいかく》さにおどろき、翻訳《ほんやく》を決意《けつい》。苦労《くろう》の末《すえ》に翻訳《ほんやく》を成《な》しとげ、『解体新書《かいたいしんしょ》』として出版《しゅっぱん》にこぎつけます。その後《ご》の日本《にほん》における蘭《らん》学《がく》の発展《はってん》に大《おお》きく貢献《こうけん》しました。

杉田玄白《すぎたげんぱく》・前野良沢《まえのりょうたく》がわかる! 3つのキーワード

❶ 蘭学《らんがく》	当時《とうじ》まだ新《あたら》しい学問《がくもん》だった蘭学《らんがく》を学《まな》び、日本《にほん》の蘭学《らんがく》の基礎《きそ》を築《きず》いた。
❷『解体新書《かいたいしんしょ》』	『解体新書《かいたいしんしょ》』の完成《かんせい》までには、約《やく》4年《ねん》もの時間《じかん》がかかった。
❸ チャレンジ精神《せいしん》	オランダ語《ご》がほとんどわからないのに、オランダ語《ご》の本《ほん》の翻訳《ほんやく》に挑戦《ちょうせん》。

小浜藩《おばまはん》(福井県《ふくいけん》)に仕《つか》える
医師《いし》の杉田玄白《すぎたげんぱく》は
ある日《ひ》　1冊《さつ》の本《ほん》を目《め》にした
すごい本《ほん》だぞ　人体《じんたい》の細《こま》かい　部分《ぶぶん》まで　図入《ずい》りで　かかれている
でも高《たか》い…
玄白《げんぱく》は藩《はん》にたのみこみ
オランダ語《ご》の医学書《いがくしょ》
『ターヘル・アナトミア』を
手《て》に入《い》れた
ぜひ　おねがい　します!
わかった　わかった
でもこれに　かかれている　人体解剖図《じんたいかいぼうず》は　本当《ほんとう》に　正《ただ》しいのかなあ?
それからまもなくして
死刑《しけい》になった罪人《ざいにん》の解剖《かいぼう》を
見学《けんがく》できる機会《きかい》がおとずれた
良沢《りょうたく》さんも　行《い》きませんか?
あっ　その本《ほん》!
あれ?　玄白《げんぱく》さんも　持《も》ってるの?
医者《いしゃ》
前野良沢《まえのりょうたく》

ことば解説《かいせつ》　蘭学《らんがく》とは、オランダ語《ご》によって、西洋《せいよう》の学術《がくじゅつ》や文化《ぶんか》を研究《けんきゅう》する学問《がくもん》。当時《とうじ》日本《にほん》が交流《こうりゅう》していた西洋《せいよう》の国《くに》はオランダだけで、『ターヘル・アナトミア』もドイツの医学書《いがくしょ》をオランダ語《ご》に訳《やく》したものだった。

小塚原《こづかっぱら》の刑場《けいじょう》
本《ほん》の解剖図《かいぼうず》とまったく同《おな》じだ
見学《けんがく》を終《お》えた帰《かえ》り道《みち》
わたしたち医師《いし》よりもよっぽど刑場《けいじょう》で働《はたら》くじいさんの方《ほう》がくわしかったですね……
よく知《し》りもせず医師《いし》をしていたことが恥《は》ずかしいです
良沢《りょうたく》さん この本《ほん》を日本語《にほんご》に訳《やく》しませんか? 日本《にほん》の医学《いがく》の発展《はってん》のために!
ぜひ やりましょう!
玄白《げんぱく》たちはほかにも仲間《なかま》を集《あつ》めて翻訳《ほんやく》にいどんだが……
ほんのちょっとはオランダ語《ご》を習《なら》ったけど全然《ぜんぜん》わからない
この言葉《ことば》は目《め》? まつげ? まゆ毛《げ》?
辞書《じしょ》もないし教《おし》えてくれる人《ひと》もいないし……
数日《すうじつ》かけて一文《いちぶん》しか訳《やく》せないこともあった
「眉《まゆ》とは目《め》の上《うえ》の毛《け》である」
これを訳《やく》すだけでもすごい時間《じかん》がかかった
は～っ
開始《かいし》から約《やく》4年《ねん》 11回《かい》も書《か》きあらためた末《すえ》 翻訳作業《ほんやくさぎょう》はようやく終《お》わった
1774年《ねん》 杉田玄白《すぎたげんぱく》の名《な》で 日本最初《にほんさいしょ》の西洋医学《せいよういがく》の翻訳書《ほんやくしょ》『解体新書《かいたいしんしょ》』が出版《しゅっぱん》された
玄白《げんぱく》は「蘭学《らんがく》の祖《そ》」と呼《よ》ばれている
玄白《げんぱく》は80歳《さい》を過《す》ぎてから蘭学《らんがく》のはじまりと発展《はってん》を自身《じしん》の思《おも》い出《で》をまじえて『蘭学事始《らんがくことはじめ》』にまとめた
『解体新書《かいたいしんしょ》』は良沢《りょうたく》さんがいなかったら完成《かんせい》しなかったよ

おもしろ知識《ちしき》 『解体新書《かいたいしんしょ》』には、完成《かんせい》に大《おお》きな役割《やくわり》をはたした良沢《りょうたく》の名《な》が記《しる》されていない。すぐに出版《しゅっぱん》したかった玄白《げんぱく》に対《たい》し、完成度《かんせいど》に納得《なっとく》のいかない良沢《りょうたく》が自分《じぶん》の名前《なまえ》をのせたくなかったからともいわれる。

学者《がくしゃ》

大塩平八郎《おおしおへいはちろう》

生没年《せいぼつねん》:1793〜1837年《ねん》　出身地《しゅっしんち》:大坂《おおさか》(大阪府《おおさかふ》)

江戸《えど》時代《じだい》後期《こうき》の武士《ぶし》、学者《がくしゃ》。大坂町奉行所《おおさかまちぶぎょうしょ》で働《はたら》く役人《やくにん》でした。引退後《いんたいご》、自宅《じたく》に人《ひと》を集《あつ》めて学問《がくもん》を教《おし》えるようになりました。

「天保《てんぽう》のききん」という大《おお》きな食料問題《しょくりょうもんだい》が起《お》きた際《さい》、自分《じぶん》の本《ほん》を売《う》ってお金《かね》を作《つく》り、困《こま》った人《ひと》たちにあたえます。しかし、何《なに》も対策《たいさく》を取《と》らない幕府《ばくふ》に怒《おこ》り、反乱《はんらん》を起《お》こしました（大塩平八郎《おおしおへいはちろう》の乱《らん》）。

救民

貧《まず》しい人々《ひとびと》のため
反乱《はんらん》を起《お》こした元役人《もとやくにん》

大塩平八郎《おおしおへいはちろう》がわかる！　3つのキーワード

❶ 元役人《もとやくにん》	幕府《ばくふ》の元役人《もとやくにん》ながら、幕府《ばくふ》に対《たい》して反乱《はんらん》を起《お》こした。
❷ 正義感《せいぎかん》	不正《ふせい》を憎《にく》み、困《こま》っている人《ひと》のためには自分《じぶん》のお金《かね》も惜《お》しまなかった。
❸ 陽明学《ようめいがく》	「陽明学《ようめいがく》」という、実践的《じっせんてき》な行動《こうどう》を重《おも》んじる学問《がくもん》を研究《けんきゅう》していた。

平八郎《へいはちろう》はもともと
大坂町奉行所《おおさかまちぶぎょうしょ》の役人《やくにん》で
ほかの役人《やくにん》の
不正《ふせい》をあばくなど
正義感《せいぎかん》あふれる人物《じんぶつ》だった
役人《やくにん》の世界《せかい》は
くさりきっている
やめてやる！
38歳《さい》のとき
役人《やくにん》をやめて
陽明学《ようめいがく》を教《おし》える
学者《がくしゃ》になったぞ
それからまもなくして
全国的《ぜんこくてき》な*ききんが起《お》きた
*農作物《のうさくぶつ》が不作《ふさく》で、食料《しょくりょう》が不足《ふそく》すること

おもしろ知識《ちしき》　食事中《しょくじちゅう》、信頼《しんらい》できる相手《あいて》に幕府《ばくふ》に対《たい》する不満《ふまん》を話《はな》していたときのこと。本来《ほんらい》かたくて食《た》べられないカナガシラという魚《さかな》の頭《あたま》を、怒《いか》りのあまりかみ砕《くだ》いて食《た》べたというエピソードが残《のこ》っている。

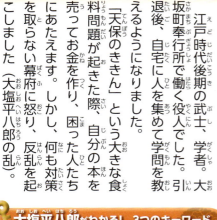

奉行所《ぶぎょうしょ》
飢《う》え死《じ》にする人《ひと》がたくさん出《で》ている助《たす》けてあげてほしい
プイッ
裕福《ゆうふく》な商家《しょうか》
しっしっ
平八郎《へいはちろう》は自分《じぶん》の持《も》っている本《ほん》を売《う》って苦《くる》しんでいる人《ひと》たちにそのお金《かね》を分《わ》けあたえた
これでは根本的《こんぽんてき》な解決《かいけつ》にはならんが……
ありがとうございます!
こんなにも困《こま》っている人《ひと》がいるのに役人《やくにん》も商人《しょうにん》たちも自分《じぶん》のことしか考《かんが》えていない……
苦《くる》しむ民《たみ》を無視《むし》したらどうなるのかあいつらに思《おも》い知《し》らせてやろう!
平八郎《へいはちろう》は自分《じぶん》の屋敷《やしき》に火《ひ》をつけ弟子《でし》たちとともに行動《こうどう》を起《お》こすことにした
もうあともどりはできないぞ
この「大塩平八郎《おおしおへいはちろう》の乱《らん》」はわずか半日《はんにち》でしずめられた
救民
平八郎《へいはちろう》はその後《ご》　自害《じがい》したが元役人《もとやくにん》が起《お》こしたこの反乱《はんらん》は幕府《ばくふ》に大《おお》きな衝撃《しょうげき》をあたえた

おもしろ知識《ちしき》　平八郎《へいはちろう》は反乱《はんらん》から約《やく》1か月後《げつご》に幕府《ばくふ》に発見《はっけん》され、かくれていた家《いえ》に火《ひ》を放《はな》って自害《じがい》した。しかし、死体《したい》が焼《や》けて本人《ほんにん》かどうか確認《かくにん》できなかったために生存説《せいぞんせつ》が広《ひろ》まり、幕府《ばくふ》をあわてさせた。

江戸編《えどへん》2 蘭学《らんがく》の日本《にほん》への影響《えいきょう》

出席者《しゅっせきしゃ》

平賀源内《ひらがげんない》　伊能忠敬《いのうただたか》　歌川広重《うたがわひろしげ》　杉田玄白《すぎたげんぱく》

今日《きょう》は「蘭学《らんがく》」が日本《にほん》にあたえた影《えい》響《きょう》を考《かんが》えてみましょう。

蘭学《らんがく》とは、「オランダ語《ご》を通《つう》じて、西洋《せいよう》の知識《ちしき》を研究《けんきゅう》する学問《がくもん》」のことですね。

幕府《ばくふ》の鎖国政策《さこくせいさく》で、日本《にほん》と交流《こうりゅう》のあった西洋《せいよう》の国《くに》がオランダだけだったから、オランダ語《ご》なんですよね。

そして8代将軍《だいしょうぐん》の吉宗公《よしむねこう》が積極的《せっきょくてき》に洋書《ようしょ》を日本《にほん》に輸入《ゆにゅう》してくれたおかげで、蘭学《らんがく》が発展《はってん》したというわけ。

具体的《ぐたいてき》に蘭学《らんがく》は、日本《にほん》のどんな分野《ぶんや》に影響《えいきょう》をあたえたんですか？

まずは医学《いがく》。西洋医学《せいよういがく》の翻訳書《ほんやくしょ》『解《かい》体新書《たいしんしょ》』を出版《しゅっぱん》した玄白《げんぱく》さんは、「蘭学《らんがく》の祖《そ》」といわれてるんだ。

伊能《いのう》さんが学《まな》んでいた天文学《てんもんがく》もそうですよね。

はい。西洋《せいよう》の天文学《てんもんがく》の知識《ちしき》は、正確《せいかく》な暦《こよみ》を作《つく》るのに欠《か》かせないものでした。

数学《すうがく》や化学《かがく》、軍事面《ぐんじめん》など幅広《はばひろ》い分野《ぶんや》に影響《えいきょう》をあたえているよね。

蘭学《らんがく》のおかげで、日本《にほん》の学問《がくもん》のレベルが上《あ》がったといえそうですね。

そういえば、『解体新書《かいたいしんしょ》』の表紙《ひょうし》の絵《え》も西洋風《せいようふう》ですが、源内《げんない》さんが関係《かんけい》しているそうですね。

そうそう。あの絵《え》をかいた画家《がか》はおれの友達《ともだち》で、おれが彼《かれ》に西洋画《せいようが》のかき方《かた》を教《おし》えたんだ。

源内《げんない》さん以降《いこう》、西洋《せいよう》の技法《ぎほう》を取《と》り入《い》れていった画家《がか》も多《おお》いそうだね。

はい。わたしや同時代《どうじだい》の葛飾北斎《かつしかほくさい》さんの浮世絵《うきよえ》は、西洋画《せいようが》の影響《えいきょう》をかなり受《う》けています。

広重《ひろしげ》さんや北斎《ほくさい》さんの絵《え》は西洋《せいよう》の画《が》家《か》に影響《えいきょう》をあたえたんですよね。

西洋画《せいようが》が日本《にほん》の浮世絵《うきよえ》に影響《えいきょう》をあたえ、浮世絵《うきよえ》がまた西洋画《せいようが》に影響《えいきょう》をあたえるとは、おもしろいねえ。

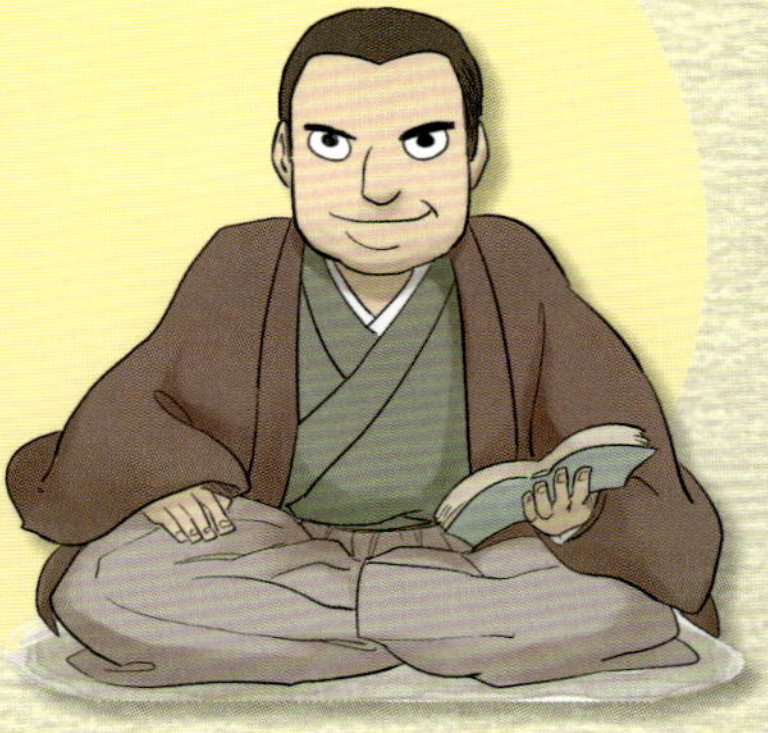

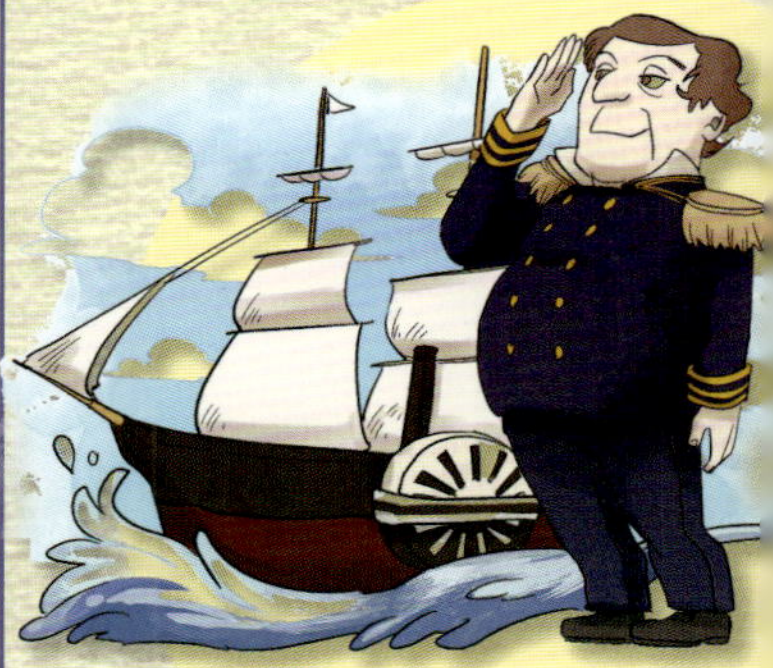

6章《しょう》 幕《ばく》末《まつ》・明《めい》治《じ》維《い》新《しん》

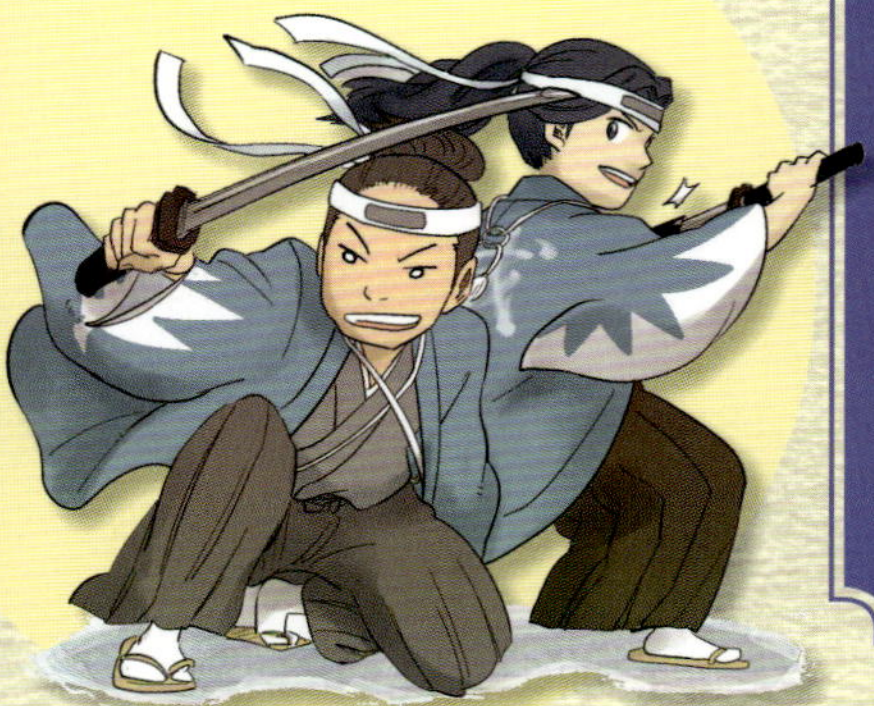

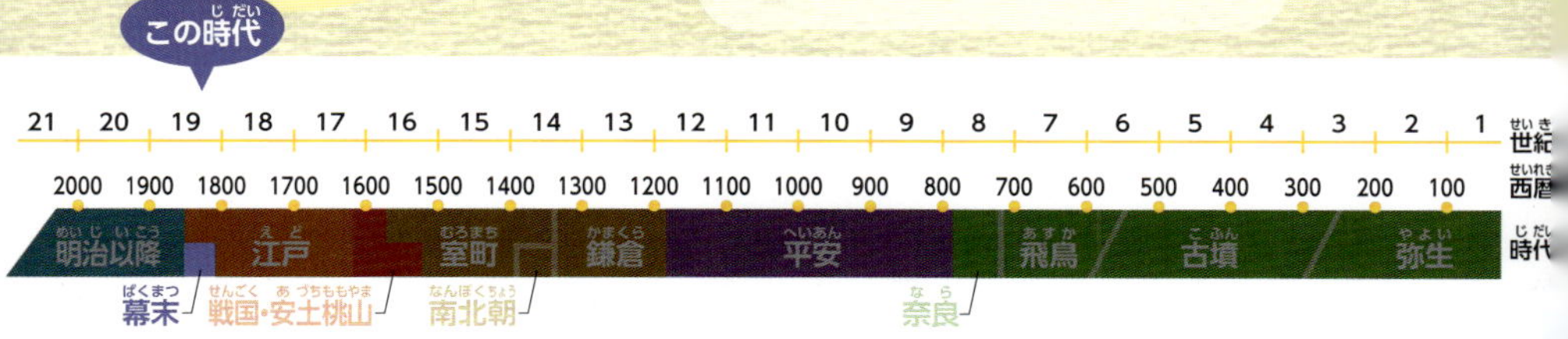

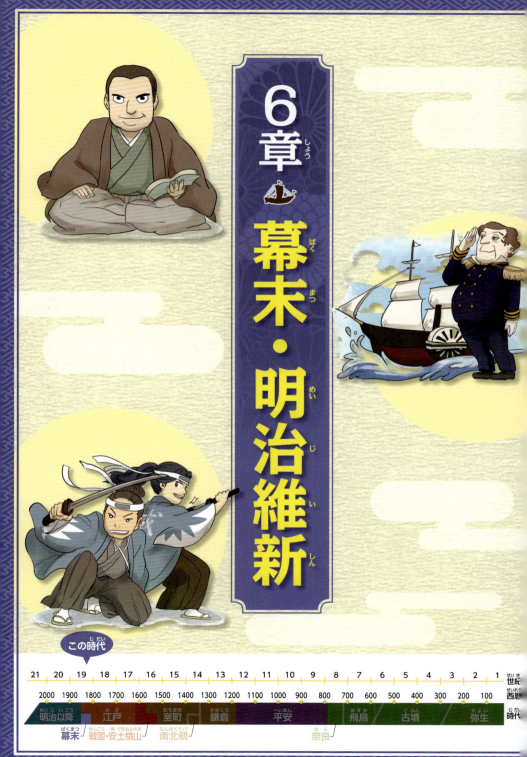

幕末《ばくまつ》・明治維新《めいじいしん》のできごと早《はや》わかり

江戸幕府《えどばくふ》が倒《たお》れる

幕末《ばくまつ》（江戸時代末期《えどじだいまっき》）、日本《にほん》が外国《がいこく》の圧力《あつりょく》にさらされる中《なか》、政治《せいじ》のしくみを変《か》えて、新《あたら》しい世《よ》の中《なか》を作《つく》ろうとする動《うご》きが起《お》きました。

その結果《けっか》、江戸幕府《えどばくふ》は倒《たお》れ、新《あたら》しい政権《せいけん》（明治政府《めいじせいふ》）が誕生《たんじょう》。明治維新《めいじいしん》が成《な》しとげられたのです。

P137から

1853年《ねん》

黒船《くろふね》が日本《にほん》にやってくる

ペリー
（→P202）

1854年《ねん》

アメリカと日米和親条約《にちべいわしんじょうやく》を結《むす》ぶ

ペリー
（→P202）

1858年《ねん》

アメリカと日米修好通商条約《にちべいしゅうこうつうしょうじょうやく》を結《むす》ぶ

井伊直弼《いいなおすけ》
（→P204）

1858年《ねん》～1859年《ねん》

安政《あんせい》の大獄《たいごく》

井伊直弼《いいなおすけ》
（→P204）

吉田松陰《よしだしょういん》
（→P207）

1860年《ねん》

咸臨丸《かんりんまる》が太平洋《たいへいよう》を横断《おうだん》

勝海舟《かつかいしゅう》
（→P208）

1860年《ねん》

桜田門外《さくらだもんがい》の変《へん》

井伊直弼《いいなおすけ》
（→P204）

1863年《ねん》

新撰組《しんせんぐみ》が結成《けっせい》される

近藤勇《こんどういさみ》
（→P216）

土方歳三《ひじかたとしぞう》
（→P216）

1866年《ねん》

薩摩藩《さつまはん》と長州藩《ちょうしゅうはん》が同盟《どうめい》を結《むす》ぶ（薩長同盟《さっちょうどうめい》）

西郷隆盛《さいごうたかもり》
（→P220）

木戸孝允《きどたかよし》
（→P226）

坂本龍馬《さかもとりょうま》
（→P210）

超重要《ちょうじゅうよう》！　大切《たいせつ》　覚《おぼ》えたい　文化《ぶんか》に関《かん》すること

1867年《ねん》

大政奉還《たいせいほうかん》（江戸幕府《えどばくふ》が終《お》わる）

徳川慶喜《とくがわよしのぶ》
（→P214）

1867年《ねん》

坂本龍馬《さかもとりょうま》が暗殺《あんさつ》される

坂本龍馬《さかもとりょうま》
（→P210）

1868年《ねん》

新政府《しんせいふ》が誕生《たんじょう》

大久保利通《おおくぼとしみち》
（→P224）

木戸孝允《きどたかよし》
（→P226）

西郷隆盛《さいごうたかもり》
（→P220）

1868年《ねん》～1869年《ねん》

戊辰戦争《ぼしんせんそう》

西郷隆盛《さいごうたかもり》
（→P220）

勝海舟《かつかいしゅう》
（→P208）

徳川慶喜《とくがわよしのぶ》
（→P214）

近藤勇《こんどういさみ》
（→P216）

土方歳三《ひじかたとしぞう》
（→P216）

1869年《ねん》

版籍奉還《はんせきほうかん》

大久保利通《おおくぼとしみち》
（→P224）

木戸孝允《きどたかよし》
（→P226）

1871年《ねん》

廃藩置県《はいはんちけん》

大久保利通《おおくぼとしみち》
（→P224）

木戸孝允《きどたかよし》
（→P226）

1877年《ねん》

西南戦争《せいなんせんそう》

西郷隆盛《さいごうたかもり》
（→P220）

近代化《きんだいか》する日本《にほん》へ

（→7章）

P230につづく

軍人《ぐんじん》

ペリー

生没年《せいぼつねん》:1794～1858年《ねん》　出身地《しゅっしんち》:アメリカ

アメリカの軍人《ぐんじん》。1853年《ねん》、4隻《せき》の軍艦《ぐんかん》をひきいて江戸湾《えどわん》の浦賀沖《うらがおき》（神奈川県横須賀市《かながわけんよこすかし》）に来航《らいこう》。それまでオランダ、中国《ちゅうごく》、朝鮮《ちょうせん》以外《いがい》の国《くに》との交流《こうりゅう》を200年《ねん》以上《いじょう》絶《た》っていた日本《にほん》に、アメリカと外交関係《がいこうかんけい》を結《むす》ぶようにせまります。

翌《よく》1854年《ねん》に再来日《さいらいにち》。「日米和親条約《にちべいわしんじょうやく》（神奈川条約《かながわじょうやく》）」を結《むす》び、日本《にほん》を開国《かいこく》させせました。

黒船《くろふね》をひきいて
日本《にほん》に開国《かいこく》をせまる

ペリーがわかる！　3つのキーワード

❶ 交渉力《こうしょうりょく》	強気《つよき》の姿勢《しせい》をつらぬき、200年《ねん》以上《いじょう》つづいた日本《にほん》の鎖国《さこく》を終《お》わらせた。
❷ 軍人《ぐんじん》	「東《ひがし》インド艦隊司令長官《かんたいしれいちょうかん》」という、高《たか》い立場《たちば》の軍人《ぐんじん》だった。
❸ 著作《ちょさく》	当時《とうじ》の記録《きろく》を、『日本遠征記《にほんえんせいき》』という本《ほん》に残《のこ》して出版《しゅっぱん》している。

1853年《ねん》浦賀沖《うらがおき》に巨大《きょだい》な4隻《せき》の船《ふね》があらわれた
なんだあの船《ふね》は！
異国船《いこくせん》だ！
船体《せんたい》が黒《くろ》いぞ！
日本《にほん》を開国《かいこく》させてみせる
ハロー日米《にちべい》の友好関係《ゆうこうかんけい》を築《きず》きましょう
でかっ
いきなり困《こま》るな～

おもしろ知識《ちしき》

当時《とうじ》アメリカは、東《ひがし》アジア貿易《ぼうえき》や太平洋《たいへいよう》での捕鯨《ほげい》に力《ちから》を入《い》れようとしていた。そのため船《ふね》の燃料《ねんりょう》や食料《しょくりょう》の補給地点《ほきゅうちてん》が必要《ひつよう》となり、日本《にほん》との関係《かんけい》を結《むす》ぶことを望《のぞ》んだ。

アメリカ大統領《だいとうりょう》の手紙《てがみ》を幕府側《ばくふがわ》に渡《わた》すとペリーは去《さ》って行《い》った
来年《らいねん》また来《く》るから返事《へんじ》聞《き》かせてね
Bye〜
アメリカの開国要求《かいこくようきゅう》に幕府《ばくふ》は大混乱《だいこんらん》となった
わぁ〜っ
開国《かいこく》したらむちゃな要求《ようきゅう》をされるぞ
でも開国《かいこく》を断《ことわ》ったら？
日本《にほん》せめちゃおうかな〜
ぞぉ〜っ
1854年《ねん》ペリー再来日《さいらいにち》
開国《かいこく》する気《き》になった？♪
わっもう来《き》た
船《ふね》もふえてる……
アメリカの技術《ぎじゅつ》すごいな
おぉ──っ
おみやげです
HAHA HA
うわっ
日本《にほん》からの贈《おく》り物《もの》です
同年《どうねん》日本《にほん》とアメリカの間《あいだ》で12か条《じょう》からなる「日米和親条約《にちべいわしんじょうやく》」が成立《せいりつ》した
伊豆《いず》の下田《しもだ》と箱館《はこだて》(函館《はこだて》)の開港《かいこう》！
12！
漂流民《ひょうりゅうみん》の救助《きゅうじょ》と引《ひ》き渡《わた》し
アメリカ船《せん》に燃料《ねんりょう》や食料《しょくりょう》の補給《ほきゅう》をゆるすこと！
アメリカの領事館《りょうじかん》を下田《しもだ》に設置《せっち》！
あ〜あ…
日本人《にほんじん》はまじめでとても器用《きよう》だ海外《かいがい》の国《くに》と交流《こうりゅう》することで今後《こんご》すばらしい工業国《こうぎょうこく》になるでしょう

おもしろ知識《ちしき》 日本《にほん》はペリー一行《いっこう》へ米《こめ》をプレゼントする際《さい》、米俵《こめだわら》を力士《りきし》たちに運《はこ》ばせた。ペリーはたいへんおどろき、「こんなに体《からだ》に肉《にく》がついていて激《はげ》しい運動《うんどう》なんてできるのか？」と思《おも》ったという。

大名《だいみょう》

井《い》伊《い》直《なお》弼《すけ》

生没年《せいぼつねん》:1815〜1860年《ねん》　出身地《しゅっしんち》:近江《おうみ》(滋賀県《しがけん》)

江戸《えど》時代《じだい》末期《まっき》の大名《だいみょう》。彦根藩《ひこねはん》(滋賀県《しがけん》)の藩主《はんしゅ》を経《へ》て1858年《ねん》に大老《たいろう》になると、天皇《てんのう》の許可《きょか》を得《え》ずにアメリカと「日米修好通商条約《にちべいしゅうこうつうしょうじょうやく》」を結《むす》びます。また将軍《しょうぐん》の後《あと》つぎ問題《もんだい》では、徳川家茂《とくがわいえもち》を14代将軍《だいしょうぐん》にすえました。反対《はんたい》する人々《ひとびと》を「安政《あんせい》の大獄《たいごく》」で取《と》りしまりますが、1860年《ねん》に暗殺《あんさつ》されました(桜田門外《さくらだもんがい》の変《へん》)。

「安政《あんせい》の大獄《たいごく》」で反対勢力《はんたいせいりょく》を弾圧《だんあつ》

井《い》伊《い》直《なお》弼《すけ》がわかる! 3つのキーワード

❶ 決断力《けつだんりょく》	天皇《てんのう》の許可《きょか》がなかなか得《え》られず、自分《じぶん》の判断《はんだん》で条約《じょうやく》を結《むす》ぶ決意《けつい》をした。
❷ 強引《ごういん》さ	反対派《はんたいは》をきびしく取《と》りしまった結果《けっか》、多《おお》くの人《ひと》のうらみを買《か》った。
❸ 名門《めいもん》の当主《とうしゅ》	徳川家《とくがわけ》に長《なが》く仕《つか》えた井伊家《いいけ》の当主《とうしゅ》として、死《し》ぬまで幕府《ばくふ》につくした。

1858年《ねん》大老《たいろう》の井伊直弼《いいなおすけ》の決断《けつだん》により幕府《ばくふ》はアメリカと「日米修好通商条約《にちべいしゅうこうつうしょうじょうやく》」を結《むす》んだ
アメリカ駐日総領事《ちゅうにちそうりょうじ》
ハリス
もう待《ま》てないよ! 早《はや》く貿易《ぼうえき》みとめて!
天皇《てんのう》を説得《せっとく》している時間《じかん》はない 条約《じょうやく》を結《むす》んでしまおう
孝明天皇《こうめいてんのう》
条約反対《じょうやくはんたい》! 外国人《がいこくじん》は嫌《きら》いじゃ
江戸幕府《えどばくふ》13代将軍《だいしょうぐん》
徳川家定《とくがわいえさだ》
お前《まえ》にすべてまかせる
ゴホゴホ
同年《どうねん》将軍家定《しょうぐんいえさだ》が死去《しきょ》 直弼《なおすけ》は家定《いえさだ》のいとこの家茂《いえもち》を14代将軍《だいしょうぐん》に立《た》てた
こうした直弼《なおすけ》の行動《こうどう》には非難《ひなん》の声《こえ》も多《おお》かった
帝《みかど》(天皇《てんのう》)もお怒《いか》りだぞ!
勝手《かって》に外国《がいこく》と条約結《じょうやくむす》ぶなよ
外国人《がいこくじん》追《お》いはらえよ!
13歳《さい》の将軍《しょうぐん》に何《なに》ができるのだ
キャンキャン
あー もーうるさい
イラッ

「大老《たいろう》」は、必要《ひつよう》に応《おう》じて老中《ろうじゅう》の上《うえ》に置《お》かれた臨時《りんじ》の職《しょく》で、幕府《ばくふ》の最高職《さいこうしょく》。(ことば解説《かいせつ》)

井伊直弼《いいなおすけ》
直弼《なおすけ》は自分《じぶん》の方針《ほうしん》に逆《さか》らう藩主《はんしゅ》や藩士《はんし》、公家《くげ》、学者《がくしゃ》、幕臣《ばくしん》たちの弾圧《だんあつ》に乗《の》り出《だ》した
わしに逆《さか》らうやつは全員処罰《ぜんいんしょばつ》だ
死罪《しざい》は8名《めい》　全処罰者《ぜんしょばつしゃ》の数《かず》は100人以上《にんいじょう》　この大弾圧《だいだんあつ》は「安政《あんせい》の大獄《たいごく》」と呼《よ》ばれる
江戸幕府《えどばくふ》なんて倒《たお》れてしまえ
キャーッ
長州藩士《ちょうしゅうはんし》
吉田松陰《よしだしょういん》　死罪《しざい》
14代将軍《だいしょうぐん》には一橋慶喜様《ひとつばしよしのぶさま》がふさわしい
福井藩士《ふくいはんし》
橋本左内《はしもとさない》　死罪《しざい》
ぎゅっ!
1860年《ねん》
わしのやっていることはすべて国《くに》のため幕府《ばくふ》のためきっといつかみなわかってくれるはずだ
チャッ
タァーン
うっ銃《じゅう》か……
死《し》ね!　大悪人《だいあくにん》め
井伊直弼《いいなおすけ》は江戸城《えどじょう》の桜田門外《さくらだもんがい》にて水戸《みと》(茨城県《いばらきけん》)・薩摩《さつま》(鹿児島県《かごしまけん》)の浪士《ろうし》たちに殺害《さつがい》された

おもしろ知識《ちしき》　彦根藩主時代《ひこねはんしゅじだい》の井伊直弼《いいなおすけ》は、家臣《かしん》や藩内《はんない》の人々《ひとびと》にお金《かね》を分《わ》けあたえたり、地方《ちほう》の村人《むらびと》の生活《せいかつ》をよく見《み》て回《まわ》ったりするなど、名君《めいくん》といわれていた。

まとめて人物紹介《じんぶつしょうかい》

明治維新《めいじいしん》の原動力《げんどうりょく》

松下村塾《しょうかそんじゅく》

だれかわかるかな?
幕府《ばくふ》と戦《たたか》い 勝利《しょうり》
(→P207右下《みぎした》)
幕府《ばくふ》と戦《たたか》い 敗北《はいぼく》
(→P207左下《ひだりした》)
松下村塾《しょうかそんじゅく》で人材《じんざい》を育《そだ》てる
(→P207上《うえ》)

吉田松陰《よしだしょういん》と長州藩士《ちょうしゅうはんし》たち

幕末《ばくまつ》、長州《ちょうしゅう》（山口県《やまぐちけん》）藩士《はんし》たちは幕府《ばくふ》を倒《たお》す中心的《ちゅうしんてき》役割《やくわり》をはたし、明治維新後《めいじいしんご》も長州出身者《ちょうしゅうしゅっしんしゃ》が新政府《しんせいふ》の中心《ちゅうしん》となって活躍《かつやく》しました。なぜ長州《ちょうしゅう》から、優秀《ゆうしゅう》な人材《じんざい》が多《おお》く登場《とうじょう》したのでしょうか。

その陰《かげ》には、長州《ちゅうしゅう》の思想家《しそうか》、吉田松陰《よしだしょういん》の存在《そんざい》がありました。彼《かれ》らの多《おお》くは松陰《しょういん》の松下村塾《しょうかそんじゅく》で学《まな》び、議論《ぎろん》を重《かさ》ねることで、成長《せいちょう》をとげたのです。

この人《ひと》たちも松下村塾出身《しょうかそんじゅくしゅっしん》！

名前《なまえ》	生没年《せいぼつねん》	出身地《しゅっしんち》	業績《ぎょうせき》
前原一誠《まえばらいっせい》	1834～1876年《ねん》	長州《ちょうしゅう》（山口県《やまぐちけん》）	幕府《ばくふ》を倒《たお》す運動《うんどう》にかかわり、明治維新後《めいじいしんご》は新政府《しんせいふ》の役人《やくにん》となったが、その後反乱《ごはんらん》を起《お》こし、処刑《しょけい》された。
山県有朋《やまがたありとも》	1838～1922年《ねん》	長州《ちょうしゅう》（山口県《やまぐちけん》）	新政府《しんせいふ》で陸軍《りくぐん》の基礎《きそ》を作《つく》り上《あ》げるなど、大《おお》きな影響力《えいきょうりょく》を持《も》った。内閣総理大臣《ないかくそうりだいじん》もつとめている。
吉田稔麿《よしだとしまろ》	1841～1864年《ねん》	長州《ちょうしゅう》（山口県《やまぐちけん》）	高杉《たかすぎ》、久坂《くさか》とともに「松下三秀《しょうかさんしゅう》」と呼《よ》ばれ、松陰《しょういん》の期待《きたい》も大《おお》きかったが、新撰組《しんせんぐみ》に襲《おそ》われて自害《じがい》。

３人《にん》の秘密《ひみつ》 徹底解剖《てっていかいぼう》！

吉田松陰《よしだしょういん》

思想家《しそうか》

生没年《せいぼつねん》	1830～1859年《ねん》
出身地《しゅっしんち》	長州《ちょうしゅう》（山口県《やまぐちけん》）
松陰《しょういん》の評価《ひょうか》	——
死因《しいん》	幕政《ばくせい》を批判《ひはん》し、安政《あんせい》の大獄《たいごく》で刑死《けいし》

多《おお》くの人材《じんざい》を育《そだ》てる

江戸《えど》で蘭学《らんがく》などを学《まな》んだ松陰《しょういん》は、ペリーが乗《の》って来《き》た黒船《くろふね》を見《み》て、日本《にほん》と外国《がいこく》の国力《こくりょく》の差《さ》におどろきました。

そこで自《みずか》らの目《め》で外国《がいこく》を見《み》ようと決意《けつい》し、海外《かいがい》へ渡《わた》る計画《けいかく》を立《た》てましたが、失敗《しっぱい》。長州《ちょうしゅう》にもどされ処分《しょぶん》を受《う》けたあと、松下村塾《しょうかそんじゅく》で多《おお》くの人材《じんざい》を育《そだ》てますが、安政《あんせい》の大《たい》獄《ごく》で刑死《けいし》しました。

久坂玄瑞《くさかげんずい》

幕末《ばくまつ》の志士《しし》

生没年《せいぼつねん》	1840～1864年《ねん》
出身地《しゅっしんち》	長州《ちょうしゅう》（山口県《やまぐちけん》）
松陰《しょういん》の評価《ひょうか》	優《すぐ》れた才能《さいのう》の持《も》ち主《ぬし》
死因《しいん》	禁門《きんもん》の変《へん》で敗《やぶ》れ、自害《じがい》

松陰《しょういん》に愛《あい》された一番弟子《いちばんでし》

高杉《たかすぎ》とともに「松下村塾《しょうかそんじゅく》の双璧《そうへき》」といわれた才能《さいのう》の持《も》ち主《ぬし》で、松陰《しょういん》の妹《いもうと》を妻《つま》に持《も》ちました。

松陰《しょういん》の死後《しご》、尊王攘夷運動《そんのうじょういうんどう》（天皇《てんのう》を崇拝《すうはい》し、外国勢力《がいこくせいりょく》を日本《にほん》から追《お》い出《だ》そうとする運《うん》動《どう》）の指導者的立場《しどうしゃてきたちば》となり、幕府《ばくふ》との対決姿勢《たいけつしせい》を強《つよ》めます。しかし、禁門《きんもん》の変《へん》（→P２２０）で幕府軍《ばくふぐん》に敗《やぶ》れ、自《みずか》ら命《いのち》を絶《た》ちました。

高杉晋作《たかすぎしんさく》

幕末《ばくまつ》の志士《しし》

生没年《せいぼつねん》	1839～1867年《ねん》
出身地《しゅっしんち》	長州《ちょうしゅう》（山口県《やまぐちけん》）
松陰《しょういん》の評価《ひょうか》	将来《しょうらい》、すごいことをやるだろう
死因《しいん》	幕府《ばくふ》の滅亡前《めつぼうまえ》に、肺結核《はいけっかく》で病死《びょうし》

江戸幕府《えどばくふ》にとどめをさす

外国《がいこく》から日本《にほん》を守《まも》るには幕《ばく》府《ふ》を倒《たお》さねばならないと考《かんが》えていた晋作《しんさく》は、１８６５年《ねん》、幕府《ばくふ》にしたがおうとする藩内《はんない》の別勢力《べっせいりょく》を追《お》い落《お》として藩《はん》の実権《じっけん》をにぎります。

翌年《よくねん》の幕府《ばくふ》との戦《たたか》いでは、長州藩士《ちょうしゅうはんし》や自《みずか》ら組織《そしき》した「奇《き》兵隊《へいたい》（下級武士《かきゅうぶし》、農民《のうみん》などからなる軍隊《ぐんたい》）」をひきいて、勝利《しょうり》に大《おお》きく貢献《こうけん》しました。

政治家《せいじか》

勝《かつ》海《かい》舟《しゅう》

生没年《せいぼつねん》:1823～1899年《ねん》　出身地《しゅっしんち》:江戸《えど》（東京都《とうきょうと》）

幕府《ばくふ》の代表者《だいひょうしゃ》として江戸《えど》を戦火《せんか》から守《まも》る

幕末《ばくまつ》の幕臣《ばくしん》（幕府《ばくふ》の家来《けらい》）。1860年《ねん》、咸臨丸《かんりんまる》を指揮《しき》して太平洋《たいへいよう》を横断《おうだん》し、渡米《とべい》。その後《ご》、海軍《かいぐん》を管理《かんり》する軍艦奉行《ぐんかんぶぎょう》に任命《にんめい》されました。戊辰戦争《ぼしんせんそう》（旧幕府軍《きゅうばくふぐん》と新政府軍《しんせいふぐん》の戦《たたか》い）では、旧幕府側《きゅうばくふがわ》の代表《だいひょう》として新政府軍《しんせいふぐん》の西郷隆盛《さいごうたかもり》と会見《かいけん》。江戸城総攻撃《えどじょうそうこうげき》を中止《ちゅうし》させ、戦死者《せんししゃ》を出《だ》すことなく、江戸城《えどじょう》の明《あ》け渡《わた》しを成《な》しとげました。

勝海舟《かつかいしゅう》がわかる!　3つのキーワード

❶ 江戸無血開城《えどむけつかいじょう》	幕府《ばくふ》の代表《だいひょう》として西郷《さいごう》と会見《かいけん》し、江戸城《えどじょう》の無血開城《むけつかいじょう》を実現《じつげん》させた。
❷ 太平洋横断《たいへいようおうだん》	日本人《にほんじん》の乗組員《のりくみいん》を指揮《しき》し、咸臨丸《かんりんまる》でアメリカへ渡《わた》った。
❸ 先見性《せんけんせい》	幕臣《ばくしん》でありながら、幕府《ばくふ》に期待《きたい》せず、その滅亡《めつぼう》を見《み》ぬいていた。

1853年《ねん》　ペリー（→P202）が黒船《くろふね》で来航《らいこう》すると幕府《ばくふ》は民間《みんかん》に広《ひろ》く意見《いけん》を募集《ぼしゅう》した
むっ　これは
日本《にほん》も海軍《かいぐん》を作《つく》りましょう　勝海舟《かつかいしゅう》より
*老中《ろうじゅう》
阿部正弘《あべまさひろ》
*幕府《ばくふ》の最高職《さいこうしょく》
意見書《いけんしょ》が幕府《ばくふ》に注目《ちゅうもく》されて出世《しゅっせ》の道《みち》をつかんだ勝《かつ》は
1855年《ねん》　長崎《ながさき》にある幕府《ばくふ》の海軍学校《かいぐんがっこう》に入学《にゅうがく》した
maandag
学《まな》んでいたオランダ語《ご》が役《やく》に立《た》ったぞ
1860年《ねん》　幕府《ばくふ》がアメリカに使節《しせつ》を送《おく》る際《さい》　勝《かつ》もそれにしたがい咸臨丸《かんりんまる》の艦長《かんちょう》として太平洋横断《たいへいようおうだん》の指揮《しき》をとった
日本人《にほんじん》の力《ちから》だけで太平洋《たいへいよう》を横断《おうだん》してみせる!
わたしも乗《の》っていたぞ
福沢諭吉《ふくざわゆきち》
（→P234）

おもしろ知識《ちしき》　咸臨丸《かんりんまる》による太平洋横断《たいへいようおうだん》の際《さい》、船酔《ふなよ》いがひどく、実際《じっさい》は艦長室《かんちょうしつ》に閉《と》じこもっている時間《じかん》が長《なが》かった。そのことを咸臨丸《かんりんまる》に乗《の》っていた思想家《しそうか》の福沢諭吉《ふくざわゆきち》（→P234）に非難《ひなん》されている。

帰国後《きこくご》 *軍艦奉行《ぐんかんぶぎょう》となり
1864年《ねん》
神戸《こうべ》に海軍操練所《かいぐんそうれんじょ》を作《つく》った
海軍《かいぐん》を強《つよ》くしなきゃ
外国《がいこく》から日本《にほん》を
守《まも》れないからな
わしもここで
学《まな》んだぜよ
坂本龍馬《さかもとりょうま》（→P210）
*海軍《かいぐん》を管理《かんり》する幕府《ばくふ》の職名《しょくめい》
しかし翌年《よくねん》
海軍操練所《かいぐんそうれんじょ》は
すぐに廃止《はいし》された
海軍《かいぐん》の大切《たいせつ》さも
わからない幕府《ばくふ》が
政治《せいじ》の中心《ちゅうしん》でいるうちは
日本《にほん》はだめだ
1868年《ねん》
江戸幕府《えどばくふ》が倒《たお》れ
新政府《しんせいふ》が誕生《たんじょう》
新《しん》政《せい》府《ふ》
薩摩藩《さつまはん》の西郷隆盛《さいごうたかもり》ひきいる
新政府軍《しんせいふぐん》が
幕府《ばくふ》を徹底的《てっていてき》にやっつけるため
将軍《しょうぐん》のいる江戸城《えどじょう》にせまってきた
もうわれらは
戦《たたか》う気《き》はないんじゃ
何《なん》とかならないか？
わたしが西郷《さいごう》を
説得《せっとく》します
江戸幕府《えどばくふ》15代将軍《だいしょうぐん》
徳川慶喜《とくがわよしのぶ》
（→P214）
江戸《えど》　薩摩藩《さつまはん》の屋敷《やしき》
戦《たたか》いが長引《ながび》けば日本《にほん》は外国《がいこく》に
乗《の》っ取《と》られるかもしれません
江戸城《えどじょう》は明《あ》け渡《わた》すから
総攻撃《そうこうげき》はよしてくださいよ
わかりました
攻撃《こうげき》は中止《ちゅうし》します
西郷隆盛《さいごうたかもり》
戦火《せんか》をまぬがれた江戸《えど》は
この後《あと》 日本《にほん》の首都《しゅと》となり
さらなる発展《はってん》を
とげていくことになる

おもしろ知識《ちしき》
勝《かつ》には小《ちい》さいころ、犬《いぬ》にかまれて大《おお》けがを負《お》った経験《けいけん》がある。そのため、大人《おとな》になってからも犬《いぬ》が苦手《にがて》だったという。

坂《さか》本《もと》龍《りょう》馬《ま》

生没年《せいぼつねん》:1835〜1867年《ねん》　出身地《しゅっしんち》:土佐《とさ》（高知県《こうちけん》）

幕末《ばくまつ》の武士《ぶし》。土佐藩《とさはん》（高知県《こうちけん》）を飛《と》び出《だ》し、勝海舟《かつかいしゅう》から航海術《こうかいじゅつ》や開国《かいこく》の必要性《ひつようせい》を学《まな》びました。

その後《ご》、新《あたら》しい日本《にほん》の政権《せいけん》を作《つく》るため、薩摩藩《さつまはん》（鹿児島県《かごしまけん》）と長《ちょう》州藩《しゅうはん》（山口県《やまぐちけん》）との間《あいだ》に薩長同盟《さっちょうどうめい》を成立《せいりつ》させます。さらに、土佐藩《とさはん》を通《つう》じて大政奉還《たいせいほうかん》（幕府《ばくふ》が政権《せいけん》を朝廷《ちょうてい》に返《かえ》すこと）を実現《じつげん》させましたが、京都《きょうと》で暗殺《あんさつ》されました。

薩長同盟《さっちょうどうめい》を成立《せいりつ》させ
新《あたら》しい時代《じだい》の幕《まく》を開《あ》ける

坂本龍馬《さかもとりょうま》がわかる!　3つのキーワード

❶ 薩長同盟《さっちょうどうめい》	幕府《ばくふ》にかわる新《あたら》しい政権《せいけん》を作《つく》るため、薩摩藩《さつまはん》と長州藩《ちょうしゅうはん》の手《て》を結《むす》ばせた。
❷ 船中八策《せんちゅうはっさく》	新《あたら》しい国《くに》の形《かたち》を、「船中八策《せんちゅうはっさく》」で示《しめ》してみせた。
❸ 船《ふね》で商売《しょうばい》	貿易《ぼうえき》や海上輸送《かいじょうゆそう》をおこなう「亀山社《かめやましゃ》中《ちゅう》（のちの海援隊《かいえんたい》）」を結成《けっせい》。

龍馬《りょうま》は土佐藩《とさはん》（高知県《こうちけん》）の身分《みぶん》の低《ひく》い武士《ぶし》の家《いえ》に生《う》まれた
子《こ》どものころは泣《な》き虫《むし》だったという
1853年《ねん》 剣術修業《けんじゅつしゅぎょう》で江戸《えど》にいた龍馬《りょうま》はペリー（→P202）ひきいる外国船《がいこくせん》を目《ま》の当《あ》たりにする
外国人《がいこくじん》を日本《にほん》に入《い》れるな！
これから日本《にほん》はどうなるんだ……
1862年《ねん》 *脱藩《だっぱん》
日本《にほん》は今《いま》大《おお》きく変《か》わろうとしている わしはもっと自由《じゆう》に行動《こうどう》したいんじゃ
*藩《はん》の所属《しょぞく》からぬけること
勝海舟《かつかいしゅう》（→P208）の弟子《でし》となり神戸《こうべ》の海軍操練所《かいぐんそうれんじょ》で船《ふね》の動《うご》かし方《かた》などを学《まな》んだ
日本《にほん》は外国《がいこく》の知識《ちしき》をどんどん取《と》り入《い》れるべきだ 強《つよ》い海軍《かいぐん》も必要《ひつよう》だな
すごい人《ひと》だなあ

おもしろ知識《ちしき》　勝海舟《かつかいしゅう》の回想《かいそう》によると、龍馬《りょうま》は最初《さいしょ》、勝《かつ》を暗殺《あんさつ》するつもりだったという。だが勝《かつ》が海軍《かいぐん》の必要性《ひつようせい》などを説《と》いたところ、龍馬《りょうま》は考《かんが》えをあらためて勝《かつ》の弟子《でし》になった。

1865年《ねん》
薩摩藩《さつまはん》(鹿児島県《かごしまけん》)の力《ちから》も借《か》りて
仲間《なかま》たちと長崎《ながさき》で
「亀山社中《かめやましゃちゅう》(のちの海援隊《かいえんたい》)」を結成《けっせい》
貿易《ぼうえき》や海上輸送《かいじょうゆそう》をおこなう会社《かいしゃ》じゃ 将来的《しょうらいてき》には外国相手《がいこくあいて》に商売《しょうばい》するぜよ
亀山社中《かめやましゃちゅう》
しかし今《いま》の日本《にほん》は日本人《にほんじん》どうしでつまらない争《あらそ》いをしちょる わしが日本《にほん》という国《くに》を洗濯《せんたく》して生《う》まれ変《か》わらせにゃならん
そのころ幕府《ばくふ》は薩摩藩《さつまはん》などの力《ちから》を使《つか》って
幕府《ばくふ》にはむかう長州藩《ちょうしゅうはん》(山口県《やまぐちけん》)を
ほろぼそうとしていた
長州藩《ちょうしゅうはん》が負《ま》けたら幕府《ばくふ》はますますつけあがる…… 幕府《ばくふ》に対抗《たいこう》する勢力《せいりょく》を作《つく》らなくては
わしも手伝《てつだ》うぞ
土佐脱藩浪士《とさだっぱんろうし》
中岡慎太郎《なかおかしんたろう》
長州藩《ちょうしゅうはん》がほろぼされたら次《つぎ》は薩摩藩《さつまはん》があぶないぜよ
薩摩藩士《さつまはんし》
西郷隆盛《さいごうたかもり》
このままでは長州藩《ちょうしゅうはん》はほろびるぜよ
長州藩士《ちょうしゅうはんし》
木戸孝允《きどたかよし》
龍馬《りょうま》が間《あいだ》に入《はい》り
激《はげ》しく敵対《てきたい》していた両藩《りょうはん》の
同盟《どうめい》(薩長同盟《さっちょうどうめい》)が成立《せいりつ》した
幕府《ばくふ》も時代《じだい》の変化《へんか》に早《はや》く気《き》づいてみんなで政治《せいじ》をおこなう新《あたら》しい世《よ》の中《なか》になればいいなあ
薩長同盟成立《さっちょうどうめいせいりつ》!
この後《あと》
長州藩《ちょうしゅうはん》は攻《せ》めてきた幕府《ばくふ》を追《お》い返《かえ》した
そして……

幕末・明治維新

おもしろ知識《ちしき》 少年時代《しょうねんじだい》は気弱《きよわ》な少年《しょうねん》だったが、姉《あね》の乙女《おとめ》から剣術《けんじゅつ》や学問《がくもん》などを学《まな》び、たくましく成長《せいちょう》した。龍馬《りょうま》はこの姉《あね》のことが大好《だいす》きで、土佐藩《とさはん》を脱藩《だっぱん》したあともよく手紙《てがみ》を送《おく》っている。

このままの勢《いきお》いで幕府《ばくふ》を武力《ぶりょく》でほろぼして新《あたら》しい政権《せいけん》を作《つく》るぞ！
あちゃ〜
これはいかん だから日本人《にほんじん》どうしで争《あらそ》っちゅう場合《ばあい》じゃないぜよ
朝廷《ちょうてい》に政権《せいけん》を返《かえ》すよう土佐藩《とさはん》から幕府《ばくふ》にすすめるぜよ そうすれば戦争《せんそう》を起《お》こす意味《いみ》はなくなるぜよ
そのあとはどうなる？
後藤《ごとう》さん ここは土佐藩《とさはん》の力《ちから》が必要《ひつよう》じゃき
どうすればいい？
土佐藩士《とさはんし》
後藤象二郎《ごとうしょうじろう》
ここに新《あたら》しい日本《にほん》のビジョンを示《しめ》したぜよ
すっ
船中八策《せんちゅうはっさく》
1 政権《せいけん》を朝廷《ちょうてい》に返《かえ》す
2 議会《ぎかい》を設置《せっち》する
3 能力《のうりょく》のある人《ひと》を政治《せいじ》に参加《さんか》させる
4 外国《がいこく》と平等《びょうどう》な条約《じょうやく》を結《むす》びなおす
5 新《あたら》しい日本《にほん》の法律《ほうりつ》を作《つく》る
6 海軍《かいぐん》の力《ちから》を強《つよ》める
7 天皇《てんのう》を守《まも》る軍隊《ぐんたい》を作《つく》る
8 世界《せかい》に通用《つうよう》するお金《かね》の決《き》まりを作《つく》る
すごいな
この龍馬《りょうま》の考《かんが》えは「船中八策《せんちゅうはっさく》」と呼《よ》ばれ龍馬《りょうま》の死後《しご》 新政府《しんせいふ》に引《ひ》き継《つ》がれていくことになる
身分《みぶん》に関係《かんけい》なくだれでも政治《せいじ》に参加《さんか》できるようになる日本《にほん》は大《おお》きく変《か》わるぜよ
江戸幕府《えどばくふ》15代将軍《だいしょうぐん》徳川慶喜《とくがわよしのぶ》は土佐藩《とさはん》の提案《ていあん》を受《う》け入《い》れ1867年《ねん》政権《せいけん》を朝廷《ちょうてい》に返《かえ》した
大政奉還《たいせいほうかん》
やった！これで戦争《せんそう》することなく新《あたら》しい時代《じだい》がはじまる！

ことば解説《かいせつ》 龍馬《りょうま》が示《しめ》した「船中八策《せんちゅうはっさく》」を参考《さんこう》に木戸孝允《きどたかよし》（→P226）などが手《て》を加《くわ》え、1868年《ねん》に新政府《しんせいふ》の基本方針《きほんほうしん》「五箇条《ごかじょう》の誓文《せいもん》」が出《だ》された。

西郷《さいごう》さん
新《あたら》しい政権《せいけん》の
メンバーを
考《かんが》えてみたぜよ
坂本《さかもと》さんの
名前《なまえ》がないが……
はははは
政治《せいじ》は
西郷《さいごう》さんたちに
まかせる
わしは海援隊《かいえんたい》をひきいて
世界《せかい》を相手《あいて》に貿易《ぼうえき》するぜよ
大政奉還《たいせいほうかん》の1か月後《げつご》
近江屋《おうみや》
お前《まえ》のせいで
幕府《ばくふ》は
ほろびたんだ
ザッ
龍馬《りょうま》は中岡《なかおか》とともにおそわれ
新《あたら》しい時代《じだい》がはじまる直前《ちょくぜん》に
この世《よ》を去《さ》った

歴史《れきし》ミステリー

龍馬《りょうま》暗殺《あんさつ》の黒幕《くろまく》は？

龍馬《りょうま》は幕府《ばくふ》の元役人《もとやくにん》たちに暗殺《あんさつ》されたといわれているが、くわしいことはよくわかっておらず、いろいろな説《せつ》がある。西郷《さいごう》の薩摩《さつま》藩黒幕説《はんくろまくせつ》もその一《ひと》つ。徳川慶喜《とくがわよしのぶ》を新政権《しんせいけん》から排除《はいじょ》したい薩摩藩《さつまはん》が、幕府《ばくふ》の元役人《もとやくにん》たちをそそのかし、考《かんが》えのちがう龍馬《りょうま》を殺《ころ》したという説《せつ》だ。

また、大政奉還《たいせいほうかん》の手《て》がらをひとり占《じ》めしたい土佐藩《とさはん》の後藤象二郎《ごとうしょうじろう》が黒幕《くろまく》という説《せつ》もある。

西郷隆盛《さいごうたかもり》

後藤象二郎《ごとうしょうじろう》

西郷《さいごう》や後藤《ごとう》が暗殺《あんさつ》を指示《しじ》したという証拠《しょうこ》はないが、時代《じだい》の先《さき》を見通《みとお》して行動《こうどう》した龍馬《りょうま》には、それだけ敵《てき》も多《おお》かったようだ。

おもしろ知識《ちしき》 あるとき大《おお》けがをした龍馬《りょうま》は、その傷《きず》をいやすため、結婚《けっこん》したばかりの妻《つま》と鹿児島県《かごしまけん》の温泉《おんせん》をめぐる旅《たび》をした。これが日本初《にほんはつ》の新婚旅行《しんこんりょこう》だといわれる。

将軍《しょうぐん》

徳川《とく がわ》慶喜《よし のぶ》

生没年《せいぼつねん》:1837〜1913年《ねん》　出身地《しゅっしんち》:江戸《えど》（東京都《とうきょうと》）

江戸《えど》幕府《ばくふ》15代《だい》将軍《しょうぐん》。水戸《みと》徳川家《とくがわけ》に生《う》まれ、11歳《さい》で一橋家《ひとつばしけ》をつぎます。その後《ご》14代《だい》将軍《しょうぐん》家茂《いえもち》を支《ささ》える将軍後見職《しょうぐんこうけんしょく》をつとめ、家茂《いえもち》の死後《しご》、将軍《しょうぐん》になりましたが、1867年《ねん》、政権《せいけん》を朝廷《ちょうてい》に返《かえ》します（大政奉還《たいせいほうかん》）。

旧幕府《きゅうばくふ》と新政府《しんせいふ》の戦《たたか》い（戊辰戦争《ぼしんせんそう》）が起《お》こると江戸城《えどじょう》を明《あ》け渡《わた》して謹慎《きんしん》、隠居《いんきょ》し、ゆるされたあとは静《しず》かな余生《よせい》を送《おく》りました。

江戸《えど》幕府《ばくふ》を終《お》わらせた
最後《さいご》の将軍《しょうぐん》

徳川慶喜《とくがわよしのぶ》がわかる!　3つのキーワード

❶ 秀才《しゅうさい》	「徳川家康以来《とくがわいえやすいらい》の才能《さいのう》」と言《い》われ、多《おお》くの人《ひと》に望《のぞ》まれて将軍《しょうぐん》になった。
❷ 西洋好《せいようず》き	フランスの支援《しえん》を受《う》けて、幕府《ばくふ》の制《せい》度《ど》や軍隊《ぐんたい》の改革《かいかく》に取《と》り組《く》んだ。
❸ 趣味人《しゅみじん》	明治時代以降《めいじじだいいこう》は、写真《しゃしん》や絵画《かいが》などさまざまな趣味《しゅみ》に熱中《ねっちゅう》した。

1866年《ねん》ごろから薩摩藩《さつまはん》と長州藩《ちょうしゅうはん》は武力《ぶりょく》で幕府《ばくふ》を倒《たお》す計画《けいかく》を立《た》てていた
新《あたら》しい政権《せいけん》を作《つく》るため幕府《ばくふ》をたたきつぶそう
薩摩藩士《さつまはんし》 大久保利通《おおくぼとしみち》
薩摩藩士《さつまはんし》 西郷隆盛《さいごうたかもり》
長州藩士《ちょうしゅうはんし》 木戸孝允《きどたかよし》
慶喜《よしのぶ》はそうした状況《じょうきょう》の中《なか》で江戸《えど》幕府《ばくふ》15代《だい》将軍《しょうぐん》となった
幕府《ばくふ》のピンチを救《すく》えるのはわたししかいないいか
決《き》めた!政権《せいけん》を手放《てばな》すぞ!
そうすれば薩摩《さつま》や長州《ちょうしゅう》が武力《ぶりょく》で幕府《ばくふ》を倒《たお》す理由《りゆう》がなくなるだろ?
それに新政権《しんせいけん》ができても結局《けっきょく》　徳川家《とくがわけ》に頼《たよ》ってくるはずだ
ぐっ…
うむ

おもしろ知識《ちしき》

慶喜《よしのぶ》は20人以上《にんいじょう》いた兄弟《きょうだい》の中《なか》でも特《とく》に優秀《ゆうしゅう》で、将来《しょうらい》を大《おお》きく期待《きたい》されていた。「権現様《ごんげんさま》（徳川家康《とくがわいえやす》）の再来《さいらい》」とまでいわれていた。

大政奉還《たいせいほうかん》
1867年《ねん》
慶喜《よしのぶ》は政権《せいけん》を幕府《ばくふ》から朝廷《ちょうてい》に返《かえ》した
これにより260年以上《ねんいじょう》つづいた
江戸幕府《えどばくふ》は終《お》わりをむかえた
さて　朝廷《ちょうてい》が泣《な》きついてくるのを待《ま》つかな
ゴローン
力《ちから》を貸《か》してくださーい
しかし大久保《おおくぼ》らの働《はたら》きかけによって新政府《しんせいふ》に慶喜《よしのぶ》は参加《さんか》させてもらえなかった
なんてことだ…
徳川家《とくがわけ》を排除《はいじょ》する動《うご》きに旧幕府側《きゅうばくふがわ》の不満《ふまん》が爆発《ばくはつ》
旧幕府《きゅうばくふ》と新政府《しんせいふ》の間《あいだ》で戦《たたか》いがはじまった
戊辰戦争《ぼしんせんそう》
慶喜《よしのぶ》は抵抗《ていこう》せずに江戸城《えどじょう》を明《あ》け渡《わた》した
やがて各地《かくち》の旧幕府勢力《きゅうばくふせいりょく》も力《ちから》つき
徳川家《とくがわけ》の時代《じだい》は完全《かんぜん》に終了《しゅうりょう》した
そして月日《つきひ》は流《なが》れ45年後《ねんご》
慶喜《よしのぶ》は77歳《さい》で死去《しきょ》した
戊辰戦争後《ぼしんせんそうご》は書道《しょどう》・写真《しゃしん》・油絵《あぶらえ》・狩猟《しゅりょう》・弓道《きゅうどう》
手裏剣《しゅりけん》・自転車《じてんしゃ》など趣味《しゅみ》に生《い》きた人生《じんせい》だった
長生《ながい》きしてそれなりに楽《たの》しく生《い》きたんじゃよ

おもしろ知識《ちしき》 慶喜《よしのぶ》は77歳《さい》まで生《い》き、江戸幕府《えどばくふ》の歴代将軍《れきだいしょうぐん》でいちばん長生《ながい》きだった。２位《い》は初代家康《しょだいいえやす》の75歳《さい》、３位《い》は11代家斉《だいいえなり》の69歳《さい》。逆《ぎゃく》にもっとも短命《たんめい》だったのは７代家継《だいいえつぐ》で、８歳《さい》で亡《な》くなった。

近藤勇《こんどういさみ》・土方歳三《ひじかたとしぞう》

近藤勇《こんどういさみ》／生没年《せいぼつねん》:1834～1868年《ねん》　出身地《しゅっしんち》:武蔵《むさし》（東京都《とうきょうと》）
土方歳三《ひじかたとしぞう》／生没年《せいぼつねん》:1835～1869年《ねん》　出身地《しゅっしんち》:武蔵《むさし》（東京都《とうきょうと》）

幕府《ばくふ》のために戦《たたか》った
新撰組《しんせんぐみ》の局長《きょくちょう》と副長《ふくちょう》

近藤《こんどう》は新撰組《しんせんぐみ》の局長《きょくちょう》、土方《ひじかた》は副《ふく》長《ちょう》。新撰組《しんせんぐみ》は、幕末《ばくまつ》、京都守護職《きょうとしゅごしょく》（京都《きょうと》の安全《あんぜん》を守《まも》っていた幕府《ばくふ》の職名《しょくめい》）の下《した》で、江戸幕府《えどばくふ》に敵対《てきたい》する勢力《せいりょく》を取《と》りしまっていた組織《そしき》。幕府《ばくふ》が倒《たお》れたあとに起《お》きた戊辰《ぼしん》戦争《せんそう》では、新撰組《しんせんぐみ》をひきいて旧幕《きゅうばく》府側《ふがわ》について戦《たたか》った。近藤《こんどう》は新政《しんせい》府軍《ふぐん》につかまって死刑《しけい》となり、土《ひじ》方《かた》は戦死《せんし》した。

近藤勇《こんどういさみ》・土方歳三《ひじかたとしぞう》がわかる! 3つのキーワード

① 幕府《ばくふ》への忠誠《ちゅうせい》	最後《さいご》まで江戸幕府《えどばくふ》の側《がわ》に立《た》ち、江戸《えど》幕府《ばくふ》のために戦《たたか》った。
② 剣術《けんじゅつ》	剣術修業《けんじゅつしゅぎょう》にはげみ、数々《かずかず》の実戦《じっせん》も経《けい》験《けん》。その実力《じつりょく》は相当《そうとう》なものだった。
③ 農家《のうか》の出身《しゅっしん》	二人《ふたり》とも農家《のうか》の出身《しゅっしん》だが、最後《さいご》は幕《ばく》臣《しん》（幕府《ばくふ》の役人《やくにん》）にまでなった。

逃《に》げろ
新撰組《しんせんぐみ》だ!
幕末《ばくまつ》 新撰組《しんせんぐみ》は京都《きょうと》で
江戸幕府《えどばくふ》に敵対《てきたい》する勢力《せいりょく》を
取《と》りしまっていた
ばっ
はっ
全員《ぜんいん》
斬《き》ったか?
近藤《こんどう》さん
無事《ぶじ》か?
その新撰組《しんせんぐみ》で
局長《きょくちょう》をつとめていたのが
近藤勇《こんどういさみ》である
近藤勇《こんどういさみ》
土方歳三《ひじかたとしぞう》
ニヤリ

おもしろ知識《ちしき》　口《くち》の大《おお》きな近藤《こんどう》は、自分《じぶん》のげんこつを口《くち》の中《なか》に入《い》れるという変《か》わった特技《とくぎ》を持《も》っていた。美男子《びだんし》だった土方《ひじかた》は女性《じょせい》から人気《にんき》があり、もらったラブレターの数《かず》も多《おお》かったという。

暴《あば》れん坊《ぼう》の多《おお》かった新撰組《しんせんぐみ》の隊員《たいいん》を 厳《きび》しい規律《きりつ》でまとめあげた土方歳三《ひじかたとしぞう》は 「鬼《おに》の副長《ふくちょう》」と呼《よ》ばれていた
幕府《ばくふ》の　そして 近藤《こんどう》さんのために ちゃんと働《はたら》けよ
あと　ルールを やぶったやつは 切腹《せっぷく》だからな
しかし1867年《ねん》 江戸幕府《えどばくふ》が倒《たお》れ 新《あたら》しい政府《せいふ》が誕生《たんじょう》した
＊薩長《さっちょう》のやつらめ ゆるせん！
＊倒幕《とうばく》および新政府《しんせいふ》の中心《ちゅうしん》となった薩摩藩《さつまはん》と長州藩《ちょうしゅうはん》
翌年《よくねん》から＊戊辰戦争《ぼしんせんそう》がはじまり 新撰組《しんせんぐみ》は旧幕府軍《きゅうばくふぐん》の一員《いちいん》として戦《たたか》った
＊新政府軍《しんせいふぐん》と旧幕府軍《きゅうばくふぐん》の戦《たたか》い
近藤《こんどう》は土方《ひじかた》と別行動中《べつこうどうちゅう》に 新政府軍《しんせいふぐん》との戦《たたか》いで敗《やぶ》れてつかまり
無念《むねん》だ……
武蔵《むさし》（東京都《とうきょうと》）の板橋《いたばし》で処刑《しょけい》された
土方《ひじかた》は近藤《こんどう》の死《し》を知《し》ったあと 旧幕臣《きゅうばくしん》の榎本武揚《えのもとたけあき》らと合流《ごうりゅう》 蝦夷地《えぞち》（北海道《ほっかいどう》）の箱館《はこだて》（函館《はこだて》）の 五稜郭《ごりょうかく》で新政府軍《しんせいふぐん》と戦《たたか》うことになった
最後《さいご》まで 戦《たたか》うぞ！
旧幕府軍《きゅうばくふぐん》のリーダー
榎本武揚《えのもとたけあき》
箱館戦争《はこだてせんそう》
だが戦況《せんきょう》はどんどん悪化《あっか》 新政府軍《しんせいふぐん》の銃弾《じゅうだん》を受《う》け土方《ひじかた》は戦死《せんし》した
その6日後《かご》 旧幕府軍《きゅうばくふぐん》は降伏《こうふく》 戊辰戦争《ぼしんせんそう》は終結《しゅうけつ》した

ことば解説《かいせつ》 箱館戦争《はこだてせんそう》（五稜郭《ごりょうかく》の戦《たたか》い）は、北海道《ほっかいどう》の箱館《はこだて》（函館《はこだて》）でおこなわれた旧幕府軍《きゅうばくふぐん》と新政府軍《しんせいふぐん》の最後《さいご》の戦《たたか》い。旧幕府軍《きゅうばくふぐん》は約《やく》７か月間《げつかん》、新政府軍《しんせいふぐん》を相手《あいて》に戦《たたか》ったが、最後《さいご》は降伏《こうふく》した。

まとめて人《じん》物《ぶつ》紹《しょう》介《かい》

みなが恐《おそ》れた剣士《けんし》集団《しゅうだん》

新《しん》撰《せん》組《ぐみ》

幕府《ばくふ》のために刀《かたな》をふるう

幕末《ばくまつ》になると、江戸幕府《えどばくふ》を倒《たお》し、朝廷《ちょうてい》を政治《せいじ》の中心《ちゅうしん》にすえて新《あたら》しい世《よ》の中《なか》を作《つく》ろうとする動《うご》きが高《たか》まりました。

京都《きょうと》でそうした勢力《せいりょく》を取《と》りしまり、恐《おそ》れられたのが、武装集団《ぶそうしゅうだん》「新撰組《しんせんぐみ》」です。局長《きょくちょう》の近藤勇《こんどういさみ》のもとには、実力《じつりょく》ある多《おお》くの剣士《けんし》が集《あつ》まりました。彼《かれ》らは江戸幕府《えどばくふ》の存続《そんぞく》こそ日本《にほん》のためになると信《しん》じ、討《とう》幕派《ばくは》の人物《じんぶつ》を殺害《さつがい》したり、つかまえたりしました。

だれか
わかるかな?

新撰組《しんせんぐみ》
一《いち》番《ばん》組《ぐみ》組《くみ》長《ちょう》
(→P219上《うえ》)

新撰組組織図《しんせんぐみそしきず》

- 局長《きょくちょう》
  - 近藤勇《こんどういさみ》(→P216)
- 副長《ふくちょう》
  - 土方歳三《ひじかたとしぞう》(→P216)
- 参謀《さんぼう》
  - 伊東甲子太郎《いとうかしたろう》
- 副長助勤《ふくちょうじょきん》
  - 沖田総司《おきたそうじ》(一番組組長《いちばんぐみくみちょう》)
  - 永倉新八《ながくらしんぱち》(二番組組長《にばんぐみくみちょう》)
  - 斉藤一《さいとうはじめ》(三番組組長《さんばんぐみくみちょう》)
  - 松原忠司《まつばらちゅうじ》(四番組組長《よんばんぐみくみちょう》)
  - 武田観柳斎《たけだかんりゅうさい》(五番組組長《ごばんぐみくみちょう》)
  - 井上源三郎《いのうえげんざぶろう》(六番組組長《ろくばんぐみくみちょう》)
  - 谷三十郎《たにさんじゅうろう》(七番組組長《ななばんぐみくみちょう》)
  - 藤堂平助《とうどうへいすけ》(八番組組長《はちばんぐみくみちょう》)
  - 鈴木三樹三郎《すずきみきさぶろう》(九番組組長《きゅうばんぐみくみちょう》)
  - 原田左之助《はらださのすけ》(十番組組長《じゅうばんぐみくみちょう》)

新撰組《しんせんぐみ》
二《に》番《ばん》組《ぐみ》組《くみ》長《ちょう》
(→P219右下《みぎした》)

新撰組《しんせんぐみ》
三《さん》番《ばん》組《ぐみ》組《くみ》長《ちょう》
(→P219左下《ひだりした》)

3人《にん》の秘密《ひみつ》徹底《てってい》解剖《かいぼう》！

愛《あい》された悲運《ひうん》の天才剣士《てんさいけんし》

沖田総司《おきたそうじ》

剣士《けんし》

生没年《せいぼつねん》	1842～1868年《ねん》
出身地《しゅっしんち》	江戸《えど》（東京都《とうきょうと》）
肩書《かたが》き	副長助勤《ふくちょうじょきん》、一番組組長《いちばんぐみくみちょう》、剣術師範《けんじゅつしはん》
剣術流派《けんじゅつりゅうは》	天然理心流《てんねんりしんりゅう》

近藤勇《こんどういさみ》の道場《どうじょう》「試衛館《しえいかん》」で腕《うで》をみがき、若《わか》くして才能《さいのう》を開花《かいか》させました。剣《けん》をにぎると、ぞっとするほどの恐《おそ》ろしさをただよわせたと伝《つた》わりますが、ふだんは明《あか》るい性格《せいかく》で、近所《きんじょ》の子《こ》どもたちからも好《す》かれていたそうです。

肺《はい》の病気《びょうき》で、江戸幕府《えどばくふ》が倒《たお》れてまもなく死去《しきょ》しました。

斎藤一《さいとうはじめ》

剣士《けんし》

生没年《せいぼつねん》	1844～1915年《ねん》
出身地《しゅっしんち》	江戸《えど》（東京都《とうきょうと》）
肩書《かたが》き	副長助勤《ふくちょうじょきん》、三番組組長《さんばんぐみくみちょう》、剣術師範《けんじゅつしはん》
剣術流派《けんじゅつりゅうは》	溝口派一刀流《みぞぐちはいっとうりゅう》？

謎《なぞ》は多《おお》いが剣《けん》の実力《じつりょく》は確《たし》か

名前《なまえ》を何度《なんど》も変《か》えるなど不明《ふめい》な点《てん》が多《おお》く、剣術《けんじゅつ》の流派《りゅうは》も定《さだ》かではありません。「とにかく刀《かたな》を速《はや》くふり回《まわ》せばいい」という実戦向《じっせんむ》きの剣術《けんじゅつ》で激《はげ》しい戦《たたか》いをくぐりぬけ、近藤《こんどう》からも信頼《しんらい》されました。

戊辰戦争《ぼしんせんそう》でも新政府軍《しんせいふぐん》を相手《あいて》に最後《さいご》まで必死《ひっし》に戦《たたか》います。明治維新後《めいじいしんご》は警察官《けいさつかん》になりました。

剣《けん》の腕《うで》は新撰組《しんせんぐみ》ナンバーワン!?

永倉新八《ながくらしんぱち》

剣士《けんし》

生没年《せいぼつねん》	1839～1915年《ねん》
出身地《しゅっしんち》	江戸《えど》（東京都《とうきょうと》）
肩書《かたが》き	副長助勤《ふくちょうじょきん》、二番組組長《にばんぐみくみちょう》、剣術師範《けんじゅつしはん》
剣術流派《けんじゅつりゅうは》	神道無念流《しんとうむねんりゅう》

新撰組《しんせんぐみ》最強《さいきょう》の剣士《けんし》と評価《ひょうか》されることもある実力《じつりょく》の持《も》ち主《ぬし》で、がむしゃらな性格《せいかく》から「がむ新《しん》」というあだ名《な》がありました。

明治維新後《めいじいしんご》は剣術《けんじゅつ》の先生《せんせい》などをしながら、新撰組《しんせんぐみ》の記録《きろく》を数多《かずおお》く残《のこ》しています。また、義理《ぎり》がたい性格《せいかく》で、近藤《こんどう》や土方《ひじかた》の名誉回復《めいよかいふく》のために活動《かつどう》しました。

西郷隆盛《さいごうたかもり》

生没年《せいぼつねん》:1827〜1877年《ねん》　出身地《しゅっしんち》:薩摩《さつま》(鹿児島県《かごしまけん》)

倒幕派《とうばくは》の精神的支柱《せいしんてきしちゅう》

明治維新《めいじいしん》の指導者《しどうしゃ》の一人《ひとり》。薩摩《さつま》藩《はん》(鹿児島県《かごしまけん》)の下級武士《かきゅうぶし》でしたが、藩《はん》のリーダー的存在《てきそんざい》となり、やがて「倒幕《とうばく》(幕府《ばくふ》を倒《たお》すこと)」を決意《けつい》。長州藩《ちょうしゅうはん》と同盟《どうめい》を結《むす》んで江《え》戸幕府《どばくふ》をほろぼしました。

その後《ご》、新政府《しんせいふ》の役人《やくにん》となりましたが、大久保利通《おおくぼとしみち》らと対立《たいりつ》。鹿《か》児島《ごしま》にもどり、西南戦争《せいなんせんそう》を起《お》こしましたが、政府軍《せいふぐん》に敗《やぶ》れました。

西郷隆盛《さいごうたかもり》がわかる! 3つのキーワード

❶ 倒幕《とうばく》	薩摩藩《さつまはん》の代表者《だいひょうしゃ》の一人《ひとり》として、倒幕《とうばく》から明治維新《めいじいしん》を主導《しゅどう》した。
❷ 人情《にんじょう》	立場《たちば》の弱《よわ》い人《ひと》のために行動《こうどう》し、最後《さいご》には反乱《はんらん》まで起《お》こしてしまった。
❸ 人気者《にんきもの》	かざらない性格《せいかく》で多《おお》くの人《ひと》から愛《あい》され、現在《げんざい》でも尊敬《そんけい》されている。

1864年《ねん》 公武合体派《こうぶがったいは》の薩摩藩《さつまはん》と会津藩《あいづはん》により京都《きょうと》を追《お》い出《だ》されていた反幕府《はんばくふ》の長州藩《ちょうしゅうはん》が勢力《せいりょく》を回復《かいふく》しようと京都《きょうと》に攻《せ》めこんできた(禁門《きんもん》の変《へん》)
迎《むか》え撃《う》つ幕府軍《ばくふぐん》の一員《いちいん》として薩摩藩士《さつまはんし》をひきいていたのが西郷隆盛《さいごうたかもり》である
帝《みかど》(天皇《てんのう》)にぼくらの思《おも》いを聞《き》いてもらおう!
むちゃだやめろよ
御所《ごしょ》(天皇《てんのう》の住居《じゅうきょ》)はわれらが守《まも》るのだ
長州藩士《ちょうしゅうはんし》 久坂玄瑞《くさかげんずい》 (→P207)
長州藩士《ちょうしゅうはんし》 桂小五郎《かつらこごろう》 (のちの木戸孝允《きどたかよし》)

ことば解説《かいせつ》　「公武合体《こうぶがったい》」は、朝廷《ちょうてい》(公《こう》)と幕府《ばくふ》(武《ぶ》)で協力《きょうりょく》して、日本《にほん》の危機《きき》に対応《たいおう》しようという考《かんが》え方《かた》。幕府《ばくふ》はこの考《かんが》え方《かた》を基本《きほん》にして、弱《よわ》っていた幕府《ばくふ》の体制《たいせい》を立《た》て直《なお》そうとした。

西郷《さいごう》の指揮《しき》で戦《たたか》いは幕府軍《ばくふぐん》の勝利《しょうり》に終《お》わった
ちくしょう 西郷《さいごう》め
だが 西郷《さいごう》は幕府《ばくふ》に不満《ふまん》を持《も》っていた
今《いま》の幕府《ばくふ》は自分《じぶん》たちさえよければいいと思《おも》っている
よし 幕府《ばくふ》を倒《たお》し われらの手《て》で新《あたら》しい政権《せいけん》を作《つく》ろう
薩摩藩士《さつまはんし》
大久保利通《おおくぼとしみち》
1866年《ねん》
薩摩《さつま》
長州《ちょうしゅう》
薩摩藩《さつまはん》の方針《ほうしん》を倒幕《とうばく》に変《か》えさせた西郷《さいごう》は長州藩《ちょうしゅうはん》と同盟《どうめい》を結《むす》んだ
われらの思《おも》いは同《おな》じ
倒幕《とうばく》
ともにがんばりましょう
薩長同盟《さっちょうどうめい》
その後《ご》朝廷《ちょうてい》も味方《みかた》につけた薩摩藩《さつまはん》と長州藩《ちょうしゅうはん》はついに江戸幕府《えどばくふ》を倒《たお》した
江戸城《えどじょう》もわれらの手《て》に渡《わた》ったぞ

ことば解説《かいせつ》 「薩長同盟《さっちょうどうめい》」は、それまで敵対《てきたい》していた薩摩藩《さつまはん》と長州藩《ちょうしゅうはん》が、幕府《ばくふ》を倒《たお》すという共通《きょうつう》の目的《もくてき》を達成《たっせい》するため結《むす》んだ同盟《どうめい》。坂本龍馬《さかもとりょうま》（→P210）が両藩《りょうはん》のリーダー（西郷《さいごう》と木戸《きど》）を結《むす》びつけ、成立《せいりつ》した。

1868年《ねん》 新政府《しんせいふ》が誕生《たんじょう》し
西郷《さいごう》も新政府《しんせいふ》のメンバーに入《はい》った
新政府《しんせいふ》の抱《かか》えた問題《もんだい》の一《ひと》つに
韓国《かんこく》との関係悪化《かんけいあっか》があった
おいが韓国《かんこく》に行《い》って 話《はなし》をしてくるぞ
ダメだ 殺《ころ》されるぞ
大久保利通《おおくぼとしみち》
殺《ころ》されても よか
ダメだ そうなったら 戦争《せんそう》になる
戦争《せんそう》になってもよか そうなれば
明治維新《めいじいしん》で 貧《まず》しくなった*士族《しぞく》に 働《はたら》く場《ば》をあたえられる!
*武士《ぶし》だった人々《ひとびと》
1873年《ねん》 大久保《おおくぼ》らとの意見《いけん》の対立《たいりつ》から
西郷《さいごう》は鹿児島《かごしま》に帰《かえ》ってしまった
もういい おいは 政府《せいふ》の役人《やくにん》を やめる!
士族《しぞく》の若者《わかもの》を 教育《きょういく》する 学校《がっこう》を作《つく》ったぞ
このころ 新政府《しんせいふ》の方針《ほうしん》に
反感《はんかん》を持《も》つ士族《しぞく》たちによる
反乱《はんらん》が各地《かくち》で起《お》こっていた
萩《はぎ》の乱《らん》（1876年《ねん》）
秋月《あきづき》の乱《らん》（1876年《ねん》）
佐賀《さが》の乱《らん》（1874年《ねん》）
敬神党《けいしんとう》（神風連《じんぷうれん》）の乱《らん》（1876年《ねん》）

おもしろ知識《ちしき》 坂本龍馬《さかもとりょうま》は西郷《さいごう》にはじめて会《あ》ったあと、「小《ちい》さくたたけば小《ちい》さく響《ひび》き、大《おお》きくたたけば大《おお》きく響《ひび》く。大馬鹿《おおばか》なのか、ものすごく頭《あたま》がいいかのどっちかです」と、師匠《ししょう》の勝海舟《かつかいしゅう》（→P208）に述《の》べたという。

西郷先生《さいごうせんせい》
今《いま》の政府《せいふ》にもう
がまんできません
まず手《て》はじめに
熊本城《くまもとじょう》を落《お》とすぞ
1877年《ねん》
西郷《さいごう》はついに政府《せいふ》を
相手《あいて》に反乱《はんらん》を起《お》こした
（西南戦争《せいなんせんそう》）
しかし熊本城《くまもとじょう》は落《お》ちず
あれっ
その後《ご》、九州各地《きゅうしゅうかくち》の戦《たたか》いで
政府軍《せいふぐん》に敗《やぶ》れ……
最後《さいご》は4万人《まんにん》の政府軍《せいふぐん》に
囲《かこ》まれた中《なか》で自害《じがい》した
もう
ここらでよか

人物《じんぶつ》カンケイ

同《おな》じ町《まち》からたくさんの偉人《いじん》が

倒幕派《とうばくは》の中心《ちゅうしん》として活動《かつどう》した西郷《さいごう》と大久保《おおくぼ》は、小《ちい》さいころからの大親友《だいしんゆう》。薩摩藩《さつまはん》の下級藩士《かきゅうはんし》の家《いえ》が集《あつ》まっていた、鹿児島城下《かごしまじょうか》の下加治屋町《しもかじやちょう》という同《おな》じ町内《ちょうない》でともに育《そだ》った。

この町《まち》からはほかにも、日本《にほん》の陸軍《りくぐん》と海軍《かいぐん》を整備《せいび》した西郷従道《さいごうつぐみち》（隆盛《たかもり》の弟《おとうと》）、陸軍大臣《りくぐんだいじん》を長《なが》くつとめた大山巌《おおやまいわお》（隆《たか》盛《もり》のいとこ）、日露戦争《にちろせんそう》で日本《にほん》を勝《しょう》利《り》に導《みちび》いた海軍軍人《かいぐんぐんじん》の東郷平八郎《とうごうへいはちろう》（→P254）など、新政府《しんせいふ》で大活《だいかつ》躍《やく》する多《おお》くの人材《じんざい》が育《そだ》っている。

大久保利通《おおくぼとしみち》

親友《しんゆう》どうしでともに明治維新《めいじいしん》を成《な》しとげたが、のちに仲《なか》たがいした。

東郷平八郎《とうごうへいはちろう》

ロシア海軍《かいぐん》を打《う》ちやぶり世界的名声《せかいてきめいせい》を得《え》た東郷《とうごう》も、西郷《さいごう》と同《おな》じ町出身《まちしゅっしん》。

おもしろ知識《ちしき》 大《だい》の写真《しゃしん》ぎらいだったため、西郷《さいごう》と断定《だんてい》できる写真《しゃしん》は1枚《まい》も残《のこ》っていない。残《のこ》されている肖像画《しょうぞうが》は、関係《かんけい》者《しゃ》の証言《しょうげん》や、西郷《さいごう》の親戚《しんせき》の顔《かお》をもとにかかれたものだ。

政治家《せいじか》

大久保利通《おおくぼとしみち》

生没年《せいぼつねん》:1830〜1878年《ねん》　出身地《しゅっしんち》:薩摩《さつま》（鹿児島県《かごしまけん》）

明治維新《めいじいしん》の指導者《しどうしゃ》の一人《ひとり》。同《おな》じ薩摩《さつま》（鹿児島県《かごしまけん》）藩士《はんし》の西郷隆盛《さいごうたかもり》や公家《くげ》の岩倉具視《いわくらともみ》らと力《ちから》を合《あ》わせ、江戸幕府《えどばくふ》を倒《たお》しました。

その後《ご》は新政府《しんせいふ》の中心的存在《ちゅうしんてきそんざい》となり、日本《にほん》を外国《がいこく》と対等《たいとう》に渡《わた》り合《あ》える国《くに》にするため、さまざまな改《かい》革《かく》をおこないました。しかし、改《かい》革《かく》に不満《ふまん》を持《も》った士族《しぞく》（武士《ぶし》だった人々《ひとびと》）に暗殺《あんさつ》されました。

新《あたら》しい日本《にほん》への道筋《みちすじ》をつける

大久保利通《おおくぼとしみち》がわかる！　3つのキーワード

❶ 政治力《せいじりょく》	新政府《しんせいふ》で新《あたら》しい政策《せいさく》を次々《つぎつぎ》打《う》ち出《だ》し、それを実現《じつげん》させていった。
❷ 士族《しぞく》の反感《はんかん》	自《みずか》らの信念《しんねん》をつらぬいて改革《かいかく》を進《すす》め、士族《しぞく》たちに不満《ふまん》を持《も》たれた。
❸ 冷静《れいせい》	つねに落《お》ち着《つ》いていて、感情的《かんじょうてき》になるようなことはなかった。

1867年《ねん》 江戸幕府将軍《えどばくふしょうぐん》の徳川慶喜《とくがわよしのぶ》が自《みずか》ら政権《せいけん》を返《かえ》してきて朝廷《ちょうてい》は大混乱《だいこんらん》
大政奉還《たいせいほうかん》
あわ
あわ
あわわ
このままだと徳川《とくがわ》の時代《じだい》に逆《ぎゃく》もどりだぞ
新《あたら》しい政府《せいふ》を早《はや》く作《つく》らないといけませんな
倒幕派《とうばくは》の公家《くげ》 岩倉具視《いわくらともみ》
大久保利通《おおくぼとしみち》
約《やく》2か月後《げつご》 新《あたら》しい政治体制《せいじたいせい》の話《はな》し合《あ》いがおこなわれ 江戸幕府《えどばくふ》の廃止《はいし》が決定《けってい》 新政府《しんせいふ》が誕生《たんじょう》した
その後《ご》 納得《なっとく》のいかない旧幕府《きゅうばくふ》と新政府《しんせいふ》の間《あいだ》で戦《たたか》いがはじまったが……
戊辰戦争《ぼしんせんそう》
新政府軍《しんせいふぐん》の大勝利《だいしょうり》！
これで本当《ほんとう》に新《あたら》しい時代《じだい》がはじまるぞ

ことば解説《かいせつ》　「戊辰戦争《ぼしんせんそう》」は、慶喜《よしのぶ》にきびしい処置《しょち》をした新政府《しんせいふ》に対《たい》し、慶喜《よしのぶ》を支持《しじ》する大名《だいみょう》や幕臣《ばくしん》たちが各地《かくち》で起《お》こした戦《たたか》い。近代的《きんだいてき》な兵器《へいき》を持《も》ち、朝廷《ちょうてい》の権威《けんい》も味方《みかた》につけた新政府軍《しんせいふぐん》が勝利《しょうり》した。

大久保《おおくぼ》は新政府《しんせいふ》の
中心的存在《ちゅうしんてきそんざい》となり
数々《かずかず》の改革《かいかく》をおこなった
版籍奉還《はんせきほうかん》
廃藩置県《はいはんちけん》
これまで大名《だいみょう》が
おさめていた
土地《とち》や人民《じんみん》は
すべて天皇《てんのう》に
返《かえ》してもらう
藩《はん》も廃止《はいし》だ
かわりに県《けん》を置《お》き
政府《せいふ》が任命《にんめい》した役人《やくにん》に
管理《かんり》してもらおう
また約《やく》2年間《ねんかん》
岩倉《いわくら》や木戸孝允《きどたかよし》らとともに
欧米諸国《おうべいしょこく》を見《み》て回《まわ》った
日本《にほん》でも産業《さんぎょう》を
さかんにして
国《くに》を豊《ゆた》かに
しなければ
新政府《しんせいふ》の政策《せいさく》には
士族《しぞく》にきびしいものも
多《おお》かった
藩《はん》がなくなり
収入《しゅうにゅう》も
なくなったよ……
われわれが
戦《たたか》って
幕府《ばくふ》を
倒《たお》したのに
武士《ぶし》の魂《たましい》である
刀《かたな》も身《み》につけては
だめなのか……
1877年《ねん》
不平《ふへい》をつのらせた士族《しぞく》をひきいて
親友《しんゆう》の西郷隆盛《さいごうたかもり》が西南戦争《せいなんせんそう》を起《お》こしたが
政府軍《せいふぐん》に敗《やぶ》れ自害《じがい》した
まさか西郷《さいごう》さんと
争《あらそ》うことに
なるなんて……
そんな大久保《おおくぼ》も
1878年《ねん》
士族《しぞく》たちに暗殺《あんさつ》された

おもしろ知識《ちしき》　大久保《おおくぼ》と木戸孝允《きどたかよし》は対立《たいりつ》することが多《おお》かった。欧米視察《おうべいしさつ》から帰《かえ》るときもけんかになり、別々《べつべつ》の船《ふね》で帰国《きこく》した。ただ、日本《にほん》に欠《か》かせない政治家《せいじか》であるという点《てん》ではおたがいに認《みと》め合《あ》っていた。

政治家《せいじか》

木戸孝允《きどたかよし》

生没年《せいぼつねん》:1833〜1877年《ねん》　出身地《しゅっしんち》:長州《ちょうしゅう》(山口県《やまぐちけん》)

明治維新《めいじいしん》の指導者《しどうしゃ》の一人《ひとり》。長州《ちょうしゅう》(山口県《やまぐちけん》)藩士《はんし》。幕末《ばくまつ》までの名前《なまえ》は、桂小五郎《かつらこごろう》。長州藩《ちょうしゅうはん》のリーダーになると、倒幕《とうばく》(幕府《ばくふ》を倒《たお》すこと)を成《な》しとげるため、敵対《てきたい》していた薩摩藩《さつまはん》と同盟《どうめい》を結《むす》びました。

江戸幕府滅亡後《えどばくふめつぼうご》は、新政府《しんせいふ》の基本方針《きほんほうしん》を示《しめ》した「五箇条《ごかじょう》の誓文《せいもん》」の文案作成《ぶんあんさくせい》にかかわるなど活躍《かつやく》しました。

文武《ぶんぶ》に優《すぐ》れた長州藩《ちょうしゅうはん》のリーダー

木戸孝允《きどたかよし》がわかる!　3つのキーワード

❶ 新政府《しんせいふ》の中心《ちゅうしん》	時代《じだい》の先《さき》を見通《みとお》し、長州藩《ちょうしゅうはん》や新政府《しんせいふ》のリーダーとして活躍《かつやく》した。
❷ 判断力《はんだんりょく》	危険《きけん》な目《め》にあうことも多《おお》かったが、優《すぐ》れた判断力《はんだんりょく》で生《い》きのびた。
❸ 剣術《けんじゅつ》	江戸《えど》の有名道場《ゆうめいどうじょう》に入門後《にゅうもんご》、すぐに指導《しどう》する側《がわ》になったほどの腕前《うでまえ》。

1864年《ねん》 薩摩藩《さつまはん》のはかりごとで京都《きょうと》を追《お》い出《だ》された長州藩《ちょうしゅうはん》が勢力回復《せいりょくかいふく》のため京都《きょうと》に攻《せ》めこんだ
しかし薩摩藩《さつまはん》などに敗北《はいぼく》
薩摩藩士《さつまはんし》
西郷隆盛《さいごうたかもり》
このままでは長州藩《ちょうしゅうはん》は幕府《ばくふ》にほろぼされる……
スッ
桂小五郎《かつらこごろう》
(のちの木戸孝允《きどたかよし》)
いい方法《ほうほう》があるぜよ
ん?
ゴニョ
坂本龍馬《さかもとりょうま》
(→P210)
そんなことできるか! 薩摩《さつま》のせいで長州《ちょうしゅう》はこんなに落《お》ちぶれたんだぞ!
え
それしかないって
でもそれしかないよな……

おもしろ知識《ちしき》　幕末《ばくまつ》、多《おお》くの仲間《なかま》が命《いのち》を落《お》とす中《なか》で、変装《へんそう》や名前《なまえ》を変《か》えるなどしてしぶとく生《い》き残《のこ》ったため、剣《けん》の達人《たつじん》でありながら「逃《に》げの小五郎《こごろう》」という不名誉《ふめいよ》なあだ名《な》をつけられていた。

1866年《ねん》 木戸《きど》は幕府《ばくふ》に対抗《たいこう》するため 倒幕《とうばく》に方針《ほうしん》を変《か》えた薩摩藩《さつまはん》と 同盟《どうめい》を結《むす》んだ
力《ちから》を合《あ》わせて 幕府《ばくふ》を倒《たお》そう
いろいろ あったけど よろしく
薩長同盟《さっちょうどうめい》
その後《ご》 両藩《りょうはん》が 中心《ちゅうしん》となり 江戸幕府《えどばくふ》を ほろぼした
江戸幕府《えどばくふ》
木戸《きど》は新政府《しんせいふ》で 重要《じゅうよう》な職《しょく》につき
あ〜でもない こ〜でもない
そして発表《はっぴょう》されたのが 新政府《しんせいふ》の基本方針《きほんほうしん》 「五箇条《ごかじょう》の誓文《せいもん》」である
これからは話《はな》し合《あ》いで 政治《せいじ》を進《すす》めるぞ 外国《がいこく》とも交際《こうさい》して 近代国家《きんだいこっか》を作《つく》るんだ
1871年《ねん》 アメリカやヨーロッパを回《まわ》り 西洋《せいよう》の制度《せいど》や 文化《ぶんか》を視察《しさつ》
西洋《せいよう》は進《すす》んで いるんだなあ
その後《ご》も 大久保利通《おおくぼとしみち》とともに 新政府《しんせいふ》の中心《ちゅうしん》として活躍《かつやく》
ちょっと 体調《たいちょう》が……
また?
1877年《ねん》 政府《せいふ》を相手《あいて》に戦争《せんそう》を起《お》こした 西郷《さいごう》を心配《しんぱい》しながら死去《しきょ》した
西郷《さいごう》さん いいかげんに せんかい

おもしろ知識《ちしき》
明治維新《めいじいしん》にとくに大《おお》きく貢献《こうけん》した木戸孝允《きどたかよし》、西郷隆盛《さいごうたかもり》、大久保利通《おおくぼとしみち》の３人《にん》のことを、「維新《いしん》の三傑《さんけつ》」と呼《よ》ぶ。「三傑《さんけつ》」とは、「優《すぐ》れた３人《にん》の人物《じんぶつ》」という意味《いみ》。

幕末編《ばくまつへん》

激動《げきどう》の幕末《ばくまつ》をふり返《かえ》る

出席者《しゅっせきしゃ》

ペリーさんにはみんなびっくりしたよ、いきなり、「開国《かいこく》しろ!」だもん。

長《なが》い間《あいだ》、日本《にほん》は外国《がいこく》との交流《こうりゅう》を制限《せいげん》していましたからね。そりゃあ反対《はんたい》しますよ。

でもどうしてみなさんそのあとに、「開国《かいこく》するべき」と思《おも》ったんですか?

わしは勝海舟《かつかいしゅう》先生《せんせい》のお話《はなし》を聞《き》いて、海外《かいがい》の知識《ちしき》を吸収《きゅうしゅう》する必要性《ひつようせい》を感《かん》じたからかな。

わしは早《はや》くから開国《かいこく》を望《のぞ》んでいたぞ。外国《がいこく》と戦《たたか》えるほど、日本《にほん》は強《つよ》くないからな。木戸《きど》さんの長州藩《ちょうしゅうはん》なんかが、武力《ぶりょく》も用《もち》いて反対《はんたい》するからたいへんだったよ。

必《かなら》ずしも「開国《かいこく》」に反対《はんたい》だったわけではないんです。外国《がいこく》におびえて不《ふ》平等《びょうどう》な条約《じょうやく》を結《むす》ぶ幕府《ばくふ》が、ゆるせなかったんですよ。

だが条約《じょうやく》を結《むす》んだのはわしが将軍《しょうぐん》になる前《まえ》だったからなあ……。

でも幕府《ばくふ》は最後《さいご》まで日本《にほん》のためというより、自分《じぶん》たちの立場《たちば》を守《まも》るために必死《ひっし》でしたよね。

それで木戸《きど》さんや坂本《さかもと》さんは、新《あたら》しい政権《せいけん》を作《つく》ろうとしたわけですね。

しかし、ペリーさんが来《き》てからわずか14年《ねん》で江戸幕府《えどばくふ》が倒《たお》れるとは思《おも》わなかったよ……。

新《あたら》しい日本《にほん》に必要《ひつよう》なことだったんです。でも、わしはその姿《すがた》を見《み》ることなく、殺《ころ》されてしまった……。

ぼくも新政権《しんせいけん》で重要《じゅうよう》な職《しょく》についたけど、日本《にほん》が本格的《ほんかくてき》に近代化《きんだいか》する前《まえ》に死《し》んでしまった。

わたしなんかは、江戸幕府《えどばくふ》が倒《たお》れる前《まえ》に病死《びょうし》してしまいましたよ。

新《あたら》しい時代《じだい》の扉《とびら》を開《あ》けたきみたちが先《さき》に死《し》んでしまい、古《ふる》い時代《じだい》の象徴《しょうちょう》だったわしが、日本《にほん》の近代化《きんだいか》を見届《みとど》けることになるとはね……。

大日本帝国憲法

7章《しょう》 明《めい》治《じ》時《じ》代《だい》以《い》降《こう》

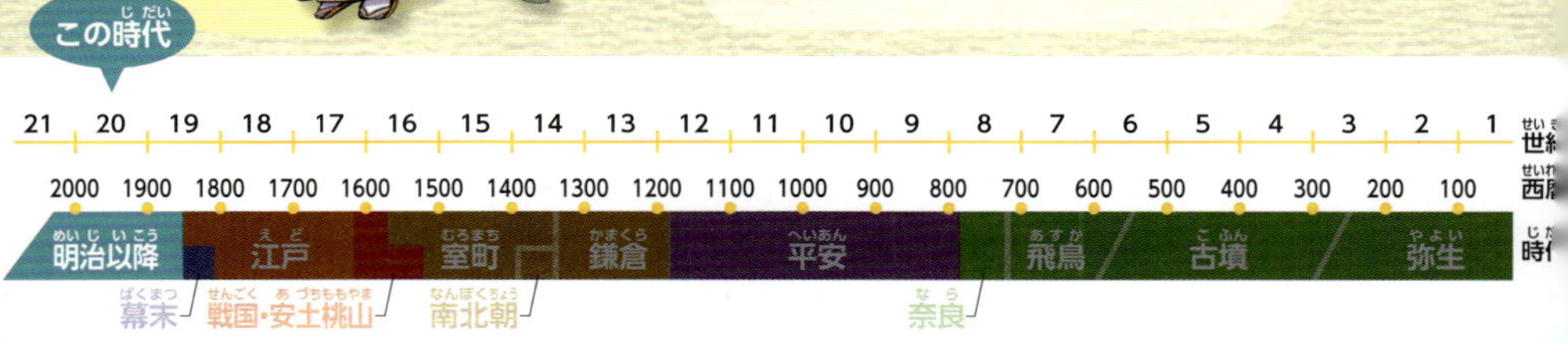

この時代《じだい》
21 20 19 18 17 16 15 14 13 12 11 10 9 8 7 6 5 4 3 2 1
世紀
2000 1900 1800 1700 1600 1500 1400 1300 1200 1100 1000 900 800 700 600 500 400 300 200 100
西暦
明治以降《めいじいこう》 江戸《えど》 室町《むろまち》 鎌倉《かまくら》 平安《へいあん》 飛鳥《あすか》 古墳《こふん》 弥生《やよい》
時代
幕末《ばくまつ》 戦国《せんごく》・安土桃山《あづちももやま》 南北朝《なんぼくちょう》 奈良《なら》

明治時代以降《めいじじだいいこう》のできごと P201から

早《はや》わかり

海外《かいがい》に開《ひら》かれた日本《にほん》

明治新政府《めいじしんせいふ》は、海外《かいがい》からさまざまな制度《せいど》や技術《ぎじゅつ》などを積極的《せっきょくてき》に導入《どうにゅう》。清《しん》（中国《ちゅうごく》）やロシアといった大国《たいこく》との戦争《せんそう》に勝利《しょうり》するまでになります。

その一方《いっぽう》、権利《けんり》を制限《せいげん》されていた多《おお》くの国民《こくみん》の間《あいだ》で、政府《せいふ》への不満《ふまん》が高《たか》まっていきました。

1867年《ねん》

明治天皇《めいじてんのう》が即位《そくい》

明治天皇《めいじてんのう》
（→P232）

1872年《ねん》

『学問《がくもん》のすゝ《す》め』が出版《しゅっぱん》される

福沢諭吉《ふくざわゆきち》
（→P234）

1874年《ねん》～1890年《ねん》

自由民権運動《じゆうみんけんうんどう》がさかんになる

板垣退助《いたがきたいすけ》
（→P242）

大隈重信《おおくましげのぶ》
（→P246）

1885年《ねん》

内閣制度《ないかくせいど》ができる

伊藤博文《いとうひろぶみ》
（→P238）

1889年《ねん》

大日本帝国憲法《だいにほんていこくけんぽう》ができる

明治天皇《めいじてんのう》
（→P232）

伊藤博文《いとうひろぶみ》
（→P238）

1894年《ねん》

外国《がいこく》との不平等条約《ふびょうどうじょうやく》を改正《かいせい》（治外法権《ちがいほうけん》の撤廃《てっぱい》）

陸奥宗光《むつむねみつ》
（→P250）

1894年《ねん》～1895年《ねん》

日清戦争《にっしんせんそう》

戦後《せんご》 下関条約《しものせきじょうやく》を結《むす》ぶ

陸奥宗光《むつむねみつ》
（→P250）

1900年《ねん》

アメリカで『武士道《ぶしどう》』が出版《しゅっぱん》される

新渡戸稲造《にとべいなぞう》
（→P262）

1900年《ねん》

女子英学塾《じょしえいがくじゅく》が開校《かいこう》

津田梅子《つだうめこ》
（→P284）

1901年《ねん》

田中正造《たなかしょうぞう》が足尾鉱毒事件《あしおこうどくじけん》を明治天皇《めいじてんのう》に訴《うった》える

田中正造《たなかしょうぞう》
（→P256）

超重要《ちょうじゅうよう》！　大切《たいせつ》　覚《おぼ》えたい　文化《ぶんか》に関《かん》すること

1904年《ねん》〜1905年《ねん》
日露戦争《にちろせんそう》
戦後《せんご》 ポーツマス条約《じょうやく》を結《むす》ぶ

東郷平八郎《とうごうへいはちろう》（→P254）

小村寿太郎《こむらじゅたろう》（→P252）

1911年《ねん》
外国《がいこく》との不平等条約《ふびょうどうじょうやく》を改正《かいせい》（関税自主権《かんぜいじしゅけん》の回復《かいふく》）

小村寿太郎《こむらじゅたろう》（→P252）

1912年《ねん》
明治天皇《めいじてんのう》が亡《な》くなり年号《ねんごう》が「大正《たいしょう》」になる

1914年《ねん》〜1918年《ねん》
第一次《だいいちじ》世界大戦《せかいたいせん》

1916年《ねん》
吉野作造《よしのさくぞう》が民本主義《みんぽんしゅぎ》をとなえる

吉野作造《よしのさくぞう》（→P258）

明治《めいじ》〜大正《たいしょう》〜昭和《しょうわ》時代《じだい》
優《すぐ》れた作家《さっか》たちが登場《とうじょう》

夏目漱石《なつめそうせき》（→P270）

樋口一葉《ひぐちいちよう》（→P272）

与謝野晶子《よさのあきこ》（→P274）

芥川龍之介《あくたがわりゅうのすけ》（→P276）

宮沢賢治《みやざわけんじ》（→P278）

1918年《ねん》
野口英世《のぐちひでよ》が黄熱病《おうねつびょう》の研究《けんきゅう》をはじめる

野口英世《のぐちひでよ》（→P264）

1920年《ねん》
新婦人協会《しんふじんきょうかい》が結成《けっせい》される

市川房枝《いちかわふさえ》（→P288）

平塚《ひらつか》らいてう《ちょう》（→P286）

1923年《ねん》
関東《かんとう》で大地震《だいじしん》が起《お》き大《おお》きな被害《ひがい》が出《で》る（関東大震災《かんとうだいしんさい》）

1926年《ねん》
大正天皇《たいしょうてんのう》が亡《な》くなり年号《ねんごう》が「昭和《しょうわ》」になる

日本経済《にほんけいざい》が低迷《ていめい》そして太平洋戦争《たいへいようせんそう》に突入《とつにゅう》

P294につづく

天皇《てんのう》

明治天皇《めいじてんのう》

生没年《せいぼつねん》:1852〜1912年《ねん》　出身地《しゅっしんち》:京《きょう》(京都府京都市《きょうとふきょうとし》)

122代天皇《だいてんのう》。父《ちち》は孝明天皇《こうめいてんのう》。名《な》は睦仁《むつひと》。16歳《さい》で天皇《てんのう》になると、王政復古《おうせいふっこ》(政権《せいけん》を幕府《ばくふ》から朝廷《ちょうてい》にもどすこと)を宣言《せんげん》し、1868年《ねん》、新政府《しんせいふ》の基本方針《きほんほうしん》「五箇条《ごかじょう》の誓文《せいもん》」を発表《はっぴょう》しました。

その後《ご》も天皇《てんのう》の名《な》のもと、「大日本帝国憲法《だいにほんていこくけんぽう》」発布《はっぷ》など、日本《にほん》が近代国家《きんだいこっか》となるための改革《かいかく》が進《すす》められました。

日本《にほん》の近代化《きんだいか》のため力《ちから》をつくす

明治天皇《めいじてんのう》がわかる! 3つのキーワード

1. **日本《にほん》の象徴《しょうちょう》**　近代日本《きんだいにほん》の象徴《しょうちょう》として、強力《きょうりょく》な明治《めいじ》国家《こっか》を作《つく》った。
2. **近代化《きんだいか》**　服装《ふくそう》など西洋《せいよう》の習慣《しゅうかん》を取《と》り入《い》れて、日本《にほん》の近代化《きんだいか》をアピールした。
3. **自制心《じせいしん》**　たいへん自分《じぶん》にきびしく、ふだんは質素《しっそ》な生活《せいかつ》を送《おく》っていた。

父《ちち》の孝明天皇《こうめいてんのう》の急死《きゅうし》により
1867年《ねん》1月《がつ》
天皇《てんのう》となった
責任重大《せきにんじゅうだい》だなあ……
同年《どうねん》 江戸幕府《えどばくふ》が倒《たお》れ
新《あたら》しい政府《せいふ》が誕生《たんじょう》した
ポイッ
新政府《しんせいふ》のトップは将軍《しょうぐん》ではなく天皇《てんのう》!
新政府《しんせいふ》の中心人物《ちゅうしんじんぶつ》
岩倉具視《いわくらともみ》
1868年《ねん》3月《がつ》
明治天皇《めいじてんのう》が神々《かみがみ》にちかうという形式《けいしき》で
新政府《しんせいふ》の基本方針《きほんほうしん》(五箇条《ごかじょう》の誓文《せいもん》)が公家《くげ》や大名《だいみょう》たちに示《しめ》された

ことば解説《かいせつ》　「五箇条《ごかじょう》の誓文《せいもん》」は、「会議《かいぎ》で話《はな》し合《あ》ってものごとを決《き》めよう」「これまでの悪《わる》い慣習《しゅうかん》をあらためよう」「世界《せかい》の新《あたら》しい知識《ちしき》を学《まな》ぼう」などといった内容《ないよう》だった。

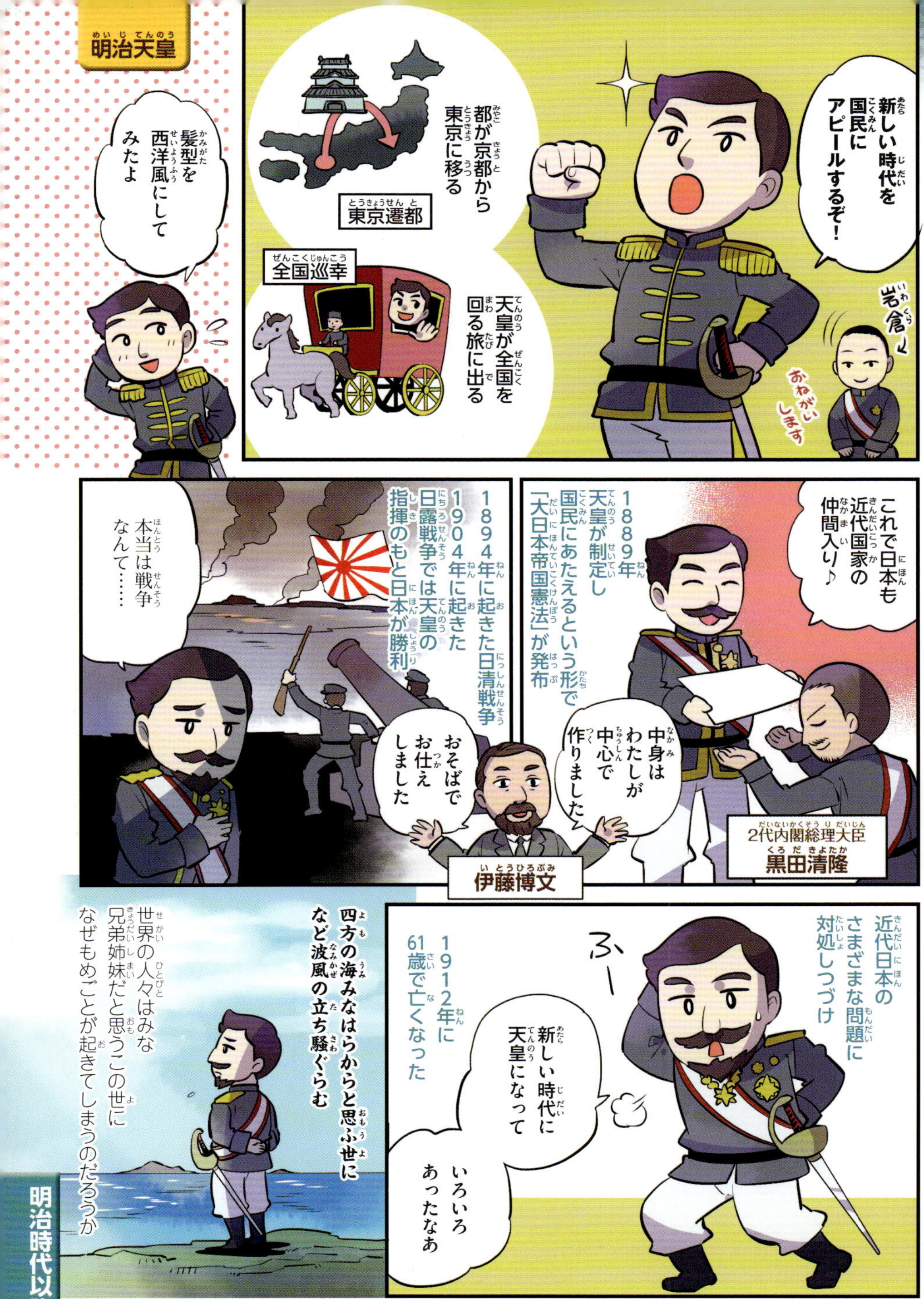

明治天皇《めいじてんのう》
新《あたら》しい時代《じだい》を
国民《こくみん》に
アピールするぞ！
岩倉《いわくら》
おねがいします
東京遷都《とうきょうせんと》
都《みやこ》が京都《きょうと》から
東京《とうきょう》に移《うつ》る
全国巡幸《ぜんこくじゅんこう》
天皇《てんのう》が全国《ぜんこく》を
回《まわ》る旅《たび》に出《で》る
髪型《かみがた》を
西洋風《せいようふう》にして
みたよ
1889年《ねん》
天皇《てんのう》が制定《せいてい》し
国民《こくみん》にあたえるという形《かたち》で
「大日本帝国憲法《だいにほんていこくけんぽう》」が発布《はっぷ》
これで日本《にほん》も
近代国家《きんだいこっか》の
仲間入《なかまい》り♪
2代内閣総理大臣《だいないかくそうりだいじん》
黒田清隆《くろだきよたか》
中身《なかみ》は
わたしが
中心《ちゅうしん》で
作《つく》りました
伊藤博文《いとうひろぶみ》
おそばで
お仕《つか》え
しました
1894年《ねん》に起《お》きた日清戦争《にっしんせんそう》
1904年《ねん》に起《お》きた
日露戦争《にちろせんそう》では天皇《てんのう》の
指揮《しき》のもと日本《にほん》が勝利《しょうり》
本当《ほんとう》は戦争《せんそう》
なんて……
近代日本《きんだいにほん》の
さまざまな問題《もんだい》に
対処《たいしょ》しつづけ
1912年《ねん》に
61歳《さい》で亡《な》くなった
ふー
新《あたら》しい時代《じだい》に
天皇《てんのう》になって
いろいろ
あったなあ
四方《よも》の海《うみ》みなはらからと思《おも》ふ世《よ》に
など波風《なみかぜ》の立《た》ち騒《さわ》ぐらむ
世界《せかい》の人々《ひとびと》はみな
兄弟姉妹《きょうだいしまい》だと思《おも》うこの世《よ》に
なぜもめごとが起《お》きてしまうのだろうか

おもしろ知識《ちしき》　明治天皇《めいじてんのう》は和歌《わか》をとても好《この》み、人生《じんせい》で９万首以上《まんしゅいじょう》もの和歌《わか》を残《のこ》している。

福沢諭吉《ふくざわゆきち》

生没年《せいぼつねん》:1834～1901年《ねん》　出身地《しゅっしんち》:大坂《おおさか》(大阪府《おおさかふ》)

明治時代《めいじじだい》の思想家《しそうか》、教育家《きょういくか》。下級武士《かきゅうぶし》の子《こ》として生《う》まれ、大坂《おおさか》で蘭学《らんがく》を学《まな》び、江戸《えど》で塾《じゅく》（のちの慶応義塾《けいおうぎじゅく》）を開《ひら》きます。その後英語《ごえいご》を独学《どくがく》し、幕府《ばくふ》の使節《しせつ》にしたがって3度欧米《どおうべい》に渡《わた》りました。

帰国後《きこくご》に『西洋事情《せいようじじょう》』『学問《がくもん》のすゝ《す》め』などを執筆《しっぴつ》。西洋文化《せいようぶんか》を日本《にほん》に紹介《しょうかい》するとともに、学問《がくもん》や独立《どくりつ》の精神《せいしん》の大切《たいせつ》さを説《と》きました。

福沢諭吉《ふくざわゆきち》がわかる!　3つのキーワード

❶	西洋化《せいようか》	西洋《せいよう》の進《すす》んだ文明《ぶんめい》や、自由《じゆう》な考《かんが》え方《かた》を日本《にほん》に紹介《しょうかい》した。
❷	思想家《しそうか》	直接政治《ちょくせつせいじ》にかかわらず、著作《ちょさく》を通《つう》じて自分《じぶん》の考《かんが》えを世《よ》に広《ひろ》めた。
❸	下級武士《かきゅうぶし》	下級武士出身《かきゅうぶししゅっしん》ということもあり、身《み》分制度《ぶんせいど》を激《はげ》しく批判《ひはん》した。

新時代《しんじだい》の思想《しそう》を
日本《にほん》に広《ひろ》める

江戸《えど》で＊蘭学《らんがく》の先生《せんせい》をしていた諭吉《ゆきち》
＊オランダ語《ご》で西洋《せいよう》の学術《がくじゅつ》や文化《ぶんか》を研究《けんきゅう》する学問《がくもん》
ある日《ひ》開港《かいこう》したばかりの横浜《よこはま》へ出《で》かけてみた
わたしのオランダ語《ご》はどこまで通用《つうよう》するかな?
横浜《よこはま》
しかしそこで使《つか》われていたのは英語《えいご》だった
外国人《がいこくじん》の話《はな》している言葉《ことば》がさっぱりわからん
看板《かんばん》もびんのはり紙《がみ》も読《よ》めない……
RESTAURANT
SHOP
HOTEL
Coffee
BEER
以後《いご》諭吉《ゆきち》は必死《ひっし》で英語《えいご》に取《と》り組《く》んだ
これからは英語《えいご》の時代《じだい》だ

おもしろ知識《ちしき》　現在《げんざい》の慶應義塾大学《けいおうぎじゅくだいがく》（東京都港区《とうきょうとみなとく》）は、1858年《ねん》に諭吉《ゆきち》が開《ひら》いた私塾《しじゅく》がもとになってできた学校《がっこう》。

えっ
幕府《ばくふ》がアメリカへ使節《しせつ》を送《おく》る？
つれていってください！
わかった わかった
軍艦奉行《ぐんかんぶぎょう》
木村喜毅《きむらよしたけ》
1860年《ねん》
乗船《じょうせん》をゆるされた諭吉《ゆきち》は
咸臨丸《かんりんまる》に乗《の》って
アメリカへ向《む》かった
艦長《かんちょう》
勝海舟《かつかいしゅう》
わく
わく
サンフランシスコ
キョロ
キョロ
お～
いろいろ
すごいな
ところで＊ワシントンの子孫《しそん》は現在《げんざい》何《なに》をしているのですか？
＊アメリカの初代大統領《しょだいだいとうりょう》
さあ？
知《し》ってる？
えっ
だれも
知《し》らないの？
家《いえ》がらで子孫《しそん》の人生《じんせい》も決《き》まってしまう日本《にほん》とはまるでちがうんだな
身分《みぶん》が低《ひく》くて苦労《くろう》してきたからうらやましい…
日本《にほん》
親《おや》の地位《ちい》が高《たか》ければ
子《こ》の地位《ちい》も高《たか》い
アメリカ
親《おや》と関係《かんけい》なく
ひとりひとりが評価《ひょうか》される

おもしろ知識《ちしき》

諭吉《ゆきち》は、身分《みぶん》の低《ひく》い自分《じぶん》を引《ひ》き立《た》ててアメリカ行《い》きを認《みと》めてくれた木村喜毅《きむらよしたけ》に深《ふか》く感謝《かんしゃ》し、明治維新後《めいじいしんご》、木村《きむら》が生活《せいかつ》に困《こま》った際《さい》には手助《てだす》けを惜《お》しまなかった。

1862年《ねん》
幕府《ばくふ》は今度《こんど》は
ヨーロッパにも使節《しせつ》を派遣《はけん》
諭吉《ゆきち》も正式《せいしき》な幕府《ばくふ》の役人《やくにん》として
その一行《いっこう》に加《くわ》わった
ヨーロッパでもいろいろなことを学《まな》んだぞ！
政治《せいじ》
経済《けいざい》
外交《がいこう》
軍事《ぐんじ》
法律《ほうりつ》
歴史《れきし》
1年後《ねんご》帰国《きこく》
外国人《がいこくじん》を追《お》いはらえ！
追《お》いはらえ！！
まだこんなこと言《い》ってるやつがいるのか古《ふる》いな～
諭吉《ゆきち》は帰国後《きこくご》
西洋《せいよう》の文明《ぶんめい》を
紹介《しょうかい》した『西洋事情《せいようじじょう》』を
出版《しゅっぱん》
大《おお》きな反響《はんきょう》を呼《よ》んだ
将軍《しょうぐん》の徳川慶喜《とくがわよしのぶ》も読《よ》んだんだって
諭吉《ゆきち》が2度目《どめ》の渡米《とべい》を
はたした1867年《ねん》
江戸幕府《えどばくふ》が倒《たお》れ
新《あたら》しい政府《せいふ》が誕生《たんじょう》した
明治天皇《めいじてんのう》
徳川慶喜《とくがわよしのぶ》
諭吉《ゆきち》にも
政府《せいふ》から誘《さそ》いが来《き》たが……
どう？
お断《ことわ》りしますわたしにはやりたいことがあるのです
やりたいこと？
キョトン
世《よ》の中《なか》に
進《すす》んだ西洋《せいよう》の文明《ぶんめい》を伝《つた》えること
そして　これからの日本《にほん》を支《ささ》える
優秀《ゆうしゅう》な人材《じんざい》を育《そだ》てることです！
1868年《ねん》
塾《じゅく》の名《な》を
「慶応《けいおう》義塾《ぎじゅく》」に改名《かいめい》
新《あたら》しい知識《ちしき》を求《もと》め
多《おお》くの受講生《じゅこうせい》が
集《あつ》まった
ふくざわせんせーっ
わーーっ

おもしろ知識《ちしき》　諭吉《ゆきち》は身分制度《みぶんせいど》だけでなく、女性《じょせい》を軽視《けいし》する風潮《ふうちょう》もきらっていた。西洋《せいよう》の「男女同権《だんじょどうけん》」の思想《しそう》に共感《きょうかん》し、帰国後《きこくご》、それを日本《にほん》に広《ひろ》めている。

福沢諭吉《ふくざわゆきち》
1872年《ねん》
『学問《がくもん》のすゝめ《す》』出版《しゅっぱん》
この本《ほん》で、自由《じゆう》や平等《びょうどう》、
学問《がくもん》、独立《どくりつ》の精神《せいしん》などの
大切《たいせつ》さを説《と》いた
＊天《てん》は人《ひと》の上《うえ》に人《ひと》を作《つく》らず
人《ひと》の下《した》に人《ひと》を作《つく》らず！
福澤諭吉著
學問のすゝめ

＊人間《にんげん》は生《う》まれや身分《みぶん》にかかわらず
すべて平等《びょうどう》だという意味《いみ》

価値観《かちかん》の変化《へんか》になやむ
たくさんの人々《ひとびと》に
愛読《あいどく》された
340万部《まんぶ》の大《だい》ベストセラーになったぞ！

人物《じんぶつ》カンケイ

福沢《ふくざわ》諭《ゆ》吉《きち》は勝《かつ》海《かい》舟《しゅう》がきらい？

かつて咸臨丸《かんりんまる》で諭吉《ゆきち》とともに海《うみ》を渡《わた》った勝海舟《かつかいしゅう》（→P208）は、もともと幕府《ばくふ》の家臣《かしん》でありながら新政府《しんせいふ》で高《たか》い位《くらい》を得《え》ていた。このことを福沢《ふくざわ》は批判《ひはん》している。

近代化《きんだいか》を望《のぞ》みながらも、幕府《ばくふ》への忠義《ちゅうぎ》も大切《たいせつ》だという思《おも》いを諭吉《ゆきち》は抱《いだ》いていたようだ。

艦長《かんちょう》
勝海舟《かつかいしゅう》
わく
わく

海軍《かいぐん》の専門家《せんもんか》でありながら、実際《じっさい》に船《ふね》に乗《の》ると船酔《ふなよ》いで動《うご》けなくなってしまった勝《かつ》に対《たい》して、諭吉《ゆきち》は平気《へいき》だったという。

おもしろ知識《ちしき》　「門閥《もんばつ》（身分《みぶん》や家《いえ》がら）制度《せいど》は親《おや》のかたきでござる」からはじまる諭吉《ゆきち》の自伝《じでん》『福翁自伝《ふくおうじでん》』は、歯切《はぎ》れのよい言葉《ことば》で自分《じぶん》の考《かんが》えや体験《たいけん》が語《かた》られていて、貴重《きちょう》な史料《しりょう》、また文学作品《ぶんがくさくひん》として評価《ひょうか》が高《たか》い。

伊藤博文《いとうひろぶみ》

生没年《せいぼつねん》:1841～1909年《ねん》　出身地《しゅっしんち》:周防《すおう》(山口県《やまぐちけん》)

大日本帝国憲法
「大日本帝国憲法《だいにほんていこくけんぽう》」を作《つく》った
初代内閣総理大臣《しょだいないかくそうりだいじん》

明治時代《めいじじだい》の政治家《せいじか》。長州藩《ちょうしゅうはん》(山口県《やまぐちけん》)の農家《のうか》の出身《しゅっしん》。幕末《ばくまつ》、江戸幕府《えどばくふ》を倒《たお》す活動《かつどう》に参加《さんか》し、新政府《しんせいふ》では英語力《えいごりょく》を武器《ぶき》に出世《しゅっせ》します。

1885年《ねん》に内閣制度《ないかくせいど》を作《つく》ると、各大臣《かくだいじん》をまとめる内閣総理大臣《ないかくそうりだいじん》になり、「大日本帝国憲法《だいにほんていこくけんぽう》」の作成《さくせい》にかかわりました。その後《ご》も政府《せいふ》の中心《ちゅうしん》として活躍《かつやく》し、初代韓国統監《しょだいかんこくとうかん》となりましたが、暗殺《あんさつ》されました。

伊藤博文《いとうひろぶみ》がわかる！　3つのキーワード

❶ 憲法《けんぽう》	ヨーロッパで憲法《けんぽう》を調査《ちょうさ》し、帰国《きこく》後《ご》、「大日本帝国憲法《だいにほんていこくけんぽう》」を作成《さくせい》。
❷ 初代首相《しょだいしゅしょう》	最初《さいしょ》の内閣総理大臣《ないかくそうりだいじん》になり、日本《にほん》の近代化《きんだいか》につとめた。
❸ 農家《のうか》の出身《しゅっしん》	貧《まず》しい農家《のうか》の子《こ》から下級武士《かきゅうぶし》となり、やがて日本《にほん》のトップに。

17歳《さい》のとき　吉田松陰《よしだしょういん》の「松下村塾《しょうかそんじゅく》」(→P206)に入《はい》った
!
日本《にほん》のことをこんなにもみんな真剣《しんけん》に考《かんが》えているんだな
ぼくもがんばるぞ！
幕末《ばくまつ》　伊藤《いとう》は仲間《なかま》の長州藩士《ちょうしゅうはんし》たちとともに外国《がいこく》の勢力《せいりょく》を日本《にほん》から追《お》いはらおうとしていた
外国人《がいこくじん》のための建物《たてもの》なんて燃《も》やしてしまえ
しかし23歳《さい》のときイギリスに留学《りゅうがく》　工場《こうじょう》などを見学《けんがく》し、考《かんが》えをあらためた
日本《にほん》はなんておくれているんだ……
これはきちんと外国《がいこく》と交流《こうりゅう》しないといかん

おもしろ知識《ちしき》　伊藤《いとう》が初代首相《しょだいしゅしょう》になったのは満《まん》44歳《さい》のときで、2016年《ねん》10月現在《がつげんざい》、最《もっと》も若《わか》い記録《きろく》。その後《ご》も、5、7、10代《だい》の3回首相《かいしゅしょう》になっている。

1867年《ねん》に
江戸幕府《えどばくふ》が倒《たお》れ
新《あたら》しい政府《せいふ》が
誕生《たんじょう》した
日本《にほん》のため たくさん 働《はたら》いてもらうぞ
長州藩出身《ちょうしゅうはんしゅっしん》
木戸孝允《きどたかよし》
アメリカやヨーロッパの文明《ぶんめい》を調査《ちょうさ》する使節《しせつ》にも選《えら》ばれた
日本《にほん》って国会《こっかい》も憲法《けんぽう》もないんだって
そんな国《くに》対等《たいとう》にはつきあえないよね
岩倉具視《いわくらともみ》
大久保利通《おおくぼとしみち》
岩倉使節団《いわくらしせつだん》
新政府《しんせいふ》の実力者《じつりょくしゃ》たちが
死去《しきょ》したあとは
政府《せいふ》の中心《ちゅうしん》になった
世界《せかい》と対等《たいとう》に つきあえる 日本《にほん》にするぞ
そのためには 憲法《けんぽう》だ!
1882年《ねん》 日本《にほん》を近代国家《きんだいこっか》にするため
ヨーロッパへ行《い》き 外国《がいこく》の憲法《けんぽう》や
政治《せいじ》のしくみを勉強《べんきょう》した
うちは 皇帝中心《こうていちゅうしん》の 憲法《けんぽう》だよ
なるほど ドイツを参考《さんこう》にして 憲法《けんぽう》を作《つく》ろう
ドイツの学者《がくしゃ》
グナイスト
1885年《ねん》
伊藤《いとう》は内閣制度《ないかくせいど》を作《つく》り
初代内閣総理大臣《しょだいないかくそうりだいじん》に就任《しゅうにん》した
首相《しゅしょう》になったぞ
さあ次《つぎ》は 憲法《けんぽう》だ
首《しゅ》相《しょう》

ことば解説《かいせつ》 岩倉使節団《いわくらしせつだん》は、幕末《ばくまつ》に外国《がいこく》と結《むす》んだ不平等《ふびょうどう》な条約《じょうやく》をあらためるために欧米《おうべい》に送《おく》られた使節団《しせつだん》。1871～1873年《ねん》に、岩倉具視《いわくらともみ》を団長《だんちょう》として、役人《やくにん》のほか津田梅子《つだうめこ》（→P284）などの留学生《りゅうがくせい》も多数参加《たすうさんか》した。

4年後《ねんご》の1889年《ねん》
日本初《にほんはつ》の近代憲法《きんだいけんぽう》となる
「大日本帝国憲法《だいにほんていこくけんぽう》」が完成《かんせい》した
国《くに》のいちばん
大切《たいせつ》な
しくみと決《き》まりが
できたぞ！
この憲法《けんぽう》は
明治天皇《めいじてんのう》から
臣民《しんみん》（国民《こくみん》）にさずける
という形式《けいしき》で発布《はっぷ》された
日本《にほん》は「天皇《てんのう》の国《くに》」
だからね
2代内閣総理大臣《だいないかくそうりだいじん》
黒田清隆《くろだきよたか》
1890年《ねん》には
憲法《けんぽう》のもとで衆議院議員《しゅうぎいんぎいん》を
選《えら》ぶ選挙《せんきょ》がはじめて
おこなわれ
日本《にほん》が近代的《きんだいてき》な
国家《こっか》になっていく
国会《こっかい》も
開設《かいせつ》された
わたしも
当選《とうせん》して
議員《ぎいん》になったぞ
陸奥宗光《むつむねみつ》
(→P250)
その後《ご》　日本《にほん》は
朝鮮《ちょうせん》の支配権《しはいけん》などをめぐり
1894～1895年《ねん》に
清《しん》（中国《ちゅうごく》）と戦《たたか》い
清《しん》
朝鮮《ちょうせん》
日本《にほん》
難題《なんだい》
ばかりだ……
だが朝鮮《ちょうせん》を外国《がいこく》に
おさえられたら
次《つぎ》は日本《にほん》が
あぶなくなるのだ
1904～1905年《ねん》には
ロシアと戦争《せんそう》を
おこなった
ロシア
日本《にほん》

ことば解説《かいせつ》

大日本帝国憲法《だいにほんていこくけんぽう》は、国《くに》の主権《しゅけん》（国民《こくみん》や領土《りょうど》をおさめる権力《けんりょく》）の持《も》ち主《ぬし》である天皇《てんのう》が国民《こくみん》にあたえる形《かたち》で発布《はっぷ》された。この憲法《けんぽう》は、1947年《ねん》の日本国憲法施行《にほんこくけんぽうしこう》（公布《こうふ》は1946年《ねん》）までつづいた。

人物《じんぶつ》カンケイ

初期《しょき》の内閣総理大臣《ないかくそうりだいじん》たち

初代《しょだい》の伊藤《いとう》のあと、憲法発布時《けんぽうはっぷじ》には黒田清隆《くろだきよたか》（薩摩藩出身《さつまはんしゅっしん》）、第《だい》1回《かい》選挙《せんきょ》〜帝国議会時《ていこくぎかいじ》には山県有朋《やまがたありとも》（長州藩出身《ちょうしゅうはんしゅっしん》）が首相《しゅしょう》になった。

このあとも1898年《ねん》に大隈重信《おおくましげのぶ》（→P246）が8代目《だいめ》の首相《しゅしょう》になるまで、しばらく薩摩《さつま》・長州出身者《ちょうしゅうしゅっしんしゃ》が首相《しゅしょう》の地位《ちい》を占《し》めた。

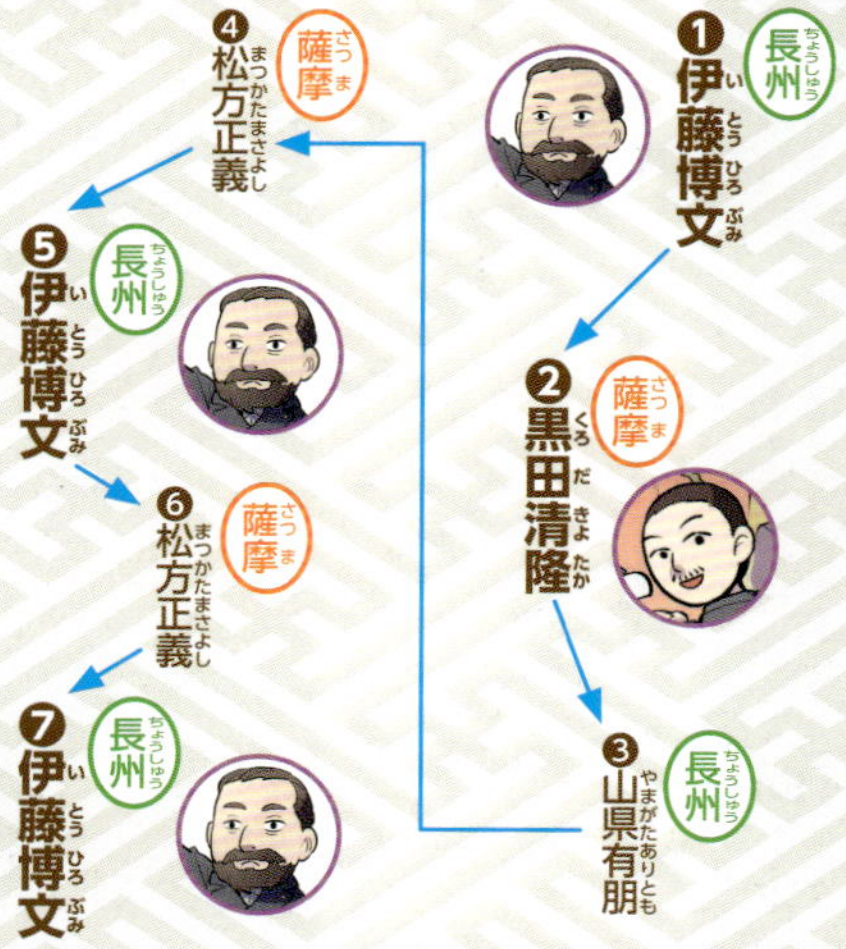

おもしろ知識《ちしき》 安重根《アンジュングン》は、日本《にほん》の支配《しはい》と戦《たたか》った英雄《えいゆう》として韓国《かんこく》ではたいへん尊敬《そんけい》されている。逮捕後《たいほご》も処刑《しょけい》まで堂々《どうどう》とした態度《たいど》をつらぬいたので、感心《かんしん》する日本《にほん》の役人《やくにん》もいたという。

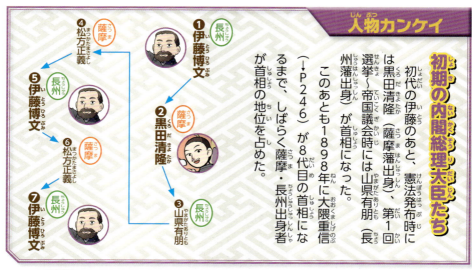

政治家《せいじか》

板垣退助《いたがきたいすけ》

生没年《せいぼつねん》:1837〜1919年《ねん》　出身地《しゅっしんち》:土佐《とさ》(高知県《こうちけん》)

自由《じゆう》
国民《こくみん》の自由《じゆう》と権利《けんり》のため命《いのち》をかける

明治時代《めいじじだい》の政治家《せいじか》。土佐藩《とさはん》(高知県《こうちけん》)出身《しゅっしん》。幕末《ばくまつ》、幕府《ばくふ》を倒《たお》す活動《かつどう》に参加《さんか》し、新政府《しんせいふ》でも重要《じゅうよう》な役職《やくしょく》につきましたが、大久保利通《おおくぼとしみち》らと対立《たいりつ》して辞職《じしょく》します。

その後《ご》、政治団体《せいじだんたい》を作《つく》って「自由民権運動《じゆうみんけんうんどう》」(国民《こくみん》が自由《じゆう》に政治《せいじ》に参加《さんか》できる権利《けんり》を政府《せいふ》に求《もと》める活動《かつどう》)を指導《しどう》し、国会開設《こっかいかいせつ》をめざし活動《かつどう》しました。

板垣退助《いたがきたいすけ》がわかる! 3つのキーワード

1	自由民権運動《じゆうみんけんうんどう》	国民《こくみん》が自由《じゆう》に政治《せいじ》に参加《さんか》できるよう、自由民権運動《じゆうみんけんうんどう》に情熱《じょうねつ》を注《そそ》いだ。
2	国会開設《こっかいかいせつ》	国会開設《こっかいかいせつ》を政府《せいふ》に求《もと》めて、全国《せんこく》を演説《えんぜつ》して回《まわ》った。
3	精神力《せいしんりょく》	政府《せいふ》の妨害《ぼうがい》、反対者《はんたいしゃ》の暴力《ぼうりょく》などに屈《くっ》しなかった。

板垣《いたがき》は*戊辰戦争《ぼしんせんそう》で土佐藩士《とさはんし》たちをひきいて戦《たたか》い新政府軍《しんせいふぐん》の勝利《しょうり》に大《おお》きく貢献《こうけん》した
*新政府軍《しんせいふぐん》と旧幕府軍《きゅうばくふぐん》の戦《たたか》い
しかしその後《ご》新政府内《しんせいふない》で大久保利通《おおくぼとしみち》らと対立《たいりつ》板垣《いたがき》は役人《やくにん》をやめた
あなたのやり方《かた》は強引《ごういん》すぎる
プイッ
今《いま》の政治《せいじ》はひとにぎりの政府高官《せいふこうかん》だけでおこなわれているこれじゃダメだ

おもしろ知識《ちしき》 もともとの姓《せい》は「乾《いぬい》」。先祖《せんぞ》である板垣信方《いたがきのぶかた》(武田信玄《たけだしんげん》の部下《ぶか》)にあやかり、戊辰戦争《ぼしんせんそう》のころから「板垣《いたがき》」を名乗《なの》るようになった。

幕府《ばくふ》のときより税金《ぜいきん》が上《あ》がったよ
軍隊《ぐんたい》に人手《ひとで》もとられてたいへんだ
政府《せいふ》に文句《もんく》を言《い》ったら取《と》りしまられるし……
人々《ひとびと》の不満《ふまん》も高《たか》まっているな
板垣退助《いたがきたいすけ》
板垣《いたがき》は民衆《みんしゅう》の権利《けんり》を守《まも》り民選《みんせん》(国民《こくみん》が選挙《せんきょ》すること)の議院《ぎいん》(国会《こっかい》)を設立《せつりつ》する活動《かつどう》を起《お》こすため仲間《なかま》たちと集《あつ》まった
人々《ひとびと》の権利《けんり》を守《まも》るためにがんばるぞ
1874年《ねん》板垣《いたがき》たちは「民撰議院設立建白書《みんせんぎいんせつりつけんぱくしょ》」を提出《ていしゅつ》
民撰議院《みんせんぎいん》
設立《せつりつ》
建白書《けんぱくしょ》
国民《こくみん》の選《えら》んだ政治家《せいじか》が政治《せいじ》をおこなうべきだ
政府《せいふ》には拒否《きょひ》されたけどあきらめないぞ
NO!!
政府《せいふ》
とにかくわたしの考《かんが》えを全国《ぜんこく》の人《ひと》に聞《き》いてもらおう
政府《せいふ》は政治《せいじ》に参加《さんか》できる権利《けんり》を国民《こくみん》にあたえるべきなのです
国民《こくみん》の自由《じゆう》と権利《けんり》を求《もと》める自由民権運動《じゆうみんけんうんどう》は板垣《いたがき》の努力《どりょく》もあって多《おお》くの人々《ひとびと》に広《ひろ》まり
国会開設《こっかいかいせつ》を望《のぞ》む声《こえ》は日《ひ》に日《ひ》に高《たか》まっていった
ほ〜〜っ
へえ〜〜っ

おもしろ知識《ちしき》

自由民権運動《じゆうみんけんうんどう》の指導者《しどうしゃ》には政府《せいふ》の中心《ちゅうしん》を占《し》める薩摩藩《さつまはん》、長州藩出身者《ちょうしゅうはんしゅっしんしゃ》はほとんどおらず、板垣《いたがき》のような土《と》佐藩出身者《さはんしゅっしんしゃ》が多《おお》かった。

1881年《ねん》
板垣《いたがき》たちの努力《どりょく》が実《みの》り
政府《せいふ》は将来《しょうらい》の国会開設《こっかいかいせつ》を
約束《やくそく》した
伊藤博文《いとうひろぶみ》
しょうがないなあ じゃあ10年後《ねんご》にね
まだまだ先《さき》だけど一歩前進《いっぽぜんしん》だ
散《ち》れっ
あっちへいくんだ!
いくら政府《せいふ》がじゃまをしても民衆《みんしゅう》の熱《あつ》い気持《きも》ちはおさえられないぞ
日本初《にほんはつ》の
全国規模《ぜんこくきぼ》の政党《せいとう》
自由党《じゆうとう》 結成《けっせい》
同《おな》じ考《かんが》えの人《ひと》を集《あつ》めて党《とう》にしたほうが発言力《はつげんりょく》も上《あ》がるからね
自《じ》由《ゆう》党《とう》
よし 国会開設《こっかいかいせつ》まで自由《じゆう》や権利《けんり》について全国《ぜんこく》を演説《えんぜつ》して回《まわ》るぞ!
しかし
板垣《いたがき》の思想《しそう》を
誤解《ごかい》する
人《ひと》もいた
板垣《いたがき》は悪《わる》いヤツだ
1882年《ねん》4月《がつ》
演説会後《えんぜつかいご》
わっ

おもしろ知識《ちしき》 板垣《いたがき》を刺《さ》した犯人《はんにん》は、刑務所内《けいむしょない》で板垣《いたがき》の考《かんが》えを誤解《ごかい》していたことに気《き》づき、刑期《けいき》を終《お》えたあと、板垣《いたがき》に直接《ちょくせつ》会《あ》って謝罪《しゃざい》した。板垣《いたがき》もその謝罪《しゃざい》を受《う》け入《い》れたという。

板垣《いたがき》死《し》すとも
自由《じゆう》は死《し》せず！
大《おお》けがをしたが
命《いのち》は助《たす》かった
板垣《いたがき》も
自由《じゆう》も死《し》せず♪
1890年《ねん》に国会《こっかい》が開設《かいせつ》されたあとは
内務大臣《ないむだいじん》などをつとめ
1900年《ねん》に
政治《せいじ》の世界《せかい》から引退《いんたい》した
日本初《にほんはつ》の
政党内閣《せいとうないかく》の
誕生《たんじょう》に
協力《きょうりょく》したぞ
政府《せいふ》も議会《ぎかい》や政党《せいとう》を
無視《むし》できなくなったのだ
8代内閣総理大臣《だいないかくそうりだいじん》
大隈重信《おおくましげのぶ》（→P246）

人物《じんぶつ》カンケイ

板垣《いたがき》と西郷隆盛《さいごうたかもり》は似《に》た立場《たちば》

西郷隆盛《さいごうたかもり》（→P220）と板垣退助《いたがきたいすけ》は戊辰戦争《ぼしんせんそう》のとき、ともに新政府《しんせいふ》軍《ぐん》の司令官《しれいかん》として戦《たたか》った仲《なか》で、政府《せいふ》をやめたタイミングも同《おな》じ。西郷《さいごう》の反乱《はんらん》（西南戦争《せいなんせんそう》）が失敗《しっぱい》に終《お》わったことが、板垣《いたがき》が自由民権運動《じゆうみんけんうんどう》を本格的《ほんかくてき》に進《すす》めるきっかけの一《ひと》つだったといわれている。

西郷先生《さいごうせんせい》
今《いま》の政府《せいふ》にもう
がまんできません
1877年《ねん》
西郷《さいごう》はついに政府《せいふ》を
相手《あいて》に反乱《はんらん》を起《お》こした
（西南戦争《せいなんせんそう》）
まず手《て》はじめに
熊本城《くまもとじょう》を落《お》とすぞ
しかし熊本城《くまもとじょう》は落《お》ちず
あれっ
その後《ご》 九州各地《きゅうしゅうかくち》の戦《たたか》いで
政府軍《せいふぐん》に敗《やぶ》れ……
最後《さいご》は4万人《まんにん》の政府軍《せいふぐん》に
囲《かこ》まれた中《なか》で自害《じがい》した
もう
ここらでよか

西郷《さいごう》は政府《せいふ》に不満《ふまん》を持《も》つ士族《しぞく》たちとともに反乱《はんらん》を起《お》こしたが、もしかしたら板垣《いたがき》も同《おな》じ道《みち》を歩《あゆ》んでいたかもしれない。

ことば解説《かいせつ》 「政党内閣《せいとうないかく》」とは、議会《ぎかい》で多数《たすう》を占《し》めた政党《せいとう》、またはいくつかの政党《せいとう》で組織《そしき》される内閣《ないかく》。それまでの内閣《ないかく》は、議会《ぎかい》や政党《せいとう》を無視《むし》して作《つく》られた「超然内閣《ちょうぜんないかく》」と呼《よ》ばれるものだった。

政治家《せいじか》

大《おお》隈《くま》重《しげ》信《のぶ》

生没年《せいぼつねん》:1838～1922年《ねん》　出身地《しゅっしんち》:肥前《ひぜん》(佐賀県《さがけん》)

政治《せいじ》から教育《きょういく》まで
さまざまな分野《ぶんや》で活躍《かつやく》

明治時代《めいじじだい》の政治家《せいじか》、教育者《きょういくしゃ》。幕末《ばくまつ》に英語《えいご》や西洋《せいよう》の学問《がくもん》を学《まな》び、明治維新後《めいじいしんご》には新政府《しんせいふ》の財政再建《ざいせいさいけん》に取《と》り組《く》みます。

政府《せいふ》を去《さ》った翌《よく》1882年《ねん》に政党《せいとう》「立憲改進党《りっけんかいしんとう》」を結成《けっせい》し、東京専門学校《とうきょうせんもんがっこう》（のちの早稲田大学《わせだだいがく》）を作《つく》りました。1898年《ねん》には板垣退助《いたがきたいすけ》と協力《きょうりょく》して、日本初《にほんはつ》の政党内閣《せいとうないかく》「隈板内閣《わいはんないかく》」を組織《そしき》しました。

大《おお》隈《くま》重《しげ》信《のぶ》がわかる！　3つのキーワード

❶ 演説力《えんぜつりょく》	豊富《ほうふ》な知識《ちしき》と高《たか》い記憶力《きおくりょく》の持《も》ち主《ぬし》で、たいへん演説《えんぜつ》が上手《じょうず》だった。
❷ 教育者《きょういくしゃ》	教育《きょういく》のたいせつさを強《つよ》く感《かん》じ、のちに早稲田大学《わせだだいがく》となる学校《がっこう》を作《つく》った。
❸ 国民人気《こくみんにんき》	死後《しご》おこなわれた国民葬《こくみんそう》に、約《やく》30万人《まんにん》も集《あつ》まるほど人気《にんき》があった。

大隈《おおくま》は佐賀藩《さがはん》(佐賀県《さがけん》)の
武士《ぶし》の子《こ》として生《う》まれ
20代前半《だいぜんはん》のときには
英語《えいご》や海外《かいがい》の事情《じじょう》を必死《ひっし》に学《まな》んだ
江戸幕府《えどばくふ》が倒《たお》れると
新政府《しんせいふ》で重要《じゅうよう》な職《しょく》について
財政《ざいせい》などで活躍《かつやく》
大隈《おおくま》の家《いえ》には仲間《なかま》が
おおぜい集《あつ》まり
将来《しょうらい》の日本《にほん》について語《かた》りあった
やがて世の中では
板垣退助《いたがきたいすけ》らを中心《ちゅうしん》とした
＊自由民権運動《じゆうみんけんうんどう》が
さかんになりはじめた
自由《じゆう》
国会《こっかい》を開設《かいせつ》し
国民《こくみん》の選《えら》んだ議員《ぎいん》が
政治《せいじ》をおこなうべきだ！
民権《みんけん》
！

＊国民《こくみん》が自由《じゆう》に政治《せいじ》に参加《さんか》できる権利《けんり》を政府《せいふ》に求《もと》める活動《かつどう》

おもしろ知識《ちしき》　立憲改進党《りっけんかいしんとう》は、王《おう》と国民《こくみん》が共存《きょうぞん》するイギリスのような議会政治《ぎかいせいじ》の導入《どうにゅう》を目標《もくひょう》に結成《けっせい》された。一方《いっぽう》、板垣退助《いたがきたいすけ》(→P242) が作《つく》った自由党《じゆうとう》はフランス流《りゅう》に、民衆《みんしゅう》の権利《けんり》を重視《じゅうし》した政治体制《せいじたいせい》をめざしていた。

わたしも今《いま》すぐにでも国会《こっかい》を開設《かいせつ》すべきだと思《おも》うんだがね
今《いま》すぐなんて無理《むり》 早《はや》くて10年後《ねんご》だね
伊藤博文《いとうひろぶみ》
1881年《ねん》 伊藤博文《いとうひろぶみ》らと対立《たいりつ》し 大隈《おおくま》は政府内《せいふない》に居場所《いばしょ》を失《うしな》った
明治十四年《めいじじゅうよねん》の政変《せいへん》
政府《せいふ》から離《はな》れて 日本《にほん》の未来《みらい》を考《かんが》えることにしよう
翌《よく》1882年《ねん》 大隈《おおくま》は＊政党《せいとう》を立《た》ち上《あ》げ
将来《しょうらい》の国会開設《こっかいかいせつ》に そなえるぞ
立憲改進党
＊共通《きょうつう》の政治的考《せいじてきかんが》えを持《も》ち、政策《せいさく》の実現《じつげん》をめざす集団《しゅうだん》
学校《がっこう》も作《つく》った
東京専門学校《とうきょうせんもんがっこう》 (現在《げんざい》の早稲田大学《わせだだいがく》)
これからの 日本《にほん》を背負《せお》う 人材《じんざい》を 育《そだ》てるぞ
頭《あたま》でいろんなことを 考《かんが》えても行動《こうどう》に 移《うつ》さないと意味《いみ》が ないんであーる
であーる
1888年《ねん》 ライバルの伊藤博文《いとうひろぶみ》から 外務大臣《がいむだいじん》になるように たのまれた
日本《にほん》が幕末《ばくまつ》に 外国《がいこく》と結《むす》んだ 不平等《ふびょうどう》な条約《じょうやく》を 改正《かいせい》するためには 君《きみ》の力《ちから》が必要《ひつよう》なんだ
よし
しかし大隈《おおくま》の考《かんが》えた案《あん》は まだ外国《がいこく》に有利《ゆうり》だったため 不満《ふまん》を持《も》つ人《ひと》も多《おお》かった
1889年《ねん》 大隈《おおくま》を憎《にく》む男《おとこ》が 投《な》げた爆弾《ばくだん》で 右足《みぎあし》を失《うしな》う大《おお》けがを負《お》った
爆弾《ばくだん》なんかに 負《ま》けないんであーる まだまだ政治《せいじ》を がんばるんであーる

ことば解説《かいせつ》 「明治十四年《めいじじゅうよねん》の政変《せいへん》」は、1881年《ねん》、早期《そうき》の国会開設《こっかいかいせつ》と憲法制定《けんぽうせいてい》を求《もと》めた大隈《おおくま》を、伊藤博文《いとうひろぶみ》たちが政府《せいふ》から追放《ついほう》した事件《じけん》。以降《いこう》、伊藤《いとう》を中心《ちゅうしん》にした薩摩《さつま》・長州出身者《ちょうしゅうしゅっしんしゃ》の勢力《せいりょく》がますます強《つよ》まった。

1898年《ねん》
大隈《おおくま》は板垣退助《いたがきたいすけ》と「憲政党《けんせいとう》」を結成《けっせい》
内閣総理大臣《ないかくそうりだいじん》となり
日本初《にほんはつ》の＊政党内閣《せいとうないかく》を組織《そしき》した
この内閣《ないかく》は二人《ふたり》の名前《なまえ》から
「隈板内閣《わいはんないかく》」と呼《よ》ばれた
薩摩《さつま》（鹿児島県《かごしまけん》）・長州《ちょうしゅう》（山口県《やまぐちけん》）の出身《しゅっしん》でない総理大臣《そうりだいじん》はわたしがはじめてなのだ
＊議会《ぎかい》で多数《たすう》を占《し》める政党《せいとう》で組織《そしき》された内閣《ないかく》
しかしこの内閣《ないかく》は内部《ないぶ》で意見《いけん》の対立《たいりつ》が多《おお》くわずか4か月《げつ》しかもたなかった
1907年《ねん》
自《みずか》らが作《つく》った
早稲田大学《わせだだいがく》の総長《そうちょう》に就任《しゅうにん》
学生諸君《がくせいしょくん》 人生《じんせい》は成功《せいこう》より失敗《しっぱい》のほうが多《おお》いけど失敗《しっぱい》から学《まな》べることも多《おお》いんであーる
その後《ご》また政治《せいじ》の世界《せかい》にもどると
2度目《どめ》となる内閣総理大臣《ないかくそうりだいじん》を
1914年《ねん》から約《やく》2年半《ねんはん》つとめた
やめたときの年齢《ねんれい》は満《まん》78歳《さい》 ＊歴代最年長記録《れきだいさいねんちょうきろく》じゃ
＊2016年《ねん》10月現在《がつげんざい》
1922年《ねん》に
85歳《さい》で死去《しきょ》
日比谷公園《ひびやこうえん》で
おこなわれた葬儀《そうぎ》には
30万人《まんにん》もの一般市民《いっぱんしみん》が
参加《さんか》したという
125歳《さい》まで生《い》きるつもりだったんだけどなあ

おもしろ知識《ちしき》

大隈《おおくま》は演説《えんぜつ》の名人《めいじん》として有名《ゆうめい》だったが、実現不可能《じつげんふかのう》と思《おも》われるような大《おお》げさなことも言《い》うので、「大《おお》ぶろしき」などと呼《よ》ばれることもあった。

人物《じんぶつ》カンケイ

親友《しんゆう》どうしが対立《たいりつ》!?

1868年《ねん》、たくさんの人《ひと》の活躍《かつやく》によって明治新政府《めいじしんせいふ》が誕生《たんじょう》した。しかし、「日本《にほん》をよい国《くに》にしたい」という思《おも》いは同《おな》じでも、それぞれの考《かんが》え方《かた》のちがいは大《おお》きく、親友《しんゆう》だった西郷隆盛《さいごうたかもり》と大久保利通《おおくぼとしみち》も仲《なか》たがいをしてしまった。

西郷《さいごう》に加《くわ》えて板垣退助《いたがきたいすけ》、大隈重信《おおくましげのぶ》らも、大久保《おおくぼ》や伊藤博文《いとうひろぶみ》らの進《すす》める方針《ほうしん》に反対《はんたい》し、政府《せいふ》を離《はな》れた。しかしその後《ご》、板垣《いたがき》と大隈《おおくま》は政府《せいふ》と仲直《なかなお》りし、伊藤《いとう》が組織《そしき》した内閣《ないかく》のメンバーにもなった。

このように、幕末《ばくまつ》〜明治時代《めいじじだい》に活躍《かつやく》した多《おお》くの人々《ひとびと》が敵対《てきたい》と仲直《なかなお》りをくりかえしながら、日本《にほん》の新《あたら》しい政治《せいじ》のしくみが整《ととの》えられていったのだ。

幕末《ばくまつ》〜明治《めいじ》の人物関係図《じんぶつかんけいず》

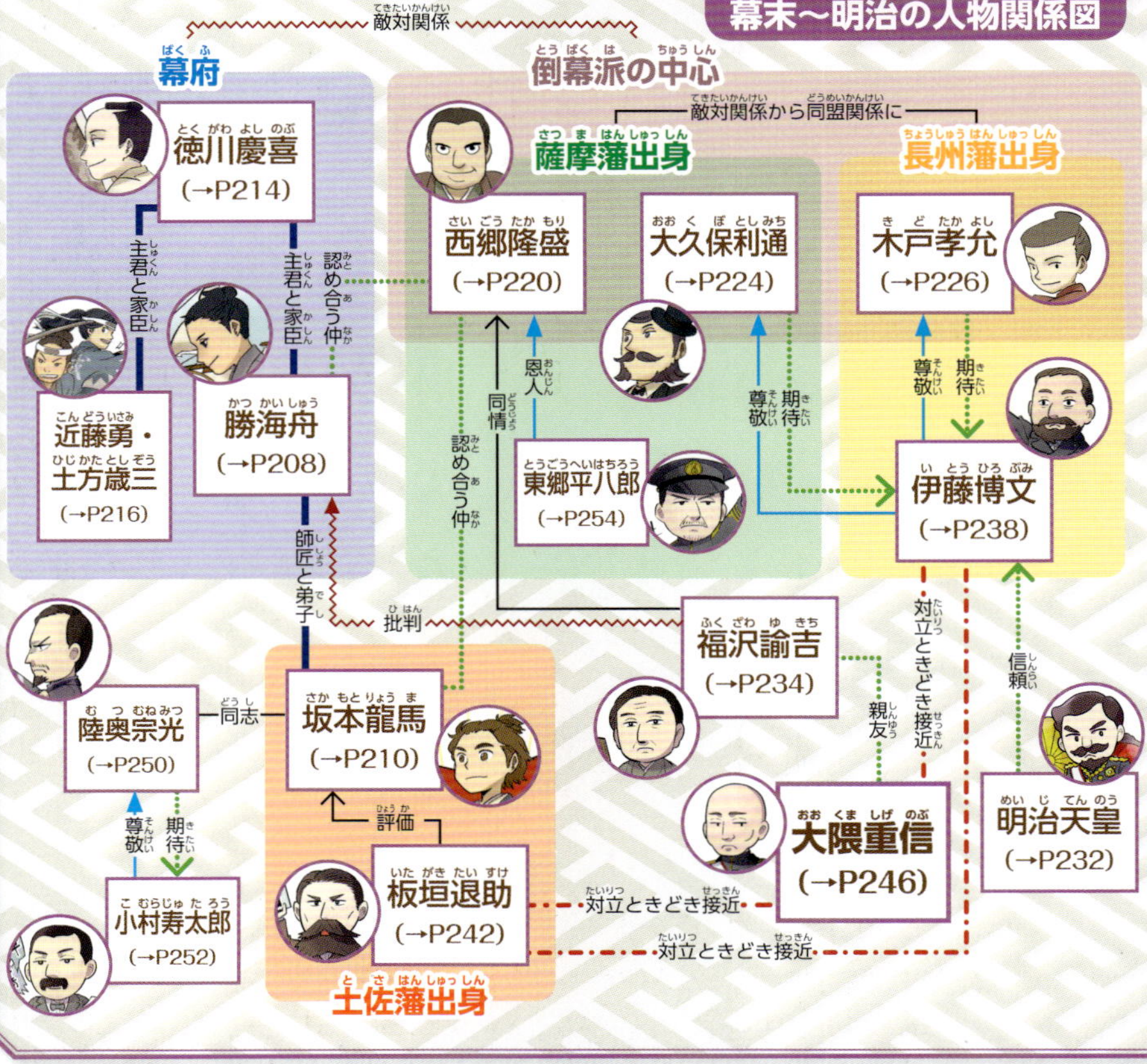

おもしろ知識《ちしき》
大隈重信《おおくましげのぶ》と思想家《しそうか》の福沢諭吉《ふくざわゆきち》（→P234）は、当初《とうしょ》、おたがいの活動《かつどう》を批判《ひはん》し合《あ》っていた。しかし共通《きょうつう》の知人《ちじん》のいたずらで直接会《ちょくせつあ》うとすっかり仲《なか》よくなり、親友《しんゆう》になった。

政治家《せいじか》

陸《む》奥《つ》宗《むね》光《みつ》

生没年《せいぼつねん》:1844〜1897年《ねん》　出身地《しゅっしんち》:紀州《きしゅう》（和歌山県《わかやまけん》）

条約《じょうやく》の改正《かいせい》に活躍《かつやく》した
「カミソリ大臣《だいじん》」

明治時代《めいじじだい》の政治家《せいじか》、外交官《がいこうかん》。幕末《ばくまつ》、坂本龍馬《さかもとりょうま》の同志《どうし》として活躍《かつやく》。明治維新後《めいじいしんご》は、日本《にほん》が外国《がいこく》と結《むす》んだ不平等条約《ふびょうどうじょうやく》の改正《かいせい》に取《と》り組《く》み、メキシコと最初《さいしょ》の対等《たいとう》な条約《じょうやく》を結《むす》びます。

その後《ご》、外務大臣《がいむだいじん》となり、「領《りょう》事裁判権《じさいばんけん》（治外法権《ちがいほうけん》）」をなくすのに成功《せいこう》。日清戦争勝利後《にっしんせんそうしょうりご》、日本《にほん》に有利《ゆうり》な内容《ないよう》を勝《か》ち取《と》りました。

陸奥宗光《むつむねみつ》がわかる！　3つのキーワード

❶ 外務大臣《がいむだいじん》	高度《こうど》な外交《がいこう》を展開《てんかい》し、外国《がいこく》とのさまざまな難題《なんだい》に立《た》ち向《む》かった。
❷ 反抗心《はんこうしん》	若《わか》いころ、政府《せいふ》を倒《たお》す計画《けいかく》に参加《さんか》して逮捕《たいほ》されたこともある。
❸ 優《すぐ》れた頭脳《ずのう》	たいへん頭《あたま》の切《き》れる人物《じんぶつ》として知《し》られ、「カミソリ」と呼《よ》ばれた。

陸奥《むつ》は幕末《ばくまつ》
坂本龍馬《さかもとりょうま》
（→P210）
とともに
行動《こうどう》していた
龍馬《りょうま》さんはいつも
日本《にほん》をよくしようと
考《かんが》えていた
おれも日本《にほん》の
ために働《はたら》くぞ！
明治維新後《めいじいしんご》は
新政府《しんせいふ》の役人《やくにん》になったが
薩摩《さつま》（鹿児島県《かごしまけん》）・
長州《ちょうしゅう》（山口県《やまぐちけん》）の
出身者《しゅっしんしゃ》だけが
出世《しゅっせ》する
状況《じょうきょう》に不満《ふまん》を持《も》ち
政府《せいふ》を倒《たお》す計画《けいかく》に参加《さんか》
しかし結局《けっきょく》ばれてしまい
4年《ねん》ほど牢《ろう》に入《はい》った
時間《じかん》はあるから
法律《ほうりつ》や政治《せいじ》の
勉強《べんきょう》をたくさんするぞ！
罪《つみ》をゆるされるとすぐ
ヨーロッパへ留学《りゅうがく》
2年後《ねんご》の1886年《ねん》に
帰国《きこく》して*外務省《がいむしょう》に入《はい》り
アメリカで働《はたら》いた
＊外国《がいこく》との交渉《こうしょう》などをおこなう機関《きかん》

おもしろ知識《ちしき》　陸奥《むつ》は幕末《ばくまつ》、坂本龍馬《さかもとりょうま》が作《つく》った「海援隊《かいえんたい》」に所属《しょぞく》し、龍馬《りょうま》をとても尊敬《そんけい》していた。龍馬《りょうま》が暗殺《あんさつ》された直後《ちょくご》、陸奥《むつ》はすぐに犯人《はんにん》への仕返《しかえ》しを計画《けいかく》。犯人《はんにん》を護衛《ごえい》していた新撰組《しんせんぐみ》（→P218）とも激《はげ》しく戦《たたか》った。

当時《とうじ》 日本《にほん》では幕末《ばくまつ》に外国《がいこく》と結《むす》んだ不平等条約《ふびょうどうじょうやく》に対《たい》してとくに「治外法権《ちがいほうけん》」に関《かん》する不満《ふまん》の声《こえ》があふれていた
ノルマントン号事件《こうじけん》を忘《わす》れるな！
日本《にほん》で罪《つみ》を犯《おか》した外国人《がいこくじん》を日本人《にほんじん》が裁《さば》けない「治外法権《ちがいほうけん》」はおかしい！
しかし条約《じょうやく》は改正《かいせい》されないまま数年《すうねん》が過《す》ぎ……
何人《なんにん》もの外務大臣《がいむだいじん》が条約改正《じょうやくかいせい》に失敗《しっぱい》したがあの男《おとこ》ならやってくれるはずだ
伊藤博文《いとうひろぶみ》
1892年《ねん》 陸奥《むつ》は第《だい》2次《じ》伊藤博文内閣《いとうひろぶみないかく》の外務大臣《がいむだいじん》になった
まずはいちばんやっかいなイギリスと交渉《こうしょう》します
イギリスに条約改正《じょうやくかいせい》を認《みと》めさせればほかの国《くに》も応《おう》じてくるでしょう
なるほど～
1894年《ねん》 ねばり強《づよ》い交渉《こうしょう》の結果《けっか》イギリスと「治外法権《ちがいほうけん》」をなくした条約《じょうやく》を結《むす》ぶ
その後《ご》ほかの14か国《こく》とも交渉《こうしょう》し条約《じょうやく》を改正《かいせい》させた
治外《ちがい》法権《ほうけん》
頭《あたま》は切《き》れるし難題《なんだい》もスパスパ斬《き》ってくれる
さすが「カミソリ」といわれる男《おとこ》だ
日清戦争後《にっしんせんそうご》の1895年《ねん》には戦争《せんそう》を終《お》わらせる条約《じょうやく》を日本《にほん》に有利《ゆうり》な形《かたち》で清《しん》（中国《ちゅうごく》）と結《むす》んだ
2年後《ねんご》の1897年《ねん》病《やまい》のため54歳《さい》で死去《しきょ》した
外務省《がいむしょう》には陸奥《むつ》の像《ぞう》があり日本《にほん》の外交政策《がいこうせいさく》を見守《みまも》っている

ことば解説《かいせつ》 1886年《ねん》に起《お》きた「ノルマントン号事件《ごうじけん》」では、沈没《ちんぼつ》したイギリス船《せん》からイギリス人《じん》だけが救出《きゅうしゅつ》され、日本人乗客《にほんじんじょうきゃく》は全員死亡《ぜんいんしぼう》した。イギリス人裁判官《じんさいばんかん》が船長《せんちょう》を無罪《むざい》にしたため、国民《こくみん》の怒《いか》りはますます高《たか》まった。

政治家《せいじか》

小村寿太郎《こむらじゅたろう》

生没年《せいぼつねん》:1855～1911年《ねん》　出身地《しゅっしんち》:日向《ひゅうが》(宮崎県《みやざきけん》)

明治《めいじ》時代《じだい》の政治家《せいじか》、外交官《がいこうかん》。外務大臣《がいむだいじん》として、イギリスとの同盟《どうめい》（日英同盟《にちえいどうめい》）を実現《じつげん》させ、日露戦《にちろせん》争後《そうご》は、ロシアとの講和条約《こうわじょうやく》（仲《なか》直《なお》りするための条約《じょうやく》）を結《むす》ぶために力《ちから》をつくしました。

その後《ご》、幕末《ばくまつ》に結《むす》ばれた不平等《ふびょうどう》条約《じょうやく》を改正《かいせい》するために外国《がいこく》と交渉《こうしょう》を重《かさ》ね、関税自主権《かんぜいじしゅけん》（関税《かんぜい》をかける権利《けんり》）を認《みと》めさせました。

不《ふ》
平《びょう》
等《どう》
関税自主権《かんぜいじしゅけん》
50年《ねん》つづいた不平等条約《ふびょうどうじょうやく》をあらためる

小村寿太郎《こむらじゅたろう》がわかる！　3つのキーワード

1. **関税自主権《かんぜいじしゅけん》**　幕末《ばくまつ》に結《むす》ばれた不平等《ふびょうどう》な条約《じょうやく》を改正《かいせい》し、関税自主権《かんぜいじしゅけん》の獲得《かくとく》に成功《せいこう》。
2. **外交力《がいこうりょく》**　日英同盟《にちえいどうめい》、ポーツマス条約《じょうやく》、不平等《ふびょうどう》条約改正《じょうやくかいせい》など難《むずか》しい外交問題《がいこうもんだい》を処理《しょり》。
3. **強気《つよき》な性格《せいかく》**　自分《じぶん》よりもずっと大《おお》きな外国人《がいこくじん》の前《まえ》でも、いつも堂々《どうどう》としていた。

外務省《がいむしょう》の役人《やくにん》だった小村《こむら》は
陸奥宗光《むつむねみつ》（→P250）に
才能《さいのう》を認《みと》められ
実績《じっせき》を重《かさ》ねていった

1901年《ねん》
外務大臣《がいむだいじん》となり
翌年《よくねん》
日本《にほん》はイギリスと同盟《どうめい》を
結《むす》ぶ（日英同盟《にちえいどうめい》）
アジアへの領土拡大《りょうどかくだい》をねらうロシアをイギリスも警戒《けいかい》していたんだ
この同盟《どうめい》をまとめたのが小村《こむら》である

1904年《ねん》
日本《にほん》とロシアの戦争《せんそう》がはじまった
（日露戦争《にちろせんそう》）
イギリスの協力《きょうりょく》もあり
翌《よく》1905年《ねん》
日本《にほん》は戦争《せんそう》に勝利《しょうり》した
連合艦隊司令長官《れんごうかんたいしれいちょうかん》
東郷平八郎《とうごうへいはちろう》（→P254）

1905年《ねん》9月《がつ》
小村《こむら》が代表者《だいひょうしゃ》となり
ロシアと戦《たたか》いをやめる条約《じょうやく》
（ポーツマス条約《じょうやく》）を結《むす》んだ
アメリカ大統領《だいとうりょう》
セオドア・ルーズベルト
アメリカが間《あいだ》に入《はい》ってようやく戦争《せんそう》を終《お》わらせられたんだ

おもしろ知識《ちしき》　小村《こむら》は記憶力《きおくりょく》がばつぐんだった。同僚《どうりょう》から「メモを確認《かくにん》しているのを見《み》たことがない」と言《い》われた際《さい》、「頭《あたま》の中《なか》に全部《ぜんぶ》入《はい》っているから見《み》る必要《ひつよう》がない」と答《こた》え、おどろかせたという。

だがその内容《ないよう》に国民《こくみん》の不満《ふまん》は爆発《ばくはつ》
8万人《まんにん》以上《いじょう》戦死《せんし》したのに賠償金《ばいしょうきん》がゼロなんてどういうことだ
小村《こむら》ゆるせん
勝《か》ったといってもギリギリで有利《ゆうり》な条約《じょうやく》にはできなかったんだ……
1908年《ねん》 今度《こんど》は幕末《ばくまつ》に日本《にほん》が外国《がいこく》と結《むす》んだ不平等《ふびょうどう》な条約《じょうやく》の改正《かいせい》に取《と》り組んだ
とくに日本《にほん》に不利《ふり》なのがこの二《ふた》つ
関税自主権《かんぜいじしゅけん》がない
治外法権《ちがいほうけん》*
*日本《にほん》にいても、日本《にほん》の法律《ほうりつ》の支配《しはい》を受《う》けなくてよいという権利《けんり》
こっちは1894年《ねん》にわたしがあらためたぞ
治外法権《ちがいほうけん》
わたしの役目《やくめ》はこれをあらためて外国《がいこく》からの輸入品《ゆにゅうひん》に自由《じゆう》に関税《かんぜい》（税金《ぜいきん》）をかけられるようにすること
関税自主権《かんぜいじしゅけん》がない
自由《じゆう》に関税《かんぜい》がかけられないと……
外国《がいこく》から安《やす》い商品《しょうひん》が入《はい》ってくる
安《やす》い!
日本《にほん》で作《つく》られたものが売《う》れなくなり、日本《にほん》の産業《さんぎょう》の発展《はってん》がさまたげられる
?
1911年《ねん》 日本《にほん》は関税自主権《かんぜいじしゅけん》を得《え》ることに成功《せいこう》 約《やく》50年間《ねんかん》におよぶ外国《がいこく》との不平等条約《ふびょうどうじょうやく》が終《お》わったのであった
関税自主権《かんぜいじしゅけん》ゲット!
これで日本《にほん》はようやく外国《がいこく》と対等《たいとう》の立場《たちば》になったぞ
大《おお》きな仕事《しごと》をやりとげた小村《こむら》は同年《どうねん》11月《がつ》死去《しきょ》した
ずっと体調《たいちょう》が悪《わる》かったんだ……

おもしろ知識《ちしき》 日露《にちろ》戦争《せんそう》では日本側《にほんがわ》の戦力《せんりょく》も限界《げんかい》に達《たっ》していたため、日本《にほん》がアメリカに依頼《いらい》して終戦《しゅうせん》に持《も》ちこんだ。だが日本国民《にほんこくみん》は完全勝利《かんぜんしょうり》と思《おも》っていたため、ロシアと結《むす》んだ条約《じょうやく》に物足《ものた》りなさを感《かん》じ、小村《こむら》を非難《ひなん》した。

軍人《ぐんじん》

東《とう》郷《ごう》平《へい》八《はち》郎《ろう》

生没年《せいぼつねん》:1848～1934年《ねん》　出身地《しゅっしんち》:薩摩《さつま》（鹿児島県《かごしまけん》）

日本海軍《にほんかいぐん》をひきいて
日露戦争《にちろせんそう》の勝利《しょうり》に貢献《こうけん》

明治《めいじ》～大正時代《たいしょうじだい》の海軍軍人《かいぐんぐんじん》。薩《さつ》摩藩《まはん》（鹿児島県《かごしまけん》）の藩士《はんし》の子《こ》として生《う》まれ、明治維新後《めいじいしんご》、海軍《かいぐん》で必《ひつ》要《よう》な知識《ちしき》を得《え》るためイギリスへ留《りゅう》学《がく》。日露戦争《にちろせんそう》では連合艦隊司令長《れんごうかんたいしれいちょう》官《かん》として日本海軍《にほんかいぐん》を指揮《しき》し、ロシアのバルチック艦隊《かんたい》をやぶります。

これにより日本《にほん》は日露戦争《にちろせんそう》で勝《しょう》利《り》し、東郷《とうごう》は国《くに》の英雄《えいゆう》としてたたえられました。

東郷平八郎《とうごうへいはちろう》がわかる！　3つのキーワード

❶ 日露戦争《にちろせんそう》	日本海海戦《にほんかいかいせん》で強敵《きょうてき》ロシア海軍《かいぐん》をやぶり、日露戦争《にちろせんそう》を勝利《しょうり》に導《みちび》いた。
❷ 統率力《とうそつりょく》	戦《たたか》いの状況《じょうきょう》を確実《かくじつ》に分析《ぶんせき》して、艦隊《かんたい》全体《ぜんたい》を指揮《しき》した。
❸ 度胸《どきょう》	激《はげ》しい敵《てき》の攻撃《こうげき》にさらされている最《さい》中《ちゅう》も、動揺《どうよう》することはなかった。

1863年《ねん》＊薩英戦争《さつえいせんそう》に参加《さんか》
海軍《かいぐん》の重要性《じゅうようせい》を胸《むね》にきざんだ
海《うみ》からくる敵《てき》は
海《うみ》で防《ふせ》がないと
ダメなんだな
それにしても
イギリス強《つよ》い……
＊幕末《ばくまつ》におこなわれた薩摩藩《さつまはん》とイギリスの戦争《せんそう》
明治時代《めいじじだい》になると
海軍《かいぐん》に必要《ひつよう》な知識《ちしき》を
身《み》につけるため
イギリスへ留学《りゅうがく》した
船《ふね》の動《うご》かし方《かた》
大砲《たいほう》の撃《う》ち方《かた》
最新《さいしん》の戦《たたか》い方《かた》など
いろいろ学《まな》んだぞ
1894年《ねん》の日清戦争《にっしんせんそう》では
軍艦《ぐんかん》に乗《の》り活躍《かつやく》している
1904年《ねん》
日露戦争《にちろせんそう》が開戦《かいせん》
翌年《よくねん》　東郷《とうごう》は
戦艦《せんかん》「三笠《みかさ》」に乗《の》り
ロシアのバルチック艦隊《かんたい》と
激突《げきとつ》する
日本《にほん》が栄《さか》えるのか
ほろびるのかは
この一戦《いっせん》に
かかっているぞ

おもしろ知識《ちしき》　イギリス留学《りゅうがく》は、同《おな》じ薩摩出身《さつましゅっしん》で、明治新政府《めいじしんせいふ》の実力者《じつりょくしゃ》の西郷隆盛《さいごうたかもり》（→P220）の助《たす》けにより実現《じつげん》した。その後《ご》、西郷《さいごう》は新政府《しんせいふ》に反乱《はんらん》（西南戦争《せいなんせんそう》）を起《お》こしたが、東郷《とうごう》の兄《あに》も西郷側《さいごうがわ》について命《いのち》を落《お》としている。

日本海海戦《にほんかいかいせん》
作戦《さくせん》がみごとに当《あ》たり
東郷《とうごう》ひきいる日本海軍《にほんかいぐん》は
バルチック艦隊《かんたい》を
ほぼ全滅《ぜんめつ》させることに
成功《せいこう》した
この勝利《しょうり》は
日露戦争《にちろせんそう》における
日本《にほん》の勝利《しょうり》を
決定《けってい》づけた
東郷《とうごう》は日本海海戦後《にほんかいかいせんご》
日本《にほん》の病院《びょういん》に入院《にゅういん》していた
敵《てき》の司令長官《しれいちょうかん》の
見舞《みま》いに行《い》っている
りっぱに戦《たたか》われた
あなたを
尊敬《そんけい》しています
なんて
すばらしい
人間《にんげん》なんだ……
東郷《とうごう》の活躍《かつやく》
そして日露戦争《にちろせんそう》の勝利《しょうり》に
日本《にほん》は熱狂《ねっきょう》した
面積《めんせき》が60倍《ばい》も
ある国《くに》に
日本《にほん》は勝《か》ったんだ！
日本《にほん》は強《つよ》いんだ！
われわれが勝《か》ったのは
奇跡《きせき》のようなものだ
決《けっ》して
かんちがいをしては
いかんな
日露戦争後《にちろせんそうご》
東郷《とうごう》には数々《かずかず》の勲章《くんしょう》や
称号《しょうごう》があたえられた
そして死後《しご》には
「東郷神社《とうごうじんじゃ》」が建《た》てられ
神《かみ》としてまつられている

おもしろ知識《ちしき》 バルチック艦隊《かんたい》との対決《たいけつ》では、東郷《とうごう》の乗《の》る「三笠《みかさ》」にも多数《たすう》の砲弾《ほうだん》が飛《と》んできたが、一歩《いっぽ》も動《うご》かず味方《みかた》を指揮《しき》した。戦《たたか》いのあと、東郷《とうごう》のいた場所《ばしょ》だけ波《なみ》しぶきでぬれておらず、足跡《あしあと》がくっきり残《のこ》っていたという。

政治家《せいじか》

田《た》中《なか》正《しょう》造《ぞう》

生没年《せいぼつねん》:1841〜1913年《ねん》　出身地《しゅっしんち》:下野《しもつけ》(栃木県《とちぎけん》)

嘆願書《たんがんしょ》
公害《こうがい》に苦《くる》しむ人々《ひとびと》のため国《くに》や企業《きぎょう》と戦《たたか》う

明治《めいじ》時代《じだい》の政治家《せいじか》、社会運動家《しゃかいうんどうか》。第《だい》1回衆議院議員選挙《かいしゅうぎいんぎいんせんきょ》に立候補《りっこうほ》して当選《とうせん》。農民《のうみん》を苦《くる》しめていた足尾《あしお》鉱毒事件《こうどくじけん》を国会《こっかい》で取《と》り上《あ》げ、国《くに》や企業《きぎょう》を鋭《するど》く追及《ついきゅう》しました。しかし、鉱毒被害《こうどくひがい》は一向《いっこう》におさまらず、明《めい》治天皇《じてんのう》に直接訴《ちょくせつうった》えました。

この訴《うった》えは失敗《しっぱい》に終《お》わりましたが、鉱毒問題《こうどくもんだい》に対《たい》する社会《しゃかい》の関心《かんしん》を大《おお》いに高《たか》めました。

田中正造《たなかしょうぞう》がわかる!　3つのキーワード

1 **足尾銅山《あしおどうざん》**　正造《しょうぞう》が追及《ついきゅう》した「足尾鉱毒事件《あしおこうどくじけん》」は、日本最初《にほんさいしょ》の公害事件《こうがいじけん》とされる。

2 **直訴《じきそ》**　国家《こっか》・企業《きぎょう》など大《おお》きな権力《けんりょく》の横暴《おうぼう》を、天皇《てんのう》へ直接訴《ちょくせつうった》えた。

3 **貧乏《びんぼう》**　鉱毒事件《こうどくじけん》にかかわる活動《かつどう》に自分《じぶん》の財《ざい》産《さん》を使《つか》いきったため、貧《まず》しかった。

しかし…
明治中期《めいじちゅうき》栃木県《とちぎけん》にある足尾銅山《あしおどうざん》は日本《にほん》の急速《きゅうそく》な経済発展《けいざいはってん》を支《ささ》えていた
田《た》んぼの稲《いね》が枯《か》れちまっただよ
じいちゃん全身《ぜんしん》がいたくて寝《ね》こんじまったぁ
地元《じもと》の政治家《せいじか》の正造《しょうぞう》は国会《こっかい》で何度《なんど》も被害《ひがい》を訴《うった》えた
足尾銅山《あしおどうざん》から出《で》る*鉱毒《こうどく》で地域《ちいき》の農民《のうみん》が苦《くる》しんでいるのです!

*鉱山《こうざん》の開発《かいはつ》などで生《しょう》じる有害物質《ゆうがいぶっしつ》

ことば解説《かいせつ》　「公害《こうがい》」とは、企業活動《きぎょうかつどう》など人《ひと》の行為《こうい》が原因《げんいん》で、空気《くうき》・水《みず》・土地《とち》などがよごれたり、騒音《そうおん》や悪臭《あくしゅう》などが発生《はっせい》したりして、人《ひと》の健康《けんこう》や生活環境《せいかつかんきょう》に被害《ひがい》をおよぼすことをいう。

だが国会《こっかい》の反応《はんのう》はにぶく
有効《ゆうこう》な対策《たいさく》が立《た》てられぬまま
被害《ひがい》は拡大《かくだい》
しかたない
最後《さいご》の手段《しゅだん》だ……
正造《しょうぞう》は議員《ぎいん》をやめて
ある行動《こうどう》を決意《けつい》する
1901年《ねん》
嘆《たん》願《がん》書《しょ》
天皇陛下《てんのうへいか》
これを
お読《よ》みください!!
明治天皇《めいじてんのう》への*直訴《じきそ》は失敗《しっぱい》したが
この正造《しょうぞう》の命《いのち》がけの行動《こうどう》により
「足尾鉱毒事件《あしおこうどくじけん》」は人々《ひとびと》に
広《ひろ》く知《し》られることになった
*決《き》められた手続《てつづ》きをせず、最高権力者《さいこうけんりょくしゃ》に訴《うった》え出《で》ること
正造《しょうぞう》は生涯《しょうがい》をかけ
被害《ひがい》に苦《くる》しむ人々《ひとびと》を救《すく》うため
国《くに》や企業《きぎょう》と戦《たたか》い73歳《さい》で病死《びょうし》した

おもしろ知識《ちしき》 明治天皇《めいじてんのう》への直訴《じきそ》を決意《けつい》したとき、正造《しょうぞう》は死《し》を覚悟《かくご》し、妻《つま》に迷惑《めいわく》がかからないよう離縁状《りえんじょう》（離婚《りこん》をするときにわたす手紙《てがみ》）を送《おく》ったという。

学者《がくしゃ》

吉野作造《よしのさくぞう》

生没年《せいぼつねん》:1878〜1933年《ねん》　出身地《しゅっしんち》:宮城県《みやぎけん》

投票権《とうひょうけん》
「民本主義《みんぽんしゅぎ》」をとなえ
「大正《たいしょう》デモクラシー」を指導《しどう》

明治《めいじ》〜昭和時代初期《しょうわじだいしょき》の政治学者《せいじがくしゃ》、思想家《しそうか》。「国《くに》の政治《せいじ》は一般《いっぱん》の人々《ひとびと》のためにおこなわれるべき」とする「民本主義《みんぽんしゅぎ》」をとなえ、だれもが選挙《せんきょ》に参加《さんか》できる「普通選挙《ふつうせんきょ》」の導入《どうにゅう》などを訴《うった》えました。

こうした吉野《よしの》の主張《しゅちょう》は、「大正《たいしょう》デモクラシー」と呼《よ》ばれる政治的《せいじてき》・社会的自由《しゃかいてきじゆう》を求《もと》める国民的活動《こくみんてきかつどう》に大《おお》きな影響《えいきょう》をあたえました。

吉野作造《よしのさくぞう》がわかる!　3つのキーワード

❶ 民本主義《みんぽんしゅぎ》	吉野《よしの》の基本《きほん》となる考《かんが》え方《かた》。「大正《たいしょう》デモクラシー」に影響《えいきょう》を与《あた》えた。
❷ 大正《たいしょう》デモクラシー	大正時代《たいしょうじだい》、政治的自由《せいじてきじゆう》などを求《もと》める声《こえ》が国民《こくみん》の間《あいだ》で高《たか》まった。
❸ 選挙制度《せんきょせいど》	国民《こくみん》のための政治《せいじ》をおこなうには、選挙制度《せんきょせいど》の改革《かいかく》が必要《ひつよう》と考《かんが》えた。

東京帝国大学《とうきょうていこくだいがく》の助教授《じょきょうじゅ》だった吉野《よしの》は3年間《ねんかん》 欧米《おうべい》に留学《りゅうがく》し政治学《せいじがく》を学《まな》んだ
欧米《おうべい》では民衆《みんしゅう》の力《ちから》で政治《せいじ》が大《おお》きく変《か》わることもあるのだな

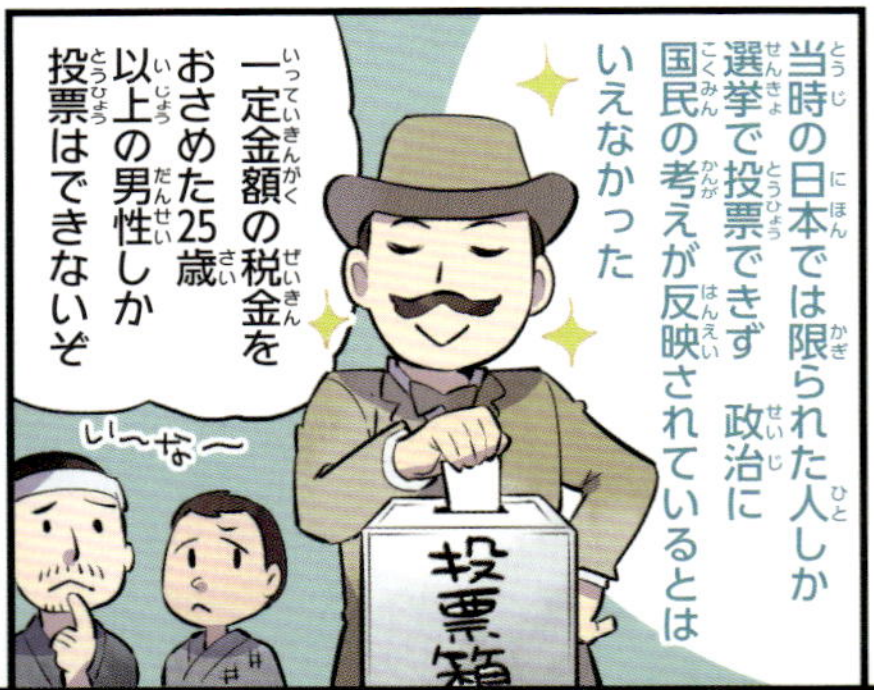
当時《とうじ》の日本《にほん》では限《かぎ》られた人《ひと》しか選挙《せんきょ》で投票《とうひょう》できず　政治《せいじ》に国民《こくみん》の考《かんが》えが反映《はんえい》されているとはいえなかった
一定金額《いっていきんがく》の税金《ぜいきん》をおさめた25歳《さい》以上《いじょう》の男性《だんせい》しか投票《とうひょう》はできないぞ
いい〜な〜
投票箱

1916年《ねん》『中央公論《ちゅうおうこうろん》』に発表《はっぴょう》した論文《ろんぶん》の中《なか》で民本主義《みんぽんしゅぎ》をとなえた
「民本主義《みんぽんしゅぎ》」とは「デモクラシー」の日本語訳《にほんごやく》だよ
国《くに》の政治《せいじ》は一般《いっぱん》の人々《ひとびと》の幸《しあわ》せのためにおこなわれるべき。それが
民本主義《デモクラシー》!
中央公論

おもしろ知識《ちしき》　吉野《よしの》は、当時日本《とうじにほん》の植民地《しょくみんち》だった朝鮮《ちょうせん》の独立運動《どくりつうんどう》の支援《しえん》などもおこなっていた。民本主義《みんぽんしゅぎ》には、それぞれの民族《みんぞく》のことを自分《じぶん》たちで決《き》める「民族自決《みんぞくじけつ》」を尊重《そんちょう》する考《かんが》え方《かた》が含《ふく》まれているためだ。

吉野作造《よしのさくぞう》
吉野《よしの》の考《かんが》えに多《おお》くの人《ひと》が共感《きょうかん》し政治的《せいじてき》・社会的《しゃかいてき》自由《じゆう》を求《もと》める声《こえ》が高《たか》まっていった
これを「大正《たいしょう》デモクラシー」という
おれたちにだって政治《せいじ》を語《かた》らせろ
特権階級《とっけんかいきゅう》の人間《にんげん》だけが国民《こくみん》じゃないぞ
言論《げんろん》の自由《じゆう》も認《みと》められるべきだ
女性《じょせい》の地位《ちい》ももっと高《たか》めるべきだわ
近《ちか》ごろはやりのデモクラシー♪それが学者《がくしゃ》の飯《めし》の種《たね》♪
「デモクラシー」という言葉《ことば》最近《さいきん》いろいろなところで耳《みみ》にしますね
さっきの歌《うた》なんか馬鹿《ばか》にされている気《き》がするけど……
それだけ国民《こくみん》の間《あいだ》に「デモクラシー」が広《ひろ》がっていることですよ
吉野《よしの》の考《かんが》えに反対《はんたい》の意見《いけん》をとなえる学者《がくしゃ》たちもいたが活発《かっぱつ》な議論《ぎろん》を通《つう》じて吉野《よしの》の考《かんが》えはさらに広《ひろ》まっていった
民衆《みんしゅう》のための政治《せいじ》には*普通選挙《ふつうせんきょ》の実現《じつげん》が必要《ひつよう》なんだ
世《よ》の中《なか》に訴《うった》えていくぞ
*財産《ざいさん》や納税額《のうぜいがく》で制限《せいげん》せず、全員《ぜんいん》に選挙権《せんきょけん》を認《みと》める制度《せいど》
普通選挙《ふつうせんきょ》を求《もと》める国民《こくみん》の声《こえ》は高《たか》まり1925年《ねん》「普通選挙法《ふつうせんきょほう》」が定《さだ》められた
25歳以上《さいいじょう》の男《おとこ》ならおさめている税金《ぜいきん》の額《がく》に関係《かんけい》なく選挙《せんきょ》で投票《とうひょう》できるようになったぞ
女性《じょせい》にはまだ選挙権《せんきょけん》はもらえないのね……

おもしろ知識《ちしき》　それまで投票《とうひょう》できる権利《けんり》を持《も》つ国民《こくみん》は全人口《ぜんじんこう》の5%《パーセント》ほどだったが、「普通選挙法《ふつうせんきょほう》」が定《さだ》められたあとは約《やく》4倍《ばい》もふえ、全人口《ぜんじんこう》の20%《パーセント》ほどになった。

歴史人物《れきしじんぶつ》座談会《ざだんかい》

明治編《めいじへん》

文明開化《ぶんめいかいか》と近代化《きんだいか》

出席者《しゅっせきしゃ》

福沢諭吉《ふくざわゆきち》
伊藤博文《いとうひろぶみ》
板垣退助《いたがきたいすけ》
吉野作造《よしのさくぞう》

今日《きょう》は近代化《きんだいか》に向《む》けて走《はし》り出《だ》した日本《にほん》について、みなさんのお話《はなし》をお聞《き》かせください。

1867年《ねん》に長《なが》く日本《にほん》を支配《しはい》していた江戸幕府《えどばくふ》が倒《たお》れて、翌年《よくねん》から新《あたら》しい政府《せいふ》が日本《にほん》の政治《せいじ》をおこなうようになったんだ。

この年《とし》、年号《ねんごう》が「明治《めいじ》」に変《か》わったことから、この政府《せいふ》は「明治政府《めいじせいふ》」と呼《よ》ばれているよ。吉野《よしの》さんはまだ生《う》まれていないよね？

はい。わたしは明治《めいじ》11年《ねん》生《う》まれなので。では江戸《えど》時代《じだい》から明治《めいじ》時代《じだい》になって、もっとも変《か》わったことは何《なん》でしょうか。

いちばんはやっぱり、西洋《せいよう》の文明《ぶんめい》が大量《たいりょう》に入《はい》ってきたことで、日本《にほん》の制《せい》度《ど》や習慣《しゅうかん》が大《おお》きく変《か》わったことじゃないかな。いわゆる「文明開化《ぶんめいかいか》」ってやつさ。

江戸幕府《えどばくふ》は外国《がいこく》との交流《こうりゅう》を制限《せいげん》していたけど、明治政府《めいじせいふ》は日本《にほん》の近代化《きんだいか》のため、西洋《せいよう》の制度《せいど》や技術《ぎじゅつ》を積極的《せっきょくてき》に取《と》り入《い》れようとしたからね。

ちょんまげなんて、明治《めいじ》に入《はい》って数《すう》年《ねん》で、ほとんど見《み》なくなったよ。

服装《ふくそう》や建築《けんちく》も西洋風《せいようふう》が人気《にんき》になったし、食文化《しょくぶんか》も大《おお》きく変《か》わったよね。

牛乳《ぎゅうにゅう》、すき焼《や》きなんかが一般的《いっぱんてき》になったし、あんぱんのように、日本《にほん》と西洋《せいよう》の食文化《しょくぶんか》が合《あ》わさってできた食《た》べ物《もの》も生《う》まれたよ。

明治天皇《めいじてんのう》も、あんぱんがお好《す》きだったぞ。

こうした文明開化《ぶんめいかいか》に大《おお》きく貢献《こうけん》したのが、福沢諭吉《ふくざわゆきち》さんだよね。

福沢《ふくざわ》さんの出版《しゅっぱん》した『西洋事情《せいようじじょう》』から、海外《かいがい》の事情《じじょう》を学《まな》んだ人《ひと》も多《おお》いよね。福沢《ふくざわ》さんは、「文明開化《ぶんめいかいか》」についてどう思《おも》っていたの？

日本《にほん》が西洋《せいよう》の文明《ぶんめい》を取《と》り入《い》れて、近代国家《きんだいこっか》になるのはうれしいよ。でも、「西洋《せいよう》のものなら、何《なん》でもかんでもいい！」という風潮《ふうちょう》はいやだね。

たしかに。江戸時代《えどじだい》までの日本《にほん》にだって、いいところはたくさんあるんだからねえ。

明治政府《めいじせいふ》に変《か》わったからといって、すぐに近代国家《きんだいこっか》になれたわけではないんですよね？

政府《せいふ》の役人《やくにん》が、実際《じっさい》に海外《かいがい》を回《まわ》って調査《ちょうさ》したり、政府内《せいふない》で議論《ぎろん》をしたりして、少《すこ》しずつ、近代国家《きんだいこっか》へと成長《せいちょう》していったんだ。そしてわたしが中心《ちゅうしん》となり、内閣制度《ないかくせいど》ができ、大日本帝国憲法《だいにほんていこくけんぽう》ができ、国会《こっかい》ができたというわけさ。

伊藤《いとう》さん、大活躍《だいかつやく》じゃないですか！福沢《ふくざわ》さんに板垣《いたがき》さん、何《なに》か言《い》いたそうですね。

明治政府《めいじせいふ》にはたしかにいい面《めん》もあるけど、悪《わる》い面《めん》だってあったよね。

そうそう。倒幕《とうばく》の中心《ちゅうしん》だった薩摩藩《さつまはん》（鹿児島県《かごしまけん》）、長州藩《ちょうしゅうはん》（山口県《やまぐちけん》）の出身者《しゅっしんしゃ》の力《ちから》が大《おお》きくてさ。結局《けっきょく》、そのどちらの出身《しゅっしん》でもないわたしや大隈重信《おおくましげのぶ》さんは、明治政府《めいじせいふ》から飛《と》び出《だ》すことになったし。

伊藤《いとう》さんは、どちらの出身《しゅっしん》でしたっけ？

わ、わたしは長州藩《ちょうしゅうはん》……。でも結果的《けっかてき》に、内閣《ないかく》、憲法《けんぽう》、国会《こっかい》などをがんばって作《つく》ったわたしの功績《こうせき》は認《みと》めてよ。

それだって「自由民権運動《じゆうみんけんうんどう》」で、政治《せいじ》に参加《さんか》できない国民《こくみん》の不満《ふまん》の声《こえ》が高《たか》まり、おさえきれなくなった結果《けっか》じゃないか。本当《ほんとう》はもっと、権力《けんりょく》をひとりじめしたかったんじゃないの？

何《なん》だと？

まあまあ。でもたしかに、板垣《いたがき》さんや大隈《おおくま》さんのリードした「自由民権運動《じゆうみんけんうんどう》」が、政治《せいじ》を動《うご》かしたんですよね。

国民《こくみん》の声《こえ》が政治《せいじ》を動《うご》かしたという意味《いみ》では、吉野《よしの》さんがかかわった「大正《たいしょう》デモクラシー」もそうですよね。

日本《にほん》の近代化《きんだいか》には、伊藤《いとう》さんのような優秀《ゆうしゅう》な政治家《せいじか》だけでなく、自由《じゆう》を求《もと》めて立《た》ち上《あ》がった国民《こくみん》の存在《そんざい》も欠《か》かせなかったといえそうですね。

思想家《しそうか》

新渡戸稲造《にとべいなぞう》

生没年《せいぼつねん》:1862～1933年《ねん》　出身地《しゅっしんち》:陸奥《むつ》(岩手県《いわてけん》)

明治《めいじ》～昭和時代《しょうわじだい》の思想家《しそうか》・教育家《きょういくか》。札幌農学校《さっぽろのうがっこう》、東京帝国大学《とうきょうていこくだいがく》などで学《まな》び、アメリカやドイツへの留学《りゅうがく》も経験《けいけん》。1900年《ねん》にアメリカで出版《しゅっぱん》した『武士道《ぶしどう》』は世界《せかい》の多《おお》くの人《ひと》に読《よ》まれ、日本人《にほんじん》への理解《りかい》を大《おお》いに高《たか》めました。

1920年《ねん》には国際連盟《こくさいれんめい》の事務局次長《じむきょくじちょう》となり、国際平和《こくさいへいわ》のために力《ちから》をつくしました。

新渡戸稲造《にとべいなぞう》がわかる! 3つのキーワード

❶ 武士道《ぶしどう》	武士《ぶし》の生《い》き方《かた》・考《かんが》え方《かた》が日本人《にほんじん》の原点《げんてん》であると世界《せかい》に広《ひろ》めた。
❷ 国際親善《こくさいしんぜん》	「太平洋《たいへいよう》の橋《はし》」となることを心《こころ》に決《き》めて、国際平和活動《こくさいへいわかつどう》につとめた。
❸ キリスト教《きょう》	キリスト教《きょう》に入信《にゅうしん》し、これをもとにした人格教育《じんかくきょういく》を日本《にほん》に広《ひろ》めた。

BUSHIDO
日本《にほん》と世界《せかい》をつないだ国際人《こくさいじん》

1877年《ねん》キリスト教《きょう》思想《しそう》の強《つよ》い札幌農学校《さっぽろのうがっこう》(現在《げんざい》の北海道大学《ほっかいどうだいがく》)に入学《にゅうがく》
すばらしい教《おし》えだ
入学《にゅうがく》1か月後《げつご》にキリスト教《きょう》の信者《しんじゃ》となった
卒業後《そつぎょうご》帝国大学《ていこくだいがく》(現在《げんざい》の東京大学《とうきょうだいがく》)入学《にゅうがく》
英文学《えいぶんがく》を学《まな》んでどうする気《き》かね?
日本《にほん》と外国《がいこく》をつなぐ太平洋《たいへいよう》の橋《はし》になりたいんです
アメリカ留学《りゅうがく》も経験《けいけん》した
外国人《がいこくじん》と接《せっ》することで学《まな》べることも多《おお》いはずだ
ハーイ
1891年《ねん》国際結婚《こくさいけっこん》
帰国後《きこくご》札幌農学校《さっぽろのうがっこう》で教授《きょうじゅ》をつとめた
学問《がくもん》だけをしてもだめなんだ心《こころ》をはぐくみ人格《じんかく》を育《そだ》てることが大切《たいせつ》なんだよ

おもしろ知識《ちしき》　留学時代《りゅうがくじだい》に知《し》り合《あ》ったアメリカ人《じん》のメリーと、周囲《しゅうい》の猛反対《もうはんたい》を押《お》し切《き》って結婚《けっこん》。メリーは日本《にほん》に帰化《きか》(ほかの国《くに》の国民《こくみん》になること)し、「萬里子《まりこ》」と名乗《なの》った。

1897年《ねん》 仕事《しごと》をやめて療養《りょうよう》するため ふたたびアメリカへ
だいじょうぶ？
新渡戸《にとべ》は外国《がいこく》の人《ひと》に もっと日本《にほん》や日本人《にほんじん》を知《し》って もらいたいと考《かんが》えていた
日本人《にほんじん》は何《なに》を 考《かんが》えているのか わかりにくい よね
西洋人《せいようじん》の思想《しそう》の土台《どだい》に キリスト教《きょう》があるように 日本人《にほんじん》の思想《しそう》の土台《どだい》には武士《ぶし》の 生《い》き方《かた》があるんだ
1900年《ねん》 新渡戸《にとべ》はアメリカで 『武士道《ぶしどう》』を出版《しゅっぱん》 勇気《ゆうき》 忠義《ちゅうぎ》 礼儀《れいぎ》 名誉《めいよ》などを 重《おも》んじる武士《ぶし》の生《い》き方《かた》を説《と》いた
BUSHIDO THE SOUL of JAPAN
なるほど すばらしい 思想《しそう》だな
アメリカ大統領《だいとうりょう》
セオドア・ルーズベルト
日本《にほん》の 思想《しそう》や文化《ぶんか》を わかりやすく 解説《かいせつ》したこの本《ほん》は 世界《せかい》にも広《ひろ》まった
1914～1918年《ねん》にかけて 第一次世界大戦《だいいちじせかいたいせん》が起《お》こり 戦後《せんご》 国際平和《こくさいへいわ》を保《たも》つために 「国際連盟《こくさいれんめい》」が設立《せつりつ》されることになった
日本《にほん》の代表者《だいひょうしゃ》は 語学力《ごがくりょく》や 国際感覚《こくさいかんかく》があって
世界《せかい》に名前《なまえ》も 知《し》られていて
もちろん 日本人《にほんじん》のことも 理解《りかい》していないと そうなると……
え？ わたし？
新渡戸《にとべ》は 国際連盟《こくさいれんめい》で 重要《じゅうよう》な仕事《しごと》を まかされ 世界平和《せかいへいわ》の ために 力《ちから》をつくした
世界《せかい》を回《まわ》って 平和《へいわ》について 演説《えんぜつ》するぞ

おもしろ知識《ちしき》 新渡戸《にとべ》は1899年《ねん》に、日本初《にほんはつ》の「農学博士《のうがくはくし》」になった。1898年《ねん》に書《か》いた『農業本論《のうぎょうほんろん》』は、日本《にほん》の農業《のうぎょう》の全体的《ぜんたいてき》な問題《もんだい》を論《ろん》じた日本初《にほんはつ》の本《ほん》として有名《ゆうめい》。

学者《がくしゃ》

野《の》口《ぐち》英《ひで》世《よ》

生没年《せいぼつねん》:1876～1928年《ねん》　出身地《しゅっしんち》:福島県《ふくしまけん》

明治《めいじ》～昭和《しょうわ》時代《じだい》初期《しょき》の細菌学者《さいきんがくしゃ》。伝染病研究所《でんせんびょうけんきゅうじょ》で細菌学《さいきんがく》（細菌《さいきん》の性質《せいしつ》を研究《けんきゅう》して、医療《いりょう》などの分野《ぶんや》に役立《やくだ》たせる学問《がくもん》）を研究《けんきゅう》。

その後《ご》、研究場所《けんきゅうばしょ》をアメリカに移《うつ》し、細菌学者《さいきんがくしゃ》として数々《かずかず》の発見《はっけん》をし、医学《いがく》の発展《はってん》に大《おお》きく貢献《こうけん》しました。しかし黄熱病《おうねつびょう》の研究《けんきゅう》のため渡《わた》ったアフリカのガーナで、黄《おう》熱病《ねつびょう》に感染《かんせん》し、死去《しきょ》しました。

野《の》口《ぐち》英《ひで》世《よ》がわかる！　3つのキーワード

❶ **世界《せかい》で評価《ひょうか》**	細菌学者《さいきんがくしゃ》として数多《かずおお》くの成果《せいか》をあげ、世界的《せかいてき》な評価《ひょうか》を受《う》けていた。
❷ **黄熱病《おうねつびょう》**	黄熱病《おうねつびょう》を研究中《けんきゅうちゅう》、その黄熱病《おうねつびょう》に感染《かんせん》し、命《いのち》を落《お》とした。
❸ **左手《ひだりて》の障《しょう》がい**	左手《ひだりて》の障《しょう》がいや貧《まず》しさを乗《の》り越《こ》えて努力《どりょく》し、勉強《べんきょう》にはげんだ。

「細菌学《さいきんがく》」の研究《けんきゅう》に
命《いのち》をささげる

英世《ひでよ》は貧《まず》しい農家《のうか》の家《いえ》に生《う》まれた
ばぶ
1歳《さい》のとき左手《ひだりて》に大《おお》やけどをしてしまう
わあああん
小学校《しょうがっこう》では不自由《ふじゆう》な左手《ひだりて》が原因《げんいん》でいじめられたが勉強《べんきょう》をがんばり成績優秀《せいせきゆうしゅう》だった
この手《て》では農作業《のうさぎょう》はできない学問《がくもん》の世界《せかい》で成功《せいこう》したい……
お金《かね》のない野口家《のぐちけ》では高等小学校《こうとうしょうがっこう》（現在《げんざい》の中学校《ちゅうがっこう》）への進学《しんがく》は難《むずか》しかったが……
きみはもっと勉強《べんきょう》するべきだ わたしの学校《がっこう》に来《き》なさい
授業料《じゅぎょうりょう》もなんとかしよう
猪苗代高等小学校《いなわしろこうとうしょうがっこう》　教師《きょうし》
小林栄《こばやしさかえ》

おもしろ知識《ちしき》　英世《ひでよ》はほぼ独学《どくがく》（学校《がっこう》に通《かよ》わずひとりで勉強《べんきょう》すること）で医学《いがく》の勉強《べんきょう》をし、医師《いし》の資格《しかく》を取《と》った。また、英《えい》語《ご》、ドイツ語《ご》、フランス語《ご》、中国語《ちゅうごくご》、スペイン語《ご》などの外国語《がいこくご》も、独学《どくがく》でマスターしている。

高等小学校《こうとうしょうがっこう》も優秀《ゆうしゅう》な成績《せいせき》で卒業《そつぎょう》した英世《ひでよ》は友人《ゆうじん》たち教師《きょうし》たちからの寄付《きふ》で左手《ひだりて》の手術《しゅじゅつ》を受《う》けた
左手《ひだりて》でものをつかめるようになったぞ医学《いがく》ってすばらしい……
医師《いし》
渡部鼎《わたなべかなえ》
がんばって!
おつかれ
ゴーッ
医学《いがく》の世界《せかい》に進《すす》みたいんです先生《せんせい》の医院《いいん》で勉強《べんきょう》させてください
あ、わかった
やがて医師《いし》の資格《しかく》をとった英世《ひでよ》は伝染病研究所《でんせんびょうけんきゅうじょ》に入《はい》り病気《びょうき》を研究《けんきゅう》する学者《がくしゃ》の道《みち》に進《すす》んだ
細菌学《さいきんがく》を研究《けんきゅう》して難病《なんびょう》に苦《くる》しむ人々《ひとびと》を助《たす》けたいんです
この青年《せいねん》は大《おお》きなことをやるかもしれないな
伝染病研究所《でんせんびょうけんきゅうじょ》　所長《しょちょう》
北里柴三郎《きたさとしばさぶろう》
あるとき研究所《けんきゅうじょ》に来《き》たアメリカの研究者《けんきゅうしゃ》に
いずれアメリカで研究《けんきゅう》がしたいんです
そうですか応援《おうえん》しますよ
フレクスナー博士《はくし》
タッ
1900年《ねん》アメリカへ
博士《はかせ》〜
え？本当《ほんとう》に来《き》たの？
きみには「毒蛇《どくへび》」の研究《けんきゅう》をしてもらいます危険《きけん》ですよ〜
おもしろそう
こうした研究《けんきゅう》の積《つ》み重《かさ》ねが多《おお》くの人《ひと》の命《いのち》を救《すく》うんだ
毒蛇《どくへび》の毒《どく》に関《かん》する研究《けんきゅう》が認《みと》められ日本《にほん》を出《で》て約《やく》1年《ねん》でアメリカの医学界《いがくかい》で有名《ゆうめい》になったこのときまだ26歳《さい》

おもしろ知識《ちしき》　お金《かね》があるとぱっと使《つか》ってしまうタイプで、何度《なんど》も失敗《しっぱい》している。英世《ひでよ》の才能《さいのう》を評価《ひょうか》する人々《ひとびと》が集《あつ》めたアメリカ行《い》きの多額《たがく》な費用《ひよう》も、自分《じぶん》で豪華《ごうか》な送別会《そうべつかい》を開《ひら》いて使《つか》いはたし、再度支援《さいどしえん》してもらっている。

その後《ご》 ロックフェラー医学研究所《いがくけんきゅうじょ》で
多《おお》くの病気《びょうき》の治療《ちりょう》・予防《よぼう》にかかわる研究《けんきゅう》をし
世界的《せかいてき》な学者《がくしゃ》になった
いったい 野口博士《のぐちはかせ》は いつ 寝《ね》ているのか
特《とく》に「梅毒《ばいどく》」という病気《びょうき》の研究《けんきゅう》に
熱心《ねっしん》に取《と》り組《く》み
大《おお》きな成果《せいか》をあげた
結婚《けっこん》も しました
メリーです
1915年《ねん》
15年《ねん》ぶりに帰国《きこく》
大歓迎《だいかんげい》を受《う》けた
日本《にほん》の土《つち》を ふんだのは これが最後《さいご》だった
立派《りっぱ》になって…
母《かあ》さん
1918年《ねん》
各国《かっこく》で多《おお》くの死者《ししゃ》を出《だ》している
「黄熱病《おうねつびょう》」の研究《けんきゅう》のため
もっとも被害《ひがい》の多《おお》い
南米《なんべい》のエクアドルへ渡《わた》った
まさに命《いのち》がけである
あなた…
南米
エクアドル
この病気《びょうき》は 蚊《か》によって もたらされる
だが＊病原体《びょうげんたい》を つきとめないかぎり 黄熱病《おうねつびょう》をなくすことは できないのだ
＊病気《びょうき》の原因《げんいん》となる微生物《びせいぶつ》
英世《ひでよ》はエクアドルですぐに病原体《びょうげんたい》をつきとめ
＊ワクチンを開発《かいはつ》
多《おお》くの命《いのち》を救《すく》った
さすが 野口《のぐち》博士《はかせ》
ありがとう！
ふー
ワクチン
＊感染症《かんせんしょう》の予防薬《よぼうやく》

おもしろ知識《ちしき》 24歳《さい》のとき、「野口清作《のぐちせいさく》」から「野口英世《のぐちひでよ》」に名《な》をあらためた。これはある人気小説《にんきしょうせつ》に登場《とうじょう》する田舎出身《いなかしゅっしん》の秀才医学生《しゅうさいいがくせい》の名《な》がたまたま自分《じぶん》の名前《なまえ》に似《に》ており、モデルと思《おも》われるのをきらったため。

その後《ご》
アフリカで黄熱病《おうねつびょう》が発生《はっせい》
英世《ひでよ》のワクチンは
効果《こうか》を発揮《はっき》しなかった
なぜだ…
1927年《ねん》
よし
アフリカの
ガーナへ行《い》くぞ!
アフリカ
↑ガーナ
だが翌《よく》1928年《ねん》
英世《ひでよ》は自《みずか》らが研究《けんきゅう》していた
黄熱病《おうねつびょう》に感染《かんせん》し
命《いのち》を落《お》とした
51歳《さい》だった
ガくっ
わたしは
まちがって
いたのか……
わたしには
わからない
それが最期《さいご》の言葉《ことば》だった
アメリカにある野口《のぐち》の墓《はか》には
こう刻《きざ》まれている
科学《かがく》のために
力《ちから》をつくし
人類《じんるい》のために生《い》き
人類《じんるい》のために死《し》す

歴史《れきし》ミステリー

なぜノーベル賞《しょう》を取《と》れなかった?

英世《ひでよ》は1914年《ねん》に、ノーベル生理学《せいりがく》・医学賞《いがくしょう》の候補《こうほ》になったが落選《らくせん》。翌年《よくねん》にも引《ひ》きつづき候補《こうほ》となり受賞《じゅしょう》が有力視《ゆうりょくし》されていたが、同賞《どうしょう》はその後《ご》4年連続《ねんれんぞく》で「受賞者《じゅしょうしゃ》なし」という結果《けっか》に終《お》わった。

第一次世界大戦《だいいちじせかいたいせん》(1914~1918年《ねん》)のあおりで選考自体《せんこうじたい》が見送《みおく》られたのが、その真相《しんそう》である。もし戦争《せんそう》がなければ、野《の》口《ぐち》が日本人初《にほんじんはつ》のノーベル賞受賞者《しょうじゅしょうしゃ》となっていたことだろう。

恩師《おんし》の北里柴三郎《きたさとしばさぶろう》(→P269)も1901年《ねん》の第《だい》1回《かい》ノーベル賞《しょう》の有力《ゆうりょく》な受賞候補《じゅしょうこうほ》だったが、結局《けっきょく》受賞《じゅしょう》を逃《のが》している。

おもしろ知識《ちしき》
英世《ひでよ》の死後《しご》、「黄熱病《おうねつびょう》」の病原体《びょうげんたい》であるウイルス(微生物《びせいぶつ》の一種《いっしゅ》)が発見《はっけん》された。これは英世《ひでよ》の死後《しご》に作《つく》られた電子顕微鏡《でんしけんびきょう》でなければ発見《はっけん》できないものだった。

まとめて人物紹介《じんぶつしょうかい》

学問《がくもん》の発展《はってん》に貢献《こうけん》

日本《にほん》の科学者《かがくしゃ》

世界的《せかいてき》な学者《がくしゃ》が次々誕生《つぎつぎたんじょう》

明治維新後《めいじいしんご》、日本《にほん》の近代化《きんだいか》を進《すす》めたい政府《せいふ》は、海外《かいがい》の知識《ちしき》を日本《にほん》に取《と》り入《い》れようとします。そのため、才能《さいのう》あふれる多《おお》くの人材《じんざい》を留学生《りゅうがくせい》として海外《かいがい》に送《おく》り、最先端《さいせんたん》の学問《がくもん》を学《まな》ぶ機会《きかい》をあたえました。

やがてこうした方針《ほうしん》が実《み》を結《むす》び、世界《せかい》で活躍《かつやく》する日本人学者《にほんじんがくしゃ》が多数誕生《たすうたんじょう》。彼《かれ》らの貢献《こうけん》によってさまざまな分野《ぶんや》の学問《がくもん》が発展《はってん》していきました。

だれか
わかるかな?
赤痢菌《せきりきん》を発見《はっけん》
(→P269左下《ひだりした》)

アドレナリンを発見《はっけん》
(→P269右下《みぎした》)

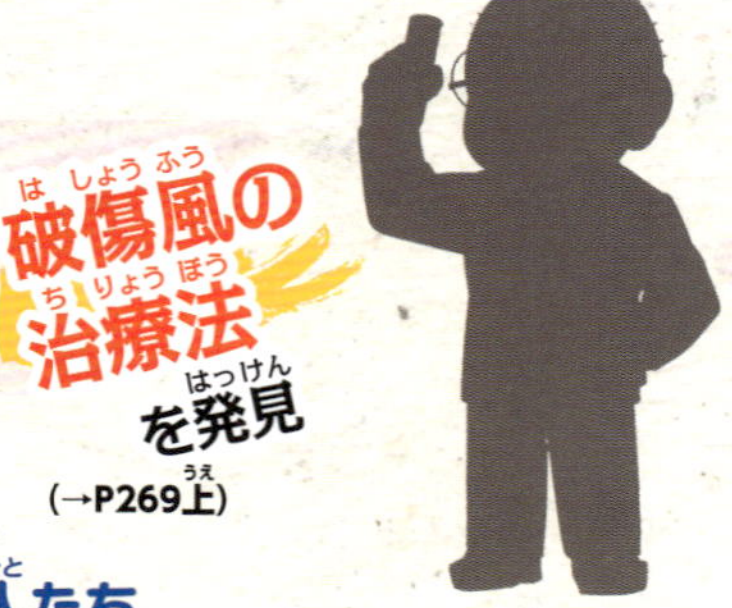
破傷風《はしょうふう》の治療法《ちりょうほう》を発見《はっけん》
(→P269上《うえ》)

ほかにもいる！　科学《かがく》に貢献《こうけん》した人《ひと》たち

名前《なまえ》	生没年《せいぼつねん》	出身地《しゅっしんち》	業績《ぎょうせき》
鈴木梅太郎《すずきうめたろう》	1874～1943年《ねん》	静岡県《しずおかけん》	農芸化学者《のうげいかがくしゃ》（化学的《かがくてき》な面《めん》から生物《せいぶつ》などを研究《けんきゅう》する学《がく》者《しゃ》)。米《こめ》ぬかから、ビタミンを発見《はっけん》した。
長岡半太郎《ながおかはんたろう》	1865～1950年《ねん》	肥前《ひぜん》(長崎県《ながさきけん》)	物理学者《ぶつりがくしゃ》。土星型原子《どせいがたげんし》モデルを発表《はっぴょう》するなど、原子《げんし》の構造《こうぞう》の研究《けんきゅう》などで多《おお》くの業績《ぎょうせき》を残《のこ》した。
本多光太郎《ほんだこうたろう》	1870～1954年《ねん》	愛知県《あいちけん》	物理学者《ぶつりがくしゃ》。KS鋼《ケーエスこう》・新KS鋼《しんケーエスこう》の発明《はつめい》など、金属研究《きんぞくけんきゅう》の第一人者《だいいちにんしゃ》で、「鉄《てつ》の神様《かみさま》」と呼《よ》ばれる。
牧野富太郎《まきのとみたろう》	1862～1957年《ねん》	土佐《とさ》(高知県《こうちけん》)	植物分類学者《しょくぶつぶんるいがくしゃ》。多《おお》くの新種《しんしゅ》の植物《しょくぶつ》を発見《はっけん》・命名《めいめい》した。「日本植物学《にほんしょくぶつがく》の父《ちち》」と呼《よ》ばれる。

3人《にん》の秘密《ひみつ》徹底解剖《てっていかいぼう》！

北里柴三郎《きたさとしばさぶろう》

学者《がくしゃ》

生没年《せいぼつねん》	1853～1931年《ねん》
出身地《しゅっしんち》	肥後《ひご》（熊本県《くまもとけん》）
専門《せんもん》	細菌学《さいきんがく》
主《おも》な業績《ぎょうせき》	破傷風《はしょうふう》の治療法《ちりょうほう》の発見《はっけん》

日本細菌学《にほんさいきんがく》の父《ちち》

ドイツ留学時代《りゅうがくじだい》、破傷風《はしょうふう》の治療法《ちりょうほう》を発見《はっけん》して第《だい》1回《かい》ノーベル賞候補《しょうこうほ》にもなりました。しかし、共同研究者《きょうどうけんきゅうしゃ》だけが受賞《じゅしょう》して、北里《きたさと》は受賞《じゅしょう》できませんでした。

帰国後《きこくご》、伝染病研究所《でんせんびょうけんきゅうじょ》を設立《せつりつ》するなど、細菌学《さいきんがく》の発展《はってん》のために力《ちから》をつくしました。「ペスト菌《きん》」の発見者《はっけんしゃ》としても知《し》られています。

高峰譲吉《たかみねじょうきち》

学者《がくしゃ》

生没年《せいぼつねん》	1854～1922年《ねん》
出身地《しゅっしんち》	越中《えっちゅう》（富山県《とやまけん》）
専門《せんもん》	応用化学《おうようかがく》
主《おも》な業績《ぎょうせき》	「アドレナリン」の発見《はっけん》

化学《かがく》をビジネスに応用《おうよう》

「応用化学《おうようかがく》」とは、化学《かがく》を、人間《にんげん》が生活《せいかつ》するうえで役《やく》に立《た》つ技術《ぎじゅつ》に応用《おうよう》する学問《がくもん》のことです。

高峰《たかみね》は肥料《ひりょう》の生産《せいさん》にかかわったあと、アメリカに渡《わた》ります。胃腸薬《いちょうやく》「タカジアスターゼ」の開発《かいはつ》や、「アドレナリン」と呼《よ》ばれる体内物質《たいないぶっしつ》の発見《はっけん》など、医学《いがく》の発展《はってん》に大《おお》きな影響《えいきょう》をあたえました。

志賀潔《しがきよし》

学者《がくしゃ》

生没年《せいぼつねん》	1870～1957年《ねん》
出身地《しゅっしんち》	宮城県《みやぎけん》
専門《せんもん》	細菌学《さいきんがく》
主《おも》な業績《ぎょうせき》	「赤痢菌《せきりきん》」の発見《はっけん》

菌《きん》の名前《なまえ》に名《な》が残《のこ》る

大学卒業後《だいがくそつぎょうご》、北里柴三郎《きたさとしばさぶろう》が設立《せつりつ》した伝染病研究所《でんせんびょうけんきゅうじょ》で働《はたら》きはじめます。当時《とうじ》、日本《にほん》でも流行《りゅうこう》して多《おお》くの人《ひと》を苦《くる》しめていた赤痢《せきり》という病気《びょうき》の原因《げんいん》である「赤痢菌《せきりきん》」を発見《はっけん》。治療《ちりょう》や予防《よぼう》の道筋《みちすじ》を作《つく》りました。

赤痢菌《せきりきん》の学名《がくめい》「シゲラ」は、志賀《しが》の名前《なまえ》に由来《ゆらい》しています。

小説家《しょうせつか》

夏目漱石《なつめそうせき》

生没年《せいぼつねん》:1867～1916年《ねん》　出身地《しゅっしんち》:江戸《えど》（東京都《とうきょうと》）

明治《めいじ》～大正時代《たいしょうじだい》の小説家《しょうせつか》。本名《ほんみょう》は夏目金之助《なつめきんのすけ》。大学卒業後《だいがくそつぎょうご》、教師《きょうし》生活《せいかつ》、留学《りゅうがく》などを経験《けいけん》します。

1905年《ねん》に発表《はっぴょう》したはじめての小説《しょうせつ》『吾輩《わがはい》は猫《ねこ》である』が評判《ひょうばん》となり、その後《ご》も次々《つぎつぎ》に作品《さくひん》を発表《はっぴょう》。多《おお》くの人《ひと》が抱《かか》える心《こころ》の悩《なや》みなどを作品《さくひん》にえがき、人気小説家《にんきしょうせつか》となりました。そのほかの代表作《だいひょうさく》に『坊《ぼ》っちゃん』『三四郎《さんしろう》』など。

日本《にほん》の近代文学《きんだいぶんがく》を代表《だいひょう》する大作家《だいさっか》

夏目漱石《なつめそうせき》がわかる！　3つのキーワード

❶ 悩《なや》みをえがく	孤独《こどく》や不安《ふあん》など、人間《にんげん》の抱《かか》えるさまざまな悩《なや》みを作品《さくひん》にえがいた。
❷ 遅咲《おそざ》き	小説家《しょうせつか》としてデビューしたときは、すでに30代後半《だいこうはん》だった。
❸ 多《おお》くの弟子《でし》	漱石《そうせき》の家《いえ》には、漱石《そうせき》をしたう多《おお》くの文学者《ぶんがくしゃ》たちが集《あつ》まってきた。

漱石《そうせき》は＊帝国大学《ていこくだいがく》を卒業後《そつぎょうご》英語教師《えいごきょうし》となった
＊現在《げんざい》の東京大学《とうきょうだいがく》
1900年《ねん》国《くに》の派遣留学生《はけんりゅうがくせい》としてイギリスへ渡《わた》ったしかし……
いったいわたしは何《なに》をやりたいんだ？
精神面《せいしんめん》で不調《ふちょう》をきたし大《おお》きな成果《せいか》を残《のこ》さずに2年半《ねんはん》の留学生活《りゅうがくせいかつ》を終《お》えた
高浜虚子《たかはまきょし》
気晴《きば》らしに雑誌《ざっし》で小説《しょうせつ》を書《か》いてみませんか？
ホトトギス
小説《しょうせつ》ねえ……
1905年《ねん》『吾輩《わがはい》は猫《ねこ》である』を発表《はっぴょう》
吾輩《わがはい》は猫《ねこ》である名前《なまえ》はまだ無《な》い

おもしろ知識《ちしき》　「漱石《そうせき》」というペンネームは、負《ま》け惜《お》しみが強《つよ》いことのたとえである「石《いし》に漱《くちすす》ぎ流《なが》れに枕《まくら》す」ということわざに由来《ゆらい》する。

おもしろい!
人間《にんげん》の心理《しんり》は
よくわからん
怒《おこ》っているのか?
浮《う》かれているのか?
猫《ねこ》はその点単純《てんたんじゅん》だ
怒《おこ》るときは怒《おこ》り
泣《な》きたいときは泣《な》く
そうかい?
人間社会《にんげんしゃかい》を猫《ねこ》の視点《してん》で
皮肉《ひにく》を交《まじ》えながら
笑《わら》い飛《と》ばし
たちまち大評判《だいひょうばん》と
なった
夏目漱石《なつめそうせき》
わたしが
やりたかったのは
これだったんだ
もっといろいろ
書《か》いてみよう
翌《よく》1906年《ねん》
教師時代《きょうしじだい》の
体験《たいけん》をもとに書《か》いた
『坊《ぼ》っちゃん』を発表《はっぴょう》
この作品《さくひん》も好評《こうひょう》を得《え》た
坊っちゃん
その後《ご》も話題作《わだいさく》を次々《つぎつぎ》書《か》き上《あ》げ
時代《じだい》を代表《だいひょう》する作家《さっか》になった
それから
三四郎
こゝろ
漱石《そうせき》のもとには彼《かれ》をしたう
多《おお》くの若手文学者《わかてぶんがくしゃ》たちが集《あつ》まり
自由《じゆう》な雰囲気《ふんいき》の中《なか》で
文学《ぶんがく》について語《かた》り合《あ》った
夏目先生《なつめせんせい》にも
みんな
遠慮《えんりょ》なく
発言《はつげん》している……
芥川龍之介《あくたがわりゅうのすけ》
(→P276)
1916年《ねん》　50歳《さい》で死去《しきょ》
人間《にんげん》の本質《ほんしつ》に
するどく切《き》り込《こ》んだ
作品《さくひん》の数々《かずかず》は
今《いま》も
現代人《げんだいじん》の心《こころ》を
強《つよ》くゆさぶっている

おもしろ知識《ちしき》　漱石《そうせき》は小説《しょうせつ》のタイトルを当初《とうしょ》は『猫伝《ねこでん》』にしようと考《かん》えていたが、高浜虚子《たかはまきょし》にすすめられ、『吾輩《わがはい》は猫《ねこ》である』に決《き》めたという。なお漱石《そうせき》は実際《じっさい》に猫《ねこ》を飼《か》っていたが、小説同様《しょうせつどうよう》、その猫《ねこ》に名前《なまえ》はなかった。

小説家《しょうせつか》

樋口一葉《ひぐちいちよう》

生没年《せいぼつねん》:1872～1896年《ねん》　出身地《しゅっしんち》:東京《とうきょう》

明治時代《めいじじだい》の小説家《しょうせつか》。本名《ほんみょう》は奈津《なつ》。早《はや》くに父《ちち》も兄《あに》もなくし、一家《いっか》の主《あるじ》として母《はは》と妹《いもうと》を養《やしな》いました。

1892年《ねん》、雑誌《ざっし》「武蔵野《むさしの》」に書《か》いた『闇桜《やみざくら》』でデビュー。その後《ご》も小説《しょうせつ》を次々《つぎつぎ》発表《はっぴょう》して注目《ちゅうもく》され、1895年《ねん》の『たけくらべ』は有名小説家《ゆうめいしょうせつか》たちに絶賛《ぜっさん》されました。しかし翌年《よくねん》、25歳《さい》の若《わか》さで病死《びょうし》しました。

たけくらべ
明治《めいじ》を代表《だいひょう》する
女性職業作家《じょせいしょくぎょうさっか》

樋口一葉《ひぐちいちよう》がわかる! 3つのキーワード

1. **職業作家《しょくぎょうさっか》** 近代日本《きんだいにほん》では女性初《じょせいはつ》の「文章《ぶんしょう》でお金《かね》をもらう」職業作家《しょくぎょうさっか》となった。
2. **短《みじか》い生涯《しょうがい》** 本格的《ほんかくてき》な作家生活《さっかせいかつ》に入《はい》ってから1年《ねん》半《はん》ほどで死去《しきょ》した。
3. **恋物語《こいものがたり》** 女性《じょせい》の切《せつ》ない恋愛《れんあい》をえがいた作品《さくひん》が多《おお》い。

14歳《さい》のとき
父《ちち》の知人《ちじん》の紹介《しょうかい》で
歌塾《かじゅく》・萩《はぎ》の舎《や》に入《はい》り
和歌《わか》や文学《ぶんがく》を学《まな》びはじめた
あなたは筋《すじ》がいいわね
!
ところが1889年《ねん》
父《ちち》が事業失敗《じぎょうしっぱい》による
多額《たがく》の借金《しゃっきん》を残《のこ》して死去《しきょ》
すまない……
書《か》くことは
やめるなよ……
金《かね》返《かえ》せ～
金《かね》返《かえ》せ～
兄《あに》も亡《な》くなっていたため
18歳《さい》の一葉《いちよう》が母《はは》と妹《いもうと》を
養《やしな》うことになった
お父《とう》さん
わたし
がんばる!
あらいもの
ぬいもの
します
でも 小説《しょうせつ》を書《か》いて
お金《かね》を得《え》ることは
できないかしら
お前《まえ》には
才能《さいのう》がある

おもしろ知識《ちしき》 『たけくらべ』は思春期《ししゅんき》の美登利《みどり》と信如《しんにょ》の淡《あわ》い恋物語《こいものがたり》を中心《ちゅうしん》に、下町《したまち》の少年少女《しょうねんしょうじょ》の微妙《びみょう》な心理《しんり》をえがいた作品《さくひん》。一葉《いちよう》は駄菓子屋《だがしや》をしていたときに出会《であ》った子《こ》どもたちをモデルにした。

樋口一葉《ひぐちいちよう》

1892年《ねん》 小説家《しょうせつか》デビューをはたす
その後《ご》も文芸雑誌《ぶんげいざっし》『文学界《ぶんがくかい》』などで
作品《さくひん》を発表《はっぴょう》したが生活《せいかつ》は苦《くる》しかった
原稿料《げんこうりょう》が入《はい》ったら
返《かえ》しますから
またお金《かね》を
貸《か》してください……
またか
1893年《ねん》
駄菓子屋《だがしや》を開店《かいてん》
これで少《すこ》しは
安定《あんてい》して
かせげるかしら
おやつ！ おやつ！
ザザッ
はいはいっ
少《すこ》しでも
かせぐために
書《か》きつづけないと
『文学界《ぶんがくかい》』は
いつでも樋口《ひぐち》さんの
作品《さくひん》をのせますよ
1894年《ねん》
店《みせ》をしめて作家《さっか》として
生《い》きることを決意《けつい》
次《つぎ》の作品《さくひん》は店《みせ》で出会《であ》った
あの子《こ》たちをモデルにしよう
1895年《ねん》 『たけくらべ』を発表《はっぴょう》
有名《ゆうめい》な小説家《しょうせつか》に評価《ひょうか》され
多《おお》くの注目《ちゅうもく》を集《あつ》めるようになった
すばらしい！
彼女《かのじょ》こそ
まことの作家《さっか》だ！
だめな作家《さっか》たちに
この文章《ぶんしょう》を
せんじて
飲《の》ませたいわい
幸田露伴《こうだろはん》
森鷗外《もりおうがい》
しかし翌《よく》1896年《ねん》
結核《けっかく》という病気《びょうき》で
亡《な》くなった
現在《げんざい》も
その作品《さくひん》は
読《よ》みつがれ
多《おお》くの読者《どくしゃ》に
感動《かんどう》をあたえている
5000
たけくらべ

おもしろ知識《ちしき》 1895～1896年《ねん》にかけての１年《ねん》あまりは、『たけくらべ』『にごりえ』など、日本文学史上《にほんぶんがくしじょう》に残《のこ》る名作《めいさく》を次々《つぎつぎ》に世《よ》に出《だ》したため、一葉《いちよう》の人生《じんせい》の中《なか》で「奇跡《きせき》の14か月《げつ》」と呼《よ》ばれている。

歌人《かじん》

与謝野晶子《よさのあきこ》

生没年《せいぼつねん》:1878〜1942年《ねん》　出身地《しゅっしんち》:大阪府《おおさかふ》

自分《じぶん》の心《こころ》に正直《しょうじき》に生《い》きた情熱《じょうねつ》の歌人《かじん》

明治《めいじ》〜昭和《しょうわ》時代《じだい》前期《ぜんき》の歌人《かじん》。歌人《かじん》の与謝野鉄幹《よさのてっかん》に才能《さいのう》を認《みと》められ、雑誌《ざっし》『明星《みょうじょう》』に短歌《たんか》を発表《はっぴょう》します。1901年《ねん》には歌集《かしゅう》『みだれ髪《がみ》』を出版《しゅっぱん》し、評判《ひょうばん》となりました。

その後《ご》、鉄幹《てっかん》と結婚《けっこん》し、子育《こそだ》てしながら、女性《じょせい》の自立《じりつ》や恋愛《れんあい》がテーマの歌《うた》を数多《かずおお》く残《のこ》しました。戦争《せんそう》に行《い》った弟《おとうと》の無事《ぶじ》を願《ねが》う詩《し》「君死《きみし》にたまふことなかれ」も有名《ゆうめい》です。

与謝野晶子《よさのあきこ》がわかる!　3つのキーワード

❶ 情熱《じょうねつ》の歌《うた》	恋《こい》や女性《じょせい》の自由《じゆう》を、情熱的《じょうねつてき》に歌《うた》によんだ。
❷ 家族愛《かぞくあい》	弟《おとうと》や両親《りょうしん》、数多《かずおお》くの子《こ》どもをひたすらに愛《あい》した。
❸ 女性《じょせい》の自立《じりつ》	女性《じょせい》の自立《じりつ》や、社会問題《しゃかいもんだい》についての評論活動《ひょうろんかつどう》にも取《と》り組《く》んだ。

大阪《おおさか》の和菓子屋《わがしや》の娘《むすめ》 晶子《あきこ》は店番《みせばん》をしながら 詩歌雑誌《しいかざっし》『明星《みょうじょう》』に 短歌《たんか》を投稿《とうこう》していた
明星
あのすばらしい 雑誌《ざっし》に のりたいわ
のりますように
1900年《ねん》 東京《とうきょう》
これは すごい 才能《さいのう》だ!
与謝野鉄幹《よさのてっかん》
同年《どうねん》8月《がつ》 大阪《おおさか》へ講演《こうえん》にやってきた 鉄幹《てっかん》と晶子《あきこ》は出会《であ》った
女性《じょせい》ももっと 情熱《じょうねつ》を うたうべきです
すてき
この恋心《こいごころ》を 歌《うた》にしよう
そして1901年《ねん》6月《がつ》 上京《じょうきょう》

おもしろ知識《ちしき》

『明星《みょうじょう》』には、高村光太郎《たかむらこうたろう》（→P283）、石川啄木《いしかわたくぼく》、北原白秋《きたはらはくしゅう》など、のちに日本文学界《にほんぶんがくかい》で大活躍《だいかつやく》する人《ひと》たちも短歌《たんか》や詩《し》を投稿《とうこう》していた。

同年《どうねん》8月《がつ》『みだれ髪《がみ》』出版《しゅっぱん》
晶子《あきこ》の情熱的《じょうねつてき》な歌《うた》は
多《おお》くの女性《じょせい》の共感《きょうかん》を得《え》た
情熱的《じょうねつてき》ですてき!
こんな恋《こい》がしたいわ!
何《なん》だこれははしたない
まったくけしからん
同年《どうねん》10月《がつ》結婚《けっこん》
晶子《あきこ》はその後《あと》も次々《つぎつぎ》と作品《さくひん》を発表《はっぴょう》
子《こ》も生《う》まれ2冊目《さつめ》の本《ほん》も出版《しゅっぱん》した
1904年《ねん》日本《にほん》とロシアの間《あいだ》で戦争《せんそう》(日露戦争《にちろせんそう》)がはじまった
戦争《せんそう》に行《い》った弟《おとうと》のことを考《かん》えるといても立《た》ってもいられないわ
ああ、弟《おとうと》よ、君《きみ》を泣《な》く、
君《きみ》死《し》にたまふことなかれ。
末《すえ》に生《うま》れし君《きみ》なれば
親《おや》のなさけは勝《まさ》りしも、
親《おや》は刃《やいば》をにぎらせて
人《ひと》を殺《ころ》せと教《おし》へしや、
人《ひと》を殺《ころ》して死《し》ねよとて
二十四《にじゅうし》までを育《そだ》てしや。
弟《おとうと》よ死《し》んではだめよ!
何《なん》だこの詩《し》は!お国《くに》より家族《かぞく》のほうが大事《だいじ》なのか!こいつは非国民《ひこくみん》だ!
しかし晶子《あきこ》は「弟《おとうと》の無事《ぶじ》を祈《いの》るまことの心《こころ》を歌《うた》にしただけ」と反論《はんろん》
その後《ご》も自分《じぶん》の気持《きも》ちに正直《しょうじき》に歌《うた》をよんだ
『源氏物語《げんじものがたり》』も全部《ぜんぶ》訳《やく》すわよ!
母《かあ》ちゃんがんばれ!

おもしろ知識《ちしき》 晶子《あきこ》と鉄幹《てっかん》には12人《にん》の子《こ》(一人《ひとり》は早《はや》くに死亡《しぼう》)がいた。四男《よんなん》の名前《なまえ》はアウギュスト。この個性的《こせいてき》な名前《なまえ》は、彫刻家《ちょうこくか》のオーギュスト・ロダンに由来《ゆらい》する。

芥川《あくたがわ》龍之介《りゅうのすけ》

生没年《せいぼつねん》:1892～1927年《ねん》　出身地《しゅっしんち》:東京《とうきょう》

人間《にんげん》の本質《ほんしつ》にせまった
短編《たんぺん》の名人《めいじん》

主《おも》に大正《たいしょう》時代《じだい》に活躍《かつやく》した小説家《しょうせつか》。大学生《だいがくせい》のときに書《か》いた小説《しょうせつ》『鼻《はな》』が、夏目漱石《なつめそうせき》から高《たか》い評価《ひょうか》を受《う》け、文学《ぶんがく》の世界《せかい》に華々《はなばな》しく登場《とうじょう》しました。その後《ご》、短編《たんぺん》を中心《ちゅうしん》に優《すぐ》れた作品《さくひん》を多数《たすう》発表《はっぴょう》しましたが、精神《せいしん》面《めん》での不調《ふちょう》がつづくようになり、36歳《さい》で自《みずか》ら命《いのち》を絶《た》ちました。

代表作《だいひょうさく》はほかに『羅生門《らしょうもん》』『蜘蛛《くも》の糸《いと》』『地獄変《じごくへん》』など。

芥川龍之介《あくたがわりゅうのすけ》がわかる!　3つのキーワード

❶	古典《こてん》	日本《にほん》の古《ふる》い文学《ぶんがく》をもとにした小説《しょうせつ》を多《おお》く書《か》いた。
❷	漱石《そうせき》が絶賛《ぜっさん》	師匠《ししょう》の夏目漱石《なつめそうせき》が、小説家《しょうせつか》として世《よ》に出《で》るきっかけを作《つく》ってくれた。
❸	芥川賞《あくたがわしょう》	死後《しご》に設《もう》けられた、日本《にほん》でもっとも有名《ゆうめい》な文学賞《ぶんがくしょう》の一《ひと》つ。

東京帝国大学《とうきょうていこくだいがく》(現在《げんざい》の東京大学《とうきょうだいがく》)在学中《ざいがくちゅう》の1915年《ねん》
人間《にんげん》の*エゴイズムをえがいた『羅生門《らしょうもん》』を発表《はっぴょう》
この作品《さくひん》は芥川《あくたがわ》の代表作《だいひょうさく》の一《ひと》つとなった
羅生門
発表当時《はっぴょうとうじ》はだれの注目《ちゅうもく》もあびませんでした……
その後《ご》夏目漱石《なつめそうせき》(→P270)の弟子《でし》となった
*自分《じぶん》の利益《りえき》だけを大切《たいせつ》にする考《かんが》え
君《きみ》の『鼻《はな》』はとてもおもしろかったよ
尊敬《そんけい》する夏目先生《なつめせんせい》にほめられた
漱石《そうせき》に認《みと》められた芥川《あくたがわ》は小説家《しょうせつか》として人気《にんき》をのばしていった
大学卒業後《だいがくそつぎょうご》は2年半《ねんはん》ほど英語《えいご》の先生《せんせい》をしながら小説《しょうせつ》を書《か》いていたよ

おもしろ知識《ちしき》　芥川《あくたがわ》の息子《むすこ》たちは父親《ちちおや》から芸術《げいじゅつ》の才能《さいのう》を受《う》けついだようで、長男《ちょうなん》の比呂志《ひろし》は俳優《はいゆう》、三男《さんなん》の也寸志《やすし》は作曲家《さっきょくか》として活躍《かつやく》した。なお、もっとも文学《ぶんがく》の才能《さいのう》があったという次男《じなん》の多加志《たかし》は、24歳《さい》の若《わか》さで戦死《せんし》している。

芥川《あくたがわ》龍《りゅう》之《の》介《すけ》
1918年《ねん》『蜘蛛《くも》の糸《いと》』を発表《はっぴょう》
この糸《いと》はおれのだ
おりろ
おりろ
この作品《さくひん》も人間《にんげん》のエゴイズムが一《ひと》つのテーマになっているね
子《こ》ども向《む》けに書《か》いた作品《さくひん》だよ
同年《どうねん》芸術《げいじゅつ》のためならどんな犠牲《ぎせい》も受《う》け入《い》れる絵師《えし》を主人公《しゅじんこう》にした『地獄変《じごくへん》』を発表《はっぴょう》作家《さっか》としての自身《じしん》の姿勢《しせい》を示《しめ》した
その後《ご》 次々《つぎつぎ》と作品《さくひん》を発表《はっぴょう》人気作家《にんきさっか》としての地位《ちい》を確立《かくりつ》していった
だが肉体《にくたい》・精神《せいしん》の両面《りょうめん》でしだいに疲《つか》れがたまり追《お》いつめられていった
ちょん
ちょん
つらそうだね
ああ 眠《ねむ》れないんだ
小説《しょうせつ》のこと生活《せいかつ》のことこれからのこといろいろ考《かんが》えてしまうことが多《おお》くてね……
1927年《ねん》『河童《かっぱ》』『歯車《はぐるま》』など自身《じしん》の不安定《ふあんてい》な気持《きも》ちを色濃《いろこ》く反映《はんえい》させた作品《さくひん》を発表《はっぴょう》
同年《どうねん》 36歳《さい》で自《みずか》ら命《いのち》を断《た》った
なぜ死《し》ぬの?
将来《しょうらい》に対《たい》するぼんやりとした不安《ふあん》……
1935年《ねん》親友《しんゆう》で作家《さっか》の菊池寛《きくちかん》は芥川《あくたがわ》の功績《こうせき》をたたえ「芥川龍之介賞《あくたがわりゅうのすけしょう》(芥川賞《あくたがわしょう》)」を設立《せつりつ》した
第××回 芥川賞受賞
パシャ
パシャ
この賞《しょう》は日本最高《にほんさいこう》の文学賞《ぶんがくしょう》の一《ひと》つとして定着《ていちゃく》している

おもしろ知識《ちしき》 芥川《あくたがわ》の命日《めいにち》（死去《しきょ》した日《ひ》、7月《がつ》24日《か》）を「河童忌《かっぱき》」と呼《よ》ぶ。これは芥川《あくたがわ》が、河童《かっぱ》の絵《え》を好《この》んでよくかいていたことや、代表作《だいひょうさく》の一《ひと》つである『河童《かっぱ》』にちなんで名《な》づけられたものだ。

小説家《しょうせつか》

宮沢賢治《みやざわけんじ》

生没年《せいぼつねん》:1896～1933年《ねん》　出身地《しゅっしんち》:岩手県《いわてけん》

大正《たいしょう》～昭和《しょうわ》時代《じだい》初期《しょき》の童話作家《どうわさっか》、詩人《しじん》。出身地《しゅっしんち》の岩手県花巻《いわてけんはなまき》で、農学校《のうがっこう》の教師《きょうし》や農業指導者《のうぎょうしどうしゃ》として活動《かつどう》し、農民《のうみん》がよりよい生活《せいかつ》を送《おく》れるよう力《ちから》をつくすかたわら、創作《そうさく》にはげみました。

生前《せいぜん》は注目《ちゅうもく》されませんでしたが、死後《しご》、高《たか》い評価《ひょうか》を受《う》けるようになりました。代表作《だいひょうさく》は詩集《ししゅう》『春《はる》と修《しゅ》羅《ら》』、童話《どうわ》『銀河鉄道《ぎんがてつどう》の夜《よる》』など。

幻想的《げんそうてき》な童話《どうわ》を
数多《かずおお》く残《のこ》す

宮沢賢治《みやざわけんじ》がわかる!　3つのキーワード

1. **不思議《ふしぎ》な世界《せかい》** 幻想的《げんそうてき》な美《うつく》しさが、賢治作品《けんじさくひん》の魅力《みりょく》の一《ひと》つになっている。
2. **イーハトーブ** 賢治《けんじ》が夢見《ゆめみ》た理想郷《りそうきょう》（理想的《りそうてき》な想像《そうぞう》上《じょう》の世界《せかい》）の名《な》。岩手県《いわてけん》がモデル。
3. **農業《のうぎょう》** 農民《のうみん》の生活《せいかつ》の向上《こうじょう》に力《ちから》をつくし、自《みずか》らも農作業《のうさぎょう》をおこなった。

裕福《ゆうふく》な質屋《しちや》の家《いえ》に生《う》まれた賢治《けんじ》は不作《ふさく》で困《こま》りはて家《いえ》のものを売《う》りに来《く》る農民《のうみん》たちの姿《すがた》をよく見《み》ていた
みんなが幸《しあわ》せになるにはいったいどうしたらいいんだろうか……
賢治《けんじ》は家《いえ》をつがずに農学校《のうがっこう》の教師《きょうし》となり働《はたら》きながら童話《どうわ》を書《か》きはじめた
ぼくの童話《どうわ》が幸《しあわ》せについて考《かんが》えるきっかけになればいいな
詩集《ししゅう》『春《はる》と修羅《しゅら》』短編集《たんぺんしゅう》『注文《ちゅうもん》の多《おお》い料理店《りょうりてん》』を自分《じぶん》でお金《かね》を出《だ》して出版《しゅっぱん》したがほとんど売《う》れなかった
春と修羅
賢治《けんじ》が生《い》きているうちに出版《しゅっぱん》した本《ほん》はこの2冊《さつ》だけである

おもしろ知識《ちしき》　1921年《ねん》、幼《おさな》い兄妹《きょうだい》と子狐《こぎつね》たちの交流《こうりゅう》をえがいた『雪渡《ゆきわた》り』が雑誌《ざっし》にのり、賢治《けんじ》ははじめて原稿料《げんこうりょう》を手《て》にした。しかしその後《ご》、著作《ちょさく》の収入《しゅうにゅう》はなく、これが生涯《しょうがい》で唯一《ゆいいつ》の原稿料《げんこうりょう》となった。

『春《はる》と修羅《しゅら》』には
最愛《さいあい》の妹《いもうと》トシが亡《な》くなった
日《ひ》のようすをえがいた詩《し》が
おさめられている
けふのうちに
とほくへ
いつてしまふ
わたくしの
いもうとよ
『永訣《えいけつ》の朝《あさ》』より
妹《いもうと》の死後《しご》 賢治《けんじ》はこう考《かんが》えた
農業《のうぎょう》を教《おし》えるなら教師《きょうし》ではなく
農民《のうみん》と同《おな》じ生活《せいかつ》を
するべきなのではないだろうか
仕事《しごと》はつらいけど
もっと明《あか》るく
いきいきと
生活《せいかつ》をする道《みち》を
見《み》つけましょう
1926年《ねん》
学校《がっこう》をやめて
農業生活《のうぎょうせいかつ》に入《はい》り
無料《むりょう》で農民《のうみん》たちに
農業技術《のうぎょうぎじゅつ》・音楽《おんがく》・
詩《し》・童話《どうわ》などを教《おし》えた
世界全体《せかいぜんたい》が幸福《こうふく》に
ならないうちは
個人《こじん》の幸福《こうふく》は
あり得《え》ないのだ
世界《せかい》が幸福《こうふく》になるなら
ぼくは
どうなったっていい
ぼくは人《ひと》のために
生《い》きよう
雨《あめ》ニモマケズ
風《かぜ》ニモマケズ
雪《ゆき》ニモ夏《なつ》ノ暑《あつ》サニモマケヌ
丈夫《じょうぶ》ナカラダヲモチ
ミンナニデクノボートヨバレ
ホメラレモセズ
クニモサレズ
サウイフモノニ
ワタシハナリタイ
『雨《あめ》ニモマケズ』より
お前《まえ》は立派《りっぱ》だ
父《とう》さんに
はじめて
ほめられた
理想《りそう》の世《よ》の中《なか》の
実現《じつげん》をめざして必死《ひっし》に生《い》き
38年《ねん》の生涯《しょうがい》を終《お》えた
賢治《けんじ》の作品《さくひん》は
その死後《しご》
認《みと》められる
ようになり
「本当《ほんとう》の幸福《こうふく》」とは
何《なん》なのかを
現代《げんだい》の人々《ひとびと》に
問《と》いつづけている

おもしろ知識《ちしき》 激《はげ》しい風《かぜ》の音《おと》を「どっどど　どどうど　どどうど　どどう」(『風《かぜ》の又三郎《またさぶろう》』より)と表現《ひょうげん》するなど、「オノマトペ(擬声語《ぎせいご》、擬態語《ぎたいご》)」の楽《たの》しさも賢治作品《けんじさくひん》の魅力《みりょく》のひとつ。

まとめて人《じん》物《ぶつ》紹《しょう》介《かい》

人間《にんげん》の本質《ほんしつ》にせまる

近現代《きんげんだい》の大作家《だいさっか》

新《あたら》しい小説《しょうせつ》の形《かたち》

江戸時代《えどじだい》までの一般《いっぱん》の小説《しょうせつ》は、読者《どくしゃ》を楽《たの》しませることに重点《じゅうてん》が置《お》かれていました。しかし明治維新《めいじいしん》後《ご》、西洋《せいよう》の考《かんが》え方《かた》や知識《ちしき》が日本《にほん》に導入《どうにゅう》されると、文芸《ぶんげい》の世界《せかい》にも新《あたら》しい波《なみ》がやってきました。

ただ「おもしろい」だけではなく、人間《にんげん》の本質的《ほんしつてき》な部分《ぶぶん》にするどくせまる、芸術性《げいじゅつせい》の高《たか》い文学《ぶんがく》が求《もと》められるようになったのです。

だれか
わかるかな?

俳句《はいく》・短歌《たんか》を革新《かくしん》
(→P283上《うえ》)

『金閣寺《きんかくじ》』の作者《さくしゃ》
(→P282下《した》)

『智恵子抄《ちえこしょう》』の作者《さくしゃ》
(→P283下《した》)

『舞姫《まいひめ》』の作者《さくしゃ》
(→P281上《うえ》)

『人間失格《にんげんしっかく》』の作者《さくしゃ》
(→P282上《うえ》)

『春琴抄《しゅんきんしょう》』の作者《さくしゃ》
(→P281下《した》)

6人《にん》の秘密《ひみつ》徹底解剖《てっていかいぼう》！

森鷗外《もりおうがい》

小説家《しょうせつか》

項目	内容
生没年《せいぼつねん》	1862～1922年《ねん》
出身地《しゅっしんち》	石見《いわみ》（島根県《しまねけん》）
代表作《だいひょうさく》	『舞姫《まいひめ》』『高瀬舟《たかせぶね》』『阿部一族《あべいちぞく》』など
関連作家《かんれんさっか》	樋口一葉《ひぐちいちよう》（→ P272） ※鷗外《おうがい》は一葉《いちよう》の作品《さくひん》を高《たか》く評価《ひょうか》した

医者《いしゃ》でもあった大作家《だいさっか》

東京大学医学部卒業後《とうきょうだいがくいがくぶそつぎょうご》、軍医《ぐんい》となってドイツに留学《りゅうがく》。帰国後《きこくご》、軍医《ぐんい》の仕事《しごと》と並行《へいこう》して文学活動《ぶんがくかつどう》を開始《かいし》しました。代表作《だいひょうさく》に、留学時代《りゅうがくじだい》の悩《なや》みや恋愛《れんあい》をもとにした『舞姫《まいひめ》』などがあります。

小説家《しょうせつか》として有名《ゆうめい》になっただけでなく、軍医《ぐんい》としても出世《しゅっせ》し、日清《にっしん》・日露戦争《にちろせんそう》でも活躍《かつやく》しました。

谷崎潤一郎《たにざきじゅんいちろう》

小説家《しょうせつか》

独自《どくじ》の「美《び》」を追求《ついきゅう》

デビューから、耽美的《たんびてき》（美《び》に最上《さいじょう》の価値《かち》を求《もと》める芸術上《げいじゅつじょう》の考《かんが》え方《かた》）な作品《さくひん》を発表《はっぴょう》し、人気作家《にんきさっか》となりました。関東大震災《かんとうだいしんさい》をきっかけに、関東《かんとう》から関西《かんさい》に移住《いじゅう》。

その後《ご》は、日本《にほん》の伝統的《でんとうてき》な美《うつく》しさを大切《たいせつ》にした作品《さくひん》を多《おお》く残《のこ》しました。『源氏物語《げんじものがたり》』の現代語訳《げんだいごやく》でも高《たか》い評価《ひょうか》を受《う》けています。

項目	内容
生没年《せいぼつねん》	1886～1965年《ねん》
出身地《しゅっしんち》	東京《とうきょう》
代表作《だいひょうさく》	『春琴抄《しゅんきんしょう》』『細雪《ささめゆき》』『吉野葛《よしのくず》』など
関連作家《かんれんさっか》	紫式部《むらさきしきぶ》（→ P54） ※『源氏物語《げんじものがたり》』を書《か》いた平安時代《へいあんじだい》の作家《さっか》

人間《にんげん》の弱《よわ》さと向《む》き合《あ》う

太宰治《だざいおさむ》

小説家《しょうせつか》

生没年《せいぼつねん》	1909 ～ 1948 年《ねん》
出身地《しゅっしんち》	青森県《あおもりけん》
代表作《だいひょうさく》	『人間失格《にんげんしっかく》』『斜陽《しゃよう》』 『走《はし》れメロス』など
関連作家《かんれんさっか》	芥川龍之介《あくたがわりゅうのすけ》（→ P276） ※太宰《だざい》の尊敬《そんけい》する作家《さっか》

だれもが抱《かか》えている心《こころ》の弱《よわ》さやずるさに真正面《ましょうめん》から向《む》き合《あ》い、作品《さくひん》の中《なか》にえがきました。太平洋戦争後《たいへいようせんそうご》に人気《にんき》がいっそう高《たか》まりましたが、まもなく自《みずか》ら命《いのち》を絶《た》っています。

太宰《だざい》の作品《さくひん》は、「これは、自分《じぶん》のことを書《か》いているんだ！」と読者《どくしゃ》に思《おも》わせる魅力《みりょく》にあふれています。

世界《せかい》でも高《たか》い評価《ひょうか》

三島由紀夫《みしまゆきお》

小説家《しょうせつか》

生没年《せいぼつねん》	1925 ～ 1970 年《ねん》
出身地《しゅっしんち》	東京《とうきょう》
代表作《だいひょうさく》	『金閣寺《きんかくじ》』『潮騒《しおさい》』 『豊饒《ほうじょう》の海《うみ》』など
関連作家《かんれんさっか》	川端康成《かわばたやすなり》（→ P301） ※三島《みしま》の師匠的存在《ししょうてきそんざい》

たくみで美《うつく》しい言葉《ことば》や文章《ぶんしょう》が特徴的《とくちょうてき》な、昭和時代《しょうわじだい》を代表《だいひょう》する小説家《しょうせつか》の一人《ひとり》です。

日本《にほん》の伝統的《でんとうてき》な美《うつく》しさを大事《だいじ》にした三島《みしま》の作品《さくひん》は、海外《かいがい》での評価《ひょうか》も高《たか》く、多《おお》くの小説《しょうせつ》が世界各国《せかいかっこく》で翻訳出版《ほんやくしゅっぱん》されています。ノーベル文学賞《ぶんがくしょう》の候補《こうほ》に名前《なまえ》があがったこともありました。

正岡子規《まさおかしき》

俳句《はいく》・短歌《たんか》の革新《かくしん》にいどむ

俳人《はいじん》・歌人《かじん》

俳句《はいく》・短歌《たんか》の革新《かくしん》（それまでの方法《ほうほう》や考《かんが》えなどをあらため、新《あたら》しくすること）につとめたことで知《し》られ、俳句雑誌《はいくざっし》『ホトトギス』の発行《はっこう》にかかわりました。代表句《だいひょうく》に「柿《かき》くへば 鐘《かね》が鳴《な》るなり 法隆寺《ほうりゅうじ》」などがあります。36歳《さい》で亡《な》くなるまで、病気《びょうき》と戦《たたか》いながら創作《そうさく》や評論活動《ひょうろんかつどう》をつづけました。

生没年《せいぼつねん》	1867～1902年《ねん》
出身地《しゅっしんち》	愛媛県《えひめけん》
代表作《だいひょうさく》	歌論書《かろんしょ》 『歌《うた》よみに与《あた》ふる書《しょ》』
関連作家《かんれんさっか》	夏目漱石《なつめそうせき》（→ P270） ※学生時代《がくせいじだい》からの親友《しんゆう》

高村光太郎《たかむらこうたろう》

彫刻家《ちょうこくか》としても有名《ゆうめい》

詩人《しじん》・彫刻家《ちょうこくか》

大正《たいしょう》～昭和時代《しょうわじだい》を代表《だいひょう》する詩人《しじん》の一人《ひとり》です。わかりやすい言葉《ことば》で書《か》かれた光太郎《こうたろう》の口《こう》語《ご》自由詩《じゆうし》（現代《げんだい》の言葉《ことば》で自由《じゆう》な形式《けいしき》で書《か》かれた詩《し》）は、その後《ご》の詩人《しじん》たちに大《おお》きな影響《えいきょう》をあたえました。

また、明治《めいじ》～大正時代《たいしょうじだい》を代《だい》表《ひょう》する彫刻家《ちょうこくか》である父《ちち》の高村《たかむら》光雲《こううん》と同様《どうよう》に、彫刻家《ちょうこくか》としても活躍《かつやく》しました。

生没年《せいぼつねん》	1883～1956年《ねん》
出身地《しゅっしんち》	東京《とうきょう》
代表作《だいひょうさく》	詩集《ししゅう》『智恵子抄《ちえこしょう》』 詩集《ししゅう》『道程《どうてい》』など
関連作家《かんれんさっか》	宮沢賢治《みやざわけんじ》（→ P278） ※高村《たかむら》は早《はや》くから賢治《けんじ》の作品《さくひん》を評価《ひょうか》していた

まだまだいる！ 大作家《だいさっか》たち

名前《なまえ》	生没年《せいぼつねん》	出身地《しゅっしんち》	業績《ぎょうせき》
島崎藤村《しまざきとうそん》	1872～1943年《ねん》	長野県《ながのけん》	小説家《しょうせつか》・詩人《しじん》。代表作《だいひょうさく》『破戒《はかい》』『夜明《よあ》け前《まえ》』など。
志賀直哉《しがなおや》	1883～1971年《ねん》	宮城県《みやぎけん》	小説家《しょうせつか》。代表作《だいひょうさく》『城《き》の崎《さき》にて』『暗夜行路《あんやこうろ》』など。
武者小路実篤《むしゃのこうじさねあつ》	1885～1976年《ねん》	東京《とうきょう》	小説家《しょうせつか》。代表作《だいひょうさく》『お目出《めで》たき人《ひと》』『友情《ゆうじょう》』など。
井上靖《いのうえやすし》	1907～1991年《ねん》	北海道《ほっかいどう》	小説家《しょうせつか》。代表作《だいひょうさく》『天平《てんぴょう》の甍《いらか》』『闘牛《とうぎゅう》』など。
高浜虚子《たかはまきょし》	1874～1959年《ねん》	愛媛県《えひめけん》	俳人《はいじん》・小説家《しょうせつか》。代表作《だいひょうさく》『虚子句集《きょしくしゅう》』『鶏頭《けいとう》』など。
萩原朔太郎《はぎわらさくたろう》	1886～1942年《ねん》	群馬県《ぐんまけん》	詩人《しじん》。代表作《だいひょうさく》『月《つき》に吠《ほ》える』『青猫《あおねこ》』など。
石川啄木《いしかわたくぼく》	1886～1912年《ねん》	岩手県《いわてけん》	詩人《しじん》・歌人《かじん》。代表作《だいひょうさく》『一握《いちあく》の砂《すな》』『悲《かな》しき玩具《がんぐ》』など。

教育家《きょういくか》

津田梅子《つだうめこ》

生没年《せいぼつねん》:1864～1929年《ねん》　出身地《しゅっしんち》:江戸《えど》（東京都《とうきょうと》）

明治《めいじ》・大正時代《たいしょうじだい》の教育者《きょういくしゃ》。留学生《りゅうがくせい》の一人《ひとり》として1871年《ねん》、アメリカに渡《わた》り、11年間滞在《ねんかんたいざい》。帰国後《きこくご》は伊藤博文家《いとうひろぶみけ》で通訳兼家庭教師《つうやくけんかていきょうし》としてくらし、1885年《ねん》から華族女学校《かぞくじょがっこう》の教師《きょうし》となります。

1889年《ねん》にふたたび渡米《とべい》。帰国後《きこくご》、女子英学塾《じょしえいがくじゅく》を設立《せつりつ》し、高等教育《こうとうきょういく》を通《とお》して女性《じょせい》の地位向上《ちいこうじょう》に力《ちから》を注《そそ》ぎました。

近代女子教育《きんだいじょしきょういく》の
道《みち》を切《き》り開《ひら》く

津田梅子《つだうめこ》がわかる！　3つのキーワード

❶ **女性《じょせい》の教育《きょういく》**　貴族《きぞく》や平民《へいみん》の区別《くべつ》なく、女性《じょせい》の高等《こうとう》教育《きょういく》の重要性《じゅうようせい》を説《と》いた。

❷ **女性《じょせい》の自立《じりつ》**　生活《せいかつ》のための結婚《けっこん》をきらい、女性《じょせい》も男性《だんせい》と同《おな》じ能力《のうりょく》を持《も》つよう求《もと》めた。

❸ **留学《りゅうがく》**　8歳《さい》でアメリカに渡《わた》り、さまざまな知識《ちしき》や考《かんが》え方《かた》を身《み》につけた。

女《おんな》に学問《がくもん》はいらんというが
梅子《うめこ》には教育《きょういく》を受《う》けさせたい
留学生《りゅうがくせい》に応募《おうぼ》するぞ
父《とう》さま
？
1871年《ねん》
8歳《さい》の梅子《うめこ》は
女子留学生《じょしりゅうがくせい》の一人《ひとり》として
岩倉使節団《いわくらしせつだん》（→P239）と
ともにアメリカへ渡《わた》った
アイム
ウメコ……
えらいわね
かわいい
梅子《うめこ》の受《う》け入《い》れ先《さき》
ランマン夫妻《ふさい》
梅子《うめこ》は英語《えいご》を学《まな》びながら
アメリカの進《すす》んだ文化《ぶんか》を吸収《きゅうしゅう》し
1873年《ねん》には　自《みずか》ら望《のぞ》んで
キリスト教徒《きょうと》になった
1882年《ねん》
帰国《きこく》

おもしろ知識《ちしき》　女子留学生《じょしりゅうがくせい》5人《にん》の中《なか》で、梅子《うめこ》は最年少《さいねんしょう》だった。梅子以外《うめこいがい》の4人《にん》のうち二人《ふたり》はすぐ帰国《きこく》したが、あとの二人《ふたり》はアメリカに長《なが》くくらした。帰国後《きこくご》、梅子《うめこ》を助《たす》け、女子教育《じょしきょういく》の向上《こうじょう》に力《ちから》をつくしている。

しかし当時《とうじ》の日本《にほん》には女性《じょせい》の活躍《かつやく》できる環境《かんきょう》が整《ととの》っていなかった
早《はや》く結婚《けっこん》しなさい！
女一人《おんなひとり》でどうやって生《い》きていくんだ！
もー〜
うんざり！
女《おんな》なんておとなしく男《おとこ》にしたがっていればいいのにな
ふむ
伊藤博文《いとうひろぶみ》
(→P238)
わたしの家《いえ》に住《す》んで子《こ》どもたちに英語《えいご》や勉強《べんきょう》を教《おし》えてくれんか？
喜《よろこ》んで！
その後《ご》伊藤《いとう》のすすめもあり華族女学校《かぞくじょがっこう》などで英語《えいご》を教《おし》える教師《きょうし》となった
まだ結婚《けっこん》しないの？
一生結婚《いっしょうけっこん》するつもりはありませんそれよりもっと勉強《べんきょう》したいわ！
1889年《ねん》梅子《うめこ》はふたたびアメリカに留学《りゅうがく》大学《だいがく》では生物学《せいぶつがく》を学《まな》び卒業《そつぎょう》した
日本《にほん》にも女性《じょせい》が自立《じりつ》できるような教育《きょういく》をする学校《がっこう》が必要《ひつよう》だわ！
帰国《きこく》した梅子《うめこ》は1900年《ねん》に女子英学塾《じょしえいがくじゅく》(現在《げんざい》の津田塾大学《つだじゅくだいがく》)を開校《かいこう》
生涯《しょうがい》を通《とお》して女子《じょし》の高等教育《こうとうきょういく》に力《ちから》を注《そそ》いだ

おもしろ知識《ちしき》　梅子《うめこ》が伊藤博文家《いとうひろぶみけ》に住《す》んでいるとき、博文《ひろぶみ》の提案《ていあん》で女性《じょせい》のみのバザーがおこなわれ、売上金《うりあげきん》は病院《びょういん》に寄附《きふ》された。これが日本初《にほんはつ》のバザーといわれている。

婦人運動家《ふじんうんどうか》

平《ひら》塚《つか》らいてう《ちょう》

生没年《せいぼつねん》:1886～1971年《ねん》　出身地《しゅっしんち》:東京《とうきょう》

明治《めいじ》～昭和時代《しょうわじだい》の婦人運動家《ふじんうんどうか》、評論家《ひょうろんか》。1911年《ねん》に女性《じょせい》のための雑誌《ざっし》『青鞜《せいとう》』の発行《はっこう》を開始《かいし》。

1920年《ねん》には市川房枝《いちかわふさえ》と女性《じょせい》の地位向上《ちいこうじょう》を求《もと》めて「新婦人協会《しんふじんきょうかい》」を設立《せつりつ》するなど、日本《にほん》の婦人《ふじん》運動《うんどう》をリードします。

太平洋戦争後《たいへいようせんそうご》は、反戦《はんせん》・平和運《へいわうん》動《どう》にも力《ちから》をつくし、亡《な》くなる直前《ちょくぜん》まで活躍《かつやく》しました。

圧倒的《あっとうてき》な個性《こせい》と行動力《こうどうりょく》で
女性《じょせい》の地位向上《ちいこうじょう》をめざす

平《ひら》塚《つか》らいてう《ちょう》がわかる！　3つのキーワード

❶ 女性解放《じょせいかいほう》	低《ひく》く見《み》られていた女性《じょせい》の地位《ちい》を、高《たか》めようと努力《どりょく》した。
❷ 青鞜《せいとう》	女性《じょせい》による女性《じょせい》のための月刊誌《げっかんし》『青《せい》鞜《とう》』を発行《はっこう》した。
❸ 平和運動《へいわうんどう》	太平洋戦争後《たいへいようせんそうご》、反戦《はんせん》を強《つよ》く主張《しゅちょう》するなど、平和運動《へいわうんどう》に深《ふか》くかかわった。

らいてう《ちょう》は明治政府《めいじせいふ》の役人《やくにん》である父《ちち》を持《も》ち裕福《ゆうふく》な家庭《かてい》に育《そだ》った
女《おんな》に学問《がくもん》は不要《ふよう》
*良妻賢母《りょうさいけんぼ》をめざしなさい
しかし父親《ちちおや》の考《かんが》えに反発《はんぱつ》して勉強《べんきょう》にはげんだ
やがて文学《ぶんがく》に興味《きょうみ》をもち22歳《さい》で小説《しょうせつ》の書《か》き方《かた》をならいはじめたが……
＊夫《おっと》にとってはよい妻《つま》であり、子《こ》にとっては賢《かしこ》い母《はは》であること

きみのことが好《す》きなんだ！
講師《こうし》をつとめていた男性《だんせい》との恋愛《れんあい》が新聞《しんぶん》などで大《おお》げさに報《ほう》じられ　らいてう《ちょう》は社会《しゃかい》から大《おお》きな非難《ひなん》をあびた
女性《じょせい》を差別《さべつ》する男性社会《だんせいしゃかい》にはうんざり世《よ》の中《なか》の女性《じょせい》を男性社会《だんせいしゃかい》から解放《かいほう》しなきゃいけないわ

おもしろ知識《ちしき》　らいてう《ちょう》も通《かよ》った女子英学塾《じょしえいがくじゅく》の創立者《そうりつしゃ》の津田梅子《つだうめこ》（→P284）は、らいてう《ちょう》の『青鞜《せいとう》』を「危険《きけん》な思想《しそう》に満《み》ちた雑誌《ざっし》」ときびしく批判《ひはん》し、生徒《せいと》たちに読《よ》まないよう注意《ちゅうい》したという。

平塚《ひらつか》らいてう《ちょう》
1911年《ねん》 26歳《さい》のらいてう《ちょう》は 女性《じょせい》の文学者《ぶんがくしゃ》たちを集《あつ》め 女性《じょせい》による女性《じょせい》のための月刊誌《げっかんし》 『青鞜《せいとう》』を世《よ》に出《だ》した
青鞜
元始《げんし》 女性《じょせい》は実《じつ》に太陽《たいよう》であった
創刊号《そうかんごう》にのせた この言葉《ことば》は 女性《じょせい》の地位《ちい》を 高《たか》めたいという らいてう《ちょう》の強《つよ》い意志《いし》を 示《しめ》すものだった
応援《おうえん》 してるわよ
作家《さっか》
与謝野晶子《よさのあきこ》（→P274）
女性《じょせい》の自由《じゆう》や恋愛《れんあい》がテーマの エッセイや小説《しょうせつ》がのる『青鞜《せいとう》』は たびたび発売禁止《はつばいきんし》になった
しかし当時《とうじ》の社会《しゃかい》に生《い》きづらさを 感《かん》じていた女性《じょせい》たちに 『青鞜《せいとう》』は大《おお》きな刺激《しげき》をあたえた
プライベートでも 自由《じゆう》だったらいてう《ちょう》は 年下《としした》の恋人《こいびと》との間《あいだ》に 二人《ふたり》の子《こ》どもを持《も》ったが 正式《せいしき》な結婚《けっこん》はしなかった
こういう 家族《かぞく》の形《かたち》も いいでしょ
1920年《ねん》には 市川房枝《いちかわふさえ》と 「新婦人協会《しんふじんきょうかい》」を設立《せつりつ》
女性《じょせい》にも 参政権《さんせいけん》を！
婦人運動家《ふじんうんどうか》
市川房枝《いちかわふさえ》（→P288）
女性《じょせい》の 地位向上《ちいこうじょう》のため 生涯《しょうがい》にわたって活動《かつどう》をつづけ 85歳《さい》で亡《な》くなる直前《ちょくぜん》まで 平和活動《へいわかつどう》にも 積極的《せっきょくてき》に取《と》り組《く》んだ
戦争反対《せんそうはんたい》！

おもしろ知識《ちしき》 『青鞜《せいとう》』とは、「青《あお》いストッキング」という意味《いみ》。イギリスでは青《あお》いストッキングが文化《ぶんか》や芸術《げいじゅつ》に関心《かんしん》のある女性《じょせい》のシンボルだったので、それにならった。

婦人運動家《ふじんうんどうか》

市川房枝《いちかわふさえ》

生没年《せいぼつねん》:1893～1981年《ねん》　出身地《しゅっしんち》:愛知県《あいちけん》

女《じょ》性《せい》参《さん》政《せい》権《けん》
女性《じょせい》の地位向上《ちいこうじょう》や
平和《へいわ》に全力《ぜんりょく》をつくす

大正《たいしょう》～昭和《しょうわ》時代《じだい》の婦人運動家《ふじんうんどうか》、政治家《せいじか》。小学校《しょうがっこう》の先生《せんせい》、新聞記者《しんぶんきしゃ》などを経験後《けいけんご》、1920年《ねん》に平塚《ひらつか》らいてう《ちょう》と「新婦人協会《しんふじんきょうかい》」を設立《せつりつ》。以後《いご》、女性《じょせい》が政治《せいじ》に参加《さんか》できる権利《けんり》を国《くに》に求《もと》めるなど、生涯《しょうがい》をかけて女性《じょせい》の地位向上《ちいこうじょう》のため活動《かつどう》しました。また太平洋戦争後《たいへいようせんそうご》は国会《こっかい》議員《ぎいん》となり、政治《せいじ》の世界《せかい》から不正《ふせい》をなくそうと努力《どりょく》しました。

市川房枝《いちかわふさえ》がわかる！　3つのキーワード

❶ 女性参政権《じょせいさんせいけん》	女性《じょせい》の参政権《さんせいけん》（政治《せいじ》に参加《さんか》する権利《けんり》）獲得《かくとく》に向《む》け、力《ちから》をつくした。
❷ 平塚《ひらつか》らいてう《ちょう》	女性《じょせい》の地位向上《ちいこうじょう》を目的《もくてき》とした団体《だんたい》をいっしょに作《つく》った。
❸ 議員活動《ぎいんかつどう》	太平洋戦争後《たいへいようせんそうご》は国会議員《こっかいぎいん》として、数々《かずかず》の社会問題《しゃかいもんだい》に向《む》き合《あ》った。

房枝《ふさえ》は農家《のうか》に生《う》まれた
ガミ
ガミ
お父《とう》さん
お母《かあ》さん
女《おんな》に生《う》まれたんだから
仕方《しかた》ないのよ……
なんで女《おんな》の人《ひと》の立場《たちば》は
こんなに悪《わる》いんだろう
当時《とうじ》は女性《じょせい》の地位《ちい》が低《ひく》く
男性《だんせい》にしたがうのが
あたり前《まえ》のように思《おも》われていた
母親《ははおや》にはきびしい父《ちち》だったが
娘《むすめ》の教育《きょういく》には熱心《ねっしん》だった
これからは
学問《がくもん》の時代《じだい》だ
女《おんな》でも勉強《べんきょう》
しなきゃならんぞ
金《かね》は心配《しんぱい》するな
房枝《ふさえ》は学校《がっこう》を卒業後《そつぎょうご》
学校《がっこう》の先生《せんせい》や
新聞記者《しんぶんきしゃ》として働《はたら》いた
女《おんな》のくせに
社会《しゃかい》でも
女性《じょせい》の立場《たちば》の低《ひく》さを
いやでも感《かん》じてしまうわ

ことば解説《かいせつ》　「婦人運動《ふじんうんどう》」とは、女性《じょせい》に対《たい》する差別《さべつ》をなくし、女性《じょせい》の地位向上《ちいこうじょう》をはかるため、女性《じょせい》が中心《ちゅうしん》となっておこなう社会運動《しゃかいうんどう》のこと。

よしっ
海外《かいがい》の女性《じょせい》の立場《たちば》を知《し》るため英語《えいご》を勉強《べんきょう》しよう
英語塾
房枝《ふさえ》は英語塾《えいごじゅく》で一人《ひとり》の女性《じょせい》と知《し》り合《あ》った
婦人運動家《ふじんうんどうか》
平塚《ひらつか》らいてう《ちょう》
(→P286)
女性《じょせい》の地位《ちい》を高《たか》めるには女性《じょせい》の意見《いけん》を政治《せいじ》に反映《はんえい》させなきゃ
そのためには＊参政権《さんせいけん》を女性《じょせい》が手《て》にしないとだめですよね！
1920年《ねん》 房枝《ふさえ》はらいてう《ちょう》と「新婦人協会《しんふじんきょうかい》」を立《た》ち上《あ》げ 女性《じょせい》の社会的《しゃかいてき》・政治的《せいじてき》地位《ちい》の向上《こうじょう》を求《もと》める運動《うんどう》を開始《かいし》した
＊選挙権《せんきょけん》など政治《せいじ》に参加《さんか》する権利《けんり》
翌年《よくねん》 房枝《ふさえ》はアメリカで女性《じょせい》の地位向上《ちいこうじょう》について学《まな》ぶ
帰国後《きこくご》 女性《じょせい》の参政権獲得《さんせいけんかくとく》に向《む》け必死《ひっし》に活動《かつどう》した
女性《じょせい》が参政権《さんせいけん》を得《え》ることで平等《びょうどう》で平和《へいわ》な社会《しゃかい》が作《つく》られるのです！
だが女性《じょせい》の参政権獲得《さんせいけんかくとく》は太平洋戦争《たいへいようせんそう》が終《お》わるまで待《ま》たねばならなかった
そして1953年《ねん》
長《なが》く女性《じょせい》の参政権獲得《さんせいけんかくとく》に力《ちから》をつくした市川《いちかわ》さんこそ国会議員《こっかいぎいん》になるべきです
わかりました 選挙《せんきょ》に出《で》ましょう
当選《とうせん》した房枝《ふさえ》はその後《ご》も亡《な》くなるまで議員《ぎいん》をつとめた
女性《じょせい》の地位向上《ちいこうじょう》だけでなく政治家《せいじか》の不正問題《ふせいもんだい》や平和問題《へいわもんだい》などにも取《と》り組《く》みました

おもしろ知識《ちしき》 房枝《ふさえ》は生涯《しょうがい》、組織《そしき》の援助《えんじょ》を受《う》けず、個人《こじん》の支援《しえん》による選挙活動《せんきょかつどう》にこだわった。1980年《ねん》の参議院議員選挙《さんぎいんぎいんせんきょ》では、87歳《さい》という高齢《こうれい》にもかかわらず全国《ぜんこく》トップで当選《とうせん》したが、その翌年《よくねん》に死去《しきょ》した。

まとめて人物紹介《じんぶつしょうかい》

制約《せいやく》を打《う》ちやぶれ！ 活躍《かつやく》する女性《じょせい》たち

女性差別《じょせいさべつ》を乗《の》りこえて

日本《にほん》の歴史《れきし》の中《なか》で女性《じょせい》は長《なが》い間《あいだ》、男性《だんせい》にくらべてさまざまな制約《せいやく》や差別《さべつ》を受《う》けてきました。しかし、きびしい状況《じょうきょう》にありながらも、自《みず》らの才能《さいのう》と努力《どりょく》で、自《みず》らの道《みち》を切《き》り開《ひら》いた女性《じょせい》も多《おお》くいます。

それまで男性《だんせい》しかいなかった領域《りょういき》に思《おも》いきって挑戦《ちょうせん》し、男性《だんせい》以上《いじょう》に大《おお》きな結果《けっか》を残《のこ》した女性《じょせい》もいました。

だれか
わかるかな?

日本女性初《にほんじょせいはつ》の
理学博士《りがくはくし》
(→P291右下《みぎした》)

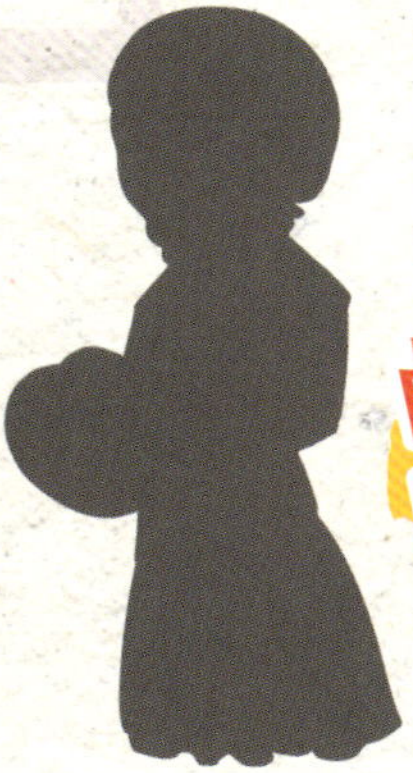

日本女性初《にほんじょせいはつ》の
医師《いし》
(→P291上《うえ》)

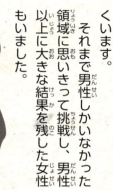

日本女性初《にほんじょせいはつ》の
宇宙飛行士《うちゅうひこうし》
(→P291左下《ひだりした》)

この人《ひと》たちも「女性初《じょせいはつ》」！

名前《なまえ》	生没年《せいぼつねん》	出身地《しゅっしんち》	業績《ぎょうせき》
人見絹枝《ひとみきぬえ》	1907～1931年《ねん》	岡山県《おかやまけん》	1928年《ねん》、アムステルダムオリンピックの800メートル競走《きょうそう》で２位《い》になり、日本女性初《にほんじょせいはつ》のメダリストに。
中田正子《なかたまさこ》	1910～2002年《ねん》	東京《とうきょう》	大学在学中《だいがくざいがくちゅう》に司法試験《しほうしけん》に合格《ごうかく》し、1940年《ねん》に日本人女性初《にほんじんじょせいはつ》の弁護士《べんごし》となった。
田部井淳子《たべいじゅんこ》	1939年《ねん》～	福島県《ふくしまけん》	1975年《ねん》、女性《じょせい》としては世界《せかい》で初《はじ》めて、世界一高《せかいいちたか》い山《やま》エベレストの登頂《とうちょう》（頂上《ちょうじょう》に登《のぼ》ること）に成功《せいこう》した。

3人《にん》の秘密《ひみつ》 徹底解剖《てっていかいぼう》！

荻野吟子《おぎのぎんこ》

医師《いし》

生没年《せいぼつねん》	1851～1913年《ねん》
出身地《しゅっしんち》	武蔵《むさし》（埼玉県《さいたまけん》）
日本女性初《にほんじょせいはつ》	医師資格《いししかく》
日本女性初《にほんじょせいはつ》達成年《たっせいねん》	1885年《ねん》

病《やまい》に苦《くる》しむ女性《じょせい》のために

男性《だんせい》しか医者《いしゃ》がいなかった時代《じだい》、病気《びょうき》の内容《ないよう》によっては、医者《いしゃ》の診断《しんだん》を受《う》けることに抵抗《ていこう》を感《かん》じる女性《じょせい》も多《おお》くいました。自身《じしん》もそうした経験《けいけん》を持《も》つ荻野《おぎの》は、苦労《くろう》して医師《いし》の資格《しかく》をとり、その後《ご》、多《おお》くの女性《じょせい》たちを救《すく》いました。

また、女性《じょせい》の地位向上《ちいこうじょう》のための活動《かつどう》もおこなっています。

保井《やすい》コノ

学者《がくしゃ》

生没年《せいぼつねん》	1880～1971年《ねん》
出身地《しゅっしんち》	香川県《かがわけん》
日本女性初《にほんじょせいはつ》	理学博士《りがくはくし》
日本女性初《にほんじょせいはつ》達成年《たっせいねん》	1927年《ねん》

植物学《しょくぶつがく》の分野《ぶんや》で多《おお》くの業績《ぎょうせき》

東京女子高等師範学校《とうきょうじょしこうとうしはんがっこう》（現在《げんざい》のお茶《ちゃ》の水女子大学《みずじょしだいがく》）の教授《きょうじゅ》だった47歳《さい》のときに「日本産石炭《にほんさんせきたん》の植物学的研究《しょくぶつがくてきけんきゅう》」という論文《ろんぶん》を書《か》き上《あ》げます。この論文《ろんぶん》で、東京帝国大学《とうきょうていこくだいがく》（現在《げんざい》の東京大学《とうきょうだいがく》）で理学博士《りがくはくし》の学位《がくい》を取得《しゅとく》しました。

その後《ご》も植物学《しょくぶつがく》の分野《ぶんや》で、数多《かずおお》くの業績《ぎょうせき》を残《のこ》しています。

医師《いし》から宇宙飛行士《うちゅうひこうし》に

向井千秋《むかいちあき》

宇宙飛行士《うちゅうひこうし》

生没年《せいぼつねん》	1952年《ねん》～
出身地《しゅっしんち》	群馬県《ぐんまけん》
日本女性初《にほんじょせいはつ》	宇宙飛行士《うちゅうひこうし》
日本女性初《にほんじょせいはつ》達成年《たっせいねん》	1994年《ねん》

向井《むかい》は救急医療《きゅうきゅういりょう》などを専門《せんもん》とする医師《いし》でしたが、宇宙《うちゅう》から地球《ちきゅう》を見《み》てみたいという願《ねが》いや、宇宙《うちゅう》でおこなわれる研究《けんきゅう》への興味《きょうみ》がつのり、宇宙飛行士《うちゅうひこうし》になりました。

2度《ど》（1994年《ねん》と1998年《ねん》）宇宙飛行《うちゅうひこう》を体験《たいけん》し、宇宙飛行《うちゅうひこう》が身体《しんたい》にあたえる影響《えいきょう》などの調査《ちょうさ》をおこなっています。

外交官《がいこうかん》

杉《すぎ》原《はら》千《ち》畝《うね》

生没年《せいぼつねん》:1900～1986年《ねん》　出身地《しゅっしんち》:岐阜県《ぎふけん》

「命《いのち》のビザ」で
6000人《にん》のユダヤ人《じん》を救《すく》う

昭和時代初期《しょうわじだいしょき》の外交官《がいこうかん》。ヨーロッパ東部《とうぶ》、リトアニアの日本領事館《にほんりょうじかん》で働《はたら》いていました。

1940年《ねん》7月《がつ》、ユダヤ人《じん》が、日本《にほん》を通過《つうか》するためのビザ（入国《にゅうこく》を許可《きょか》するサイン）を求《もと》めて領事館《りょうじかん》に殺到《さっとう》。彼《かれ》らがヨーロッパから逃《に》げられるよう、外務省《がいむしょう》の命令《めいれい》を無視《むし》してビザを発行《はっこう》しつづけ、多《おお》くのユダヤ人《じん》の命《いのち》を救《すく》いました。

杉《すぎ》原《はら》千《ち》畝《うね》がわかる!　3つのキーワード

❶ 命《いのち》のビザ	杉原《すぎはら》がユダヤ人《じん》の命《いのち》を救《すく》うため発行《はっこう》したビザは「命《いのち》のビザ」と呼《よ》ばれる。
❷ 人道《じんどう》を優先《ゆうせん》	日本政府《にほんせいふ》の命令《めいれい》より、ユダヤ人《じん》の命《いのち》を救《すく》うことを優先《ゆうせん》した。
❸ 決断力《けつだんりょく》	政治的都合《せいじてきつごう》や規則《きそく》を重視《じゅうし》する国家《こっか》の命令《めいれい》に反《はん》し、人命《じんめい》を優先《ゆうせん》させた。

1939年《ねん》
外交官《がいこうかん》の杉原千畝《すぎはら・ち・うね》は
ヨーロッパ東部《とうぶ》の国《くに》
リトアニアの
日本領事館《にほんりょうじかん》で
働《はたら》くことになった
フィンランド
ノルウェー
リトアニア
ドイツ
そのころ
ヨーロッパで
第二次世界大戦《だいにじせかいたいせん》がはじまる
ヒトラーひきいるナチスドイツが
ユダヤ人《じん》を差別《さべつ》する政策《せいさく》を
進《すす》めていた
ユダヤ人《じん》は
ひとり残《のこ》らず
根絶《ねだ》やしにするのだ!
ナチスドイツ
ヒトラー総統《そうとう》
リトアニアにも
多《おお》くのユダヤ人《じん》たちが逃《のが》れてきた
1940年《ねん》7月《がつ》18日《にち》早朝《そうちょう》
リトアニア日本領事館前《にほんりょうじかんまえ》に
おおぜいのユダヤ人《じん》が
おしかけた

おもしろ知識《ちしき》　戦後《せんご》、千畝《ちうね》は独断《どくだん》でビザを発行《はっこう》した責任《せきにん》により外交官《がいこうかん》の任《にん》を解《と》かれた。日本政府《にほんせいふ》が誤《あやま》りを認《みと》めて名誉《めいよ》が回復《かいふく》されたのは、千畝《ちうね》の死《し》から14年《ねん》たった2000年《ねん》のことだった。

杉原千畝《すぎはらちうね》
日本《にほん》を通過《つうか》できる*ビザを出《だ》してください
彼《かれ》らに残《のこ》された脱出《だっしゅつ》ルートはもう日本《にほん》を通《とお》る道《みち》しかなかったからだが
リトアニア
モスクワ
ウラジオストク
中国
日本
*入国《にゅうこく》に必要《ひつよう》な証明書《しょうめいしょ》
必要《ひつよう》な書類《しょるい》やお金《かね》を持《も》たないユダヤ人《じん》に日本《にほん》の外務省《がいむしょう》はビザの発行《はっこう》を認《みと》めなかった
このままではユダヤ人《じん》たちの命《いのち》が……
ユダヤ人《じん》の命《いのち》を救《すく》うためわたしは自分《じぶん》の判断《はんだん》でビザを出《だ》すぞ!
領事館《りょうじかん》が閉鎖《へいさ》されるまでの約《やく》1か月間《げつかん》千畝《ちうね》はビザを書《か》きつづけ約《やく》6000人《にん》のユダヤ人《じん》の命《いのち》を救《すく》った
もう腕《うで》パンパン……
29年後《ねんご》
千畝《ちうね》は自《みずか》らが発行《はっこう》したビザで生《い》きのびたユダヤ人《じん》と感動《かんどう》の再会《さいかい》をはたした
イスラエルの宗教大臣《しゅうきょうだいじん》
バルハフティック
あのときのビザです

おもしろ知識《ちしき》 リトアニアやイスラエル（戦後《せんご》、ユダヤ人《じん》が建国《けんこく》した国《くに》）には、杉原《すぎはら》の功績《こうせき》をたたえた「スギハラ通《どお》り」という名《な》の道《みち》がある。

昭和以降《しょうわいこう》のできごと

早《はや》わかり

P231から

太平洋戦争《たいへいようせんそう》を乗《の》り越《こ》えて

1941年《ねん》にはじまった太平洋戦争《たいへいようせんそう》は、約《やく》4年《ねん》後《ご》、日本《にほん》の敗北《はいぼく》で終《お》わりました。

戦後《せんご》、日本《にほん》は連合国《れんごうこく》の支配下《しはいか》に置《お》かれますが、1951年《ねん》サンフランシスコ平和条約《へいわじょうやく》で独立《どくりつ》を回《かい》復《ふく》。その後《ご》、急速《きゅうそく》に復興《ふっこう》を成《な》しとげ、経済大国《けいざいたいこく》に成長《せいちょう》しました。

1939年《ねん》～1945年《ねん》
第二次世界大戦《だいにじせかいたいせん》

杉原千畝《すぎはらちうね》
（→ P292）

1941年《ねん》～1945年《ねん》
太平洋戦争《たいへいようせんそう》

1945年《ねん》
広島《ひろしま》・長崎《ながさき》に原子爆弾《げんしばくだん》が落《お》とされる

日本《にほん》は連合国《れんごうこく》に降伏《こうふく》（太平洋戦争《たいへいようせんそう》の終結《しゅうけつ》）

1945年《ねん》
日本《にほん》がGHQ《ジーエイチキュー》の支配下《しはいか》におかれる

吉田茂《よしだしげる》
（→ P296）

1946年《ねん》
日本国憲法《にほんこくけんぽう》ができる

吉田茂《よしだしげる》
（→ P296）

1947年《ねん》
長編《ちょうへん》まんが『新宝島《しんたからじま》』が大《だい》ヒット

手塚治虫《てづかおさむ》
（→ P302）

1949年《ねん》
日本人初《にほんじんはつ》のノーベル賞《しょう》を受賞《じゅしょう》

湯川秀樹《ゆかわひでき》
（→ P298）

超重要《ちょうじゅうよう》！　大切《たいせつ》　覚《おぼ》えたい　文化《ぶんか》に関《かん》すること

1951年《ねん》

アメリカと日米安全保障《にちべいあんぜんほしょう》条約《じょうやく》を結《むす》ぶ

吉田茂《よしだしげる》

(→ P296)

連合国《れんごうこく》とサンフランシスコ平和条約《へいわじょうやく》を結《むす》び独立《どくりつ》を回復《かいふく》する

吉田茂《よしだしげる》

(→ P296)

1954年《ねん》

自衛隊《じえいたい》ができる

吉田茂《よしだしげる》

(→ P296)

1954年《ねん》ごろ～1973年《ねん》

高度経済成長《こうどけいざいせいちょう》のはじまり

1963年《ねん》

『鉄腕《てつわん》アトム』がテレビアニメ化《か》される

手塚治虫《てづかおさむ》

(→ P302)

1964年《ねん》

東京《とうきょう》オリンピック開催《かいさい》

戦後《せんご》の復興《ふっこう》を海外《かいがい》へアピールした

1972年《ねん》

太平洋戦争後《たいへいようせんそうご》アメリカの支配下《しはいか》にあった沖縄《おきなわ》が日本《にほん》に復帰《ふっき》する

1978年《ねん》

中国《ちゅうごく》と日中平和友好条約《にっちゅうへいわゆうこうじょうやく》を結《むす》ぶ

1989年《ねん》

昭和天皇《しょうわてんのう》が亡《な》くなり年号《ねんこう》が「平成《へいせい》」になる

2000年《ねん》

九州《きゅうしゅう》・沖縄《おきなわ》サミット開催《かいさい》

2011年《ねん》

東日本大震災《ひがしにほんだいしんさい》

2020年《ねん》

２度目《どめ》となる東京《とうきょう》オリンピック開催《かいさい》へ

未来《みらい》につづく

吉《よし》田《だ》茂《しげる》

生没年《せいぼつねん》:1878～1967年《ねん》　出身地《しゅっしんち》:東京《とうきょう》

昭和《しょうわ》時代《じだい》の政治家《せいじか》。太平洋戦争《たいへいようせんそう》の敗戦《はいせん》から9か月後《げつご》の1946年《ねん》5月《がつ》に内閣総理大臣《ないかくそうりだいじん》に就任《しゅうにん》。GH《ジーエイチ》Q《キュー》（連合国軍最高司令官総司令《れんごうこくぐんさいこうしれいかんそうしれい》部《ぶ》）の指導《しどう》を受《う》けながら「日本国《にほんこく》憲法《けんぽう》」を定《さだ》め、1951年《ねん》、サンフランシスコ平和条約《へいわじょうやく》を結《むす》び、日《に》本《ほん》を独立《どくりつ》に導《みちび》きます。

その後《ご》も、日本《にほん》の復興《ふっこう》に向《む》けて力《ちから》をつくしました。

戦後《せんご》日本《にほん》の基礎《きそ》を築《きず》いた政治家《せいじか》

吉田茂《よしだしげる》がわかる！　3つのキーワード

❶ **日本《にほん》の独立《どくりつ》**　占領下《せんりょうか》の日本《にほん》で連合国《れんごうこく》とねばり強《づよ》く交渉《こうしょう》し、独立《どくりつ》を成《な》しとげた。

❷ **ユーモア**　短気《たんき》でがんこな面《めん》もあったが、ユーモアに富《と》んだ話《はなし》で人《ひと》を引《ひ》きつけた。

❸ **人材育成《じんざいいくせい》**　優秀《ゆうしゅう》な人材《じんざい》を多《おお》く育《そだ》て、その中《なか》から後《のち》の総理大臣《そうりだいじん》が何人《なんにん》も誕生《たんじょう》した。

1945年《ねん》
太平洋戦争《たいへいようせんそう》が終《お》わった
戦争《せんそう》に負《ま》けたことは悪《わる》いことばかりではない
*軍国主義《ぐんこくしゅぎ》をあらためて新《あたら》しい日本《にほん》を作《つく》るチャンスだ
*国民生活《こくみんせいかつ》よりも軍事力《ぐんじりょく》を大切《たいせつ》にする考《かんが》え方《かた》
翌年《よくねん》には内閣総理大臣《ないかくそうりだいじん》になった
日本《にほん》を元気《げんき》にしてみせるぞ
戦争《せんそう》に負《ま》けた日本《にほん》は連合国《れんごうこく》(日本《にほん》に勝《か》った国々《くにぐに》)の支配下《しはいか》に置《お》かれていた
われわれの指導《しどう》で日本《にほん》を改革《かいかく》してもらうよ
GHQ《ジーエイチキュー》
マッカーサー
わかりました
日本《にほん》の守《まも》るべきところはしっかり守《まも》ってみせる

ことば解説《かいせつ》　「GHQ《ジーエイチキュー》（連合国軍最高司令官総司令部《れんごうこくぐんさいこうしれいかんそうしれいぶ》）」とは、日本《にほん》に勝利《しょうり》したアメリカなどが、太平洋戦争《たいへいようせんそう》の敗戦国《はいせんこく》である日本《にほん》を占領《せんりょう》・管理《かんり》するために作《つく》った組織《そしき》。その最高責任者《さいこうせきにんしゃ》が、ダグラス・マッカーサーだった。

GHQ《ジーエイチキュー》の案《あん》をもとに
国会《こっかい》で話《はな》し合《あ》いがおこなわれ
同年《どうねん》11月《がつ》
新《あたら》しい憲法《けんぽう》（日本国憲法《にほんこくけんぽう》）が公布《こうふ》された
日本国憲法《にほんこくけんぽう》　3つの柱《はしら》
国民主権《こくみんしゅけん》
戦争《せんそう》の放棄《ほうき》
基本的人権《きほんてきじんけん》の尊重《そんちょう》
生《う》まれ変《か》わった日本《にほん》を外国《がいこく》にアピールして早《はや》く独立《どくりつ》をはたさなきゃ
1951年《ねん》
戦争《せんそう》で戦《たたか》った国々《くにぐに》と平和条約《へいわじょうやく》
（サンフランシスコ平和条約《へいわじょうやく》）を結《むす》び
日本《にほん》は独立《どくりつ》を回復《かいふく》した
この条約《じょうやく》は「和解《わかい》」と「信頼《しんらい》」の文書《ぶんしょ》です
日本《にほん》に対《たい》する思《おも》いやりのある処置《しょち》に感謝《かんしゃ》します
しかし……
このとき吉田《よしだ》は沖縄《おきなわ》など
日本《にほん》の一部《いちぶ》の領土《りょうど》が外国《がいこく》の支配《しはい》を
受《う》けつづけることへの心配《しんぱい》や
日本《にほん》の経済発展《けいざいはってん》への協力《きょうりょく》のお願《ねが》いも
しっかり述《の》べている
同日《どうじつ》
日本《にほん》にアメリカ軍《ぐん》が
とどまるのを認《みと》める
日米安全保障条約《にちべいあんぜんほしょうじょうやく》
がアメリカと
結《むす》ばれた
日本《にほん》は軍《ぐん》を持《も》てなくなったからしかたない……
やめろ
安保反対《あんぽはんたい》！
その後《ご》も強《つよ》いリーダーシップで
日本《にほん》の政治《せいじ》を引《ひ》っ張《ぱ》っていった
わたしについてこい！

おもしろ知識《ちしき》　吉田《よしだ》は計《けい》5回《かい》、総理大臣《そうりだいじん》を経験《けいけん》。4度目《どめ》の総理大臣《そうりだいじん》だった1953年《ねん》、国会《こっかい》で質問者《しつもんしゃ》に「バカヤロー」と言《い》ったのがきっかけで、衆議院《しゅうぎいん》が解散《かいさん》となった。このできごとは、「バカヤロー解散《かいさん》」と呼《よ》ばれている。

学者《がくしゃ》

湯《ゆ》川《かわ》秀《ひで》樹《き》

生没年《せいぼつねん》:1907〜1981年《ねん》　出身地《しゅっしんち》:東京《とうきょう》

昭和時代《しょうわじだい》の物理学者《ぶつりがくしゃ》。１９３５年《ねん》に「中間子論《ちゅうかんしろん》」を発表《はっぴょう》し、史上《しじょう》最年少《さいねんしょう》（２０１６年《ねん》10月現在《がつげんざい》）の満《まん》36歳《さい》で国《くに》から文化勲章《ぶんかくんしょう》を受章《じゅしょう》します。１９４９年《ねん》、ノーベル物理《ぶつり》学賞《がくしょう》を受賞《じゅしょう》して、日本人初《にほんじんはつ》のノーベル賞受賞者《しょうじゅしょうしゃ》となりました。

その後《ご》も研究者《けんきゅうしゃ》として活動《かつどう》しながら、核兵器《かくへいき》の廃止《はいし》を訴《うった》えたり、平和運動《へいわうんどう》にもかかわりました。

日本人初《にほんじんはつ》の
ノーベル賞受賞者《しょうじゅしょうしゃ》

湯川秀樹《ゆかわひでき》がわかる！　3つのキーワード

❶ **ノーベル賞《しょう》**　日本人《にほんじん》として初受賞《はつじゅしょう》。敗戦《はいせん》で自信《じしん》を失《うしな》っていた日本人《にほんじん》を元気《げんき》づけた。

❷ **平和運動《へいわうんどう》**　科学者《かがくしゃ》の責任《せきにん》として、科学《かがく》の平和利用《へいわりよう》を主張《しゅちょう》。

❸ **日本《にほん》で研究《けんきゅう》**　最新《さいしん》の研究《けんきゅう》は海外留学《かいがいりゅうがく》があたり前《まえ》の時代《じだい》に、日本《にほん》に残《のこ》って結果《けっか》を出《だ》した。

学者一家《がくしゃいっか》に生《う》まれた湯川《ゆかわ》はあるとき兄《あに》と言《い》い争《あらそ》いになった
物質《ぶっしつ》ってどこまで小《ち》さくできるのかな
分子《ぶんし》がいちばん小《ち》さい
ポカ
ポカ
いや　ちがうよ！
その後《ご》分子《ぶんし》より小《ち》さな「原子《げんし》」と原子《げんし》を作《つく》る「原子核《げんしかく》」「電子《でんし》」が発見《はっけん》された
水《みず》の分子《ぶんし》
原子《げんし》
原子《げんし》
原子《げんし》
電子《でんし》
原子核《げんしかく》
やっぱりぼくが正《ただ》しかったんだ
１９２９年《ねん》京都帝国大学《きょうとていこくだいがく》（現在《げんざい》の京都大学《きょうとだいがく》）を卒業《そつぎょう》物理学者《ぶつりがくしゃ》として歩《あゆ》みはじめた
世界《せかい》では若《わか》い物理学者《ぶつりがくしゃ》たちが新《あたら》しい発見《はっけん》を次々《つぎつぎ》としているぼくだって……

ことば解説《かいせつ》　「ノーベル賞《しょう》」は、スウェーデンの科学者《かがくしゃ》ノーベルの遺産《いさん》をもとに作《つく》られた世界的《せかいてき》な賞《しょう》。物理学《ぶつりがく》、化学《かがく》、生理学《せいりがく》・医学《いがく》、文学《ぶんがく》、平和《へいわ》、経済学《けいざいがく》の６部門《ぶもん》あり、各分野《かくぶんや》で大《おお》きな功績《こうせき》を残《のこ》した人物《じんぶつ》にあたえられる。

そのころアメリカで原子核《げんしかく》は「陽子《ようし》」と「中性子《ちゅうせいし》」が集《あつ》まってできているという新発見《しんはっけん》があった
原子核《げんしかく》
中性子《ちゅうせいし》
陽子《ようし》
なぜバラバラにならないんだろう……
わかった!
ポイッ
中性子《ちゅうせいし》
中間子《ちゅうかんし》
陽子《ようし》
陽子《ようし》と中性子《ちゅうせいし》が中間子《ちゅうかんし》をキャッチボールしてつながっているんだ!
1935年《ねん》 湯川《ゆかわ》は「中間子《ちゅうかんし》」の理論《りろん》を発表《はっぴょう》 当初《とうしょ》 研究者《けんきゅうしゃ》たちの反応《はんのう》はうすかったが
じょじょに注目《ちゅうもく》を集《あつ》め物理学者《ぶつりがくしゃ》として国内外《こくないがい》で評価《ひょうか》されるようになった
?
?
?
国《くに》から勲章《くんしょう》ももらったぞ
その後《ご》1945年《ねん》8月《がつ》広島《ひろしま》と長崎《ながさき》に原子爆弾《げんしばくだん》を落《お》とされた 原子爆弾《げんしばくだん》の開発《かいはつ》には最新《さいしん》の物理学《ぶつりがく》が使《つか》われていた
物理学《ぶつりがく》をこんなふうに使《つか》うなんて……
太平洋戦争後《たいへいようせんそうご》 海外《かいがい》の学者《がくしゃ》たちによって湯川《ゆかわ》のとなえた「中間子《ちゅうかんし》」の存在《そんざい》が確認《かくにん》され
1949年《ねん》 ノーベル物理学賞《ぶつりがくしょう》を受賞《じゅしょう》
12年《ねん》待《ま》ったよ~
日本人《にほんじん》の学者《がくしゃ》が世界的《せかいてき》に認《みと》められたぞ!
日本人《にほんじん》だってやれるんだ!
湯川《ゆかわ》のノーベル賞受賞《しょうじゅしょう》は敗戦《はいせん》のショックからまだ立《た》ち直《なお》れずにいた日本国民《にほんこくみん》を勇気《ゆうき》づけた
その後《ご》も湯川《ゆかわ》は物理学《ぶつりがく》の研究《けんきゅう》に打《う》ちこむとともに核兵器《かくへいき》や戦争《せんそう》がなくなる世《よ》の中《なか》を願《ねが》って平和活動《へいわかつどう》にもかかわった
科学技術《かがくぎじゅつ》は平和《へいわ》のために利用《りよう》されるべきなんだ

おもしろ知識《ちしき》 小《ちい》さいころから無口《むくち》だったため、「イワン（言《い》わん）」というあだ名《な》があった。また、声《こえ》も小《ちい》さく、大学《だいがく》の講義《こうぎ》や研究発表《けんきゅうはっぴょう》の場《ば》では、湯川《ゆかわ》の言《い》っていることを聞《き》き取《と》れない人《ひと》も多《おお》かったという。

まとめて人《じん》物《ぶつ》紹《しょう》介《かい》

現代《げんだい》の偉人《いじん》たち

ノーベル賞《しょう》受《じゅ》賞《しょう》者《しゃ》

影響力《えいきょうりょく》は世界規模《せかいきぼ》！

ノーベル賞《しょう》はある特定《とくてい》の分《ぶん》野《や》で、世界《せかい》に影響《えいきょう》をあたえる大《おお》きな発見《はっけん》をしたり、功績《こうせき》をあげたりした人物《じんぶつ》に贈《おく》られる世界的《せかいてき》な賞《しょう》です。

１９０１年《ねん》に賞《しょう》がはじまり、１９４９年《ねん》、物理学者《ぶつりがくしゃ》の湯川秀樹《ゆかわひでき》が日本人初《にほんじんはつ》のノーベル賞《しょう》を受賞《じゅしょう》。その後《ご》も受賞者《じゅしょうしゃ》の数《かず》はふえ、現在《げんざい》では、日本《にほん》はアジアでもっとも多《おお》くの受《じゅ》賞者《しょうしゃ》を生《う》んだ国《くに》となりました。

だれか
わかるかな?
生理学《せいりがく》・医学賞《いがくしょう》
を受賞《じゅしょう》
(→P301右下《みぎした》)

文学賞《ぶんがくしょう》
を受賞《じゅしょう》
(→P301上《うえ》)

化学賞《かがくしょう》
を受賞《じゅしょう》
(→P301左下《ひだりした》)

ほかにもたくさん！　ノーベル賞受賞者《しょうじゅしょうしゃ》

2016年《ねん》10月現在《がつげんざい》

賞《しょう》	名前《なまえ》	生没年《せいぼつねん》	出身地《しゅっしんち》	受賞年《じゅしょうねん》
物理学賞《ぶつりがくしょう》	朝永振一郎《ともながしんいちろう》	1906～1979年《ねん》	東京《とうきょう》	1965年《ねん》
	江崎玲於奈《えさきれおな》	1925年《ねん》～	大阪府《おおさかふ》	1973年《ねん》
	小柴昌俊《こしばまさとし》	1926年《ねん》～	愛知県《あいちけん》	2002年《ねん》
	小林誠《こばやしまこと》	1944年《ねん》～	愛知県《あいちけん》	2008年《ねん》
	南部陽一郎《なんぶよういちろう》※	1921～2015年《ねん》	東京《とうきょう》	2008年《ねん》
	益川敏英《ますかわとしひで》	1940年《ねん》～	愛知県《あいちけん》	2008年《ねん》
	赤﨑勇《あかさきいさむ》	1929年《ねん》～	鹿児島県《かごしまけん》	2014年《ねん》
	天野浩《あまのひろし》	1960年《ねん》～	静岡県《しずおかけん》	2014年《ねん》
	中村修二《なかむらしゅうじ》※	1954年《ねん》～	愛媛県《えひめけん》	2014年《ねん》
	梶田隆章《かじたたかあき》	1959年《ねん》～	埼玉県《さいたまけん》	2015年《ねん》

賞《しょう》	名前《なまえ》	生没年《せいぼつねん》	出身地《しゅっしんち》	受賞年《じゅしょうねん》
化学賞《かがくしょう》	福井謙一《ふくいけんいち》	1918～1998年《ねん》	奈良県《ならけん》	1981年《ねん》
	白川英樹《しらかわひでき》	1936年《ねん》～	東京《とうきょう》	2000年《ねん》
	野依良治《のよりりょうじ》	1938年《ねん》～	兵庫県《ひょうごけん》	2001年《ねん》
	下村脩《しもむらおさむ》	1928年《ねん》～	京都府《きょうとふ》	2008年《ねん》
	根岸英一《ねぎしえいいち》	1935年《ねん》～	満州国《まんしゅうこく》	2010年《ねん》
	鈴木章《すずきあきら》	1930年《ねん》～	北海道《ほっかいどう》	2010年《ねん》
生理学《せいりがく》・医学賞《いがくしょう》	利根川進《とねがわすすむ》	1939年《ねん》～	愛知県《あいちけん》	1987年《ねん》
	大村智《おおむらさとし》	1935年《ねん》～	山梨県《やまなしけん》	2015年《ねん》
	大隅良典《おおすみよしのり》	1945年《ねん》～	福岡県《ふくおかけん》	2016年《ねん》
文学賞《ぶんがくしょう》	大江健三郎《おおえけんざぶろう》	1935年《ねん》～	愛媛県《えひめけん》	1994年《ねん》
平和賞《へいわしょう》	佐藤栄作《さとうえいさく》	1901～1975年《ねん》	山口県《やまぐちけん》	1974年《ねん》

※の人《ひと》はアメリカ国籍《こくせき》（受賞時《じゅしょうじ》）

3人《にん》の秘密《ひみつ》 徹底解剖《てっていかいぼう》！

川端康成《かわばたやすなり》

小説家《しょうせつか》

生没年《せいぼつねん》	1899～1972年《ねん》
出身地《しゅっしんち》	大阪府《おおさかふ》
受賞年《じゅしょうねん》	1968年《ねん》（文学賞《ぶんがくしょう》）
代表作《だいひょうさく》	『雪国《ゆきぐに》』

独自《どくじ》の「美《うつく》しさ」を追求《ついきゅう》

日本《にほん》を代表《だいひょう》する小説家《しょうせつか》の一人《ひとり》。日本人《にほんじん》の心《こころ》の本質《ほんしつ》や、日本《にほん》の美《うつく》しさをたくみな表現《ひょうげん》でえがいた川端《かわばた》の作品《さくひん》は、日本《にほん》だけでなく、世界《せかい》でも高《たか》い評価《ひょうか》を受《う》けています。

代表作《だいひょうさく》は『雪国《ゆきぐに》』のほか、『伊豆《いず》の踊子《おどりこ》』『千羽鶴《せんばづる》』など。ノーベル賞受賞《しょうじゅしょう》の4年後《ねんご》、自《みずか》ら命《いのち》を絶《た》ちました。

再生医療《さいせいいりょう》の新《あら》たな扉《とびら》を開《ひら》く

山中伸弥《やまなかしんや》

学者《がくしゃ》

生没年《せいぼつねん》	1962年《ねん》～
出身地《しゅっしんち》	大阪府《おおさかふ》
受賞年《じゅしょうねん》	2012年《ねん》（生理学《せいりがく》・医学賞《いがくしょう》）
主《おも》な功績《こうせき》	「iPS《アイピーエス》細胞《さいぼう》」の作製《さくせい》

山中《やまなか》は4つの遺伝子《いでんし》（親《おや》から子《こ》へ、からだの性質《せいしつ》を伝《つた》える元《もと》となる物質《ぶっしつ》）を皮膚《ひふ》の細胞《さいぼう》に入《い》れることで、どんな細胞《さいぼう》にもなれる「iPS《アイピーエス》細胞《さいぼう》」の作製《さくせい》に成功《せいこう》しました。

「iPS《アイピーエス》細胞《さいぼう》」は、再生医療《さいせいいりょう》（失《うしな》われた臓器《ぞうき》や組織《そしき》を再生《さいせい》する治療法《ちりょうほう》）の発展《はってん》に加《くわ》えて、多《おお》くの難病《なんびょう》の原因《げんいん》や治療法《ちりょうほう》の発見《はっけん》につながると期待《きたい》されています。

田中耕一《たなかこういち》

学者《がくしゃ》

生没年《せいぼつねん》	1959年《ねん》～
出身地《しゅっしんち》	富山県《とやまけん》
受賞年《じゅしょうねん》	2002年《ねん》（化学賞《かがくしょう》）
主《おも》な功績《こうせき》	「ソフトレーザー脱離《だつり》イオン化法《かほう》」の開発《かいはつ》

平凡《へいぼん》なサラリーマンだったけど……

日本《にほん》の企業《きぎょう》で技術者《ぎじゅつしゃ》として働《はたら》いていた田中《たなか》は、タンパク質《しつ》をくわしく分析《ぶんせき》するための方法《ほうほう》を開発《かいはつ》。それがノーベル化学賞《かがくしょう》への受賞《じゅしょう》につながりました。

この方法《ほうほう》を応用《おうよう》することで、今後《こんご》、わずかな血液《けつえき》から、さまざまな病気《びょうき》の早期発見《そうきはっけん》が可能《かのう》になるのではないかと考《かんが》えられています。

まんが家《か》

手塚治虫《てづかおさむ》

生没年《せいぼつねん》:1928～1989年《ねん》　出身地《しゅっしんち》:大阪府《おおさかふ》

昭和時代《しょうわじだい》のまんが家《か》。1946年《ねん》にまんが家《か》デビュー。医師《いし》の勉強《べんきょう》をしながらまんがをかきつづけ、医師国家試験《いしこっかしけん》に合格後《ごうかくご》、まんが家《か》一本《いっぽん》の生活《せいかつ》をはじめます。

一貫《いっかん》して生命《せいめい》の大切《たいせつ》さをえがき、さまざまなまんがの技法《ぎほう》の開発《かいはつ》や、アニメーションの制作《せいさく》に取《と》り組《く》みました。『鉄腕《てつわん》アトム』など数多《かずおお》くの名作《めいさく》を世《よ》に残《のこ》しました。

手塚治虫《てづかおさむ》がわかる！　3つのキーワード

1	まんがの神様《かみさま》	優《すぐ》れたまんがを数多《かずおお》く残《のこ》し、まんがを一大娯楽《いちだいごらく》ジャンルに育《そだ》て上《あ》げた。
2	生命《せいめい》	戦争《せんそう》を生《い》きのびた手塚《てづか》にとって、何《なに》より大切《たいせつ》なテーマだった。
3	アニメーション	現在数多《げんざいかずおお》く流《なが》れているテレビアニメシリーズのはじまりは手塚治虫《てづかおさむ》だった。

生命《せいめい》をえがきつづけた
「まんがの神様《かみさま》」

手塚《てづか》はとても絵《え》が上手《じょうず》な少年《しょうねん》だった
すげえ
うまーい！
中学生《ちゅうがくせい》のとき腕《うで》に入《はい》ったばい菌《きん》が悪化《あっか》し切断《せつだん》することも考《かんが》えたが……
早《はや》く病院《びょういん》に来《き》てよかったね だいじょうぶ なおるよ
お医者《いしゃ》さんって すごいな ぼくも医者《いしゃ》になりたいな
1945年《ねん》 太平洋戦争《たいへいようせんそう》が終結《しゅうけつ》 手塚《てづか》は医学部《いがくぶ》に通《かよ》いながら まんがをかいた
平和《へいわ》になったんだ 自由《じゆう》に まんがをかこう！
医学
医学
1947年《ねん》に発表《はっぴょう》した『新宝島《しんたからじま》』が大《だい》ヒット

おもしろ知識《ちしき》
本名《ほんみょう》は治《おさむ》。ペンネームの「治虫《おさむ》」はオサムシという虫《むし》から取《と》ったもので、最初《さいしょ》はそのまま「おさむし」と読《よ》ませていた。手塚《てづか》は昆虫《こんちゅう》好《ず》きで、昆虫《こんちゅう》の図鑑《ずかん》などもかいている。

手塚治虫《てづかおさむ》
その後《ご》 医師国家試験《いしこっかしけん》に受《う》かったが
まんが家《か》の道《みち》を選択《せんたく》
たくさんの仕事《しごと》をこなし
魅力的《みりょくてき》なストーリーとキャラクターで
多《おお》くの人々《ひとびと》をとりこにした
先生《せんせい》 原稿《げんこう》を早《はや》くくださーい
こっちの原稿《げんこう》が先《さき》だよ
ぼくのまんがを待《ま》ってくれている子《こ》どもたちのためにがんばるぞ
まんがだけでなくディズニーのようなアニメも作《つく》ってみたいなあ
でもアニメはひとりじゃ作《つく》れないし……
みんなで作《つく》ればいいんだ!
1961年《ねん》
手塚治虫《てづかおさむ》プロダクション
動画部《どうがぶ》を設立《せつりつ》
自《みずか》らアニメ制作《せいさく》をスタートした
1963年《ねん》『鉄腕《てつわん》アトム』放映開始《ほうえいかいし》
日本《にほん》のテレビアニメシリーズの歴史《れきし》は
ここからはじまった
すげー!
おもしろ〜い!
その後《ご》もがんで亡《な》くなる直前《ちょくぜん》まで
多《おお》くのまんがを世《よ》に出《だ》しつづけた
かきたいことはまだまだいくらでもあるんだ
その作品《さくひん》は
今《いま》も多《おお》くの人々《ひとびと》を喜《よろこ》ばせている
すごいな〜

おもしろ知識《ちしき》 ひいおじいさんの手塚良仙《てづかりょうせん》は、幕末《ばくまつ》〜明治時代初期《めいじじだいしょき》の医者《いしゃ》。大坂《おおさか》（大阪《おおさか》）の蘭学塾《らんがくじゅく》で学《まな》び、明治時代《めいじじだい》の思《し》想家《そうか》、福沢諭吉《ふくざわゆきち》（→P234）とも友人《ゆうじん》だった。

『まんが日本《にほん》の歴史人物事典《れきしじんぶつじてん》』年表《ねんぴょう》

時代《じだい》	西暦《せいれき》	できごとや動《うご》き	主《おも》な人物《じんぶつ》
旧石器《きゅうせっき》・縄文《じょうもん》	数万年前《すうまんねんまえ》	簡単《かんたん》な木《き》の小屋《こや》や洞窟《どうくつ》に住《す》み、狩《か》り、漁《りょう》、採集《さいしゅう》を中心《ちゅうしん》としたくらしをしていた	
	約《やく》1万年前《まんねんまえ》	現在《げんざい》のような日本列島《にほんれっとう》が形成《けいせい》される	
弥生《やよい》	紀元前《きげんぜん》300年《ねん》ごろ	稲作《いなさく》や金属器《きんぞくき》が大陸《たいりく》から九州北部《きゅうしゅうほくぶ》に伝《つた》わり、全国《ぜんこく》に広《ひろ》まる	
		弥生土器《やよいどき》の使用《しよう》がはじまる	
	239年《ねん》	卑弥呼《ひみこ》が魏《ぎ》（中国《ちゅうごく》）に使者《ししゃ》を出《だ》す	卑弥呼《ひみこ》（→P14）
古墳《こふん》	4～5世紀《せいき》ごろ	ヤマト王権《おうけん》が国内《こくない》の統一《とういつ》を進《すす》める	
	538年《ねん》	朝鮮半島《ちょうせんはんとう》の百済《ペクチェ》から仏教《ぶっきょう》が伝《つた》わる（552年《ねん》という説《せつ》もある）	
飛鳥《あすか》	593年《ねん》	**聖徳太子《しょうとくたいし》（厩戸皇子《うまやどのおうじ》）、推古天皇《すいこてんのう》の摂政《せっしょう》となる**	聖徳太子《しょうとくたいし》（→P18）
		このころ、飛鳥文化《あすかぶんか》が栄《さか》える	
	603年《ねん》	聖徳太子《しょうとくたいし》、冠位十二階《かんいじゅうにかい》を定《さだ》める	
	604年《ねん》	聖徳太子《しょうとくたいし》、十七条《じゅうしちじょう》の憲法《けんぽう》を定《さだ》める	
	607年《ねん》	聖徳太子《しょうとくたいし》、隋《ずい》（中国《ちゅうごく》）に小野妹子《おののいもこ》を使者《ししゃ》（遣隋使《けんずいし》）として送《おく》る	聖徳太子《しょうとくたいし》（→P18）、小野妹子《おののいもこ》（→P22）
	645年《ねん》	中大兄皇子《なかのおおえのおうじ》（天智天皇《てんじてんのう》）と中臣鎌足《なかとみのかまたり》らが蘇我氏《そがし》をほろぼす**（大化《たいか》の改新《かいしん》）**	天智天皇《てんじてんのう》・中臣鎌足《なかとみのかまたり》（→P24）
	663年《ねん》	白村江《はくすきのえ》の戦《たたか》いで、日本軍《にほんぐん》が大陸《たいりく》の唐《とう》（中国《ちゅうごく》）・新羅《シルラ》連合軍《れんごうぐん》に敗《やぶ》れる	
	672年《ねん》	大海人皇子《おおあまのおうじ》（天武天皇《てんむてんのう》）が大友皇子《おおとものおうじ》に勝利《しょうり》する（壬申《じんしん》の乱《らん》）	天武天皇《てんむてんのう》（→P28）
	701年《ねん》	大宝律令《たいほうりつりょう》が定《さだ》められる	
奈良《なら》	710年《ねん》	奈良《なら》の平城京《へいじょうきょう》に都《みやこ》が移《うつ》る	
		このころ、天平文化《てんぴょうぶんか》が栄《さか》える	聖武天皇《しょうむてんのう》（→P30）
	745年《ねん》	行基《ぎょうき》、日本《にほん》ではじめて「大僧正《だいそうじょう》」の位《くらい》につく	行基《ぎょうき》（→P32）

時代	年	できごと	人物
	752年《ねん》	東大寺《とうだいじ》の大仏《だいぶつ》が完成《かんせい》する	聖武天皇《しょうむてんのう》（→P30）、行基《ぎょうき》（→P32）
	754年《ねん》	鑑真《がんじん》が唐《とう》から来日《らいにち》する	鑑真《がんじん》（→P34）
平安《へいあん》	794年《ねん》	桓武天皇《かんむてんのう》、**平安京《へいあんきょう》（京都《きょうと》）に都《みやこ》を移《うつ》す**	桓武天皇《かんむてんのう》（→P40）
	797年《ねん》	坂上田村麻呂《さかのうえのたむらまろ》が東北《とうほく》の蝦夷《えみし》を倒《たお》す	坂上田村麻呂《さかのうえのたむらまろ》（→P42）
	805年《ねん》	最澄《さいちょう》、唐《とう》から帰国《きこく》	最澄《さいちょう》（→P44）
	806年《ねん》	空海《くうかい》、唐《とう》から帰国《きこく》	空海《くうかい》（→P44）
	866年《ねん》	藤原良房《ふじわらのよしふさ》が摂政《せっしょう》となる（摂関政治《せっかんせいじ》のはじまり）	
	887年《ねん》	藤原基経《ふじわらのもとつね》が関白《かんぱく》となる	
	894年《ねん》	菅原道真《すがわらのみちざね》、遣唐使《けんとうし》廃止《はいし》を提案《ていあん》する	
	935年《ねん》	平将門《たいらのまさかど》が関東《かんとう》で反乱《はんらん》を起《お》こす	平将門《たいらのまさかど》・藤原純友《ふじわらのすみとも》（→P46）
	939年《ねん》	藤原純友《ふじわらのすみとも》が瀬戸内海《せとないかい》で反乱《はんらん》を起《お》こす	
	1016年《ねん》	**藤原道長《ふじわらのみちなが》が摂政《せっしょう》となる**	藤原道長《ふじわらのみちなが》（→P52）
	11世紀《せいき》はじめ	清少納言《せいしょうなごん》が『枕草子《まくらのそうし》』を書《か》く 紫式部《むらさきしきぶ》が『源氏物語《げんじものがたり》』を書《か》く	紫式部《むらさきしきぶ》・清少納言《せいしょうなごん》（→P54）
	1051年《ねん》	東北《とうほく》で起《お》きた反乱《はんらん》（前九年合戦《ぜんくねんかっせん》）を源義家《みなもとのよしいえ》がしずめる	
	1083年《ねん》	ふたたび東北《とうほく》で起《お》きた反乱《はんらん》（後三年合戦《ごさんねんかっせん》）も源義家《みなもとのよしいえ》がしずめ、源氏《げんじ》が東国《とうごく》で力《ちから》をのばす	
	1086年《ねん》	白河天皇《しらかわてんのう》が堀河天皇《ほりかわてんのう》に位《くらい》をゆずって上皇《じょうこう》になり、院政《いんせい》をはじめる	白河天皇《しらかわてんのう》（→P60）
	1124年《ねん》ごろ	平氏《へいし》が西国《さいごく》で力《ちから》をのばす	
	1156年《ねん》	保元《ほうげん》の乱《らん》が起《お》きる	
	1159年《ねん》	平治《へいじ》の乱《らん》が起《お》きる	平清盛《たいらのきよもり》（→P62）
	1167年《ねん》	**平清盛《たいらのきよもり》、貴族《きぞく》の最高職《さいこうしょく》の太政大臣《だいじょうだいじん》となる**	

時代	年	できごと	人物
鎌倉《かまくら》	1180年《ねん》	源頼朝《みなもとのよりとも》が平氏《へいし》打倒《だとう》の兵《へい》をあげ、源氏《げんじ》と平氏《へいし》の争《あらそ》い(源平合戦《げんぺいがっせん》)がはじまる(〜1185年《ねん》)	源頼朝《みなもとのよりとも》(→P70)
	1185年《ねん》	壇ノ浦《だんのうら》の合戦《かっせん》で、源義経《みなもとのよしつね》の活躍《かつやく》により平氏《へいし》がほろぶ	源義経《みなもとのよしつね》(→P74)
		源頼朝《みなもとのよりとも》が守護《しゅご》・地頭《じとう》を全国《ぜんこく》に置《お》く	源頼朝《みなもとのよりとも》(→P70)
	1192年《ねん》	**源頼朝《みなもとのよりとも》が征夷大将軍《せいいたいしょうぐん》となる**	
		このころ、鎌倉文化《かまくらぶんか》が栄《さか》える	運慶《うんけい》(→P78)
	1221年《ねん》	承久《じょうきゅう》の乱《らん》が起《お》きる	北条政子《ほうじょうまさこ》(→P76)
	1274年《ねん》	元《げん》(中国《ちゅうごく》)が北九州《きたきゅうしゅう》に攻《せ》めこむ**(文永《ぶんえい》の役《えき》)**	北条時宗《ほうじょうときむね》(→P82)
	1281年《ねん》	ふたたび元《げん》が北九州《きたきゅうしゅう》に攻《せ》めこむ**(弘安《こうあん》の役《えき》)**	
	1331年《ねん》	後醍醐天皇《ごだいごてんのう》が幕府《ばくふ》を倒《たお》す計画《けいかく》に失敗《しっぱい》する	後醍醐天皇《ごだいごてんのう》(→P88)
	1333年《ねん》	足利尊氏《あしかがたかうじ》らが、鎌倉幕府《かまくらばくふ》をほろぼす	後醍醐天皇《ごだいごてんのう》(→P88)、足利尊氏《あしかがたかうじ》(→P90)
	1334年《ねん》	後醍醐天皇《ごだいごてんのう》が、建武《けんむ》の新政《しんせい》をおこなう	
室町《むろまち》/南北朝《なんぼくちょう》	1336年《ねん》	足利尊氏《あしかがたかうじ》が京都《きょうと》に北朝《ほくちょう》を立《た》て、後醍醐天皇《ごだいごてんのう》が吉野《よしの》に移《うつ》る	
	1338年《ねん》	足利尊氏《あしかがたかうじ》が征夷大将軍《せいいたいしょうぐん》となり、幕府《ばくふ》が成立《せいりつ》する	足利尊氏《あしかがたかうじ》(→P90)
	1378年《ねん》	足利義満《あしかがよしみつ》が室町《むろまち》に幕府《ばくふ》を移《うつ》す	足利義満《あしかがよしみつ》(→P94)
	1392年《ねん》	南朝《なんちょう》と北朝《ほくちょう》が統一《とういつ》される	
	1397年《ねん》	足利義満《あしかがよしみつ》が北山《きたやま》に金閣《きんかく》を建《た》てる	足利義満《あしかがよしみつ》(→P94)、観阿弥《かんあみ》・世阿弥《ぜあみ》(→P102)
		このころ、北山文化《きたやまぶんか》が栄《さか》える	
	1467年《ねん》	応仁《おうにん》の乱《らん》が起《お》きる(〜1477年《ねん》)	足利義政《あしかがよしまさ》(→P98)
		雪舟《せっしゅう》が明《みん》に渡《わた》り、水墨画《すいぼくが》を学《まな》ぶ	雪舟《せっしゅう》(→P100)
戦国《せんごく》	1482年《ねん》	足利義政《あしかがよしまさ》が東山《ひがしやま》に銀閣《ぎんかく》の造営《ぞうえい》をはじめる	

		このころ、東山文化《ひがしやまぶんか》が栄《さか》える	足利義政《あしかがよしまさ》（→Ｐ98）、雪舟《せっしゅう》（→Ｐ１００）
	１５４３年《ねん》	ポルトガル人《じん》が種子島《たねがしま》に漂着《ひょうちゃく》し、日本《にほん》に鉄砲《てっぽう》が伝《つた》わる	
	１５４９年《ねん》	ザビエルが日本《にほん》にキリスト教《きょう》を伝《つた》える	ザビエル（→Ｐ１０８）
	１５６０年《ねん》	**桶狭間《おけはざま》の戦《たたか》い**で、織田信長《おだのぶなが》が今川義元《いまがわよしもと》をやぶる	今川義元《いまがわよしもと》（→Ｐ１１４）、織田信長《おだのぶなが》（→Ｐ１２０）
	１５６１年《ねん》	武田信玄《たけだしんげん》と上杉謙信《うえすぎけんしん》が川中島《かわなかじま》の合戦《かっせん》（第《だい》４回《かい》）で激突《げきとつ》する	武田信玄《たけだしんげん》・上杉謙信《うえすぎけんしん》（→Ｐ１１０）
安土桃山《あづちももやま》	１５７３年《ねん》	織田信長《おだのぶなが》が室町幕府《むろまちばくふ》をほろぼす	
	１５７５年《ねん》	長篠《ながしの》の戦《たたか》いで、織田信長《おだのぶなが》が武田勝頼《たけだかつより》をやぶる	織田信長《おだのぶなが》（→Ｐ１２０）
	１５８２年《ねん》	織田信長《おだのぶなが》、**本能寺《ほんのうじ》の変《へん》**で明智光秀《あけちみつひで》に殺《ころ》される	
	１５９０年《ねん》	**豊臣秀吉《とよとみひでよし》が全国《ぜんこく》を統一《とういつ》する**	豊臣秀吉《とよとみひでよし》（→Ｐ１２４）
		このころ、桃山文化《ももやまぶんか》が栄《さか》える	千利休《せんのりきゅう》（→Ｐ１２８）
	１５９２年《ねん》	豊臣秀吉《とよとみひでよし》が朝鮮《ちょうせん》を侵略《しんりゃく》する（文禄《ぶんろく》の役《えき》）	
	１５９７年《ねん》	豊臣秀吉《とよとみひでよし》がふたたび朝鮮《ちょうせん》を侵略《しんりゃく》する（慶長《けいちょう》の役《えき》）	豊臣秀吉《とよとみひでよし》（→Ｐ１２４）
	１６００年《ねん》	**関ケ原《せきがはら》の戦《たたか》い**で、徳川家康《とくがわいえやす》ひきいる東軍《とうぐん》が石田三成《いしだみつなり》ひきいる西軍《せいぐん》をやぶる	石田三成《いしだみつなり》（→Ｐ１３２）、徳川家康《とくがわいえやす》（→Ｐ１３８）
江戸《えど》	１６０３年《ねん》	徳川家康《とくがわいえやす》が征夷大将軍《せいいたいしょうぐん》となり、**江戸幕府《えどばくふ》を開《ひら》く**	徳川家康《とくがわいえやす》（→Ｐ１３８）
	１６１２年《ねん》？	宮本武蔵《みやもとむさし》、巌流島《がんりゅうじま》で決闘《けっとう》をおこなう	宮本武蔵《みやもとむさし》（→Ｐ１４６）
	１６１４年《ねん》	大坂冬《おおさかふゆ》の陣《じん》	徳川家康《とくがわいえやす》（→Ｐ１３８）
	１６１５年《ねん》	大坂夏《おおさかなつ》の陣《じん》で、徳川家康《とくがわいえやす》が豊臣家《とよとみけ》をほろぼす	
	１６３５年《ねん》	徳川家光《とくがわいえみつ》が、**参勤交代《さんきんこうたい》の制度《せいど》を定《さだ》める**	徳川家光《とくがわいえみつ》（→Ｐ１４２）
	１６３７年《ねん》	天草四郎《あまくさしろう》を中心《ちゅうしん》に、島原《しまばら》・天草一揆《あまくさいっき》が起《お》きる	天草四郎《あまくさしろう》（→Ｐ１４８）

時代	年	できごと	人物
江戸《えど》	1641年《ねん》	鎖国《さこく》が完成《かんせい》する	徳川家光《とくがわいえみつ》(→P142)
	1669年《ねん》	蝦夷地《えぞち》(北海道《ほっかいどう》)でシャクシャインが反乱《はんらん》を起《お》こす	シャクシャイン(→P150)
	1685年《ねん》	徳川綱吉《とくがわつなよし》が生類憐《しょうるいあわれ》みの令《れい》を出《だ》す	徳川綱吉《とくがわつなよし》(→P160)
		このころ、元禄文化《げんろくぶんか》が栄《さか》える	松尾芭蕉《まつおばしょう》(→P152)、近松門左衛門《ちかまつもんざえもん》(→P154)
	1716年《ねん》	徳川吉宗《とくがわよしむね》、**享保《きょうほう》の改革《かいかく》**をはじめる	徳川吉宗《とくがわよしむね》(→P162)
	1772年《ねん》	田沼意次《たぬまおきつぐ》、老中《ろうじゅう》となる	田沼意次《たぬまおきつぐ》(→P166)
	1774年《ねん》	杉田玄白《すぎたげんぱく》、前野良沢《まえのりょうたく》らが、『解体新書《かいたいしんしょ》』を翻訳《ほんやく》して出版《しゅっぱん》する	杉田玄白《すぎたげんぱく》・前野良沢《まえのりょうたく》(→P194)
	1776年《ねん》	平賀源内《ひらがげんない》が、エレキテルを修理《しゅうり》・復元《ふくげん》する	平賀源内《ひらがげんない》(→P174)
	1787年《ねん》	松平定信《まつだいらさだのぶ》、**寛政《かんせい》の改革《かいかく》**をはじめる	松平定信《まつだいらさだのぶ》(→P168)
	1798年《ねん》	本居宣長《もとおりのりなが》が、『古事記伝《こじきでん》』を完成《かんせい》させる	本居宣長《もとおりのりなが》(→P192)
	1808年《ねん》	間宮林蔵《まみやりんぞう》が樺太《からふと》を探検《たんけん》する	間宮林蔵《まみやりんぞう》(→P180)
		このころ、化政文化《かせいぶんか》が栄《さか》える	小林一茶《こばやしいっさ》(→P182)、歌川広重《うたがわひろしげ》(→P184)、葛飾北斎《かつしかほくさい》(→P186)
	1821年《ねん》	伊能忠敬《いのうただたか》の仕事《しごと》を弟子《でし》たちが引《ひ》きつぎ、日本地図《にほんちず》「大日本沿海輿地全図《だいにほんえんかいよちぜんず》」が完《かん》成《せい》する	伊能忠敬《いのうただたか》(→P176)
	1837年《ねん》	大塩平八郎《おおしおへいはちろう》の乱《らん》が起《お》きる	大塩平八郎《おおしおへいはちろう》(→P196)
	1841年《ねん》	水野忠邦《みずのただくに》、**天保《てんぽう》の改革《かいかく》**をはじめる	水野忠邦《みずのただくに》(→P170)
幕末《ばくまつ》〜明治維新《めいじいしん》	1853年《ねん》	ペリーひきいるアメリカの**黒船《くろふね》**の艦隊《かんたい》が、浦賀《うらが》(神奈川県《かながわけん》)に来航《らいこう》する	ペリー(→P202)
	1854年《ねん》	日本《にほん》とアメリカの間《あいだ》で日米和親条約《にちべいわしんじょうやく》が結《むす》ばれる(鎖国《さこく》の終了《しゅうりょう》)	
	1858年《ねん》	日本《にほん》とアメリカの間《あいだ》で日米修好通商条約《にちべいしゅうこうつうしょうじょうやく》が結《むす》ばれる	井伊直弼《いいなおすけ》(→P204)
	1860年《ねん》	井伊直弼《いいなおすけ》が、桜田門外《さくらだもんがい》の変《へん》で暗殺《あんさつ》される	

	1860年《ねん》	勝海舟《かつかいしゅう》、福沢諭吉《ふくざわゆきち》らが咸臨丸《かんりんまる》でアメリカに渡《わた》る	**勝海舟《かつかいしゅう》**(→P208)、**福沢諭吉《ふくざわゆきち》**(→P234)
	1863年《ねん》	薩英戦争《さつえいせんそう》	
	1866年《ねん》	薩摩藩《さつまはん》と長州藩《ちょうしゅうはん》が、**薩長同盟《さっちょうどうめい》**を結《むす》ぶ	**坂本龍馬《さかもとりょうま》**(→P210)、**西郷隆盛《さいごうたかもり》**(→P220)、**木戸孝允《きどたかよし》**(→P226)
	1867年《ねん》	徳川慶喜《とくがわよしのぶ》が政権《せいけん》を朝廷《ちょうてい》に返《かえ》し(**大政奉還《たいせいほうかん》**)、江戸幕府《えどばくふ》がほろぶ	**徳川慶喜《とくがわよしのぶ》**(→P214)
明治《めいじ》	1868年《ねん》	**明治維新《めいじいしん》**	**大久保利通《おおくぼとしみち》**(→P224)
		戊辰戦争《ぼしんせんそう》が起《お》こる	**近藤勇《こんどういさみ》・土方歳三《ひじかたとしぞう》**(→P216)
		江戸《えど》を東京《とうきょう》とあらため、翌年《よくねん》に明治天皇《めいじてんのう》が東京《とうきょう》へ移《うつ》る	**明治天皇《めいじてんのう》**(→P232)
	1871年《ねん》	岩倉使節団《いわくらしせつだん》が、西洋文明《せいようぶんめい》の視察《しさつ》のため欧米《おうべい》に出発《しゅっぱつ》する	**大久保利通《おおくぼとしみち》**(→P224)、**木戸孝允《きどたかよし》**(→P226)、**伊藤博文《いとうひろぶみ》**(→P238)、**津田梅子《つだうめこ》**(→P284)
	1872年《ねん》	福沢諭吉《ふくざわゆきち》が『学問《がくもん》のすゝめ《す》』を書《か》く	**福沢諭吉《ふくざわゆきち》**(→P234)
	1874年《ねん》	板垣退助《いたがきたいすけ》らが、民撰議院設立建白書《みんせんぎいんせつりつけんぱくしょ》を提出《ていしゅつ》する(自由民権運動《じゆうみんけんうんどう》のはじまり)	**板垣退助《いたがきたいすけ》**(→P242)
	1876年《ねん》	日本《にほん》と朝鮮《ちょうせん》の間《あいだ》で日朝修好条規《にっちょうしゅうこうじょうき》が結《むす》ばれる	
	1877年《ねん》	西南戦争《せいなんせんそう》が起《お》こる	**西郷隆盛《さいごうたかもり》**(→P220)
	1889年《ねん》	**大日本帝国憲法《だいにっぽんていこくけんぽう》**が発布《はっぷ》される	**明治天皇《めいじてんのう》**(→P232)、**伊藤博文《いとうひろぶみ》**(→P238)
	1890年《ねん》	第一回帝国議会《だいいっかいていこくぎかい》が開《ひら》かれる	
	1894年《ねん》	治外法権《ちがいほうけん》の撤廃《てっぱい》に成功《せいこう》する	**陸奥宗光《むつむねみつ》**(→P250)
		日清戦争《にっしんせんそう》が起《お》きる(～1895年《ねん》)	
	1895年《ねん》	清《しん》と**下関条約《しものせきじょうやく》**を結《むす》ぶ	**陸奥宗光《むつむねみつ》**(→P250)

明治《めいじ》	1895年《ねん》	樋口一葉《ひぐちいちよう》が『たけくらべ』を書《か》く	樋口一葉《ひぐちいちよう》(→P272)
	1898年《ねん》	大隈重信《おおくましげのぶ》が日本初《にほんはつ》の政党内閣《せいとうないかく》を組織《そしき》する(隈板内閣《わいはんないかく》)	大隈重信《おおくましげのぶ》(→P246)、板垣退助《いたがきたいすけ》(→P242)
	1900年《ねん》	新渡戸稲造《にとべいなぞう》が『武士道《ぶしどう》』を書《か》く	新渡戸稲造《にとべいなぞう》(→P262)
	1901年《ねん》	与謝野晶子《よさのあきこ》が歌集《かしゅう》『みだれ髪《がみ》』を発表《はっぴょう》する	与謝野晶子《よさのあきこ》(→P274)
		田中正造《たなかしょうぞう》が、足尾鉱毒事件《あしおこうどくじけん》を明治天皇《めいじてんのう》に直訴《じきそ》する	田中正造《たなかしょうぞう》(→P256)
	1904年《ねん》	**日露戦争《にちろせんそう》**が起《お》きる(~1905年《ねん》)	東郷平八郎《とうごうへいはちろう》(→P254)
	1905年《ねん》	ロシアと**ポーツマス条約《じょうやく》**を結《むす》ぶ	小村寿太郎《こむらじゅたろう》(→P252)
		夏目漱石《なつめそうせき》が『吾輩《わがはい》は猫《ねこ》である』を書《か》く	夏目漱石《なつめそうせき》(→P270)
	1911年《ねん》	関税自主権《かんぜいじしゅけん》の回復《かいふく》に成功《せいこう》する	小村寿太郎《こむらじゅたろう》(→P252)
		平塚《ひらつか》らいてう《ちょう》が『青鞜《せいとう》』を創刊《そうかん》する	平塚《ひらつか》らいてう《ちょう》(→P286)
大正《たいしょう》	1914年《ねん》	第一次世界大戦《だいいちじせかいたいせん》がはじまる(~1918年《ねん》)	
	1915年《ねん》	芥川龍之介《あくたがわりゅうのすけ》が『羅生門《らしょうもん》』を書《か》く	芥川龍之介《あくたがわりゅうのすけ》(→P276)
	1916年《ねん》	吉野作造《よしのさくぞう》が民本主義《みんぽんしゅぎ》をとなえる	吉野作造《よしのさくぞう》(→P258)
	1920年《ねん》	平塚《ひらつか》らいてう《ちょう》と市川房枝《いちかわふさえ》らが「新婦人協会《しんふじんきょうかい》」を設立《せつりつ》する	平塚《ひらつか》らいてう《ちょう》(→P286)、市川《いちかわ》房枝《ふさえ》(→P288)
		日本《にほん》が国際連盟《こくさいれんめい》に常任理事国《じょうにんりじこく》として加盟《かめい》し、新渡戸稲造《にとべいなぞう》が事務局次長《じむきょくじちょう》となる	新渡戸稲造《にとべいなぞう》(→P262)
	1923年《ねん》	関東大震災《かんとうだいしんさい》が起《お》きる	
	1924年《ねん》	宮沢賢治《みやざわけんじ》が詩集《ししゅう》『春《はる》と修羅《しゅら》』を発表《はっぴょう》する	宮沢賢治《みやざわけんじ》(→P278)
昭和《しょうわ》	1925年《ねん》	治安維持法《ちあんいじほう》、普通選挙法《ふつうせんきょほう》が公布《こうふ》される	
	1928年《ねん》	野口英世《のぐちひでよ》が黄熱病《おうねつびょう》で死去《しきょ》する	野口英世《のぐちひでよ》(→P264)
	1931年《ねん》	満州事変《まんしゅうじへん》	

あなたの未来《みらい》を書《か》き入《い》れてみよう

元号	年	出来事	人物
	1937年《ねん》	日中戦争《にっちゅうせんそう》がはじまる（～1945年《ねん》）	
	1939年《ねん》	杉原千畝《すぎはらちうね》が、外務省《がいむしょう》の命令《めいれい》に反《はん》してユダヤ系難民《けいなんみん》に日本通過《にほんつうか》のビザを発行《はっこう》する	杉原千畝《すぎはらちうね》（→P292）
	1941年《ねん》	太平洋戦争《たいへいようせんそう》がはじまる（～1945年《ねん》）	
	1945年《ねん》	広島《ひろしま》・長崎《ながさき》に原爆《げんばく》が投下《とうか》され、その後《ご》、日本《にほん》はポツダム宣言《せんげん》を受《う》け入《い》れ降伏《こうふく》する	吉田茂《よしだしげる》（→P296）
	1946年《ねん》	**日本国憲法《にほんこくけんぽう》**が公布《こうふ》される	
	1949年《ねん》	湯川秀樹《ゆかわひでき》がノーベル物理学賞《ぶつりがくしょう》を受賞《じゅしょう》する	湯川秀樹《ゆかわひでき》（→P298）
	1951年《ねん》	**サンフランシスコ平和条約《へいわじょうやく》、日米安全保障条約《にちべいあんぜんほしょうじょうやく》に調印《ちょういん》**	吉田茂《よしだしげる》（→P296）
	1954年《ねん》	自衛隊《じえいたい》が発足《ほっそく》する	
	1963年《ねん》	『鉄腕《てつわん》アトム』のテレビアニメがスタート	手塚治虫《てづかおさむ》（→P302）
	1964年《ねん》	東海道新幹線《とうかいどうしんかんせん》開通《かいつう》、東京《とうきょう》オリンピック開催《かいさい》	
	1970年《ねん》	大阪《おおさか》で日本万国博覧会《にほんばんこくはくらんかい》が開催《かいさい》される	
	1972年《ねん》	沖縄《おきなわ》が日本《にほん》に復帰《ふっき》する	
	1978年《ねん》	中国《ちゅうごく》と日中平和友好条約《にっちゅうへいわゆうこうじょうやく》を結《むす》ぶ	
平成《へいせい》	1991年《ねん》	バブル経済《けいざい》が崩壊《ほうかい》する	
	1995年《ねん》	阪神《はんしん》・淡路大震災《あわじだいしんさい》が起《お》きる	
	2000年《ねん》	九州《きゅうしゅう》・沖縄《おきなわ》サミットが開催《かいさい》される	
	2011年《ねん》	東日本大震災《ひがしにほんだいしんさい》が起《お》きる	
			（あなたの名前《なまえ》）

さくいん

あ

赤崎勇《あかさきいさむ》 …… 300
芥川《あくたがわ》龍《りゅう》之《の》介《すけ》 …… 271, **276**, 277, 282
明智《あけち》光秀《みつひで》 …… 120, 123, 125, 145
上《あげ》知《ち》令《れい》 …… 171
浅井《あざい》長政《ながまさ》 …… **117**, 121, 127
朝倉《あさくら》義景《よしかげ》 …… **117**
浅野《あさの》長政《ながまさ》 …… 126
足尾《あしお》鉱毒《こうどく》事件《じけん》 …… 256, 257
足利《あしかが》尊氏《たかうじ》 …… 88〜**90**, 91, 104
足利《あしかが》義昭《よしあき》 …… 117, 121, 123
足利《あしかが》義教《よしのり》 …… 103
足利《あしかが》義尚《よしひさ》 …… 98
足利《あしかが》義政《よしまさ》 …… **98**, 99, 104
足利《あしかが》義視《よしみ》 …… 98, 99
足利《あしかが》義満《よしみつ》 …… **94**〜98, 102, 103
足利《あしかが》義持《よしもち》 …… 96
飛鳥寺《あすかでら》 …… 21
安土城《あづちじょう》 …… 131
アテルイ …… 42, 43
姉川《あねがわ》の戦《たたか》い …… 121
阿倍仲麻呂《あべのなかまろ》 …… **51**
阿部正弘《あべまさひろ》 …… 208
天草四郎《あまくさしろう》 …… **148**, 149
『天橋立《あまのはしだて》図《ず》』 …… 101
天野《あまの》浩《ひろし》 …… 300
新井《あらい》白石《はくせき》 …… 162
安重根《アンジュングン》 …… 241
安政《あんせい》の大獄《たいごく》 …… 204, 205, 207
安徳《あんとく》天皇《てんのう》 …… 62, 64

い

井伊《いい》直弼《なおすけ》 …… **204**, 205
石川《いしかわ》啄木《たくぼく》 …… 274, 283
石田《いしだ》三成《みつなり》 …… 125〜127, 129, **132**, 133, 138
石舞台《いしぶたい》古墳《こふん》 …… 27
石山《いしやま》本願寺《ほんがんじ》 …… 125
出雲《いずもの》阿《お》国《くに》 …… **131**
李《イ》舜《スン》臣《シン》 …… 126
板垣《いたがき》退助《たいすけ》 …… **242**〜246, 248, 249, 260
市《いち》 …… 117, 121, 127
市川《いちかわ》房江《ふさえ》 …… 286〜**288**, 289
一条《いちじょう》天皇《てんのう》 …… 52〜54
一《いち》ノ谷《のたに》の戦《たたか》い …… 74
一国《いっこく》一城令《いちじょうれい》 …… 141
乙巳《いっし》の変《へん》 …… 24
一遍《いっぺん》 …… **86**
伊藤《いとう》博文《ひろぶみ》 …… 233, **238**〜241, 244, 247, 249, 251, 260, 284, 285
井上《いのうえ》靖《やすし》 …… 283
伊能《いのう》忠敬《ただたか》 …… **176**〜180, 198
井原《いはら》西鶴《さいかく》 …… **157**
今川《いまがわ》義元《よしもと》 …… **114**, 115, 117, 120, 121
岩倉《いわくら》使節団《しせつだん》 …… 239
岩倉《いわくら》具視《ともみ》 …… 224, 225, 232, 239, 284
院政《いんせい》 …… 60, 61

う

上杉《うえすぎ》景勝《かげかつ》 …… 126
上杉《うえすぎ》謙信《けんしん》 …… **110**〜114, 116
上杉《うえすぎ》憲政《のりまさ》 …… 110
宇喜多《うきた》秀家《ひでいえ》 …… 126
浮世絵《うきよえ》 …… 157, 184〜186
歌川《うたがわ》広重《ひろしげ》 …… 156, **184**, 185, 198
運慶《うんけい》 …… **78**, 79

え

栄西《えいさい》 …… **87**
江崎《えさき》玲《れ》於《お》奈《な》 …… 300
蝦夷《えぞ》地《ち》 …… 150, 177, 178, 180, 181
江戸城《えどじょう》 …… 138, 208, 209, 214, 215
榎本《えのもと》武揚《たけあき》 …… 217
蝦夷《えみし》 …… 40, 42, 43
エレキテル …… 174, 175

お

応仁《おうにん》の乱《らん》 …… 98, 99, 101, 108
黄熱病《おうねつびょう》 …… 264, 266, 267
大海人《おおあまの》皇子《おうじ》 …… 28, 57
大内《おおうち》義隆《よしたか》 …… 109
大江《おおえ》健三郎《けんざぶろう》 …… 300
大久保《おおくぼ》利通《としみち》 …… 214, 215, 220, 222〜**224**, 225, 227, 239, 242, 249
大隈《おおくま》重信《しげのぶ》 …… 241, 245, **246**〜249
大御所《おおごしょ》 …… 139, 140, 142, 143
大坂城《おおさかじょう》 …… 125, 131, 139, 140
大坂《おおさか》の陣《じん》 …… 140, 147
大塩《おおしお》平八郎《へいはちろう》 …… **196**, 197

大隅良典《おおすみよしのり》……300
大友宗麟《おおともそうりん》……**119**
大友皇子《おおとものおうじ》……28
太安万侶《おおのやすまろ》……29
大村智《おおむらさとし》……300
大山巌《おおやまいわお》……223
尾形光琳《おがたこうりん》……156 **158**
沖田総司《おきたそうじ》……218 **219**
荻野吟子《おぎのぎんこ》……**291**
『奥《おく》の細道《ほそみち》』……152 153
『小倉百人一首《おぐらひゃくにんいっしゅ》』……43 51 59
桶狭間《おけはざま》の戦《たたか》い……121
織田信長《おだのぶなが》……112 114 115 117 **120**～125 128 130 131 134 138 139 145
老衆《おとなしゅう》……126
小野妹子《おののいもこ》……20 **22** 23
小野小町《おののこまち》……**58**
小野篁《おののたかむら》……50
小野好古《おののよしふる》……49
『おらが春《はる》』……182
音阿弥《おんあみ》……103

か

海援隊《かいえんたい》……210 211 213 250
快慶《かいけい》……79
『解体新書《かいたいしんしょ》』……194 195
『燕子花図屏風《かきつばたずびょうぶ》』……158
柿本人麻呂《かきのもとのひとまろ》……**57**
『学問《がくもん》のすゝ《す》め』……234 237
囲米《かこいまい》……169
梶田隆章《かじたたかあき》……300
春日局《かすがのつぼね》……142 145
化政文化《かせいぶんか》……**156** 159
刀狩《かたなが》り……124 125
勝海舟《かつかいしゅう》……191 **208**～210 222 235 237 249
葛飾北斎《かつしかほくさい》……156 184～**186** 187
『河童《かっぱ》』……277
桂小五郎《かつらこごろう》……220 226
狩野永徳《かのうえいとく》……**131**
歌舞伎《かぶき》……131 154 155 171
株仲間《かぶなかま》……171
鎌倉仏教《かまくらぶっきょう》……**85**
亀山社中《かめやましゃちゅう》……210 211
鴨長明《かものちょうめい》……80 **81**
賀茂真淵《かものまぶち》……192 193
『唐獅子図屏風《からじしずびょうぶ》』……130 131
樺太《からふと》……180 181
川中島《かわなかじま》の戦《たたか》い……112
川端康成《かわばたやすなり》……282 300 **301**
観阿弥《かんあみ》……102 103
冠位十二階《かんいじゅうにかい》……18 19 22 23
勘合貿易《かんごうぼうえき》……96 97
韓国統監《かんこくとうかん》……238 241
鑑真《がんじん》……**34**～36
寛政異学《かんせいいがく》の禁《きん》……168 169
関税自主権《かんぜいじしゅけん》……252 253
寛政《かんせい》の改革《かいかく》……168～170
関白《かんぱく》……52 60
桓武天皇《かんむてんのう》……**40**～42 44 46
巌流島《がんりゅうじま》の決闘《けっとう》……146 147
咸臨丸《かんりんまる》……191 208 235 237

き

菊池寛《きくちかん》……277
魏志倭人伝《ぎしわじんでん》……14 17
北里柴三郎《きたさとしばさぶろう》……265 267 **269**
木戸孝允《きどたかよし》……211 212 214 220 221 225 **226**～228 239 249
紀貫之《きのつらゆき》……**58**
吉備真備《きびのまきび》……**51**
木村喜毅《きむらよしたけ》……235
行基《ぎょうき》……31 **32** 33 36
京都守護《きょうとしゅご》……72
京都守護職《きょうとしゅごしょく》……216
享保《きょうほう》の改革《かいかく》……162 164 168
キリシタン……148 149
金閣《きんかく》……94 99
銀閣《ぎんかく》……98 99
『金閣寺《きんかくじ》』……280 282
禁門《きんもん》の変《へん》……207 220

く

空海《くうかい》……40 **44** 45
公暁《くぎょう》……77
久坂玄瑞《くさかげんずい》……**207** 220
公事方御定書《くじかたおさだめがき》……164
九条《くじょう》(藤原《ふじわら》)頼経《よりつね》……77
楠木正成《くすのきまさしげ》……88 89
グナイスト……239

『蜘蛛《くも》の糸《いと》』 276 277
公文所《くもんじょ》 72
黒田清隆《くろだきよたか》 233 240 241

け

慶應義塾《けいおうぎじゅく》 234 236
慶長《けいちょう》の役《えき》 127
元寇《げんこう》 82 84
『源氏物語《げんじものがたり》』 54 55 158 193 275 281
遣隋使《けんずいし》 20 22 23 25 50
遣唐使《けんとうし》 30 **50** 51
玄昉《げんぼう》 50
建武《けんむ》の新政《しんせい》 88 89
元禄文化《げんろくぶんか》 **156**〜158

こ

小石川養生所《こいしかわようじょうしょ》 164
後一条天皇《ごいちじょうてんのう》 52 53
江《ごう》 117 127
弘安《こうあん》の役《えき》 82 84
『好色一代男《こうしょくいちだいおとこ》』 157
幸田露伴《こうだろはん》 273
光仁天皇《こうにんてんのう》 40
弘文天皇《こうぶんてんのう》 28
光明皇后《こうみょうこうごう》 30
光明天皇《こうみょうてんのう》 91
孝明天皇《こうめいてんのう》 204 232
ご恩《おん》 72 84
五箇条《ごかじょう》の誓文《せいもん》 212 226 227 232
『古今和歌集《こきんわかしゅう》』 56 58
国学《こくがく》 192 193
国際連盟《こくさいれんめい》 262 263
『国姓爺合戦《こくせんやかっせん》』 155
後小松天皇《ごこまつてんのう》 95
御三家《ごさんけ》 162 165
後三条天皇《ごさんじょうてんのう》 60
『古事記《こじき》』 28 29 192 193
『古事記伝《こじきでん》』 192 193
小柴昌俊《こしばまさとし》 300
後白河天皇《ごしらかわてんのう》 62 63 65 70 71
後醍醐天皇《ごだいごてんのう》 **88**〜91
ゴッホ 185
後藤象二郎《ごとうしょうじろう》 212 213
後鳥羽上皇《ごとばじょうこう》 56 77
小早川隆景《こばやかわたかかげ》 126
小早川秀秋《こばやかわひであき》 133
小林一茶《こばやしいっさ》 156 **182** 183
小林栄《こばやしさかえ》 264
小林誠《こばやしまこと》 300
五奉行《ごぶぎょう》 126
古墳《こふん》 17 27
小牧《こまき》・長久手《ながくて》の戦《たたか》い 126
小村寿太郎《こむらじゅたろう》 249 **252** 253
五稜郭《ごりょうかく》の戦《たたか》い 217
『五輪書《ごりんのしょ》』 146 147
ゴローニン事件《じけん》 188 191
金剛峯寺《こんごうぶじ》 44 45
金剛力士像《こんごうりきしぞう》 78 79
近藤勇《こんどういさみ》 **216**〜219 249

さ

西行《さいぎょう》 **59**
西郷隆盛《さいごうたかもり》 208 209 211 213 214 **220**〜227 245 249
西郷従道《さいごうつぐみち》 223
最澄《さいちょう》 40 **44** 45
斎藤道三《さいとうどうさん》 117
斎藤一《さいとうはじめ》 218 **219**
坂田藤十郎《さかたとうじゅうろう》 154 155
坂上田村麻呂《さかのうえのたむらまろ》 **42** 43
坂本龍馬《さかもとりょうま》 209 **210**〜213 221 222 226 228 249 250
防人《さきもり》 26
桜田門外《さくらだもんがい》の変《へん》 204 205
鎖国《さこく》 142 145 202
佐々木小次郎《ささきこじろう》 146 147
薩長同盟《さっちょうどうめい》 210 211 221 227
佐藤栄作《さとうえいさく》 300
真田幸村《さなだゆきむら》(信繁《のぶしげ》) 140
ザビエル **108** 109
侍所《さむらいどころ》 72
早良親王《さわらしんのう》 41
参勤交代《さんきんこうたい》 142 144 163
三条天皇《さんじょうてんのう》 53
『三四郎《さんしろう》』 270
サンフランシスコ平和条約《へいわじょうやく》 296 297

し

GHQ《ジーエイチキュー》 296 297
シーボルト 181 **189** 190
『潮騒《しおさい》』 282

志賀潔《しがきよし》……**269**
志賀直哉《しがなおや》……283
『四季山水図《しきさんすいず》（山水長巻《さんすいちょうかん》）』……101
『地獄変《じごくへん》』……276 277
時宗《じしゅう》……85 86
士族《しぞく》……222 224 225 245
執権《しっけん》……76 82
十返舎一九《じっぺんしゃいっく》……**159**
地頭《じとう》……70 72
持統天皇《じとうてんのう》……28 29 57
柴田勝家《しばたかついえ》……113 121 125
島崎藤村《しまざきとうそん》……283
島左近《しまさこん》……133
島津義久《しまづよしひさ》……**119**
島原《しまばら》・天草一揆《あまくさいっき》……144 147 148 149
下村脩《しもむらおさむ》……300
シャクシャイン……**150** 151
十七条《じゅうしちじょう》の憲法《けんぽう》……18 20
自由党《じゆうとう》……244 246
自由民権運動《じゆうみんけんうんどう》……242 243 245 246
守護《しゅご》……70 72
守護大名《しゅごだいみょう》……95 99
『春琴抄《しゅんきんしょう》』……280 281
松下村塾《しょうかそんじゅく》……**206** 207 238
承久《じょうきゅう》の乱《らん》……76 77
上皇《じょうこう》……60 61
彰子《しょうし》……52 53 54
聖徳太子《しょうとくたいし》……**18**〜24 27 34 36 50
浄土宗《じょうどしゅう》……85 86
浄土真宗《じょうどしんしゅう》……85 86
聖武天皇《しょうむてんのう》……**30** 31 33 34 36
生類憐《しょうるいあわれ》みの令《れい》……160 161
浄瑠璃《じょうるり》……154
女子英学塾《じょしえいがくじゅく》……284 285
ジョン万次郎《まんじろう》……**191**
白河天皇《しらかわてんのう》……**60**〜62 66
白川英樹《しらかわひでき》……300
『新古今和歌集《しんこきんわかしゅう》』……56 59
真言宗《しんごんしゅう》……44 45
壬申《じんしん》の乱《らん》……28
新撰組《しんせんぐみ》……206 216〜**218** 219 250
新婦人協会《しんふじんきょうかい》……286〜289
親鸞《しんらん》……**86**

す

推古天皇《すいこてんのう》……18 19 21
随筆《ずいひつ》……**80**
水墨画《すいぼくが》……100 101
菅原道真《すがわらのみちざね》……**51**
杉田玄白《すぎたげんぱく》……175 **194** 195 198
杉原千畝《すぎはらちうね》……**292** 293
崇峻天皇《すしゅんてんのう》……19 21
鈴木章《すずきあきら》……300
鈴木梅太郎《すずきうめたろう》……268
崇徳天皇《すとくてんのう》（上皇《じょうこう》）……61 62

せ

世阿弥《ぜあみ》……**102** 103
征夷大将軍《せいいたいしょうぐん》……42 70 72 73 90 138
清少納言《せいしょうなごん》……**54** 55 66 80
『青鞜《せいとう》』……286 287
政党内閣《せいとうないかく》……245 246 248
西南戦争《せいなんせんそう》……220 223 225 245
『西洋事情《せいようじじょう》』……234 236
セオドア・ルーズベルト……252 263
関《せき》ヶ原《がはら》の戦《たたか》い……132 133 138 139 142
雪舟《せっしゅう》……**100** 101
摂政《せっしょう》……18 19 52 53 66
戦国大名《せんごくだいみょう》……110 113 **116** 118 120 121 130
船中八策《せんちゅうはっさく》……210 212
千利休《せんのりきゅう》……**128** 129 131 134

そ

曹洞宗《そうとうしゅう》……85 87
僧旻《そうみん》……22 25
蘇我入鹿《そがのいるか》……21 24
蘇我馬子《そがのうまこ》……19 21 27
蘇我蝦夷《そがのえみし》……21 24
『曽根崎心中《そねざきしんじゅう》』……155
側用人《そばようにん》……161
曾良《そら》……153

た

第一次世界大戦《だいいちじせかいたいせん》……263 267
大化《たいか》の改新《かいしん》……24 25 50
太原雪斎《たいげんせっさい》……114 115
太閤検地《たいこうけんち》……124 125
大黒屋光太夫《だいこくやこうだゆう》……**190**
太政大臣《だいじょうだいじん》……52 62 64 96

大正《たいしょう》デモクラシー……258 259
大政奉還《たいせいほうかん》……210 212〜215 224
第二次世界大戦《だいにじせかいたいせん》……292
大日本帝国憲法《だいにほんていこくけんぽう》……233 238 240
太平洋戦争《たいへいようせんそう》……282 286 288 289 296 299 302
平清盛《たいらのきよもり》……48 61 **62**〜66
平国香《たいらのくにか》……46
平貞盛《たいらのさだもり》……46〜48
平忠盛《たいらのただもり》……62
平将門《たいらのまさかど》……**46**〜49
平正盛《たいらのまさもり》……61
平良兼《たいらのよしかね》……46
平良正《たいらのよしまさ》……46
大老《たいろう》……144 204
大日本沿海輿地全図《だいにほんえんかいよちぜんず》……176 179 180 181
高倉天皇《たかくらてんのう》……62 64
高杉晋作《たかすぎしんさく》……**207**
高田屋嘉兵衛《たかだやかへえ》……**191**
高野長英《たかのちょうえい》……189 **190**
高橋至時《たかはしよしとき》……176 179
高浜虚子《たかはまきょし》……270 271 283
高峰譲吉《たかみねじょうきち》……**269**
高向玄理《たかむこのくろまろ》……22 25 50
高村光太郎《たかむらこうたろう》……274 **283**
滝沢馬琴《たきざわばきん》……156 **159**
『たけくらべ』……272 273
竹崎季長《たけざきすえなが》……83
武田勝頼《たけだかつより》……121
武田信玄《たけだしんげん》……**110**〜114 117 134 242
武田信虎《たけだのぶとら》……110
竹本義太夫《たけもとぎだゆう》……154 155
太宰治《だざいおさむ》……**282**
伊達政宗《だてまさむね》……**116**
田中耕一《たなかこういち》……**301**
田中正造《たなかしょうぞう》……**256** 257
谷崎潤一郎《たにざきじゅんいちろう》……**281**
田沼意次《たぬまおきつぐ》……**166**〜168 174
田沼意知《たぬまおきとも》……167
田部井淳子《たべいじゅんこ》……290
俵屋宗達《たわらやそうたつ》……156 **158**
壇ノ浦《だんのうら》の戦《たたか》い……75

ち

『智恵子抄《ちえこしょう》』……283
治外法権《ちがいほうけん》……250 251 253
近松門左衛門《ちかまつもんざえもん》……**154**〜156 172
『注文《ちゅうもん》の多《おお》い料理店《りょうりてん》』……278
朝鮮出兵《ちょうせんしゅっぺい》……127
長宗我部元親《ちょうそかべもとちか》……**118**

つ

津田梅子《つだうめこ》……239 **284**〜286
津田塾大学《つだじゅくだいがく》……285
『徒然草《つれづれぐさ》』……80 81

て

定子《ていし》……54 55
出島《でじま》……142 145 189
手塚治虫《てづかおさむ》……**302** 303
天智天皇《てんじてんのう》……**24** 26〜28 40 57
天台宗《てんだいしゅう》……44 45
天平文化《てんぴょうぶんか》……30 31
天保《てんぽう》の改革《かいかく》……170〜172
天武天皇《てんむてんのう》……**28**〜30 57

と

『東海道五十三次《とうかいどうごじゅうさんつぎ》』……184 185
『東海道中膝栗毛《とうかいどうちゅうひざくりげ》』……159
道元《どうげん》……**87**
東郷平八郎《とうごうへいはちろう》……223 249 252 **254** 255
唐招提寺《とうしょうだいじ》……34 35
東大寺《とうだいじ》……30〜32 78 79
徳川家定《とくがわいえさだ》……204
徳川家重《とくがわいえしげ》……165 166
徳川家継《とくがわいえつぐ》……162 215
徳川家斉《とくがわいえなり》……168〜170 215
徳川家宣《とくがわいえのぶ》……162
徳川家治《とくがわいえはる》……166
徳川家光《とくがわいえみつ》……**142**〜145 160
徳川家茂《とくがわいえもち》……204 214
徳川家康《とくがわいえやす》……112 115 117 121 123 126 132 133 **138** 139〜141 145 214
徳川家慶《とくがわいえよし》……170
徳川忠長《とくがわただなが》……142 143 145
徳川綱吉《とくがわつなよし》……**160** 161
徳川秀忠《とくがわひでただ》……117 127 131 139 141 142 145
徳川宗武《とくがわむねたけ》……165
徳川宗尹《とくがわむねただ》……165
徳川慶喜《とくがわよしのぶ》……205 209 212〜**214** 215 224 228 236 249
徳川吉宗《とくがわよしむね》……**162**〜165 168 172

徳子《とくこ》……62, 64
『土佐日記《とさにっき》』……58
利根川進《とねがわすすむ》……300
舎人親王《とねりしんのう》……29
鳥羽天皇《とばてんのう》……61, 62
朝永振一郎《ともながしんいちろう》……300
台与《とよ》……17
豊臣秀吉《とよとみひでよし》……116, 118, 119, 123, **124**〜131, 134, 138, 139, 141, 145
豊臣秀頼《とよとみひでより》……126, 127, 133, 139, 140

な

内閣総理大臣《ないかくそうりだいじん》……206, 233, 238, 239, 241, 245, 248, 296
長岡京《ながおかきょう》……40, 41
中岡慎太郎《なかおかしんたろう》……211, 213
長岡半太郎《ながおかはんたろう》……268
永倉新八《ながくらしんぱち》……218, **219**
長篠《ながしの》の戦《たたか》い……121
中田正子《なかたまさこ》……290
中臣鎌足《なかとみのかまたり》……**24**, 26, 27, 30
中大兄皇子《なかのおおえのおうじ》……24〜26, 57
中村修二《なかむらしゅうじ》……300
長束正家《なつかまさいえ》……126
夏目漱石《なつめそうせき》……**270**, 271, 276, 283
『南総里見八犬伝《なんそうさとみはっけんでん》』……159
南朝《なんちょう》……88, 90, 91, 94, 95
南蛮文化《なんばんぶんか》……120
南蛮貿易《なんばんぼうえき》……122
南部陽一郎《なんぶよういちろう》……300

に

日米修好通商条約《にちべいしゅうこうつうしょうじょうやく》……204
日英同盟《にちえいどうめい》……252
日米安保条約《にちべいあんぽじょうやく》……297
日米和親条約《にちべいわしんじょうやく》……202, 203
日蓮《にちれん》……**87**
日蓮宗《にちれんしゅう》……85, 87
日露戦争《にちろせんそう》……223, 233, 252〜255, 275, 281
日光東照宮《にっこうとうしょうぐう》……142, 144
日清戦争《にっしんせんそう》……233, 250, 251, 254, 281
新田義貞《にったよしさだ》……88
新渡戸稲造《にとべいなぞう》……**262**, 263
日本海海戦《にほんかいかいせん》……254, 255
日本国憲法《にほんこくけんぽう》……240, 296, 297
『日本書紀《にほんしょき》』……28, 29
人形浄瑠璃《にんぎょうじょうるり》……154, 155
『人間失格《にんげんしっかく》』……280, 282

ぬ

額田王《ぬかたのおおきみ》……**57**

ね

根岸英一《ねぎしえいいち》……300

の

ノーベル賞《しょう》……267, 269, 298〜**300**, 301
野口英世《のぐちひでよ》……**264**〜267
野依良治《のよりりょうじ》……300
ノルマントン号事件《ごうじけん》……251

は

廃藩置県《はいはんちけん》……225
萩原朔太郎《はぎわらさくたろう》……283
白村江《はくすきのえ》の戦《たたか》い……24, 26
箱館戦争《はこだてせんそう》……217
橋本左内《はしもとさない》……205
『走《はし》れメロス』……282
『鼻《はな》』……276
ハリス……204
『春《はる》と修羅《しゅら》』……278, 279
蛮社《ばんしゃ》の獄《ごく》……188〜190
版籍奉還《はんせきほうかん》……225

ひ

東山文化《ひがしやまぶんか》……98, 99
樋口一葉《ひぐちいちよう》……**272**, 273, 281
土方歳三《ひじかたとしぞう》……**216**〜219, 249
菱川師宣《ひしかわもろのぶ》……**156**
人返《ひとがえ》し令《れい》……171
人見絹枝《ひとみきぬえ》……290
ヒトラー……292
日野富子《ひのとみこ》……98, 99
卑弥呼《ひみこ》……**14**〜17, 27, 36
平等院鳳凰堂《びょうどういんほうおうどう》……52, 53
平賀源内《ひらがげんない》……**174**, 175, 198
平塚《ひらつか》らいてう《ちょう》……**286**〜289

ふ

『風姿花伝《ふうしかでん》』……102
『風神雷神図屏風《ふうじんらいじんずびょうぶ》』……158
『富嶽三十六景《ふがくさんじゅうろっけい》』……184, 186, 187
福井謙一《ふくいけんいち》……300
福沢諭吉《ふくざわゆきち》……191, 208, **234**〜237, 249, 260, 303
武家諸法度《ぶけしょはっと》……141, 144
『武士道《ぶしどう》』……262, 263
藤原京《ふじわらきょう》……29
藤原定家《ふじわらのさだいえ》……**59**
藤原純友《ふじわらのすみとも》……**46**〜49

藤原種継《ふじわらのたねつぐ》……40
藤原仲麻呂《ふじわらのなかまろ》の乱《らん》……51
藤原信頼《ふじわらのぶより》……63
藤原玄明《ふじわらのはるあき》……47
藤原秀郷《ふじわらのひでさと》……47
藤原秀衡《ふじわらのひでひら》……74 75
藤原不比等《ふじわらのふひと》……26
藤原道長《ふじわらのみちなが》……**52** 53 66
藤原師実《ふじわらのもろざね》……60
藤原泰衡《ふじわらのやすひら》……72 75
藤原頼通《ふじわらのよりみち》……52 53
普通選挙《ふつうせんきょ》……258 259
不平等条約《ふびょうどうじょうやく》……250〜252
フビライ……82
古田織部《ふるたおりべ》……**131**
フレクスナー……265
文永《ぶんえい》の役《えき》……82 83
文禄《ぶんろく》の役《えき》……127

へ

平安京《へいあんきょう》……40 41
平治《へいじ》の乱《らん》……62 63 70
平城京《へいじょうきょう》……30 40 51
ペリー……**202** 203 208 210 228
弁慶《べんけい》……74 75

ほ

法皇《ほうおう》……60 61
保元《ほうげん》の乱《らん》……62 63
奉公《ほうこう》……72 84
北条氏康《ほうじょううじやす》……114 **116**
『方丈記《ほうじょうき》』……80 81
北条時政《ほうじょうときまさ》……70 76 78
北条時宗《ほうじょうときむね》……**82**〜84 104
北条政子《ほうじょうまさこ》……65 70 **76** 77
北条泰時《ほうじょうやすとき》……77
北条義時《ほうじょうよしとき》……76 77
法然《ほうねん》……**86**
法隆寺《ほうりゅうじ》……21
ポーツマス条約《じょうやく》……252
北朝《ほくちょう》……88〜91 94 95
戊辰戦争《ぼしんせんそう》……208 214〜217 219 242 245
細川勝元《ほそかわかつもと》……99
『坊《ぼっ》ちゃん』……270 271
『ホトトギス』……283
堀河天皇《ほりかわてんのう》……61
本多光太郎《ほんだこうたろう》……268
本能寺《ほんのうじ》の変《へん》……123 124 145

ま

『舞姫《まいひめ》』……280
前田玄以《まえだげんい》……126
前田利家《まえだとしいえ》……126
前野良沢《まえのりょうたく》……**194** 195
前原一誠《まえばらいっせい》……206
牧野富太郎《まきのとみたろう》……268
『枕草子《まくらのそうし》』……54 55 80
正岡子規《まさおかしき》……**283**
増田長盛《ましたながもり》……126
益川敏英《ますかわとしひで》……300
松尾芭蕉《まつおばしょう》……59 **152** 153 156 182 183
マッカーサー……296
松方正義《まつかたまさよし》……241
松平定信《まつだいらさだのぶ》……**168** 169 170 172 190
松平信康《まつだいらのぶやす》……141
松前藩《まつまえはん》……150 151
間宮海峡《まみやかいきょう》……180 181
間宮林蔵《まみやりんぞう》……179 **180** 181 187
政所《まんどころ》……72
『万葉集《まんようしゅう》』……56 57

み

『見返《みかえ》り美人図《びじんず》』……157
三島由紀夫《みしまゆきお》……**282**
水野忠邦《みずのただくに》……**170**〜172
『みだれ髪《がみ》』……274 275
源実朝《みなもとのさねとも》……76 77
源範頼《みなもとののりより》……70 71 73
源義家《みなもとのよしいえ》……61
源義経《みなもとのよしつね》……70〜72 **74** 75
源義朝《みなもとのよしとも》……62 63
源義仲《みなもとのよしなか》……71
源頼家《みなもとのよりいえ》……73 76 77
源頼朝《みなもとのよりとも》……49 61 65 **70**〜74 76〜78 104 140
宮沢賢治《みやざわけんじ》……**278** 279
宮本武蔵《みやもとむさし》……**146** 147
『明星《みょうじょう》』……274
三好長慶《みよしながよし》……118
民撰議院設立建白書《みんせんぎいんせつりつけんぱくしょ》……243

民本主義《みんぽんしゅぎ》 258

む

向井千秋《むかいちあき》 **291**
武者小路実篤《むしゃのこうじさねあつ》 283
陸奥宗光《むつむねみつ》 240 249 **250**〜252
紫式部《むらさきしきぶ》 **54** 55 281

め

明治維新《めいじいしん》 206 219 220 222〜224 226 235 246 250 254 268 280
明治十四年《めいじじゅうよねん》の政変《せいへん》 247
明治天皇《めいじてんのう》 **232** 233 236 240 249 256 257
目安箱《めやすばこ》 164

も

毛利輝元《もうりてるもと》 126
毛利元就《もうりもとなり》 **118**
最上義光《もがみよしあき》 116
以仁王《もちひとおう》 70 71
本居宣長《もとおりのりなが》 **192** 193
桃山文化《ももやまぶんか》 **130**
森鷗外《もりおうがい》 273 **281**
問注所《もんちゅうじょ》 72
文武天皇《もんむてんのう》 57

や

八色《やくさ》の姓《かばね》 29
屋島《やしま》の戦《たたか》い 75
保井《やすい》コノ **291**
柳沢吉保《やなぎさわよしやす》 160 161
山県有朋《やまがたありとも》 206 241
邪馬台国《やまたいこく》 14 15 17
山中伸弥《やまなかしんや》 **301**
山名宗全《やまなそうぜん》 99

ゆ

結城秀康《ゆうきひでやす》 141
湯川秀樹《ゆかわひでき》 **298**〜300
『雪国《ゆきぐに》』 301

よ

煬帝《ようだい》 22 23
与謝野晶子《よさのあきこ》 **274** 275 287
与謝野鉄幹《よさのてっかん》 274
吉田兼好《よしだけんこう》 80 **81**
吉田茂《よしだしげる》 **296** 297
吉田松陰《よしだしょういん》 205〜**207** 238
吉田稔麿《よしだとしまろ》 206
吉野作造《よしのさくぞう》 **258**〜260
淀殿《よどどの》 117 127 140

ら

楽市《らくいち》・楽座《らくざ》 120 122
『羅生門《らしょうもん》』 276
蘭学《らんがく》 190 194 195 234

り

立憲改進党《りっけんかいしんとう》 246
竜造寺隆信《りゅうぞうじたかのぶ》 119
領事裁判権《りょうじさいばんけん》 250
臨済宗《りんざいしゅう》 85 87
琳派《りんぱ》 158

ろ

老中《ろうじゅう》 144 161 166 168〜171 174 208

わ

隈板内閣《わいはんないかく》 246 248
『吾輩《わがはい》は猫《ねこ》である』 270 271
和気清麻呂《わけのきよまろ》 41
倭寇《わこう》 96
早稲田大学《わせだだいがく》 246〜248
渡辺崋山《わたなべかざん》 **189** 190
渡辺鼎《わたなべかなえ》 265

主《おも》な参考文献《さんこうぶんけん》

『超ビジュアル！日本の歴史人物大事典』矢部健太郎監修（西東社）／『超ビジュアル！日本の歴史大事典』矢部健太郎監修（西東社）／『超ビジュアル！戦国武将大事典』矢部健太郎監修（西東社）／『図説・江戸の人物』（学研パブリッシング）／『早わかり日本史ービジュアル図解でわかる時代の流れ！ー最新版』河合敦著（日本実業出版社）／『総図解よくわかる日本史』『歴史読本』編集部編（新人物往来社）／『ポプラディア情報館　日本の歴史』（ポプラ社）／『ポプラディア情報館　日本の歴史人物』佐藤和彦監修（ポプラ社）／『ポプラディア情報館　日本の文学』西本鶏介監修（ポプラ社）／『完全図解 日本の古代史』瀧音能之監修（宝島社）／『巨大古墳』森浩一著（草思社）／『古墳と被葬者の謎にせまる』大塚初重著（祥伝社）／『吉備真備』宮田俊彦著（吉川弘文館）／『古典のおさらい』真野真著（自由国民社）／『まんが 百人一首大辞典』吉海直人監修（西東社）／『万葉集を読む』古橋信孝編（吉川弘文館）／『額田王』山本藤枝著（講談社）／『紀貫之』目崎徳衛著（吉川弘文館）／『世阿弥』今泉淑夫著（吉川弘文館）／『風姿花伝ー世阿弥　新しきが「花」であるー』土屋惠一郎著（NHK 出版）／『運慶仏像彫刻の革命』西村公朝、熊田由美子著（新潮社）／『徒然草·方丈記ー吉田兼好と鴨長明の二大随筆ー』島尾敏雄、堀田善衛著（世界文化社）／『図説 日本の仏教第 4 巻　鎌倉仏教』三山進編（新潮社）／『千利休のすべて』米原正義編（新人物往来社）／『回想の織田信長』ルイス·フロイス著、松田毅一、川崎桃太編訳（中央公論社）／『週刊江戸 73 号』（デアゴスティーニ）／『シャクシャインの戦い』木暮正夫作（童心社）／『日本の美術 31 北斎』辻惟雄著（小学館）／『小林一茶時代をよむ俳諧師』青木美智男著（山川出版社）／『ミネルヴァ日本歴史人物伝　歌川広重』大石学監修、西本鶏介著、野村たかあき絵（ミネルヴァ書房）／『本居宣長の世界』野崎守英著（塙書房）／『図説伊能忠敬の地図をよむ』渡辺一郎、鈴木純子著（河出書房新社）／『江戸の天文学者星空を翔ける』中村士著（技術評論社）／『北斎』大久保純一著（岩波書店）／『氷川清話』勝海舟著（講談社）／『図説西郷隆盛と大久保利通』芳即正、毛利敏彦編著（河出書房新社）／『その時歴史が動いた　3』NHK 取材班編（KTC 中央出版）／『その時歴史が動いた　15』NHK 取材班編（KTC 中央出版）／『その時歴史が動いた　26』NHK 取材班編（KTC 中央出版）／『新選組隊士烈伝』小出蒐著（双葉社）／『新選組の真実』菊地明著（PHP エディターズ·グループ）／『図説·新選組幕末斬闘賦』（学研パブリッシング）／小村寿太郎』片山慶隆著（中央公論新社）／『野口英世は眠らない』山本厚子著（綜合社）／『正伝野口英世』北篤著（毎日新聞社）／『津田梅子』古木宜志子著（清水書院）／『樋口一葉』真鍋和子著（講談社）／『新潮社日本文学アルバム　樋口一葉』（新潮社）／『日本を変えた 53 人（7）』高野尚好監修（学研）／『ミネルヴァ日本歴史人物伝　与謝野晶子』安田常雄監修、西本鶏介著、宮嶋友美絵（ミネルヴァ書房）／『年表作家読本　与謝野晶子』平子恭子著（河出書房新社）／『晶子の反乱　天才歌人·与謝野晶子の生涯』高橋由佳利著（集英社）／『シリーズ偉大な日本人　新渡戸稲造』（宝島社）／『図説宮沢賢治』上田哲、関山房兵、大矢邦宣、池野正樹著（河出書房新社）／『芥川龍之介ハンドブック』庄司達也編（鼎書房）／『吉野作造』田澤晴子著（ミネルヴァ書房）

監修者 **矢部健太郎**（やべ けんたろう）

1972年、東京都生まれ。國學院大學大学院文学研究科日本史学専攻博士課程後期修了、博士（歴史学）。現在、國學院大學文学部史学科教授。専門は日本中世史および室町・戦国・安土桃山時代の政治史。おもな著書に、『豊臣政権の支配秩序と朝廷』（吉川弘文館）、『関ヶ原合戦と石田三成』（吉川弘文館）、『関白秀次の切腹』（KADOKAWA）など。監修書に『超ビジュアル！ 日本の歴史大事典』（西東社）などがある。

まんが・イラスト

猫野いわし

小坂伊吹

そらあすか

トリバタケハルノブ

森川 泉

桐丸ゆい

松浦はこ

伊藤貴則

デザイン	ダイアートプランニング
DTP	スタジオポルト
取材協力	手塚プロダクション
執筆協力・まんが原案	鳥羽 唯（鳥羽編集事務所）
校閲	有限会社マイプラン
編集協力	株式会社アルバ、中山慎平、大西華子、関口隆哉、矢島規男

小学生《しょうがくせい》おもしろ学習《がくしゅう》シリーズ

まんが 日本《にほん》の歴史《れきし》人物《じんぶつ》事典《じてん》

監修者	矢部健太郎
発行者	若松和紀
発行所	株式会社 西東社

〒113-0034　東京都文京区湯島2-3-13
http://www.seitosha.co.jp/
営業部　03-5800-3120
編集部　03-5800-3121〔お問い合わせ用〕
※本書に記載のない内容のご質問や著者等の連絡先につきましては、お答えできかねます。

ISBN 978-4-7916-2539-0